国家社会科学基金项目"明末清初私家修史研究"（11BZS001）最终研究成果

江苏师范大学哲学社会科学文库

明末清初
私家修史研究

杨绪敏　著

中国社会科学出版社

图书在版编目（CIP）数据

明末清初私家修史研究/杨绪敏著 . —北京：中国社会科学出版社，2016.6

（江苏师范大学哲学社会科学文库）

ISBN 978 – 7 – 5161 – 8509 – 4

Ⅰ.①明… Ⅱ.①杨… Ⅲ.①史学史—研究—中国—明清时代 Ⅳ.①K092.4

中国版本图书馆 CIP 数据核字（2016）第 154243 号

出 版 人	赵剑英
责任编辑	卢小生
责任校对	李 莉
责任印制	王 超

出 版	中国社会科学出版社
社 址	北京鼓楼西大街甲 158 号
邮 编	100720
网 址	http：//www.csspw.cn
发 行 部	010 – 84083685
门 市 部	010 – 84029450
经 销	新华书店及其他书店

印刷装订	北京君升印刷有限公司
版 次	2016 年 6 月第 1 版
印 次	2016 年 6 月第 1 次印刷

开 本	710×1000 1/16
印 张	25
插 页	2
字 数	412 千字
定 价	90.00 元

在创新语境中努力引领先锋学术
（总序）

任　平[*]

2013 年江苏师范大学文库即将问世，校社科处的同志建议以原序为基础略做修改，我欣然同意。文库虽三年，但她作为江苏师大学术的创新之声，已名播于世。任何真正的创新学术都是时代精神的精华、文明的活的灵魂。大学是传承文明、创新思想、引领社会的文化先锋，江苏师大更肩负着培育大批"学高身正"的师德精英的重责，因此，植根于逾两千年悠久历史的两汉文化沃土，在全球化思想撞击、文明对话的语境中，与科学发展的创新时代同行，我们的人文学科应当是高端的，我们的学者应当是优秀的，我们的学术视阈应当是先锋的，我们的研究成果应当是创新的。作为这一切综合结果的文化表达，本书库每年择精品力作数种而成集出版，更应当具有独特的学术风格和高雅的学术品位，有用理论穿透时代、思想表达人生的大境界和大情怀。

我真诚地希望本书库能够成为江苏师大底蕴深厚、学养深沉的人文传统的学术象征。江苏师大是苏北大地上第一所本科大学，文理兼容，犹文见长。学校 1956 年创始于江苏无锡，1958 年迁址徐州，1959 年招收本科生，为苏北大地最高学府。60 年代初，全国高校布局调整，敬爱的周恩来总理指示："徐州地区地域辽阔，要有大学。"学校不仅因此得以保留，而且以此为强大的精神动力得到迅速发展。在 50 多年办学历史上，学校人才辈出，群星灿烂，先后涌现出著名的汉语言学家廖序东教授，著名诗

---

　*　任平，江苏师范大学校长。

人、中国现代文学研究专家吴奔星教授，戏剧家、中国古代文学史家王进珊教授，中国古代文学研究专家吴汝煜教授，教育家刘百川教授，心理学家张焕庭教授，历史学家臧云浦教授等一批国内外知名人文学者。50多年来，全校师生秉承先辈们创立的"崇德厚学、励志敏行"的校训，发扬"厚重笃实，艰苦创业"的校园精神，经过不懈努力，江苏师大成为省重点建设的高水平大学。2012年，经过教育部批准，学校更名并开启了江苏师范大学的新征程。作为全国首批硕士学位授予单位、全国首批有资格接收外国留学生的高校，目前有87个本科专业，覆盖十大学科门类。有26个一级学科硕士点和150多个二级学科硕士点，并具有教育、体育、对外汉语、翻译等5个专业学位授予权和以同等学力申请硕士学位授予权，以优异建设水平通过江苏省博士学位立项建设单位验收。学校拥有一期4个省优势学科和9个重点学科。语言研究所、淮海发展研究院、汉文化研究院等成为省人文社会科学重点研究基地；以文化创意为特色的省级大学科技园通过省级验收并积极申报国家大学科技园；包括国家社科基金重大、重点项目在内的一批国家级项目数量大幅度增长，获得教育部和江苏省哲学社会科学优秀成果一等奖多项。拥有院士、长江学者、千人计划、杰出青年基金获得者等一批高端人才。现有在校研究生近3000人，普通全日制本科生26000余人。学校与美国、英国、日本、韩国、澳大利亚、俄罗斯、白俄罗斯、乌兹别克斯坦等国的20余所高校建立了校际友好合作关系，以举办国际课程实验班和互认学分等方式开展中外合作办学，接收17个国家和地区的留学生来校学习。学校在美国、澳大利亚建立了两个孔子学院。半个世纪以来，学校已向社会输送了十万余名毕业生，一大批做出突出成就的江苏师范大学校友活跃在政治、经济、文化、科技、教育等各个领域。今日江苏师大呈现人文学科、社会学科交相辉映，基础研究、文化产业双向繁荣的良好格局。扎根于这一文化沃土，本着推出理论精品、塑造学术品牌的精神，文库将在多层次、多向度上集中表现和反映学校的人文精神与学术成就，展示师大学者风采。本书库的宗旨之一：既是我校学者研究成果自然表达的平台，更是读者理解我校学科和学术状况的一个重要窗口。

努力与时代同行、穿透时代问题、表征时代情感、成为时代精神的精华，是本书库选编的基本努力方向。大学不仅需要文化传承，更需要创新学术，用心灵感悟现实，用思想击中时代。任何思想都应当成为时代的思想，任何学术都应当寻找自己时代的出场语境。我们的时代是全球资本、科技、经济和文化激烈竞争的时代，是我国大力实施科学发展、创新发展、走向中国新现代化的时代，更是中华民族走向伟大复兴、推动更加公正、生态和安全的全球秩序建立和完善的时代。从以工业资本为主导走向以知识资本为主导，新旧全球化时代历史图景的大转换需要我们去深度描述和理论反思；在全球化背景下，中国遭遇时空倒错，前现代、现代和后现代共时出场，因而中国现代性命运既不同于欧美和本土"五四"时期的经典现代性，也不同于后现代，甚至不同于吉登斯、贝克和哈贝马斯所说的西方（反思）的新现代性，而是中国新现代性。在这一阶段，中国模式的新阶段新特征就不同于"华盛顿共识"、"欧洲共识"甚至"圣地亚哥共识"，而是以科学发展、创新发展、生态发展、和谐发展、和平发展为主要特征的新发展道路。深度阐释这一道路、这一模式的世界意义，需要整个世界学界共同努力，当然，需要本土大学的学者的加倍努力。中国正站在历史的大转折点上，向前追溯，五千年中国史、百余年近现代史、六十余年共和国史和三十余年改革开放史的无数经验教训需要再总结、再反思；深析社会，多元利益、差异社会、种种矛盾需要我们去科学把握；未来展望，有众多前景和蓝图需要我们有选择地绘就。历史、当代、未来将多维地展开我们的研究思绪、批判地反思各种问题，建设性地提出若干创新理论和方案，文库无疑应当成为当代人的文化智库、未来人的精神家园。

我也希望：文库在全球文明对话、思想撞击的开放语境中努力成为创新学术的平台。开放的中国不仅让物象的世界走进中国、物象的中国走向世界，而且也以"海纳百川、有容乃大"的宽阔胸襟让文化的世界走进中国，让中国精神走向世界。今天，在新全球化时代，在新科技革命和知识经济强力推动下，全球核心竞争领域已经逐步从物质生产力的角逐渐次转向文化力的比拼。民族的文化精神与核心价值从竞争的边缘走向中心。发现、培育和完善一个民族、一个国家、一个地区的优秀的思想观念、文化精神和价值体系，成为各个民族、国家和地区自立、自强、自为于世界民族之林的重要路径和精神保障。文化力是一种软实力，更是一种持久影响世界的力量或权力（power）。本书库弘扬的中国汉代精神与文化，就是培育、弘扬这种有深厚民族文化底蕴、对世界有巨大穿透力和影响力的本土文化。

新全球化具有"全球结构的本土化"（glaocalization）效应。就全球来看，发展模式、道路始终与一种精神文化内在关联。昨天的发展模式必然在今天展现出它的文化价值维度，而今天的文化价值体系必然成为明天的发展模式。因此，发展模式的博弈和比拼，说到底就必然包含着价值取向的对话和思想的撞击。20世纪90年代以来，世界上出现了三种发展模式，分别发生在拉美国家、俄罗斯与中国，具体的道路均不相同，结果也大不一样。以新自由主义为理论基础的"华盛顿共识"是新自由主义价值观支撑下的发展模式，它给拉美和俄罗斯的改革带来了严重后果，替代性发展价值观层出不穷。2008年爆发的全球金融危机更证明了这一模式的破产。1998年4月，在智利首都圣地亚哥举行的美洲国家首脑会议，明确提出了以"圣地亚哥共识"替代"华盛顿共识"的主张。但是，"拉美社会主义"至今依然还没有把南美洲从"拉美陷阱"中完全拔出。从欧洲社会民主主义价值理论出发的"欧洲价值观"，在强调经济增长的同时，倡导人权、环保、社会保障和公平分配；但是，这一价值并没有成为抵御全球金融危机的有效防火墙。改革开放以来，中国是世界上经济增长最快的国家。因此，约瑟夫·斯蒂格利茨指出，中国经济发展形成"中国模式"，堪称很好的经济学教材。① 美国高盛公司高级顾问、清华大学兼职教授乔舒亚·库珀·拉莫（Joshua Cooper Ramo）在2004年5月发表的论文中，把中国改革开放的经验概括为"北京共识"。通过这种发展模式，人们看到了中国崛起的力量源泉②。不管后金融危机时代作为"G2"之一的中国如何，人们不可否认"中国经验"实质上就是中国作为一个发展中国家在新全球化背景下实现现代化的一种战略选择，它必然包含着中华民族自主的社会主义核心价值——和合发展的共同体主义。而它的文化脉络和源泉，就是"中国精神"这一理想境界和精神价值，与努力创造自己风范的汉文化精神有着不解之缘。文库陆续推出的相关著作，将在认真挖掘中华民族文化精神、与世界各种文化对话中努力秉持一种影响全球的文化力，为中国文化走向世界增添一个窗口。

文库也是扶持青年学者成长的阶梯。出版专著是一个青年人文学者学术思想出场的主要方式之一，也是他学问人生的主要符码。学者与著作，

---

① 《香港商报》2003年9月18日。

② 《参考消息》2004年6月10日。

不仅是作者与作品、思想与文本的关系，而且是有机互动、相互造就的关系。学者不是天生的，都有一个学术思想成长的过程。而在成长过程中，都得到过来自许许多多资助出版作品机构的支持、鼓励、帮助甚至提携和推崇，"一举成名天下知"。大学培育自己的青年理论团队，打造学术创新平台，需要有这样一种文库。从我的学术人生经历可以体会：每个青年深铭于心、没齿难忘的，肯定是当年那些敢于提携后学、热荐新人，出版作为一个稚嫩学子无名小辈处女作的著作的出版社和文库；慧眼识才，资助出版奠定青年学者一生学术路向的成名作，以及具有前沿学术眼光、发表能够影响甚至引领学界学术发展的创新之作。我相信，文库应当热情地帮助那些读书种子破土发芽，细心地呵护他们茁壮成长，极力地推崇他们长成参天大树。文库不断发力助威，在他们的学问人生中，成为学术成长的人梯，学人贴心的圣坛，学者心中的精神家园。

是为序。

2011 年 2 月 28 日原序
2013 年 11 月 5 日修改

传承开新，推进对民族史学文化的认识

——《明末清初私家修史研究》序

吴怀祺

杨绪敏教授主持的国家社科基金项目成果"明末清初私家修史研究"，全书40余万字，是一部迄今最为系统、深入研究明末清初私家修史的史著，具有重要的学术价值。这个课题的研究，对于推进民族史学文化的传播，对明清史学的深入研究，有着重要的意义。

私家修史，在中国史学史上，是一个重要现象。私家修史历经春秋战国、魏晋南北朝、两宋之际和明末清初四次高潮。其中明末清初私家修史最为兴盛。私家修史是明清史学研究的重要内容之一。通过这个课题的研究，可以彰显中华民族重史和以史经世的优良传统。

系统地对这一时段史家和史著进行爬梳，并对其中影响大、质量高的史著进行深入分析研究，是这部书的特色。本书涉及的史家有40多人，涉及的史著近50部。而在概述部分论及的史家和史著更多。全书的叙述与分析，都建立在坚实的史料基础上，论必有据。作者阅读了大量史学原著以及后人的研究论著，善于从原始文献中发现问题和解决问题。通过对许多具体问题进行认真考辨，并对相关史学问题和史学观点进行分析，反映其深厚的史学研究功底。在充分研究时人相关观点的同时，提出自己的观点，做到了推陈出新。绪敏教授潜心学术，网罗考订，发覆释疑，溯源探流，所提出的见解，合乎史学史的实际，经得起检验。

该课题研究对当代中国文化建设有着启迪的意义。今天，全球史、海洋史、军事史、文化史、金融史等，不但需要集体治史，"众手修书"，同时也需要个人认真探研，写出史著，"究天人之际，通古今之变，成一家之言"。

绪敏教授长期从事中国史学史研究，取得了颇丰的成果。传承开新是其研究的自觉。他的论文专集《敏学斋史学探研录》等，集中反映了这一史学理念，体现了对史学史上传统史家传统的传承与开新，也体现了对当代史家优良传统的继承与开新的自觉。希望其再接再厉，不断取得新的成绩。

吴怀祺

2016 年 2 月于北京师范大学

目　录

绪　论

在中国史学史上，私家修史历经春秋战国、魏晋南北朝、两宋之际和明末清初四次高潮。其中明末清初私家修史最为兴盛，正如清儒全祖望所云："明野史凡千余家。"① 梁启超在《中国近三百年学术史》中也指出："明清鼎革之交一段历史，在全部中国史上实有重大的意义。当时随笔类之野史甚多，虽屡经清廷禁毁，现存者尚百数十种。"② 明末清初私家修史在很大程度上弥补了明朝官方修史的不足，在中国史学史上占据重要地位。

一　明末清初私家修史研究回顾

20世纪90年代以前，国内外学者尚无人把明末清初这一特殊时段的史学发展和史学成就作为一个整体加以研究。

初版于1933年谢国桢的《晚明史籍考》，著录了明代万历年间至清康熙年间文献1140余种，未见书目620余种。首次对明末清初的史籍进行了爬梳和整理。辑录相关史籍的序跋、题跋、凡例等，并加编者按语。迄今研究晚明和清初史者仍奉其为圭臬。但该书仅为资料汇编与考证。

创稿于1938年，1944年初版的金毓黻《中国史学史》较早提出了"私家修史"的概念，并设列"唐宋以来之私修诸史"一章，其中论及明代改修之史，如《宋史质》《宋史新编》《元史类编》等。而未涉及明人

① 全祖望著，朱铸禹校注：《全祖望集汇校汇注》，《鲒埼亭外集》外编"与卢玉溪请借钞《续表忠记》书"，上海古籍出版社2000年版，第1705页。

② 梁启超：《中国近三百年学术史》十五《清代学者整理旧学之总成绩（三）》，东方出版社1996年版，第336页。

修当代史的情况。在"清代史家之成就"一章中，主要论述了清代史家与浙东史学，概述了黄宗羲、万斯同、全祖望等一些史学大家的史学成就。

1949 年由日本弘文堂出版的内藤湖南《中国史学史》（2008 年马彪译本，上海古籍出版社出版），较早地关注明清两朝史学家的研究，其中在"明代史学"和"清代史学"两章中研究了李贽和胡应麟的史论、王光鲁的沿革地理、焦竑的目录学、经世文的编纂以及清初黄宗羲、顾炎武、王夫之等史学大家。显然作者对明清史学的认识并不全面。

中国台湾学者李宗侗《中国史学史》成书于 1953 年（大陆于 1984 年由中国友谊出版公司出版），该书在"明代史学"一章中设有"官修及私修明史"，然仅列举焦竑《国史献征录》、雷礼《列卿记》、项笃寿《今献备遗》、徐纮《明名臣琬琰录》、朱国祯《明史概》五六种书，而未加论述。在"清初史学家"一节中，也仅寥寥几笔简介了黄宗羲、万斯同、全祖望、吴炎、潘柽章等修史成就。全书论述失之过略。

德国学者傅吾康执笔的《剑桥中国明代史》第十二章"明代的历史著述"，在其"半私的和私人的综合体和编年体编史工作"一节中，介绍了邓元锡《皇明书》、尹守衡《皇明史窃》、郑晓《吾学编》、何乔远《名山藏》、朱国祯《皇明史概》、查继佐《罪惟录》、谈迁《国榷》等私家所修史书。但论述过于简略。①

总之，20 世纪 80 年代之前，学界对明末清初私家修史的认识还处于十分模糊的状态。对明末清初私家修史的研究，仅限于对相关资料的爬梳和整理，尽管也发表了不少相关论文，但多限于对这一时期史学大家如胡应麟、谈迁、钱谦益、黄宗羲、万斯同、顾炎武等个案研究上。

从 20 世纪 80 年代中期开始，关于明末清初私家修史的研究出现了以下变化。

（一）重视私家修史研究，逐步把明末清初史学作为一个整体加以研究

杭州大学仓修良、魏得良编写的《中国古代史学史简编》（黑龙江人民出版社 1983 年出版）专门设有"再度以褒贬人物为中心的明代史学"和"清代前期史学概况"两章，其中论述到明中叶后野史发达的原因、

---

① 傅吾康的《明代史籍汇考》（1968）是一部全面评介明代史学的著述。其中自然涉及明末的史籍。由于没有中文译本，笔者尚未及翻阅此书。

分析了王世贞、李贽的史学思想，评介了谈迁《国榷》、张岱《石匮藏书》及《石匮书后集》、查继佐《罪惟录》、计六奇《明季北略》、《明季南略》和清初顾炎武、王夫之、黄宗羲、万斯同、全祖望的史学成就。开启了人们对明清史学研究的热情。与此同时，张孟伦先生的《中国史学史》（甘肃人民出版社 1983 年出版）在"明修史书杂述"一章中也分别介绍了《石匮藏书》《罪惟录》《国榷》等几部私修明史和私修典章制度史及名人传记。

由李小林、李晟文主编《明史研究备览》（天津教育出版社 1989 年版）在第一章"研究的回顾和展望"中，总结了明末清初私家修史的几个特点。吴怀祺所著《中国史学思想史》（安徽人民出版社 1996 年版）专设"明末清初的史学思想"一章，从明末清初实学思想产生的原因、所表现出的特色以及学者们对历史盛衰的总结，对历史、学术的批判等几个方面作了深入的论述。李炳泉、邸富生主编《中国史学史纲》（辽宁师范大学出版社 1997 年版）第六章由宁波大学钱茂伟执笔，其中设有"明朝末年私修史书的繁盛"、"明末清初的史学"两节，对明末改编前代史、纂修当代史的成就进行了总结，同时分析了王世贞、李贽、胡应麟的史学思想，评介了谈迁《国榷》、顾炎武的经世致用思想、黄宗羲的史学成就、王夫之的史论等。以后陆续出版的有关中国史学史的教材或论著，均开始重视私家修史，尤其是明末清初私家修史的研究。如瞿林东所著《中国史学史纲》（北京出版社 1999 年版）在"导论"第三节"中国历史上的史官制度和私人著史"中认为："要全面认识中国古代的史学，还必须充分认识到历代都有很多并非身为史官的史家所作出的杰出贡献。他们的业绩，有不少是历代史官所不及的。……他们的著述，有许多都是中国古代史学上的第一流作品。……这些史家，是庞大的中国史家群体的极重要的部分。"并指出："史家的私人著述不仅数量多，成就也很大，在中国史学发展史上占有重要的位置。"在该书第七章"史学走向社会深层——明代史学"中，专门设立"私家之本朝史撰述"一节，介绍私家所撰纪传体、编年体本朝史及典制史与政书。在第六节"晚明史学的崛起"中，总结了王世贞的史学成就和史学批评理论，论述了李贽历史评论的批判精神，并论及王圻和《续文献通考》、焦竑和谈迁。在第八章"史学的总结与嬗变——清代前期史学"中论及清初黄、王、顾的史学思想，并对其著述进行评价。白寿彝主编《中国史学史教本》（北京师范大学出版社 2000 年版）在第五章"明清时期：中国封建社会衰老时期的史学"中设有"明末清初的史学和经世致用"一节，提纲挈领地介绍了嘉靖、万历年间郑晓、王世贞、李贽、焦竑及明末茅元仪、谈迁、陈子龙，清初黄宗羲、顾炎武、王夫之等人的史学成就。在汤勤福主编《中国史学史》（山西教育出版社 2001 年版）第七章"明清时期的史学"中，也以较多篇幅论述了明清时期著名史学家的史学思想及其学术成就。杜维运《中国史学史》共三册（商务印书馆 2010 年版），其中第三册初版于 2004 年，作者在该书第二十一章"明代中叶以后的史学"第二节"私人修史风气之盛与激烈史论的出现"中指出："明代中叶以后，私人修史的风气极盛，其盛况可与魏晋南北朝时代相比拟。"在第三节"征实史学的建树"中认为："清代的征实史学，萌芽于明代后期。"为此，他专门介绍了王世贞、焦竑、胡应麟的史学考据成就。谢保成主编《中国史学史》（商务印书馆 2006 年版）第三卷第九编第一章第三节论述了明代私家修史，在第十一编第四章中则介绍了顺康雍时期私史成就（均由杨艳秋执笔）。吴漫《明代宋史学研究》（人民出版社 2012 年版）专题研究了明人对宋史的编纂和研究，详细分析了明代宋史学产生发展的社会背景和学术因缘，深入挖掘了明代宋史学的价值，并对明代宋史学及其反映出作者的史学思想进行评析，书中涉及明末陈邦瞻《宋史纪事本末》、王惟俭《宋史记》、钱士升《南宋书》等史著的研究。

在众多中国史学史论著和教材中，应当首推的是钱茂伟《明代史学历程》（中国社会科学出版社 2003 年版）。在该书第三编"明末清初：中国史学的多样化"中，作者以较多的篇幅深入论述了晚明当代史、通史的编纂，清初遗民的明史编纂成就及其史学思想。该书开始把明末清初史学当成一个整体加以研究。开启了系统研究明末清初私家修史的先河。钱茂伟同时还编有《明代史学编年》（中国文联出版社 2000 年版），该书按照时序从洪武三年（1370）记至康熙三十四年（1694）历年史书（含方志、舆地、经部"春秋类"图书、子部中"儒家类"部分具有学术史性质的图书、集部中史学论文）的编纂情况，简介作者、收录书的序跋，介绍其版本。可以为研究明末清初史学起到指示门径的作用。

此后傅玉璋和傅正合著《明清史学史》（安徽大学出版社 2003 年版），在其第二章"明代野史"和第八章"清代前期的野史"中重点研究了王世贞、沈德符、谈迁、张岱、查继佐、计六奇、温睿临等私家修史的成就。

杨艳秋撰写《明代史学探研》（人民出版社 2005 年版）专设"以当代史勃兴为特色的私家史学"一章，探讨了明代私家修史兴盛的原因，总结了明代私家修史的成就，分析了明代私修当代史撰者群的情况。是继钱茂伟之后研究明代史学，关注明代私修史书研究的力作。

此外，钱茂伟《明末清初明史编纂特点三论》（《史学月刊》2009 年第 4 期）主要从空间、横向联系和编纂方式三个方面论述了明末清初明史编纂的特点。认为从空间上说，南方地区修史成风，而北方则较弱。从横向关系来看，个体化的史家们加强了学术上的交流活动、在编纂方式上，除独修外，出现了集体性、整体性的趋势。杨绪敏《论明末清初私家修史的成就及特点》（《江海学刊》2008 年第 3 期）则分别从旧史的改造、续修、当代史的编纂、经世文的编纂、边疆史地和外国史地的研究等方面对明末清初私家修史进行了宏观的分析研究。

（二）注意探究明中叶以来史学思潮的变化、私家修史兴衰的原因及其成就和特点

葛兆光《明代中后期三股史学思潮》（《史学史研究》1985 年第 1 期），从宏观上分析了明中叶后相继出现的三股与保守、空疏史学相背离的史学思潮，即：反对任情褒贬、不顾史实之风，重视对史书的批评和考证；反对封建伦理的束缚、反对空言义理，强调个性的发展和实际的利益；重在经世的实用史学思潮。对研究明代中后期史学研究有重要的指导意义。杨绪敏《明代求实思潮的兴起与考据学的成就及影响》（《江苏社会科学》2004 年第 4 期）、《明代经世致用思潮的兴起及对学术研究的影响》（《江苏社会科学》2010 年第 1 期）也分别论述了明代求实思潮、经世致用思潮兴起的背景、原因、表现及对明代中叶以来学术研究的影响。其他如杨艳秋《明中后期的史学思潮》（《史学史研究》2001 年第 1 期）、向燕南《晚明人士自我意识的张扬与历史评论》（《史学月刊》2005 年第 4 期）、钱茂伟《论晚明当代史的编撰》（《史学史研究》1994 年第 2 期）等从不同的角度分析了明朝中后期私家修史兴盛的时代背景、原因和特点。

阚红柳在其所著《清初私家修史研究——以史家群体为研究对象》（人民出版社 2008 年版）一书中，以史家群体研究为中心，全面系统地论述了顺治、康熙时期私家修史的发展状况。特别注意揭示清初史家群

体的形成、发展和衰落的过程，并从清初的政治、经济、文化、史学发展规律等方面深入分析了清初私家修史的特点和原因。此外，她还作有《庄氏史狱与清初私家修史》（《辽宁大学学报》2007 年第 3 期），认为庄廷钺史狱的发生，使清初以来蓬勃发展的私家修史遭遇挫折，但不足以动摇史家修史的热情。清初民间史家，经历曲折后仍坚韧前行。杨林《试析庄氏史案对清初私家修史的影响》（《清史研究》1992 年第 7 期）认为，史家各据传闻，史料发掘不广，本为私家修史先天之不足，惮于史狱影响，清初史家各自隐讳，不互相交流，难免会影响到对传闻及史事的判断和论定。但史狱的发生，无损遗民修史之志向。

姜胜利《明遗民与清初史学》（《安徽大学学报》2003 年第 1 期）、《清代私家明史学的兴衰及其背景》（《第二届明清史国际学术讨论会文集》天津人民出版社 1993 年版）等文认为，明遗民在民族思想和忠义思想激励下，不仕清朝，为了保留故国之史，他们积极研究明史，主要采取两种形式：一种是私家撰修，另一种是襄助官修。

此外，尚有暴鸿昌《论清初私撰明史的风气》（《史学集刊》1990 年第 1 期）、李润强与牛黎芳合著《清初人士的明史意识与康熙朝文字狱》（《甘肃广播电视大学学报》2007 年第 1 期）等，侧重从政治背景上分析清初私家修史兴衰的原因；另有孔定芳《清初的经世致用思潮与明遗民的诉求》（《人文杂志》2004 年第 5 期）《清初朝廷与明遗民关于"治统"与"道统"的合法性较量》（《江苏社会科学》2009 年第 2 期）《明清易代与明遗民的心理氛围》（《历史档案》2004 年第 4 期）注意从明遗民"华夷之辨"和"文化关怀"的角度阐述清初私家修史的文化动机。

（三）注重研究和总结明中叶以来私修史书的体裁、分类和特点

杨艳秋的《明代史学探研》一书（人民出版社 2005 年版）第五章"以当代史勃兴为特色的私家史学"分别从私修纪传当代史、私修编年当代史等方面总结明末私家修史的成就。她还作有《明人私修国史考述——以〈千顷堂书目〉为考察对象》（《中国社会科学院历史研究所学刊》第 4 集，商务印书馆 2007 年版）一文，从史著编纂、体例特色与不足、体裁创新与史料价值等方面详细考察邓元锡《皇明书》、吴士奇《皇明副书》、朱国祯《皇明史概》、尹守衡《皇明史窃》等。钱茂伟《明末清初明史编纂特点三论》（《史学月刊》2009 年第 4 期）一文则从史家的地域分布、史家间横向交流、编纂方式呈现的集体性与整体性三个方面

总结了明末清初当代史纂修的特点。杨绪敏《明末清初私家修史之分类及对传统史书体裁的改造》(《徐州师范大学学报》2009年第3期)一文对明末清初私家修史进行了初步分类,并对这一时期私家修史者试图改造传统史体、力求避免传统史书单一体例所造成的缺陷进行了分析研究。

二 明末清初私家修史研究的意义

自20世纪80年代中期以来,关于明末清初私家修史的研究日益引起学界的重视,把明末清初史学作为一个整体加以研究是史学研究发展的必然趋势。但此前的研究,尚未形成完整的系统,不少史家和史著尚无人深入探究。本书选择中国史学史和明清学术史上具有突出特点和典型意义的一个时段的一个专题加以深入、系统的研究,具有重要学术价值。

(一) 深化明清史学的研究

此前的相关研究,多集中在一些史学大家及其著作的研究上,而往往忽略其他史家和史著的研究。系统地对这一时段史家和史著进行爬梳,并对其中影响大、质量高的史著进行深入分析研究,是十分有意义的。本书设立专节进行研究的史家有40多人,涉及的史著近50部。而在概论部分论及的史家和史著更多。这些史家和史著有许多是前人没有涉猎过的。本书对于前人已经研究过的史家和史著,在吸取前人研究成果的基础上,研究的角度和论述的侧重点有所不同。而对于此前虽有涉及但多限于一般性介绍的史家和史著,比如张铨《国史纪闻》、涂山《明政统宗》、吴炎与潘柽章合著《明史记》、温睿临《南疆逸史》等则进行深入细致的分析研究,填补了研究的空白。

关于明代军事史的研究,此前有的仅限于概论和个别案例的研究,大部分军事著作则是前人尚未涉猎过的,本书则将这一时期编纂的十余部军事著作,如王士骐《皇明御倭录》、王在晋《海防纂要》和《三朝辽事实录》、颜季亨《国朝武功纪胜通考》和《九十九筹》、方孔炤《全边略记》、张燧《经世挈要》等均设专节进行分析研究,弥补了明代军事史研究的不足。

关于明人对旧史的改编、续写的研究，除理清基本线索外，还对一些有影响的史家和史著进行了深入探讨。如对王惟俭《宋史记》、钱士升《南宋书》的研究，多是此前缺乏深入研究的史书。而对这一时期学术思想史、建文朝史、明清鼎革之际杂史的编纂，因其涉及史家和史著较多，故采用专题论述的方法，以图给读者以清晰线索，为更加深入的研究奠定基础。

（二）厘清长期以来对明代学风和史学不正确的认识

长期以来，人们对明代学风多以"空疏浮泛"一言以蔽之，对明代史学多持否定态度。造成这种情况的原因此前已有学者对此进行过总结。如钱茂伟认为历史上曾有两个否定明代史学的高峰：一是清初学人如张岱、钱谦益、黄宗羲、顾炎武、吴炎、潘柽章、万斯同等对明代史学都发表过偏激议论。二是乾隆时期编《四库全书》，将绝大部分明人著作贬入存目，或列入禁毁书目。《四库全书总目提要》在评价明人著作时，多以偏概全，给明人扣上"学无根柢"的帽子。[①] 杨艳秋在其《明代史学探研》"引言"中也指出，明代学者对本朝史学的否定，尤其是明代遗民对明代史学的批评及清人对明代史学的贬低，影响了后人对明代史学的评价。[②] 由此在人们头脑中形成了"明人学无根柢，而最好著书，尤好作私史"。[③] "若有明一代之人，其所著书，无非窃盗而已"[④] 等固有的观念。通过明末清初私家修史的研究，可以清晰地反映出史家求实思想和以史经世的治史精神，从一个侧面驳正人们对明代学风和史学不公正的评价，厘清人们头脑中对明代学风和史学固有的看法。

（三）为明清历史研究拓展新的史料来源

本书涉及的明朝当代史、军事史著作以及明清鼎革之际杂史，多被清朝修四库全书时列入禁毁书和存目之列，迄今有不少史著尚未校点，也无人涉猎。对这一部分史书进行爬梳、整理和研究，可为明清史的研究提供更加丰富的史料。

---

① 钱茂伟：《明代史学的历程》"叙论"，社会科学文献出版社 2003 年版，第 4 页。

② 杨艳秋：《明代史学探研》"引言"，人民出版社 2005 年版，第 1—2 页。

③ 纪昀等：《四库全书总目提要》卷 58《史部》十四"今献备遗"，海南出版社 1999 年版，第 329 页。

④ 顾炎武著，黄汝成集释：《日知录集释》卷 18《窃书》，岳麓书社 1996 年版，第 670 页。

三 关于明末清初时段的界定

明末清初是中国封建社会发展后期充满变数的大动荡时期。关于这一时段的界定，学者们意见不一。比如明末的始点，计六奇《明季北略》是从万历二十三年（1595）记起，他自称："而独始于二十三年者，见皇清封建之始，继明之天下已有其人矣。（按：此年努尔哈赤被明封为龙虎将军）"① 钱穆《中国近三百年学术史》"附表"则从万历元年（1573）记起，这大体可以表明，他是把万历元年作为明末起点的。白寿彝主编《中国史学史教本》在"明末清初的史学和经世致用"一节中，则是笼统地把嘉靖、万历年间作为明末的起点。

对于清初应该止于哪一年？意见也不一致。梁启超在《中国近三百年学术史》十二"清初学海波澜余录"中叙述清初学者时一直叙述到戴名世"康熙五十二年下狱论死"止。谢国桢在其《明末清初的学风》一文中则明确说明："我所说的明末清初学者所处的时期，是指公元十七世纪，即明万历三十年（1602）以后到清康熙四十年（1701）左右这百年中。"② 钱茂伟则认为："从明神宗万历二十二年（1594）官修史书开始，至清朝康熙三十四年（1695）黄宗羲卒，约102年，是我们所谓的明末清初时期。"③ 也有学者认为，清初应当持续到更晚的雍正时期。实际上，把明末清初具体界定为从某年到某年并没有统一的科学标准，学者们的不同划分都有自己的理由和根据。本书拟以明万历二十三年努尔哈赤被明封为龙虎将军为明末的起点，以康熙五十二年《南山集》案定案、戴名世被杀为清初止点。

---

① 计六奇著，魏得良、任道斌点校：《明季北略》"《北略》总说"，中华书局1984年版，第727页。

② 谢国桢：《明末清初的学风》一"明末清初的学风"，上海书店出版社2004年版，第1页。

③ 钱茂伟：《明代史学的历程》第三编"明末清初：中国史学的多元化"，社会科学文献出版社2003年版，第258页。

四 关于私家修史概念的界定

所谓私家修史，是相对官修史书而言。官修史书一般是得到朝廷指令或允许，在官办的修史机构中由众史官共修而成，而私家修史则凭借个人之力修史，不受官方的节制和约束。金毓黻在《中国史学史》中指出："私家修史之风，导源于孔子、左丘明，而大成于司马迁、班固，而魏晋六朝所修诸史，皆其支与流裔也。"针对有人认为："司马迁父子世为太史令，职典记事，乃作《史记》，班固官兰台令史，奉明帝之命，以成所著《汉书》，皆非私史之比。"金先生认为："此殊不然。寻《太史公自序》所记，盖奉父命作史，故曰'悉论先人所次旧闻'，又自比于孔子之修《春秋》，曰'大抵贤圣发愤之所作也'。王肃谓孝武览孝景及己本纪大怒，削而投之，于是两纪有录无书；卫宏曰，迁作《景帝本纪》，极言其短及武帝过，武帝怒而削去之。……至固本因其父业，私作国史，为人所讦发，明帝奇其书，乃使因而成之；是皆私家修史之明证。自马班二氏，发凡起例，创为纪传一体，后贤承之，多有名作，遂于魏晋南北朝之世，大结璀璨光华之果。"① 金先生这一论述明确地说明，所谓"私家修史"，除像孔子、左丘明这些没有担任史职者修史外，还应包括像司马迁、班固这些在朝廷担任史职或其他职务者的修史。他们的修史，既不受朝廷指令，也不受朝廷约束，发凡起例完全自主。

私家修史和官修史书两者之间有着怎样的关系？阚红柳认为："私家修史和官修史书是互相交叉重叠的。私家修史能够和官修史书发生交叉主要有以下几点原因：其一，二者互相利用对方的成果，私家修史需要大量利用官修史书的资料，比如实录、起居注等，而官修史书也需要利用私家修史的成果，已经成型的私修史书往往会成为史官们参考、借鉴的对象，由于私家修史和官修史书互相参考、借鉴，有时达到水乳交融的状况，在史书中会体现为类似内容或者雷同章节的出现。其二，在正式的修史机构建立之前，官修史书往往出自史官一人之手，只不过史家

---

① 金毓黻：《中国史学史》第三章"司马迁与班固之史学"，商务印书馆 1941 年版，第 46 页。

是以官方修史的名义，在朝廷的认可下，并且利用了官方所提供的史料，而史家修史活动本身还是掌握在史家个人手中的，因此，他们所修撰的史书本身就有种私家修史的内涵。……其三，在中国史学史上还存在一种官方对私家修史的认同并逐步接纳的趋势，这种趋势在隋朝以前尤其明显，比如孔子所修的《春秋》，被列为国家的经典，班固私撰《汉书》，后来得到汉明帝的认可。私家修史被官方认同以后，作为私史的性质就不再被强调。可见，官修史书与私家修史之间并没有森严壁垒。"① 基于这样的认识，本书将得益于官修史书，而全靠一己之力完成的史书，如焦竑《国朝献征录》纳入私修之列。另外，将间接襄助官方修史，如黄宗羲的修史活动等也被纳入私家修史范围加以考察。

五　本书的内容及结构安排

明末清初私家修史涉及面较广，其中纂修当代史是其主攻方向，涉及的史家和史书数量最多。在当代史中，既有采用纪传体、编年体、典志体、纪事本末体、纲目体等传统史体撰写的史书，又有不少采用综合史体撰写的史书。在内容形式上，既有通记有明一代历史的，也有仅记一朝、数朝或某一时期历史的；有记人物事迹、典章制度的，又有专记军事斗争、学术思想等专题性史书。其次是对旧史的改造、续写和纂修，各人撰写动机不一，或出于正闰之争，或以另一种史体改造旧史，或为了弥补前史缺漏、订正前史谬误而重纂旧史，或为了续接前史，或出于教化作用从旧史中摘录其内容编纂成书。内容涉及从远古到宋元的历史。面对如此众多的史书，本书从中选取一些有重要影响的史家和史著加以研究。

本书采用章节体。全书分为五章，前两章分别介绍明末和清初私家所修当代史的成就。排列的顺序和划分明末和清初的界限基本以成书时间为准。军事史的编纂是明末清初私家修史的重要组成部分，其中大多数军事史著作本应划入当代史范畴，但为了突出军事史编纂的成就，现将军事史的编纂列为第三章。第四章记述对旧史的纂修、改编和续写，

① 阚红柳：《私家修史刍议》，《辽宁大学学报》2004 年第 2 期。

排列顺序以所记史事的年代先后为序。鉴于明末清初学术思想史、建文朝史、明清鼎革之际杂史形成三个编纂的热点，且涉及著述众多，不宜逐一介绍，第五章采用专题综述的方法介绍三个方面的编纂成就。本书各章设置的"概述"部分，力求系统地厘清私家修史发展的线索，宏观地介绍一些史家和史著的概况。而对于一些有影响的重要史家和史著则设置专节进行深入研究。做到点面结合，详略有度，重点突出。

第一章　明末清初明史编修
之研究（上）

第一节　明中叶至清初私家纂修明史概述

明史的纂修是明中叶至清初私家修史的主攻方向，取得的成绩在明清史学史上占据重要地位。为了说明明末清初私家修史是前有所承的，因此有必要向上追溯明中叶以来当代史纂修的概况，同时总结和分析明末清初私家修史兴盛的原因及修史队伍的构成，以从宏观上了解明代和清初史家私纂明史的动机、原因和取得的成绩。

一　明中叶及清初私修明史简况

早在弘治年间，一些学者已经开始注意收集和编纂当代人物事迹。出现不少人物志，如杨廉《皇明名臣言行录》和《皇明理学名臣言行录》、尹直《皇明名臣言行通录》、黄金《皇明开国功臣录》、徐纮《皇明名臣琬琰录》等。直到嘉、万时期及以后这项工作仍有人在做。比如，有徐咸《近代名臣言行录》、王宗沐《皇明名臣言行录》、王世贞和杨豫孙《皇明名臣琬琰录》等，这些编著多是补益和续写前人之作。因此可以说明，私家编修当代史首先是从收集和编纂人物志开始的。

到了嘉靖年间，一些史家开始把研撰当代史从开国史开始，进而延伸到正德、嘉靖朝。有人把永乐年间刘辰《国初事迹》视为开国史编纂之始。实际上，《国初事迹》还算不上真正意义上的史书。正如四库馆臣所称，此书"盖即修《实录》时所进事略草本也"。① 开国史的撰述主要

---

① 《四库全书总目提要》卷52《史部》8 杂史类存目一"《国初事迹》提要"，海南出版社1999年版，第301页。

兴起于嘉靖年间。钱茂伟认为："开国史研撰受人重视，这是和当时人追慕祖宗雄风有关的。"① 这一时期纂成的开国史主要有两部：一部是吴朴《龙飞纪略》，以纲目体记太祖创业、成祖继统之事。另一部是陈建《皇明启运录》，以述太祖"创业垂统"之事迹。由于陈氏对《龙飞纪略》有诸多不满，因此在其基础上，广辑群籍，参互考订改写而成。其后陈建又在《皇明启运录》基础上续写从永乐到正德凡八朝一百二十四年之事，成《皇明通纪》。这是明人所修流传至今的第一部当代编年体史书。嘉靖三十六年（1557）高岱撰成《鸿猷录》，主要记"太祖之开创丕基"、"成祖之肃清内难"，下及"历代之诛戮权奸，剪除盗贼，讨伐蛮夷"，记事至嘉靖朝，共列六十余事，"皆国家之重务，经略之伟绩"②，这是明人所修第一部纪事本末体当代史。到了嘉靖四十五年（1566）郑晓撰成《吾学编》69 卷，此书为明人所修第一部纪传体当代史，记载了明朝前十二朝的史实。此外，雷礼也先后作《皇明大政记》和《列卿记》，蔡于谷撰《开国事略》10 卷，夏浚撰《皇明大纪》36 卷等。至此，私家所撰明史编年、纪传、纪事本末三大史体具备。标志着当代史的纂修"出现了第一个高潮"。③

万历年间，私家纂修当代史热情未减。万历中叶以前修成的史书如下。

编年体史书：万历元年（1573），薛应旂撰成《宪章录》47 卷，记载洪武至正德朝史实。万历十年（1582），范守已撰成《肃皇外史》46 卷，专记嘉靖朝史实。万历十一年（1583），徐学谟撰成《世庙识余录》26 卷，专记正德朝史实，对《明世宗实录》有所驳正。万历二十二年（1594），吴瑞登撰成《两朝宪章录》20 卷，续接薛应旂《宪章录》，专记嘉靖、隆庆两朝史实。

纪传体史书则有：约万历二十一年（1593），邓元锡撰成《皇明书》45 卷，记太祖至世宗朝史实。

此外，尚有王世贞于万历十八年（1590）撰成《弇山堂别集》100 卷，此书为王氏拟撰写当代史所作的史料整理、考证的结集。他另有

---

① 钱茂伟：《论明中叶当代史研撰的勃兴》，《江汉论坛》1992 年第 8 期。
② 高岱：《鸿猷录》"序"，《四库全书存目丛书》《史部》19，第 2 页。
③ 钱茂伟：《论明中叶当代史研撰的勃兴》，《江汉论坛》1992 年第 8 期。

《嘉靖以来内阁首辅传》8 卷，记载嘉靖至万历初年内阁首辅如杨廷和、蒋冕、杨一清、张璁、夏言、徐阶、张居正等事迹，同时揭示了内阁制度发展的概况。还有刘应秋等《皇明七朝帝纪》40 卷等。

万历中叶以后成书的史书如下：

编年体史书：万历二十四年（1596），支大纶撰成《永昭二陵编年信史》6 卷。万历二十七年（1599），沈越撰成《嘉隆两朝闻见纪》12 卷，该书参考吴瑞登《两朝宪章录》和范守已《肃皇外史》，旁采他书，参互订正而成。朱之蕃评价称："其体既典核周详，其词亦雅驯简直，信野史之良，足备庙堂之采择者也。"[1] 万历二十八年（1600），黄光升撰成《昭代典则》，以编年体兼纲目体记载从开国至隆庆六年的史实，详于制度，略于事迹。万历三十三年（1605），卜世昌撰成《皇明通纪述遗》12 卷。万历四十三年（1615），涂山撰成《明政统宗》30 卷。万历四十七年（1619），谭希思撰成《皇明大政纂要》63 卷，编年记事，起洪武，迄于隆庆六年。每帝皆设"论赞"。万历四十八年（1620），张铨撰成《国史纪闻》12 卷。

纪传体史书：约万历二十八年（1600），李贽撰成《续藏书》27 卷，记明初至神宗以前 400 余人的事迹，仅有列传。此书为一部未成之书，其中掺杂他人之作。在评论人物时，因"扬善不刺恶"[2]，大违其孤高耿介的性格，而被怀疑非李贽所作。万历三十五年（1607），童时明撰成《昭代明良录》20 卷，旨在表彰君主之明，大臣之良，但略君详臣。

另有陈翼飞《史待》50 卷（今佚），雷叔闻《国史》40 卷，焦竑《国朝献征录》120 卷。李维桢续补雷礼《国朝进士列卿表》2 卷，雷礼原"表"迄于嘉靖二十三年，李氏续补至隆庆二年。许重熙《国朝殿阁部院大臣年表》16 卷，是一个综合性的明代职官年表，记事起洪武迄万历四十五年，后经增补至崇祯五年。吴登瑞《皇明绳武录》，是一部政要式史著，分格致、诚正、修身、齐家四纲十二目。徐学聚《国朝典汇》200 卷，是一部明朝典章制度史。记载了明太祖开国至隆庆间二百多年朝廷内外典章故实。

天启至崇祯年间纂修的编年体史书主要有：锺惺《明纪编年》12 卷，

① 朱之蕃：《刻两朝闻见录题辞》，《四库全书存目丛书》《史部》7，第 253 页。

② 李维桢：《续藏书序》，《续藏书》卷首，中华书局 1974 年版，第 2 页。

前 8 卷记洪武至天启年间史事，后 4 卷为清顺治年间王汝南补续崇祯、南明弘光、隆武史事。冯复京《明右史略》50 卷，此为最终未成之书，已成洪武、建文、永乐三朝为 21 卷，成祖以下至隆庆，只书年代，间书一二史事。后人将之分为 29 卷。沈国元《皇明从信录》40 卷和《两朝从信录》35 卷。陈龙可《皇明十六朝广汇记》28 卷，记洪武至天启朝事。高汝栻《皇明法传录》因对沈国元、陈龙可两书之不满，仿《通纪》而续之。许重熙《宪章外史续编》（又名《五朝注略》）14 卷，记事起正德末止天启末。

纪传体史书有：尹守衡《皇明史窃》105 卷、朱国桢《皇明史概》120 卷、吴士奇《副书》100 卷、何乔远《名山藏》109 卷、刘振《识大录》（帝典 24 卷，列传不分卷）等。

此外，尚有黄凤翔《嘉靖大政类编》2 卷，专记嘉靖朝大政，自大礼、四郊以下分 19 类，涉及册立分封、京营、河道、阉宦、兵变、北房、南倭等内容。董其昌《万历事实纂要》300 卷、《神庙留中奏疏》40 卷，史继偕《皇明兵制考》77 卷，钱谦益《皇明开国功臣事略》，黄尊素《隆万两朝列卿纪》，吴伯与《国朝内阁名臣事略》16 卷，徐与参《本朝生气录》16 卷，这是一部专记忠孝节义人物的合传。

明清鼎革之际被称为天崩地裂的巨变时期，是中国历史的一大转折点。面对目不暇接的各种事变，明末清初的官员或士人纷纷拿起笔来，记录或纂修发生在这一特殊时期的历史，因此涌现出大量杂史（见第五章中专题介绍）。

清初一些明朝的遗民和清初的官员、学者或致力于收集、整理和编纂明代的史料，或致力于明史及南明史的编纂，或直接和间接地襄助官修《明史》。顺治至康熙年间完成的史书有黄宗羲《明文海》《明史案》《弘光实录钞》和《明儒学案》、顾炎武《圣安皇帝本纪》、王夫之《永历实录》、谈迁《国榷》、傅维鳞《明书》、张岱《石匮藏书》和《石匮书后集》、计六奇《明季北略》和《明季南略》、谷应泰《明史纪事本末》、温睿临《南疆逸史》等。此外，尚有吴炎、潘柽章撰写的《明史记》，可惜因庄廷铙明史案被毁没有流传下来。

总之，明初以来，私家纂修当代史，呈现修史队伍人数多、史书数量大、体裁多样等特点。

二　明末清初私家修史兴盛的原因及背景

关于明代私家修史兴盛原因的探讨，姜胜利《明代野史述论》（《南开大学学报》1987 年第 2 期）、钱茂伟《论晚明当代史的编撰》（《史学史研究》1994 年第 2 期）、杨艳秋《明代史学探研》（人民出版社 2005 年版）第五章"以当代史勃兴为特色的私家史学"第一节"发展状况与兴盛原因"等先后都有论述。归结各家之说，主要有以下七个方面的原因：一是继承历代重视当代史的传统。二是《明实录》的缺失和万历中叶国史编纂的失败刺激了私家修史的热情。三是经世致用思想的影响。四是史料的积累和《明实录》的传布。五是对前人私修当代史的不满，欲以完善。六是统治者撰史政策宽松和禁网的松弛。七是出版业的发达。

笔者以为，明初以来，重视以史为鉴风气的形成也是促进私修当代史繁荣的因素之一。从洪武到万历历朝皇帝都十分重视发挥史书"彰善瘅恶，树之风声"的作用。据钱茂伟统计，明太祖亲自拟定编成的史鉴书有 36 种[1]，比如，太祖朝编有《资世通训》《储君昭鉴录》《贤奸录》《昭鉴录》《世臣总录》等。其中，《资世通训》言君道所当为者 18 事，次言臣道所不当为者 17 事，又有斥僧、道，戒愚痴，劝农桑，训工商等内容。《贤奸录》分列贤者如萧何、富弼等人之事迹，同时又列王莽、王钦若等奸人之事迹。《昭监录》介绍宗室之贤否，为善恶之劝惩。成祖朝编纂 8 种，如《孝顺事实》，记孝顺者 270 人。《为善阴骘》，记为善者 165 人。宣宗朝编有《历代臣鉴》，始于春秋郑国子产，终于元代帖木儿。汉唐宋起自萧何，止于文天祥凡忠义之士 137 人，又记自田蚡至贾似道凡奸佞之人 42 人。另编有《外戚臣鉴》。万历朝编有《帝鉴图说》，列举从唐尧至宋哲宗历代善者 81 事，又列举从周太康至宋徽宗时恶者 36 事。使黑白类分，以为借鉴。[2] 上之所好，下必甚焉。最高统治者重视以史为鉴的风气直接影响着一代学人。他们不仅继续编纂各种史鉴类史书，而且通过编纂当代史，从中总结本朝兴衰治乱的原因，以图为当时和后世提供借鉴。

明中叶后，著名思想家王阳明指出："以事言谓之史，以道言谓之

---

① 钱茂伟：《明代史学的历程》"明代官修教化书表"，社会科学文献出版社 2003 年版，第 48—50 页。

② 参见涂山《明政统宗》卷首《圣制目录》，《四库禁毁书丛刊》《史部》2，第 111 页。

经，事即道，道即事。《春秋》亦经，五经亦史。《易》是包牺氏之史，《书》是尧、舜以下史，《礼》《乐》是三代史。"又说："五经亦只是史，史以明善恶，示训诫，善可为训者，时存其迹以示法，恶可为戒者，存其戒而削其事，以杜奸。"① 此即为"五经皆史"说。而后史学家王世贞沿用了此说，指出："天地间，无非史而已。""六经，史之言理者也。"② 不管他们提出这个观点的动机和用意如何，但客观上破除了儒经的神秘色彩，扩大了史学的视野，提高了史学地位，推动了史学的理学化向非理学化的转变。在这个学说的影响下，一些学者认为，史的作用比经更大，因此转研经为研史、写史。正如王世贞所云："史学之在今日倍急于经，而不可以一日而去者也，故曰君子贵读史。"③ 在这种重史风气影响下，一些官员往往利用独特的条件收集、整理当朝奏疏、邸报、档案文书等原始材料，在此基础上致力史书编纂。也有一些原本致力于科考进仕而未能如愿的士子们为了扬名，个别的也不排除牟利的可能，便把主要精力转而放在研史、写史上。

明中叶以来，出现私家修史的第二个高潮期，其原因自然包括以上归纳的各个方面。但特殊的历史背景则从客观上促使这一时期私家修史的繁荣。在明代学者看来，太祖、永乐朝"国势甚强"，而后经数朝国势渐衰，到正德朝衰败至极，嘉靖帝起而振兴，虽然当时也面临"夷虏盗贼"的侵扰，但"皆归扫刷涤荡中，而天下宴然。"④ 万历前期，张居正秉政，"国势几于富强"，而后"因循牵制，宴处深宫，纲纪废弛，君臣否隔。于是小人好权趋利者驰骛追逐，与名节之士为仇雠，门户纷然角立。驯至裒（指天启帝）、愍（指崇祯帝），邪党滋蔓。在廷正类无深识远虑以折其机牙，而不胜忿激，交相攻讦。以致人主蓄疑，奸贤杂用，溃败决裂，不可拯救。故论者谓明之亡，实亡于神宗。"⑤ 万历中叶前后先后发动宁夏平定哱拜、播州平定杨应龙和援朝抗日三大战役，且都获胜，但使明朝的人力物力遭受巨大损失，元气大伤。正如李三才所云：

---

① 王阳明：《王阳明全集》卷 1《传习录》上，上海古籍出版社 1992 年版，第 10 页。

② 王世贞：《弇州山人四部稿》卷 144，《四库全书》第 1281 本，（台北）商务印书馆影印本，第 350 页。

③ 王世贞：《纲鉴会纂序》，参见《纲鉴会纂》万历刊本卷首。

④ 朱国祯：《明史概》卷 34《大政记》，（台北）文海出版社 1984 年版，第 2049 页。

⑤ 《明史》卷 21《神宗本纪》，中华书局 1997 年版，第 294—295 页。

"劳师百万，费财亦百万，士民愁苦，海内驿骚，其于中国毫毛有裨哉。"① 因此可以说，万历中叶是明王朝由盛而衰的转折点。自此，明王朝面临的各种危机日益加重。主要表现为：一是统治阶级内部的矛盾加剧，万历四十三年（1615）发生的梃击案、泰昌元年（1620）发生的红丸案和移宫案就是一个例证。而后魏忠贤擅政，镇压东林党人，门户之争愈益激烈。二是南倭北房、后金的侵扰日趋严重。明初以来，倭患和残元势力的侵扰不断挑动明王朝敏感的神经。最为严重的要数嘉靖二十九年（1550）的"庚戌之变"，当时俺答部落南下攻大同，又攻宣府，转逼蓟镇，毁边墙，在京师附近焚掠八日而去。而倭寇对东南沿海地区的侵扰日益频繁。到了万历年间，边疆危机更为严重。南京户科给事中颜文选在万历二十年（1592）所上《时事可忧兵食不足敬陈一得以裨安攘疏》中云："今虏西侵矣，倭东报矣，逆贼鼓兵而叛，骄卒挟饷而噪者数见矣。"② 王在晋也云："今所虞者，大举入寇之倭；昔之倭为边幅四肢之患，今之倭为神京肘腋之患。……当事者不得不以倭为外惧。"③ 尤其是万历四十六年（1618）后金努尔哈赤以"七大恨"誓师告天，兴兵反明，攻城略地，更成为明王朝的心腹大患。正如颜季亨所称："今东夷不啻负隅，西寇尚余噍类，国病剧矣。"④ 三是各种社会矛盾激化。万历以来战争、灾荒频仍，朝廷只有加重对百姓的盘剥，才能应付各种支出。自万历二十四年（1596）始，朝廷分遣宦官到各地开矿、征税，对百姓敲诈勒索，进一步激化了矛盾。对此，原南京礼部尚书王弘海曾上疏云："国家元气在民生，频年以来抽税之使络绎不绝，彼此交征，如张密网，民不堪命。"⑤ 凤阳巡抚李三才也上疏言："所在饥荒，流民千百成群，攘窃剽窃日闻，久而不散，恐酿揭竿之祸。"⑥ 万历中叶以来各种民变、兵变、宗室之乱此起彼伏。最终酿成明末农民大起义，导致明王朝灭亡。虽然其后在南方相继建立弘光、隆武等几个小政权，但均为短命小王朝。

① 李三才：《历陈国势病縣疏》，黄宗羲：《明文海》卷60《奏疏》，中华书局1987年版，第518页。

② 吴亮辑：《万历疏钞》，《四库禁毁书丛刊》《史部》59，第568页。

③ 王在晋：《海防纂要》"序"，《四库禁毁书丛刊》《史部》17，第449页。

④ 颜季亨：《九十九筹》卷1《计治标本》，《四库禁毁书丛刊》《史部》51，第204页。

⑤ 《明神宗实录》卷342，万历二十七年十二月，（台北）中研院历史语言研究所1982年版，第6346页。

⑥ 《明神宗实录》卷344，万历二十八年二月，第6396页。

面对边疆危机、社会矛盾的激化和改朝换代的大动荡，一些官员和学者继承了以史经世的思想，通过撰写史书，或宣扬"二祖"（太祖、成祖）和历朝的文治武功，以图振奋士气；或总结历朝的治乱兴衰的经验教训，以为当下或以后提供历史借鉴；或记载自己的所见所闻，或加工整理各种史料，为今后的修史提供可靠的史料。于是这一时期形成了"人各操觚，家期马、班"的局面。

三　明末清初私家修当代史群体分析

明末清初私家撰修当代史队伍之大，涉及社会各阶层范围之广，前所未有。按照本书内容的分类，当代军事史和各种杂史的纂修分别放在第四章、第五章中论述。因此没有将当代军事史及杂史的作者计算在内。下列简表仅将影响较著的当代史作者收入，以分析其地域分布、出身、历官情况等。

明末清初私家纂修明当代史作者简表

姓名	籍贯	出身及任职	著述	成书年代
卜世昌	浙江秀水	诸生	《皇明通纪述遗》	万历二十三年
支大纶	浙江嘉善	万历二年进士刑部主事、奉新知县	《世穆两朝编年史》	约万历二十四年
屠叔方	浙江秀水	万历五年进士，广东道监察御史	《建文朝野汇编》	万历二十六年
徐学聚	浙江金华	万历十年进士，山东提督学政	《国朝典汇》	万历二十九年
沈德符	浙江嘉兴	万历四十六年举人	《万历野获编》	万历三十四年
童时明	浙江淳安	诸生，常熟县丞广西永淳知县	《明代明良录》	万历三十五年
张铨	山西沁水县	万历三十三年进士，浙江道御史、江西巡按	《国史纪闻》	万历三十九年
涂山	江西南昌	平民	《明政统宗》	万历四十三年
焦竑	江苏南京	万历十七年进士，翰林院修撰等	《国朝献征录》	万历四十四年
钱谦益	江苏常熟	万历三十八年进士，翰林院编修、南明礼部尚书，降清任礼部右侍郎	《国初事略》《开国功臣事略》	天启七年至崇祯元年
黄尊素	浙江余姚	万历四十四年进士	《隆万两朝列卿记》《大事记》	未详

续表

姓名	籍贯	出身及任职	著述	成书年代
吴士奇	安徽歙县	万历二十年进士，湖广右布政使、太常寺卿	《皇明副书》	约天启年间
沈国元	浙江秀水	诸生	《皇明从信录》《两朝从信录》	约天启年间　崇祯三年
何乔远	福建晋江	万历十四年进士，刑部云南司主事、仪制司郎中	《名山藏》	约崇祯年间　未最后定稿
尹守衡	广东东莞	万历十年举人，福建清流县教谕、浙江新昌县令	《明史窃》	崇祯三年
朱国祯	浙江乌程	万历十七年进士，南京国子监祭酒、礼部尚书兼东阁大学士	《皇明史概》	约崇祯三年
许重熙	江苏常熟	太学生	《宪章外史续编》	崇祯六年
钱士升	浙江嘉善	万历四十四年状元，翰林院修撰、礼部尚书兼东阁大学士	《皇明表忠纪》	约崇祯六年
刘振	安徽宣城	平民，曾任范景文幕僚	《识大录》	约崇祯十五年
谈迁	浙江海宁	诸生	《国榷》	顺治七年
傅维鳞	直隶灵寿	崇祯十五年举人，顺治三年进士，清左春坊左中允、工部尚书	《明书》	顺治十年　未完稿
谷应泰	直隶丰润	顺治四年进士，户部主事、提督浙江学政金事	《明史纪事本末》	约顺治十五年
吴炎、潘柽章	江苏吴江	诸生	《明史记》	顺治十八年　未完稿
查继佐	浙江海宁	崇祯六年举人，鲁王兵部职方司主事	《罪惟录》	康熙十一年
张岱	浙江绍兴	平民	《石匮书》、《石匮书后集》	约康熙十年
黄宗羲	浙江余姚	诸生	《明儒学案》	康熙十五年
计六奇	江苏无锡	塾师	《明季北略》、《明季南略》	约康熙十年
温睿临	浙江乌程	康熙四十四年举人，内阁中书	《南疆逸史》	约康熙五十年

资料来源：此表据《千顷堂书目》《明史艺文志》和钱茂伟《明代史学编年考》编。

　　表中共列 29 位明末清初较为知名的史学家，他们都著有一部乃至多部史书，从体例上看，这些史书或编年体，或纪传体，或纪事本末体，或综合体。从内容上看，或通纪有明代历史，或记载一朝或数朝历史，或侧重记载人物事迹，或侧重记载典章制度、学术思想，或编纂一代文献。从撰者地域分布来看，浙江和江苏籍贯的作者各占 15 人和 6 人，安徽 2 人，直隶 2 人，江西 1 人，山西 1 人，福建 1 人，广东 1 人。显然，江浙一带作者占绝大多数。钱茂伟曾对嘉靖中期至康熙中期明史纂修作者的地理分布作过研究，他认为，私修明史首先是从福建、广东破冰的，接着由南而北，浙江、南直隶、江西诸地也开始有人修史。并认为"南方地区是公认的经济、教育、出版、文化发达之区，读书人层面较厚，关注国史写作的人也多，而北方则远不及。"① 阚红柳对清初史家的地域分布也做过分析研究，她认为："史家的地域分布与文化发达地区基本上成正比。"江浙地区具有雄厚的经济基础、良好的文化环境，加之明清鼎革之际江浙地区抗清斗争诸多因素推动了该地区私家修史的发达。② 这些分析是十分有道理的。以上列表如把军事史作者和明清鼎革之际杂史编者计算进去（分别见于第四章、第五章），江浙地区作者所占比例会更高。从出身和功名看，29 人中有进士 13 人，举人 4 人，诸生和太学生 8 人，平民 4 人。从官职来看，他们中既有像朱国祯、钱士升做到内阁首辅、东阁大学士那样的高官，更多的是中下层官员。还有占近一半的诸生、太学生和平民等。由此可见明末清初私修当代史队伍的构成涉及社会各个阶层。入清后，遗民是撰修明史的主力军。他们大都抱着"任故国之史事以报故国"的理念，或收集整理相关史料，或记载耳闻目睹，或致力于明史的纂修，或间接襄助官修明史。也有一些清朝官员或出于史家对前朝史负责任的态度，或为清修明史提供襄助而投身明史的纂修。总之，明末清初私家修史队伍之大，所修史书数量之多，在中国史学史上是空前绝后的。

---

① 钱茂伟：《明末清初明史编纂特点三论》，《史学月刊》2009 年第 4 期。
② 阚红柳：《清初私家修史研究——以史家群体为研究对象》，人民出版社 2008 年版，第 141—144 页。

第二节　《皇明通纪》续补诸作考述

嘉靖时期，陈建编纂的《皇明历朝资治通纪》（简称《皇明通纪》）是第一部系统记载明洪武至正德朝历史的编年体通史著作。该书问世后，学界对其褒贬不一。比如，沈德符称其："皆采掇野史，及四方传闻，往往失实。"又称："此书俚浅舛讹，不一而足。"① 范守己称："陈氏《通纪》草次亡文，采摭虽云不苟，而芜俚可厌。"② 然给予好评的也不少。如邓元锡称："陈东莞建仿荀氏《汉纪》撰《皇明通纪》，于人才、风俗、政体、边防三致意焉，视宋李焘《长编》有过无不及矣。"③ 沈国元称："览者以其编年叙事，文顺义明，遂推为本朝典故权舆。"又称："当圣明不讳之朝，百家纷纷竞胜，于是取《通纪》折中之，删芜纳新，削荒引实，参覈之详，编摹之精，尤称精简。"④ 足见其影响之大。隆庆五年九月，工科给事中李贵和上疏言："我朝列圣实录，皆经儒臣奉旨纂修，藏在秘府。（陈）建以草莽之臣越职僭拟，已犯自用自专之罪矣。况时更二百年，地隔万余里，乃欲以一人闻见，臧否时贤，荧惑众听，若不早加禁绝，恐将来以讹传讹，为国是之累非浅浅也。"于是朝廷"下礼部复议，请焚毁原版，仍谕史馆毋得采用"。⑤ 然而此次焚毁原版，并未能有效阻止该书的流传。正如沈德符所云："至是始命焚毁，而海内之传诵如故也。近日复有重刻行世者，其精工数倍于前。"⑥ 但由于朝廷明令禁毁，该书在私下传抄、刻印过程中难免出现了阙卷、删节、讹误等情况。正如钱茂伟所云："早在万历中期，人们已搞不清《通纪》的卷数。万历《粤大记》卷24《陈建传》有'哀辑圣祖启运以来迄于正德，为《皇明通纪》，凡三十四卷。'《千顷堂书目》及《明史艺文志》作'陈建

---

① 沈德符：《万历野获编》卷25《著述》、"焚《通纪》"条，中华书局1997年版，第638页。
② 范守己：《皇明肃皇外史》"序"，《四库全书存目丛书》《史部》52，第3页。
③ 邓元锡：《函史》下编卷13《经籍记》，《四部存目丛书》《史部》28，第284页。
④ 沈国元：《皇明从信录总例》，《四库禁毁书丛刊》《史部》1，第6页。
⑤ 《明穆宗实录》卷61《隆庆五年九月》，上海书店出版社1982年版，第1491页。
⑥ 沈德符：《万历野获编》卷25《著述》"焚《通纪》"条，第638页。

《通纪》二十七卷，又续《续通纪》十卷。'甚至有人怀疑《通纪》作者不是陈建。"①但由于该书是明人纂修的第一部编年体当代史，受到当时学者的重视，于是出现了续补《通纪》的风气。正如谢国桢先生所云："明代史学，自陈氏《通纪》流传宇内，人各操觚，遂成一时风气。……其续《通纪》之作者尤繁。"②钱茂伟也指出："续补《通纪》成风，是晚明史坛的一大奇观。"据其统计，续补《通纪》的主要有支大纶、卜大有、卜世昌、沈国元、董其昌、江旭奇等十四五家。③他在《陈建〈通纪〉及续补诸家略考》（《文献》1993 年第 3 期）一文中则从宏观角度对主要续补者略加考证，但过于简略。后来他在《明代史学历程》第十四章中设有"风靡晚明的《通纪》续补风"一节，从宏观上总结和分析了晚明《通纪》续补风气形成的因素、对续补者及其著述略加介绍，对主要几位续补者及著述尚未及深入研究。因此有必要作进一步探讨。

一 支大纶《世穆两朝编年史》（一名《永昭二陵编年史》）6 卷

支大纶（1534—1604），字心易，学者尊称为华平先生。浙江嘉善奉贤里人。幼年聪慧，人称其为神童。嘉靖四十三年（1564）举于乡，万历二年（1574）登进士第。历官刑部主事、南昌府教授、泉州推官、江西布政司理问，奉新县知县。大约于万历六年（1578）因人谗言中伤，被罢职回乡。人称其："素性不习时态，不务干谒，不畏强御，不近匪人，不事生产"，"尤重节义，愤世忧时"。回乡后，"扃门谢客，著述课子而已。"④"腰间傲骨，避公门若仇，归田十九年，仅一入郡。"⑤又称其："计先后（为官）四年罢免，负郭无田，家徒壁立，裋褐蔬食菜羹以老。"⑥

支氏续写《通纪》显然在罢职回乡之后。他自称："蒲柳未秋，桑榆

---

① 钱茂伟：《明代史学历程》第十二章"当代史编纂的勃兴"，社会科学文献出版社 2003 年版，第 227 页。

② 谢国桢：《晚明史籍考》卷 1《通记》"有明一代史乘"，华东师范大学出版社 2011 年版，第 38 页。

③ 钱茂伟：《明代史学历程》第十四章"晚明当代史编纂的繁荣"，社会科学文献出版社 2003 年版，第 313—315 页。

④ 冯盛世：《华平先生传》，参见《支华平先生文集》附录，《四库全书存目丛书》《集部》162，第 482 页。

⑤ 曹蕃：《华平先生墓碑记》，参见《支华平先生文集》附录，《四库全书存目丛书》《集部》162，第 480 页。

⑥ 邹迪光：《支华平先生集序》，《四库全书存目丛书》《集部》162，第 4 页。

非晚，悲名称之不植，托空言以自见。"于是决定续写陈建《通纪》，"效司马迁《史记》、司马光《通鉴》，分格辨体，援古质今，粹为卷牍"。① 先成《世宗编年史》，友人项德桢称道："世庙德泽，亘古独永，《通纪》诸书，概未皇及，士流企慕，怒焉如饥，亟畀梓人，以扬丕烈。"② 不久又修成《穆宗编年史》。据支氏"自序"，该书最后成书于万历二十四年（1596）。

支氏撰写该书以褒贬自任。他自称："《永昭编年史》出，知我罪我者半矣。是书也，惟阐节侠，戮奸宄，轻轩冕，奖隐逸，睥睨一世，讥弹罔贷。"③ 李维桢也称其："不得其平，则鸣在《永昭二陵编年史》。大指重节概，崇实德，奖文学，非然者讥刺不讳。"④ 比如，他评价王阳明称："文成鞠躬尽瘁，病剧而归，殁于道路，为臣死忠可已矣，而言者犹以擅离重镇咎之（案：指王氏受命镇压思恩、田州、八寨、仙台、花相等地瑶族、僮族叛乱，因病上疏告退）。世之忌功如此。"⑤ 再如，他评价胡宗宪称："宗宪古良将才也，其捭阖纵擒，玩弄黠贼于肘腋间。东南数十郡，赖以无虞。厥功懋哉。华亭（徐阶）恶嵩，而因恶其所与用者，嗾党攻击，死于非命。令宗宪无死，北攘俺酋，奚至屡迫京畿，焚掠无忌也。房寇日，政府诸臣束手无策，靡财杀人，畿甸为墟，胡不以罪宗宪者画一策哉？"⑥ 在高度评价胡宗宪的同时，直接指责徐阶"嗾党攻击"，使胡宗宪"死于非命"。同时，指斥当时诸臣"束手无策，靡财杀人，畿甸为墟。"又如评价耿定向，称其"非特圣世之逆臣，亦儒家之贼子也"。⑦ 在论及严嵩被籍没家产"不及刘瑾之十一"，张居正"所籍更少"时，他称："或谓政府阴纳其半，曲为纵舍，而一时义子、门生尽居要地，营解甚力。即主上英断如世庙，岂能不惑众楚之咻乎？"⑧ 真可谓

---

① 支大纶：《世穆两朝编年史自序》，《四库全书存目丛书补编》76 册，第 7 页。
② 同上书，第 6 页。
③ 曹蕃：《华平先生墓碑记》，参见《支华平先生集》附录，《四库全书存目丛书》《集部》162，第 480 页。
④ 李维桢：《明进士文林郎华平支公墓志铭》，参见《支华平先生集》附录，《四库全书存目丛书》《集部》162，第 471 页。
⑤ 支大纶：《永陵编年史》卷 2，《四库全书存目丛书补编》76 册，第 57 页。
⑥ 同上书，第 150 页。
⑦ 同上书，第 165 页。
⑧ 同上书，第 151 页。

"善无微而弗扬，恶必显而后称。""饰浮炫俗者，不废砭针；奸名以聚贿者，重为掊击。"① 因此该书刊刻时"亦贵纸一时"。②

但是，由于支氏距嘉靖、隆庆两朝不远，其性好臧否，自然会得罪一些人，故遭到某些人的攻击。比如，沈德符称"其书以嘉靖初元为始，似续陈建所著，然专藉以报夙仇。且屡改易以行垄断。抑《通纪》之不若矣。宜亟付秦焰，免致诖惑后学可也。"③ 又称其："某某以功业文章著，某某以贪酷奸邪著，俱信笔任口，无一得实。有罹其毒而先知者，辄以重赂相恳，则凿去姓名，别易一人。又赂则又改，其楮墨互换处，一览洞然。士大夫恨恶之。而其人素横秽，无屑与辨者。至耿楚侗（定向）尚书，虽与江陵（张居正）素厚，要其生平自在。乃至云与徐文贞（阶）谋叛。盖两人俱其深仇也。又自云江陵夺情，欲草疏纠正，为其所觉，构陷被谪。此不惟无疏可据，即考当时年月，亦了无相涉。此等书流传，误后世不少。"④ 支大纶是否有受贿涂改的史实，今已无从查证。但支氏的人品决非像沈德符所描绘的那样。支氏在训示儿子时说："自守要刚介，勿以言语相投而起狎心，勿以势利偶合而生纵心。"⑤ 他的友人李日华称其："洁廉好义，襟府洒落。"⑥ 陈继儒评价说："读其书，想见其风采，殆古之至刚之人也。"⑦ 冯盛世称其"有强直自负之气"，"宁忤时必不忍违心"。⑧ 因此，很难想象具有这样人品的人居然因受贿而曲笔。可见，沈氏的话是不可尽信的。

二 卜世昌、屠衡《明通纪述遗》12 卷

卜世昌，浙江秀水人，诸生。冯梦祯称其："甫束发即嗜读班氏书，且时时从长老考问朝家典故及诸钜卿琬琰家乘之详，间与其友屠生衡暨从弟辈扬挖今古。"⑨ 其弟卜万祺称其："少负轶才，博洽娴文。"⑩ 屠衡，

① 支大纶：《世穆两朝编年史自序》，《四库全书存目丛书补编》76 册，第 6 页。

② 陈懿典：《两朝从信录序》，《四库禁毁书丛刊》《史部》29，第 579 页。

③ 沈德符：《万历野获编》卷 25《焚〈通纪〉》，中华书局 1997 年版，第 638 页。

④ 沈德符：《万历野获编》卷 25《私史》，中华书局 1997 年版，第 631 页。

⑤ 支大纶：《支华平先生集》卷 28《与如玉儿》，《四库全书存目丛书》《集部》162，第 334 页。

⑥ 李日华：《支华平先生文集叙》，《四库全书存目丛书》《集部》162，第 6 页。

⑦ 陈继儒：《支华平先生文集叙》，《四库全书存目丛书》《集部》162，第 8 页。

⑧ 冯盛世：《支华平先生集》"耕余跋"，《四库全书存目丛书》《集部》162，第 14 页。

⑨ 冯梦祯：《皇明通纪述遗》卷首"序"，《中国史学丛书三编》，（台北）学生书局。

⑩ 卜万祺：《皇明通纪述遗》卷首"叙"，《中国史学丛书三编》，（台北）学生书局。

浙江鄞县人，诸生，文学家屠隆的宗侄。两人均热衷于修史。他们本想仿效薛应旂《宪章录》，但担心其"遗采者惧不胜采也"。欲仿效郑晓《吾学编》和王世贞《弇山堂别集》采用纪传体，又"愧弗敢赞也"。故"退而从东莞（陈建）之后也"。① 从事续补《通纪》的工作。据卜万祺回忆称："臣辄过兄昌，辄见其与友人屠衡相对危坐，阖扉呷哦。忽一日手示一编曰《皇明通纪述遗》。"② 显然，两人并非在闭门吟文作诗，而是在商量编史的相关事宜。在会商编纂宗旨、体例、内容的基础上，两人有分工地进行编纂。四库馆臣称其："旧本一卷、二卷、四卷、五卷、八卷、九卷、十卷、十二卷皆题秀水卜世昌校订。三卷、六卷、七卷、十一卷皆题秀水屠衡校订。"③ 万历三十三年（1605）成书。

该书主要补《通纪》之遗漏。记事起元至正十一年，终明隆庆六年。冯梦祯称其："因取稗官丛说，伦鸠编次，疑者阙之，芜秽者裁之，鄙陋者文之。为卷一十有二，名曰《通纪述遗》，以补陈氏之未备。……自内庭斧扆迄藩封夷虏，于凡史治民风，忠魂谀舌，戚畹貂珰，美丑必录，细大靡遗，含法旨于恢辞，寓正言于片语。微而直，隐而彰，义例立而道法兼，彬质有其文矣。"④ 屠隆也称其："其义隐，其文庄，其体裁有度，考核详明，删订精确。"⑤

由于《皇明通纪》记事多有缺漏，因此《述遗》一书重在补充史实。仅以其中卷2为例。如洪武十三年六月《通纪》仅记太祖关于"今洪武十三年，天下秋粮，尽行蠲免"的诏令，和遣使勅谕吴良、胡美之事。⑥《述遗》则补充："是时胡惟庸事觉，上乃命翰林院儒臣纂录历代诸侯王、宗戚、宦官之属悖逆不道者凡二百十二人，备其行事以类书之，赐名《臣戒录》。颁布群臣，俾知所警。"⑦ 补充《臣戒录》编纂及缘由。

再如关于汪广洋之死，《通纪》在洪武十二年中没有提及，而《述遗》则在该年十二月中补充："贬右丞相汪广洋于海南，道卒。"并详细

---

① 卜万祺：《皇明通纪述遗》卷首"叙"，《中国史学丛书三编》，（台北）学生书局。

② 同上。

③ 《四库全书总目提要》卷49《史部》4《编年体存目》"明通纪述遗"，海南出版社1999年版，第278页。

④ 冯梦祯：《通纪述遗序》。

⑤ 屠隆：《皇明通纪述遗》卷首"序"，《中国史学丛书三编》，（台北）学生书局。

⑥ 钱茂伟点校：《皇明通纪》卷6《皇明启运录》，中华书局2008年版，第221页。

⑦ 屠隆：《皇明通纪述遗》卷2，《四库全书存目丛书》《史部》14，第51页。

交代其死因，称其："颇躭酒色，与胡惟庸同在相位，惟庸所为不法，广洋知而不言，止察其然。敕以洗心补过。广洋内不自安。久之，占城贡物使者既至，广洋不为引见，上下书切责之，广洋惧甚。至是御史中丞涂节言诚意伯刘基为胡惟庸毒死，广洋宜知状。上问广洋，广洋对无是事。上颇闻惟庸挟医往候基病，饮以毒药。因责广洋欺绐。居海南州，次太平，复遣使敕之，广洋得赐书，惧甚，遂自缢死。"①

卜、屠二氏还往往以按语形式或引前人之论，对史实、人物等发表议论，或考证史事。如洪武三年四月，元顺帝病死于应昌（今内蒙古克什克腾旗西）。五月李文忠攻克应昌。"李文忠捷奏至，时百官奏事奉天门，闻元主殂，遂相率称贺。"为此，太祖"因谓治书侍御史刘炳曰：'尔本元臣，今日之捷，尔不当贺。'因命礼部榜示北方捷至，尝仕元者不许称贺"。② 对此卜氏评论道："我祖开基，虽延揽英雄，不问其类，而于节义所在特加之意。……北方捷至，则尝仕元者不许称贺，其扶植纲常，培养节气而为万世人臣立极。奚暇顾一时左右之难堪哉。既而建文之朝，遂多死难之士，感应之机，真捷若影响矣。"③ 充分肯定明太祖扶植纲常，培养节义的举措。

又如关于对著名学者吴与弼的评价。前人有褒有贬。但褒扬者居多。如吴瑞登称其："小楼坐卧，收敛身心，其不为俗所染可知。当其承英宗之聘，辞谕德之官，殆《易》所谓不事王侯，高尚其事者。有士如此，取其节焉足矣。而世儒议其规卿相之位，有傲世之心，抑何好议其短哉。稽之我明二百年如与弼者，盖不数数得也。"④ 而屠衡却采取一边倒的态度，称其："（吴）与弼有文集行世，所载疏陈十事，皆无所发明，跋石亨族谱，则自称为门下士。其日录所记，每多说梦见文王、孔子与诸子，复言梦孔子来访，朱子来访。如是者至再至三。或谓其攀贤附圣，伊洛诸儒，未尝有此。"又引薛应旂称："按：张元祯之不足于与弼者多矣。罗伦平生无一语称与弼。……罗钦顺亦言其学一无所得。"⑤ 企图从人格和学术两个方面否定吴与弼的学术地位，这个评论显然带有门户之见。

---

① 屠隆：《皇明通纪述遗》卷2，《四库全书存目丛书》《史部》14，第50—51页。

② 同上书，第31页。

③ 同上。

④ 吴瑞登：《两朝宪章录》卷2，《四库全书存目丛书》《史部》16，第578页。

⑤ 屠隆：《皇明通纪述遗》卷6，《四库全书存目丛书》《史部》14，第170页。

卜氏还十分注意对史事的考证。如卷 4《永乐十八年》记关于周王谋反事，卜氏先引《震泽纪闻》所云右都御使王璋率三四御史直造王府，称："朝廷已命丘太师将兵十万将至"，并建议周王主动将三护卫献给朝廷，由此化解此次危机。后考辨说："考之国史，非王璋，乃王彰也，永乐十八年十月，河南中护卫军丁俺三等屡上变告周王谋反。上使亲信大臣覈之实矣，乃用金符召王，俾以明年二月至京师。明年正月王先期入。丙午，陛见，上出俺三等告词示之。王辞穷顿首，言：'死罪、死罪。'上以至亲，赦不问，置之王邸。四月丙申命尚书蹇义等二十六人巡行天下，抚安军民，而王彰得河南。壬申周王还国，奏纳三护卫官军。许之。命驸马都尉广平侯袁容往河南，量留仪仗亲随外，余悉赴京。癸丑至壬申仅二十日耳，计王彰履任之日，王已上疏辞护卫旬日矣。彰未命巡抚之先，王已召至京承反谋矣。告反者丁俺三也。彰无与也。迁护卫者袁容也，彰无与也。且丘太师死塞外已十年矣，何以复云将兵十万且至耶？"[①] 在此厘清了平息周王谋反过程中的当事人及经过。

在对史事考证的过程中，卜氏还注意汲取前人的考证成果。如关于解缙下狱及死因，野史多有不实记载。如《传信录》言："文皇一日召解缙至便殿，屏左右问曰：'汉王英武类我，太子不如也。于汝意何如？'缙曰：'太子守成，主天下之本，岂可轻动。'文皇默然。缙出遇太子谓曰：'陛下爱汉王，殿下恐不得久在东宫矣。'太子忧甚，明日遂投井，左右救免。文皇闻之，召太子问曰：'我初无以庶易嫡之说，汝闻之谁耶？'对曰：'解缙言之耳。'文皇怒，遂置缙于诏狱。"对此卜氏引王世贞考辨之言："按解公初以泄其语为汉王所诉，出为交趾参议，又三年请凿章江水，忤旨下狱。久之，竟以旧憾忿死。今言太子投井，随即下狱，大误。"[②] 证明《传信录》所载解缙下狱的时间及死因都是错误的。

四库馆臣批评该书称其："编年纪载，多捃拾稗史之言，冗杂特甚。如首卷多载元顺帝荒淫琐事，与明无关，殊失断限之义。又如以成祖征漠北时太监沐敬进谏之事，窜入建文四年之末，则纪载之无法，可以概

---

① 《皇明通纪述遗》卷 4，《四库全书存目丛书》《史部》14，第 115 页。
② 同上书，第 105 页。

见矣。"① 按该书记事起自元至正十一年,在首卷元至正十三年十一月中记载"西番僧教元主行房中运气之术","元主日从事其法,广取女子,惟淫戏是乐","君臣宣淫"。② 以此显示元亡之征兆,有何不可?所谓"与明无关,殊失断限之义"实为强加之罪名。至于指责其"以成祖征漠北时太监沐敬进谏之事窜入建文四年之末",此也并非"记载之无法"。原文称:"建文中太监沐敬慷慨直言",紧接着将其后来从成祖征漠北时冒死劝谏之事附于其后,也无不可。屠衡本意是借此说明太祖"亲贤好士,砥砺英豪"及建文帝"益敦人重名节,士惜廉耻"的影响。③ 这种穿插记事的方法在《左传》《通鉴》中屡见不鲜,有何不妥?

三 沈国元《皇明从信录》40 卷、《两朝从信录》35 卷

沈国元,字飞仲,后改名为沈常,字存仲。浙江秀水(今属嘉兴)人,诸生。友人称其:"博综百家,肆力史学。其于二十一史固已穷网罗而洞端委。"④ 著作有《皇明从信录》《两朝从信录》《流寇陷巢记》《甲申大事记》等。

《皇明从信录》40 卷,据陈懿典所云:"沈生先有《皇明从信录》,自洪永至万历。稿创于辛酉岁,刻竣于丁卯春,已不胫走四方。"⑤ 可见,书稿创于辛酉即天启元年(1621),刻印于丁卯即天启七年(1627)。《通纪》纪事迄于正德,《续纪》补记嘉靖、隆庆两朝,于是"览者以其编年叙事,文顺义明,遂推为本朝典故权舆"。但沈国元对此并不十分满意,他认为,当朝"名贤辈出,博洽代兴","百家纷纷竞胜",涌现出一批当代史著作,如《宪章录》《吾学编》《大政记》《昭代典则》《明政统宗》等,"于是取《通纪》衷之,删芜纳新,削荒引实"。对《通纪》及《续纪》进行订正。他自称:"参覈之详,编摹之确,允称精简。"⑥ 在此基础上,沈氏补续了万历朝的史实。他认为:"神庙(万历帝)嘉言台政,彰彰在人耳目,然无成书,无以慰海内士民觐扬切念。"于是,"广为搜

① 《四库全书总目提要》卷 49《史部》4 编年类存目"明通纪述遗",海南出版社 1999 年版,第 278 页。

② 《皇明通纪述遗》卷 1,《四库全书存目丛书》《史部》14,第 4 页。

③ 《皇明通纪述遗》卷 3,《四库全书存目丛书》《史部》14,第 90 页。

④ 毕懋康:《二十一史论赞序》,《四库全书存目丛书》《史部》148,第 535 页。

⑤ 陈懿典:《两朝从信录序》,《四库全书存目丛书》《史部》29,第 578 页。

⑥ 沈国元:《从信录总例》,《四库禁毁书丛刊》《史部》1,第 6 页。

讨，无虑千卷，连章只字，罔不酌领，然必详注所出，不敢掠前人之美也"。①

沈氏订补《皇明从信录》恪守以下三个准则：一是对"政令议论"，以出自"黄阁总揆"为准，"故录中必详。其余则以职掌之所在，定一是而条隶之，不复不滥。""凡有益后场经济者，全取节录。""凡无关大政，无裨实典，讦奏而秽毒相攻，狥私而毁誉交舛，亵渎君听，淆乱人情，虽工弗录。"二是对皇帝的"诏论敕旨"，不敢"妄赞一辞"，"谨遵本文成句恭读，以便后学诵习"。而对"名贤奏对条议"，"略为标注圈读，晓然揭其意指之所在，使人开卷即得"。三是对"灾祲变异，备载以验占考。"故书中多保存荒诞无稽之记载。如嘉靖四十年三月记："真定府属城一妇人于右肋下产一男，甚雄伟，六岁而死。"② 又如万历十五年十二月记："秀水思贤乡有异鸟集于树上，人头鸟身，脖下有白须。"③ 诸如此类甚多。

《两朝从信录》35 卷，是一部记载明朝泰昌、天启两朝史事的著作。它是为续《皇明从信录》而作。沈氏在该书取材过程中恪守以下原则：一曰"尊旨"。所谓"录中悉称谕诰敕制，以重丝纶"。二曰"因述"。即"凡心品邪正，言行得失，任议虚实"，"悉本邸奏，非同剿说"。三曰"全录"。凡"事关重大""可法可传"之奏议全录。四曰"节录"。"凡言可以睹指而竟其归，事可以挈要而遗其散者"，编中稍加删定。五曰"汇纂"。"凡军国大事，如会议公奏，或各一议一疏，悉载则冗，遗漏则缺，故取其详确不移之议，聚之一章，以便查考。"六曰"采辑"。"凡稗官小乘、野史塗歌，有则必访，真则必录。"④

在该书撰写过程中，沈氏则恪守以下原则：一曰"存信"，"如奏捷献俘之类，要必的确。于何日攻城克堡，于何处擒获真夷，庶有分别"。不允许"浪夸战胜，浊上首功。"二曰"是非"，"凡是非之昭然，一定而不可易者，无须置辨。其或似是而实非，百非而一是，不惮剖陈，以彰公道。"三曰"达观"，即对一个人的评价"不能驱盖世以狥意，逐一

---

① 沈国元：《从信录总例》，《四库禁毁书丛刊》《史部》1，第 6 页。
② 沈国元：《皇明从信录》卷 312，《四库禁毁书丛刊》《史部》1，第 537 页。
③ 同上书，第 619 页。
④ 沈国元：《两朝从信录述意》，《四库禁毁书丛刊》《史部》29，第 581 页。

节以求全"，要做到"笔墨无私，随人本等。甚勿以疵美而歧嗔喜见。"
四曰"平论"，即对当朝发生的重大案件，要"静思熟审"，探寻其"至
公至平、千停百当道理所在"。比如关于熊廷弼、王化贞之狱，"言者虽
纷，要必以司寇之谳为铁案"。"梃击一事，有神宗皇帝处分，情法两
全。"五曰"缺疑"，对邸报中"有妙绝奏章，一经抄报人录写千差百讹，
读不能竟，亦竟置之"。① 沈氏修史秉持一种求实存真、客观公正的态度，
是十分难能可贵的。

总之，以上几部《通纪》续补之作，各有自己的特点，或重视对人
物、事件的评论，或在《通纪》记事的基础上，"删芜纳新，削荒引实"，
或补充《通纪》记载的遗漏，为完善和续补《通纪》做出了重要贡献。
但需要指出的是，在诸多《通纪》续补之作中，也不乏相互抄袭的内容。

第三节 "披沙拣金，聚狐择腋"

——张铨撰《国史纪闻》

张铨（1577—1621），字宇衡，先世为阳城（山西省阳城县）人，元
末其远祖张庆始迁徙沁水（今山西省沁水县）窦庄。出身官宦之家。其
祖父张官官至户部郎中。父张五典，官至南京大理卿。张铨为万历三十
二年（1604）进士，授保定推官，后升任浙江道御史，出巡陕西茶马，
后又巡按江西。先后任御史十多年。后任辽东巡按，驻辽阳。因辽东经
略袁应泰无能，天启元年（1621）三月辽阳失陷，张铨被俘不屈，引颈
待刃。后金军将其押回官署。张铨整好衣冠，遥拜京师和父母，然后自
刎而死，年仅45岁。朝廷赠其大理卿，再赠兵部尚书，谥忠烈。张铨一
生喜好经史的研究和史书的编纂。他自称："余不敏，于书鲜所窥测，顾
独好观史传。每凭几开卷，读古人之嘉言善行可法可则者，则勃然兴；
其神谋秘画投机合窾巧发奇中者，则欢然喜；或情与事相觭意，与时相
违，若隐若含，若合若离者，则沉然思；又或忠而获罪，信而见疑，志
之不得伸，功之不得遂，甚且身之不得完也，则慨然叹而洒然泣。要以

---

① 沈国元：《两朝从信录述意》，《四库禁毁书丛刊》《史部》29，第581页。

摹往古之神，参天下之变，挈已成之矩，作后起之法而已。"① 著有《春秋集传》《左国合编》《鉴古录》《国史纪闻》等。另有《张忠烈（公）存集》30 卷（原为 35 卷），流传于世。

《国史纪闻》是张铨史学代表作。迄今尚无人对此进行研究。该书编纂始于万历三十八年（1610），作者自称："庚戌岁（即万历三十八年）以上谷理官被征候命阙下，闲居无事，因得讨论国朝旧章，悉取诸书，置之几案，参较异同，披沙拣金，聚狐择腋，更历寒暑始竣。"② 可见，该书编纂历时一年左右，成书于万历三十九年（1611）。而《千顷堂书目》卷 4《编年类》称："张铨《国史纪闻》十二卷。万历四十八年巡按江西时辑。" 显然有误。而《四库全书总目提要》称其"书成于万历庚戌（三十八年）"，则是把始修年代当成了成书年代。关于这一点，杨翼骧先生《中国史学史资料编年》已经指出。该书之所以叫"纪闻"，是因为"铨自以职非史官，不得见实录、记注，仅取各家之书，讨论异同，编次成帙，所谓得之传闻而不敢据以为信也"。③

张铨编纂《国史纪闻》具有明确的针对性。他认为，由政府官修的《实录》"藏在天府，外廷之臣无繇得窥，是以野史杂出，自国初以迄嘉隆，无虑数十家，然或诞而失真，或略而不备，或错乱而无章。惟先臣郑晓《吾学编》事核言简，鉴裁精密，庶几乎一代之良。惟时有避忌，《方技》《佞幸》诸传废而不录，未免有挂漏之憾，而体非编年，于兼总条贯之义，犹若谦让未遑焉"。④ 由于野史存在各种弊端，即就一代良史《吾学编》也存在不少问题。因此，他决定编纂《国史纪闻》，"于圣祖神宗之睿谟鸿烈、懿德丰功，颇能扬厉其万一。至国家之大经大法、名臣之嘉谋嘉猷，以及夫政事之张弛，人品之邪正，民生之休瘁、世道之淳浇、土宇之敀章侵削，亦皆识其梗概"。以"俟夫后之作者"，"以备採择"。⑤

---

① 张铨：《张忠烈公存集》卷 27《〈慕古录〉序》，《四库禁毁书丛刊》《集部》77，第637 页。

② 张铨：《国史纪闻序》，《四库全书存目丛书》《史部》17，第 6 页。

③ 《四库全书总目提要》卷 48《史部》4 编年体存目《国史纪闻》，海南出版社 1999 年版，第 279 页。

④ 《国史纪闻序》，《四库全书存目丛书》《史部》17，第 6 页。

⑤ 徐扬先：《国史纪闻序》，《四库全书存目丛书》《史部》17，第 7 页。

《皇明国史纪闻》是一部编年体兼纲目体明史，记事起元至正十二年明太祖起兵濠州，迄于武宗之末。纪事以年代为序，每事有一提纲，以大字提要为纲，小字分注为目，纲简目详。如洪武十四年"编赋役黄册"纲下，又以目的形式，详记赋役黄册的内容："以百一十户为一里，丁粮多者十人为长，于百户分为十甲。岁役，里长一人管摄里事。城中曰坊，近城曰厢，乡都曰里。十年一周。每里编为一册，册首总为一图。鳏寡孤独不任役者则附于一十户之外，名曰畸零册。成一本进户部，各布政司及府州县各存一本。十年一造，遂为定制。"① 又如永乐二年在"分女真地置都司卫所"纲下，以目的形式作详细介绍："海西女真野人头目来朝，设建州、毛邻、必里兀者、赤不罕等卫，封其头目为都督、都指挥、千、百户、镇抚等官，赐印诰，各统其属，以时朝贡。自后东濒海北，至奴尔干皆来归附。自开原以北，用其部族建置奴儿干都司一、卫三百八十四、千户所二十四。"②

《国史纪闻》十分重视记载太祖的开创奠基之功。首卷主要记载其东征西讨，翦灭群雄的丰功。卷2至卷3在逐年记载重大事件的同时侧重记载其定制立法的情况。如卷2记洪武元年至七年史事，其中有"定中书省官制""定郊社宗庙""定役法""始置六部官""定诸祀典""定冠服之制""定丧服之制""定封建制""定内侍诸官制""著宫阃令典""颁宪纲""定宦官品秩禁令""著官吏犯赃令""定有司考课法""更定大明律"等。卷3则记有洪武十年七月"设通政使司"，十三年"罢中书省，更六部官秩。改大都督府为五军都督府"，十四年元月"编赋役黄册"，十八年十月"颁御制大诰于天下"，二十年"鱼鳞册成"，等等。张铨重视记载洪武朝的定制立法，显然深谙明太祖所谓"自古国家建立法制者，皆在受命之君。以后子孙不过遵守成法以安天下。……后世守成之君，生长深宫，未谙世故，奸臣狗权利，作聪明，上不能察恶而信任之，变更祖法以败乱国家，贻害天下"③ 的旨意。意在彰显太祖创建的"不刊之典"，作为后世治理天下之规范。

《国史纪闻》还十分重视记载"名臣之嘉谋嘉猷"。比如在卷11中以

① 《国史纪闻》卷3，《四库全书存目丛书》《史部》17，第105页。
② 《国史纪闻》卷5，《四库全书存目丛书》《史部》17，第190页。
③ 《国史纪闻》卷3，《四库全书存目丛书》《史部》17，第142—143页。

较大的篇幅收录了弘治十八年（1505）时任户部主事李梦阳应诏上疏的内容。其中有言："夫天下之势，譬之身也。欲身之安，莫如去其病；欲其利，莫如祛其害；欲令终而全安，莫如使渐不可长。今天下之为病者二，而不之去也；为害者三而不知祛也；为渐者六而不使不可长也。"所谓"二病"，"一曰元气之病者，何也？所谓有其几无其形。譬患内耗，伏未及发，自谓之安。此乃病在元气。臣观当今士气颇似之。故曰元气之病。……二曰腹心之病，夫腹心之病者何也？攻之则难攻，不攻则亡身者也。臣窃计今事势，内官者，腹心之病也。夫内官者阴性而狠贪，其地逼近又朋比难剪，臣以为腹心之病"。所谓"三害"，一曰"兵害"，何谓"兵害"，主要指"冗食而无补，空名而鲜实"。"官不恤其军，豪势多占使。远者逃，近者潜，职司不以报，粮籍不开除，又壮丁各营其家，老弱出而应点，宜其食之者增而用之者寡矣。"二曰"民害"，"敛重而民贫，又贪墨在位，恩不下流也"。"富者剥削，贫者称贷，称贷之不足，则必鬻子，鬻子而不足，则必逋审。"三曰"庄场畿民之害"，直隶抛荒之地，洪武年间曾诏令听民开垦，而当今一些无赖之人将有主民田投献皇亲之家，"于是百年土著之民，荡产失业，抛弃父母妻子，千里之内举骚然不宁矣"。所谓"六渐"，一曰"匿之渐"，即所谓"兵连然耳然又苦浪费。今各边用兵，以将则庸，以卒则罢，糜财而无功，旷日而损威"。二曰"盗之渐"，盗贼的出现主要在"民穷"，"夫盗者非不知法当死也，彼以为往固无食矣，今盗而得食即死，不犹踰于馁乎？今盗而得衣即死，不犹踰于冻乎"？三曰"坏名器之渐"，即所谓"黜陟失制"，"荫黜其父者陟其子，黜其祖者陟其孙"。四曰"弛法令之渐"，即"有罪而赦之，是纵罪也。纵罪则奸长，奸长则政舛，政舛则民玩，民玩则令慢，令慢则法弛"。五曰"方术眩惑之渐"，即奉佛事仙。"今酒肉粗俗道士，陛下敬重之如神，尊为真人，又法王佛子等并肩与出入，珍食衣锦。"六曰"贵戚骄恣之渐"，如"寿宁侯招纳无赖，网利而贼民白夺人田土，拆人房屋，强掳人子女，开张房店，要截商货，而又占种人盐课，横行江河，张打黄旗，势如翼虎"。① 此疏一针见血地指出了当时朝政和社会的各种弊病。张铨之所以不嫌其长而全文照录，显然隐含有针砭时政、警醒当时最高统治者的用意。

---

① 《国史纪闻》卷11，《四库全书存目丛书》《史部》17，第467—474页。

《国史纪闻》另一特点是"芟稗官之浮夸，削野史之芜陋，备尚书之记载，省诸家之庞杂。"① 比如关于洪武十三年胡惟庸谋逆案的记载，一些稗官野史多记胡邸井出醴泉，邀上临幸，伏甲以图不轨及云奇告变之事。而张氏对此摒弃不用，直书"惟庸总中书政，招权纳贿，专肆威福，诸司封事有病己者，辄匿不闻"。"惟庸子驰马于市，马奔入辄辂中伤死，惟庸杀辄辂者，上怒，命偿其死。惟庸请以金帛，不许。惟庸乃谋起事。"② 直截了当地列出胡惟庸的罪状及案发的起因。再如关于靖难之役后建文帝的下落，万历中，盛传史仲彬《致身录》，言建文四年（1402），燕军至京师，建文帝从地道出逃，从亡者数十人，仲彬参与其中。后仲彬数次至滇、楚、蜀访帝，帝也数至彬家。后又有程济《从亡日记》记建文帝出逃之事。张铨似乎是相信建文帝出逃之说的。但他只是记载燕兵入金川门，建文帝"急招程济入问计，济曰：'天数已定，惟可走出免难耳。'初太祖临崩付上一小箧，封钥甚密，戒以急难乃启。至是启视之，乃度牒及披剃具。上遂落发易服从地道出。须臾宫中火发，传言上崩。程济从上，每遇厄济辄以术脱去，后济不知所终"。③ 并没就此演绎。尽管所载史事尚待考证，但记事较之其他野史要简练得多。

《国史纪闻》记事迄于武宗正德年间，嘉靖、隆庆、万历朝史实阙如。徐扬先称："惜无余暇辑及世庙而后。"④ 由此看来，由于张铨被朝廷征召，"候命阙下，闲居无事"时间不长，不久即有新的任命，因此尚未及编纂嘉靖朝及以后的历史，这不能不说是一个缺憾。

第四节　"秉天下之公心，以裁天下之公典"
——涂山与《明政统宗》

涂山，字子寿，豫章（今江西南昌）人。据涂乔迁所云："吾宗子寿年垂舞勺（十三四岁）孝友四闻，英姿雅抱。讪于一第。咳唾散落，皆

---

① 徐扬先：《国史纪闻序》，《四库全书存目丛书》《史部》17，第3页。
② 《国史纪闻》卷3，《四库全书存目丛书》《史部》17，第103页。
③ 《国史纪闻》卷4，《四库全书存目丛书》《史部》17，第176页。
④ 徐扬先：《国史纪闻序》，《四库全书存目丛书》《史部》17，第3页。

为流珠，结绿为世珍异久矣。"① 可见，其少年时以孝友著称，具有卓越的天资和高雅的情怀，言辞精当，议论高明。被世人视为"结绿"（宝玉）、"珍异"。但其在科场上很不得意，一生没有为官。后转而从事当代史的编纂。李维桢称："竖儒自括帖外鲜所涉猎。生白首青衿，寒肤嗛腹，乃能考屡朝之典故，究四方之利病，旁搜远览，摘铅次椠，可以副金匮之采，佐石画之筹。"② 当《明政统宗》修成付梓时，曾有人问涂山："史为天子之刑书，荣辱百代，自非德望、禄位、声势难其任。若固蓬户幺骨细人，安得越爼嘽哆，说奇道古于殿阁上。"③ 可见，涂山是以蓬户平民身份，在温饱难以维持的艰苦情况下从事史书编修的。

涂山撰修《明政统宗》缘起于官修国史的失败和对前人所修各史的不满。正如李维桢所云："生所为非史也。本朝无史，惟有列圣实录，与史不同体。顷修国史，中道而辍。天子命之宰执，主之一时，文学侍从之臣分曹载笔，尚损数年功绪。涂生则何敢言史？生见今世有为《通纪》者，为《吾学编》者，为《宪章录》者，为《大政记》者，为《昭代典则》者，人自董狐，家自司马，意制相诡，莫适折中，而窃以编年之法、会通衰序，使修史者便于讨论云耳。"④ 这里所说的"顷修国史，中道而辍"，是指万历二十二年设史局修国史，二十五年修史中止。官方修史的不力引起涂山的不满。他曾引弘治间翰林院编修何塘所云称："内外百司，各有职守，而史官独若无所事者，朝参之余，退安私室，于国家政务无分毫补益，犹且月受俸钱，日支廪给。既失官守之职，难逃尸素之讥。"⑤ 直接批评朝廷史官尸位素餐。此外，他对实录的修纂也颇不满意，曾引王鏊语称："成化以来，凡修史则取诸司前后奏牍，分吏、户、礼、兵、刑、工为十馆，事繁者为二馆。分派诸修史者以年月编次杂合成之。副总裁略加删削，总裁又略润色。三品以上官乃得立传，亦惟纪出身、官阶、迁擢而已。间有褒贬，又未必尽公，后世将何所取信乎？"⑥ 而对前人所修诸史的"意制相诡，莫适折中"亦颇多不满。为纠正各史

① 涂乔迁：《明政统宗》"叙"，《四库禁毁书丛刊》《史部》2，第104—105页。
② 李维桢：《明政统宗》"叙"，《四库禁毁书丛刊》《史部》2，第92页。
③ 涂山：《明政统宗》《凡例》，《四库禁毁书丛刊》《史部》2，第108页。
④ 李维桢：《明政统宗》"叙"，第91页。
⑤ 《明政统宗》卷16《弘治四年》，《四库禁毁书丛刊》《史部》2，第484页。
⑥ 同上。

之失，故编纂当代史料以供日后官修明史者取资。故该书《凡例》中每每称"以俟当事者之菱採""以备鸿裁"①，也即此意。又据涂山所称："余奉先人之手泽，昕夕兢兢以不得藉手是恶。顷幸卒业，亦惟继志以毕其分耳。"② 这里所说的"奉先人之手泽"，疑其先人曾有作史之遗稿，涂山以没有借助而惭愧，表示只是继承了先人修史之遗志尽了自己的本分。

《明政统宗》修成于万历四十三年（1615）。涂山编纂依据的主要材料有《皇明玉牒》《皇明诏令》《皇明政要》等 178 种文献。③ 其中，包括《宪章录》《吾学编》《通纪》《鸿猷录》《弇州别集》等前人所修诸史，也包括《菽园杂记》《琅琊漫抄》《可斋杂记》《双槐岁钞》等明人笔记及各种论说、疏议。

该书为编年体明史，记事起自开国，迄于隆庆六年（1572）。涂山自称："集编年序事，悉仿《续编》之例矣，然例有追言其始者，有述言其终者。"④ 可见，又具有纪事本末体的特点。在该书目录上，每朝有一标题，如太祖"肇基之绩"（附建文"逊位革除"），成祖"靖难之勋"，仁宗"洪熙御极"，宣宗"承统之烈"，英宗"居夷之贞"，景帝"监国之繇"，英宗"复辟之谊"等。该书还兼有纲目体的特点。自朱熹创立"纲为提要，目为叙事"，"纲"仿《春秋》，"目"效《左传》的纲目史体以来，后来学者纷纷效仿这种史体。涂山虽没有明言采用纲目体，但实际上采用了纲目体。故张师绎在本书"叙"中云："求其寓目而当心者，惟朱紫阳之《纲目》，旨发《春秋》，意取《左氏》，实于国家之兴废，年代之绝续，人君之贤否，臣工之忠佞，僭国之窃据，华夷之名分，抑扬与夺，华衮斧钺，显微阐幽，是诚另辟一新宇宙大观哉。"⑤ 涂乔迁也称："寓目而当心者，惟朱紫阳继麟经（指《春秋》）之后，纲仿《春秋》，目拟《左氏》，纲目名编，实史学之指南。"⑥

该书的编纂有以下三个特点值得关注。

---

① 《明政统宗》《凡例》，《四库禁毁书丛刊》《史部》2，第 107 页。
② 同上书，第 109 页。
③ 参见《明政统宗》《参考书目》，《四库禁毁书丛刊》《史部》2，第 115—117 页。
④ 《明政统宗》《凡例》，《四库禁毁书丛刊》《史部》2，第 107 页。
⑤ 张师绎：《明政统宗》"叙"，《四库禁毁书丛刊》《史部》2，第 97 页。
⑥ 涂乔迁：《明政统宗》"叙"，《四库禁毁书丛刊》《史部》2，第 104 页。

第一，重视发挥以史为鉴的作用。该书既名《明政统宗》，因此，作者把记事的重点放在记述明代政治发展的轨迹上，以达到以史资治的目的。他称："集自黻冕（指代朝廷官员）以至貂珰（指代宦官）巨细微丑，靡不备载。至若宫幕之謦笑，莝掖之滑稽，悉芟薙之。"① 他认为，明太祖是明朝"肇基"之人，因此特别注重辑录其总结历史、训告臣下的"谟训"，以作后世君臣为人处事之准绳。

比如卷2《洪武二年》"附录"记明太祖与侍臣论及"古之女宠、寺人、外戚、权臣、藩镇、蛮夷之祸"。卷4《洪武十六年》十月记"上与侍臣论历代创业及国祚修短"。《洪武十七年》闰十月记"上与侍臣董伦等论人臣事君之道"。《洪武十八年》七月记"上与大学士朱善论任人之道"。《洪武二十年》十月记"上与诸将论兵政"。卷5《洪武二十二年》七月记"上与侍臣论守成之道"。《洪武二十七年》记"上与侍臣论人主聪明不可使有壅蔽"。同年五月"上与侍臣论毁誉之言不可不辩"。六月"上与侍臣论魏武侯不如楚庄王"。《洪武二十九年》七月记"上与侍臣论唐主不当用宦者鱼朝恩"等。每条大都详载君臣所论之内容。如洪武二年太祖称："朕视往古，深以为戒，然制之有道。若不惑于声色，严宫闱之禁，贵贱有体，恩不掩义，女宠之祸何自而生？不牵私爱，裁以至公，外戚之祸何由而作？阉寺近习，职在扫除，供给使令，不假兵权，则无寺人之祸。上下相维，大小相制，防耳目之□蔽，谨威福之下移，则无权臣之患。藩镇之设，本以卫民，使财归有司，兵必待符而调，岂有跋扈之忧？至于御夷狄，则修武备，谨边防，来则御之，去不穷追，岂有侵暴之虞？"② 又如洪武二十二年太祖称："朕昨观史，见前代人君好听谗言者必至败乱。盖国有谗佞，忠良之害也。贤者事君必以正，初若落落难合，终实有益。谗佞憸巧之人，善承人主意，人主多为所惑。始若无害，终实无所不至，其妨贤病国可胜道哉。是以人君图治，必保贤哲，去谗佞。"③ 涂氏借此以告诫后世君主如何革除历代王朝所存在的各种弊政。

此外，他还注意揭露各种社会矛盾。比如卷24《嘉靖十九年》二月

① 《明政统宗》《凡例》，第107页。
② 《明政统宗》卷2《洪武二年》，第149页。
③ 《明政统宗》卷4《洪武二年》，第207页。

记御史姚虞上"流民图",详载姚虞上疏所言:"承天修建陵宫及阳春等门,其工作匠役,俱官为召募。故郧阳、襄阳及河南饥民皆来就役,欲资口实,携妻褓子,不下万计。而其匠作有额,不能容收屯积,饥饿积尸载途。虽有司次第掩埋,而死者相继枕藉尤多。其尚存者或鬻子捐妻,或剥木掘草,或相向对泣,或矫首呼天,犹可言也。及其父不顾子,夫不计妻,飘零于阴雨积雪之中,匍匐于颓垣荒垅之下。臣实掩鼻酸心,抚膺流涕,有不忍言。"① 又如卷26《嘉靖三十二年》记南京给事中祁清上疏请减冗费,言及山东、山陕、湖广、江浙等地"或经岁恒旸,赤地千里,或大水腾溢,畎亩成川,或草根木皮掘剥无余,或子女充飧,道殣相望。"而归德等处"则盗贼公行,道路梗塞"。苏、松滨海之处"则倭夷狂噬,井邑丘墟"。② 以此来警醒统治者要重视民生,缓解社会矛盾,以求长治久安。

第二,力求客观、公正地记载史实、评价人物和事件。涂氏称:"论史之为职,要秉天下之公心,以裁天下之公典。""自起居注废而国是淆矣。是以论史贵公而详。故无所考者不得书,有所讳者不敢书,嬖于好者不可书,家乘是而疑誉者不敢摘也,野史非而疑毁者弗敢庇也,其龃龉而两有证者,又当两存之。"③ 他认为:"盖以传信阙疑,本史之职,干系匪轻。若徒信耳、信手、信口、信胸臆,则卮言无当耳目,尽成荆棘矣。"④ 本着这种公正求实的态度,他对所载史事大都进行了比较、鉴别和考证。

在涉及"人物之贤否,言行之臧否",即对人物评价时,涂氏认为:"要皆考据群籍,直书不敢虚美隐恶以重秽史之咎。孔子曰谁毁谁誉,三代之所以直道而行也。"⑤ 比如,评价建文帝称其:"即位初,尊贤养老有诏,垦田、兴学有诏。而遣大臣巡行天下,以察良剔蠹,所以督化理而阜民生,谆谆恳至诚,宽仁大度,足以继世之贤君也。"同时指出,其采用"削藩"之策,激起燕王等反叛。"迨北兵既举,而将不效谋,士弗用命,徒使中原无辜,横罹锋镝之惨。执柄者方且计用礼改官名,易制度,

①《明政统宗》卷24《嘉靖十九年》,第674页。
②《明政统宗》卷26《嘉靖三十二年》,第20页。
③《明政统宗》《凡例》,《四库禁毁书丛刊》《史部》2,第107页。
④ 同上。
⑤ 同上。

绝不闻有济危扶陨之策。"① 再如评价王守仁战功时指出："夫守仁凌越险阻，削平诸山寇，无不动合机宜，卓有成算。况宸濠以乌合之众、庸懦之材，曷足以当之。盖守仁社稷之功，固在讨宸濠，而其用兵，则不若平诸寇之难也。"② 充分肯定王阳明在扑灭少数民族起义和平定宁王朱宸濠之乱中发挥的重要作用。

又如评价严世蕃称其："浊乱朝政，本其父嵩得政日久，盗弄威福，乃至罄国帑，竭民膏而不足以满其豁壑；塞公道，悖天常而无所用其忌惮。"然对其加之以"谋逆""谋叛"的罪名，涂山持怀疑态度。他说："谋逆、谋叛事之有无，不可知。而奸党正律则无所辞。"③

对于一些史事的评价，他也能力求实事求是。比如，针对关于内阁大臣票旨"几于擅国柄"的说法，他指出："（范）守已于徐少师阶处，盖见世庙谕札及改定旨草云。人尝谓辅臣拟旨，几于擅国柄，乃大不然。见其所拟，上一一省览审定，又有不留数字者。虽当上心，亦更易十数字，示明断。有不符意，则驳使再拟。再不符意，引札谯让，或诃责之矣。故辅臣无不惴惴惧者。"④ 由此否定了阁臣票旨权力被放大的说法。

第三，尽可能多地收录"有裨于国家"的"小传、札记、题辞"及"奏疏论策"，"以备鸿裁"。由于涂山编纂此书的目的是为后来官修明史提供素材，因此，在编纂过程中，他尽可能地收录相关材料。比如卷12《景泰七年》正月"附录"于谦事迹云："于谦以国多事，穷午不还私第。多居止朝房，留一养子自侍。食无重味，非公宴不置酒。""言官尝言谦柄用过重，（太监）兴安言只说'日夜与国家分忧，不要钱，不爱官爵，不闻家计。朝廷正要用人，似此才寻一个来换于某？'众官默然而退。"⑤ 从细节上补叙于谦以国为重，清廉为政的高尚品质。又如卷28《嘉靖四十一年》十月详载御史林润上疏言宗藩之事，其中称："言今天下极弊而大可虑者莫如宗藩。""臣观河南开封，洪武中惟有周府。今郡王增至三十九府，将军至五百余，中尉仪宾不可胜数。举一府而天下可

① 《明政统宗》卷6，《四库禁毁书丛刊》《史部》2，第257页。
② 《明政统宗》卷20，《四库禁毁书丛刊》《史部》2，第581页。
③ 《明政统宗》卷28，《四库禁毁书丛刊》《史部》2，第72页。
④ 同上书，第82页。
⑤ 《明政统宗》卷12，《四库禁毁书丛刊》《史部》2，第398页。

知。天下财赋岁供京粮不过四百万，而各藩禄米凡八百五十二万。……藉令全输已不足禄米之半，况吏禄军饷皆出其中乎？自郡王而上，犹得厚享。将军而下，至不能自存，饥寒困苦，号呼道路，聚而诉有司守土之官，不惟俱辱，且俱生变。奈官司困于难供，而宗藩病于不给。天下无可增赋之理，而宗藩正当蕃衍之时，可不寒心哉。"① 在整理这些史料过程中，他做了大量"修残理梦"、删繁改讹的工作。他说："纪事纪言即修残理梦，不自附会。至其文之芜陋，字之粗鄙，每为改窜，以订其银根之讹，鲁鱼之讹。盖以史以传信，不妨润色前人，代匠斫也。"②

涂山还在该书后面"附卷"部分录有"名公论议"。他认为："史关世运污隆，人才升降，往迹具备如兵农钱谷，九边士马登耗之数，太仓水衡囷寺会计盈缩之额，与夫水利屯田、河渠海运，无不讲求利病，刻于卷末，一览无遗。"又认为："附卷惟边防最亟，次岛夷，次大宁，次河套、交趾者。"③ 其中，录有"海运议""日本颠末""占寇情""论南北事宜""九边总论"等，多与时务密切相关。由此也可窥见涂山以史经世的迫切愿望。

总之，涂山编纂《明政统宗》，一是为今后的纂修明史提供较为真实、可靠的史料；二是通过相关资料的编纂，为后世统治者提供历史的经验和借鉴。

第五节 "览者资之为政鉴，作者资之为史材"
——焦竑编《国朝献征录》

焦竑（1540—1620），字弱侯，号漪园，又号澹园，原籍山东日照。其远祖焦朔，明初以军功授南京旗手卫世袭千户。明太祖赐其名庸。焦竑于嘉靖十九年（1540）生于南京，幼而好学，师从其兄焦端。成年后先后拜泰州学派学者罗汝芳、耿定向为师。嘉靖四十五年（1566），耿定向在南京清凉山创办崇正学院，首选江南十四郡名士读书其中，焦竑被

---

① 《明政统宗》卷28，《四库禁毁书丛刊》《史部》3，第59页。
② 《明政统宗》《凡例》，《四库禁毁书丛刊》《史部》2，第107页。
③ 同上书，第108页。

耿氏举为众生之长，代掌讲席。他 24 岁时以较高名次通过应天府的乡试，成为举人。后七次到北京参加会试，均名落孙山。直到万历十七年（1589）50 岁时才以会试一甲七名、殿试一甲一名中魁，授以翰林院修撰之职，之后还出任过皇长子朱常洛的东宫讲官。万历二十五年（1597），在北京由明神宗钦点任顺天府乡试副主考，后在落卷中得徐光启卷，阅而奇之，毅然将其拔置第一名。因此引起同僚的忌恨，于是以收取贿赂、取士非人、所取试卷语涉险诞不敬等罪名遭到弹劾。后虽经礼部核查复议，所列罪名多无所据，但最终还是以试卷文体险诞的罪名将其贬为行人，不久又改谪福建宁州同知。实际上，此次科场案决非偶然，而是焦竑与朝廷权奸之间斗争的必然结果。正如他在给友人的信中所说："仆以戆直忤忤权奸，藉名文体指他人所取者，以为仆罪。"① 又云："曩者群奸党比，国本几摇，仆徒以苦口折其萌芽，至为所深忌，特假科场事击去之。"② 万历二十七年（1599），在地方官考核中，他又以"浮躁"之名被降秩。焦竑遂愤懑辞官返回南京。从此开始摆脱官场羁绊，过着清贫的读书、讲学、吟诗、作文的闲适生活，被称为"东南儒者之宗"。③

焦竑一生治学范围十分广博。其弟子陈懿典称："先生之学，以知性为要领，而不废博综。为诸生以迨上公车、入词林，无日不搜猎于古人之载籍，闻有异本秘册，必为购写。又日与海内名流讨析微言，订正谬误。《坟》《索》遗义，朝家故实，无不如指掌。"④《明史》也云："竑博极群学，自经史至稗官、杂说，无不淹贯。"⑤ 主要著述有《澹园集》《老子翼》《易荃》《焦氏笔乘》《焦氏类林》《玉堂丛语》《国朝献征录》《国史经籍志》《俗书正误》等。其中《国朝献征录》是借参加官修明史之机，由其个人编纂的一部明代人物传记资料集。

万历二十一年（1593），礼部尚书陈于陛上疏议修国史，拟以焦竑专领史局，焦竑最初予以谢绝。这显然与焦竑反对官修史书，主张私家修史有关。他认为："今之开局成书，虽藉众手，顾茂才雅士，得与馆阁之

---

① 焦竑：《澹园续集》卷 5《答顾中丞》，中华书局 1999 年版，第 849 页。
② 《澹园续集》，卷 5《答赵侍御》，第 850 页。
③ 钱谦益：《列朝诗集小传》丁集下"焦修撰竑"，上海古籍出版社 1983 年版，第 623 页。
④ 陈懿典：《尊师焦澹园先生集序》，焦竑《澹园集》下册附编二，中华书局 1999 年版，第 1214 页。
⑤ 《明史》卷 288《焦竑传》，中华书局 1997 年版，第 7393 页。

选者，非如古之朝领史职而夕迁之也。多者三十年，少者不下二十年，出为公卿，而犹兼翰林之职，此即终其身以史为官也。自非遴有志与才者充之，默然采其曲直是非于中外雷同之外，以待他日分曹而书之所不及，吾不知奚以举其职哉。"① 他认为，设馆修史造成了 "人自以为荀（悦）、袁（宏），家自以为政（刘向）、骏（刘歆）矣。而又置监修者以总之，欲记一事载一言，必行关白。法《春秋》者曰：'必须直辞'。宗《尚书》者曰：'宜多隐恶'。甚者孙盛实录，取嫉权门；王韶直书，见仇贵族。致使阁笔含毫，狐疑相仗。刘知几谓之'白首可期，汗青无日'，盖叹之也。"因此他得出结论："盖古之国史，皆出一人，故能藏诸名山，传之百代。而欲以乌集之人，勒鸿钜之典，何以胜之？故一班固也，于《汉书》则工，于《白虎通》则拙；一欧阳修也，于《新唐书》则劣，于《五代史》则优，此其证也。"② 他批评当时的史馆因 "世道日衰，人情不美"而"未得学行之人，徒为奔竞之地"。③ 他认为，修史时 "惟星历、乐律、河渠三项，非专门之人，难以透晓"，应该 "访有精通此学者，或召其人，或取其书，史官就问，大另删润，以垂永久。此外决当谢绝，勿启悸门"。④ 他自知无力去改变设馆修史的局面，因此无可奈何地指出："史之废久矣，改弦易辙则疑于纷更，循途守辙则疑于胶固"，故而提出一个折中的办法："馆局开矣，而又总之一家"，使 "权不他移，事有所统"。⑤ 实际上，这在当时是很难办到的。为此他做了妥协，最终出任明史局纂修官。由于种种原因，万历年间的修纂国史无果而终。万历二十五年（1597）六月，因皇极殿左右两廊失火，而史馆又建于皇极殿两庑，内贮已修的正史各志、纪、传初稿及其他资料，皆付之一炬。阁臣张位等遂奏停修史事。

然而，此次参与国史的纂修，使焦竑得以广泛接触相关史料，为他撰写《国朝献征录》提供了条件。当时设局修史面临的最大问题是缺乏资料。他指出："中秘之书……散失甚多，存者无几，藉令班、马名流，

---

① 焦竑：《澹园集》卷 4《论史》，中华书局 1999 年版，第 20 页。
② 《澹园集》卷 4《论史》，中华书局 1999 年版，第 20 页。
③ 《澹园集》卷 5《修史条陈四事议》，第 20 页。
④ 同上书，第 30 页。
⑤ 《澹园集》卷 4《论史》，第 20—21 页。

何以藉手？"① 于是他建议朝廷仿效永乐时求遗书于民间的做法。"责成省直提学官加意寻访，见今板行者各印送二部，但有藏书故家，愿以古书献考，官给以直；不愿者，亦钞写二部，一贮翰林院，一贮国子监，以待纂修诵读之用。即以所得多寡为提学官之殿最。书到，置立簿籍，不时稽查，放失如前者，罪之不贷。"② 他本人也十分关注史料的收集，他在给友人的一封信中写道："国史肇修，为方今一大事。……承见谕种种，皆大有关涉，即以告之总裁公。搜讨收入外，有载籍可资采择者，更望一二见示。郑端简公（晓）最名通今，其家国朝典故之书必多，丈一为转问其曰，仆自托人就其家传写之。闻云村先生有《革朝志》十卷，乞转藉一抄，至望。作者苦心，本欲传信，收入国史，亦自其所乐也。"③ 经过努力，大量史书开始聚集史馆。顾起元称其："取累朝训录、方国纪志与家乘野史，门分类别，采而缉之。自禁中之副，名山之藏，通都大邑之传，毕登于简。一代史材，犁然大备。"④ 可见，资料收集之广。据展龙统计，《献征录》凡征引碑传文字 3000 处，征引《明实录》的人物传记 363 处，征引明代人物传记，仅注明出处的 196 处，征引明人野史笔记和家乘小说 38 处，征引明代地方志 47 处等。⑤

焦竑编纂《献征录》始于其参修国史期间，后虽归隐，仍继续编纂和雠校。正如黄汝亨所云："先生即归田，若而年不忘其初，凡所睹闻，佥命掌记，时为缵辑。"⑥ 顾起元也称其："归卧东山"后，"意不忍忘，时为仇校，绪成其业"。⑦ 于万历四十四年（1616）撰成《国朝献征录》120 卷。

《献征录》所收人物数量之多，为其他明史文献所不及。据展龙统计，该书所收人物包括自元末至万历末年凡 3554 人。⑧ 四库馆臣称其

---

① 《澹园集》卷 5《修史条陈四事议》，第 30—31 页。

② 同上书，第 31 页。

③ 《澹园集》卷 13《答钱太学》，第 117 页。

④ 顾起元：《献征录序》，参见黄宗羲编《明文海》卷 214，中华书局 1987 年版，第 2151 页。

⑤ 展龙：《焦竑献征录征引文献考》，《图书馆杂志》2007 年第 3 期。

⑥ 黄汝亨：《献征录序》，《四库全书存目丛书》《史部》100，第 100 页。

⑦ 顾起元：《献征录序》，参见黄宗羲编《明文海》卷 214，中华书局 1987 年版，第 2151 页。

⑧ 展龙：《论〈焦献征录〉的史料价值》，《史学史研究》2007 年第 1 期。

"自洪武迄于嘉靖，搜採极博"①，显然有误。展龙《论焦竑献征录的史料价值》（《史学史研究》2007 年第 1 期）对此已有驳正。他指出，其中所收人物最早应起自明朝建立之前包括元末农民起义中的部分人物。下限也非"迄于嘉靖"，所收最晚人物李廷机卒于万历四十四年。顾起元称："若举一代王侯将相、贤士大夫、山林瓢衲之迹，巨细毕收，毋患堙薆，实未有若澹园先生之《献征录》者。""盖其目广于《列卿》（雷礼《国朝列卿记》）者什五，其人多于《琬琰》（徐纮《皇明名臣琬琰录》）者什七。至折中是非，综校名实，阙疑而传其信，斥似而采其真。"又称："此录出，而一代之人才、政事，如指诸掌，览者资之为政鉴，作者资之为史材。"②

　　该书卷 1 至卷 111，为宗室、外戚、公侯、官员的志传名状，依次为宗室、戚畹、公侯伯、中书、内阁大臣、各部院及寺、司、科、道官员，以及十三行省、南北直隶之职官。卷 112 以后，无官者，则按孝子、义人、儒林、艺苑、隐佚、寺人、释道、胜国群雄、四夷等传之顺序编辑。其中除《四夷传》记载的是一些外国和少数民族的地理位置、历史风情及与明朝的外交往来等事迹外，其他均为人物传记。

　　焦竑认为，修史必须做到贵贱善恶必书。针对所传修史旧例"大臣三品以上乃得立传"，焦竑指出："夫史以褒贬人伦，岂论显晦。若如所闻，高门虽跖、蹻亦书，寒族虽夷、鳍并诎，何以阐明公道，昭示来兹？"他认为，修史不应该以官秩的高低来决定何人入传，而应该以其人之行为是否有资于褒善贬恶，有助于人们分辨是非来决定。他明确指出："谓当贵贱并列，不必以位为断。"③针对当朝人所修《吾学编》《名臣录》之类多记有名公卿这一普遍现象，焦竑指出："至权奸误国之人、邪佞欺君之辈，未一纪述。今循此例，使巨恶宵人，幸逃斧钺，史称《梼杌》，义不其然。谓当善恶并列，不必以人为断。"④他认为，史书专记好人而不记坏人，就起不到惩恶扬善的作用。因此在《献征录》中，他不

---

　　① 《四库全书总目提要》卷 62《史部》18 传记类存目四《献征录》，海南出版社 1999 年版，第 349 页。

　　② 顾起元：《献征录序》，参见黄宗羲编《明文海》卷 214，中华书局 1987 年版，第 2151 页。

　　③ 《澹园集》卷 5《修史条陈四事议》，第 30 页。

　　④ 同上。

仅辑录王公卿相的事迹，而且特别注意辑录中下层官员如佥事、经历、知府、知州、知县、教授的事迹。在各类传中，也特别注意辑录民间的孝子、义人、艺人、隐士、释道人士的事迹。其中，多有清修《明史》所不收或漏收的人物与史事。

焦竑认为，仅据"台省之章疏与夫搢绅之志状"去编写史书带有很大局限性，因为人物的墓志碑文中存在着"任情附会，轻摇笔端"的现象。他指出："古之志铭，唯述其生死时日，以防陵谷之迁变。而后世子孙稍有赀力，妄为刻画，盖无不铭之祖父，亦无不善之墓铭。"① 而大臣们的奏疏情况也不一样。他说："余承乏史局，尝览观累朝奏牍，正德以前，核而朴，嘉靖以还，裁而练，至今日而华与实皆难言之矣。"② 因此，采用这些史料时，必须注意辨其真伪，核其虚实。他指出，"必不得已，章奏采矣，而又参之时论；志铭收矣，而又核之乡评"，这样，才能使"伪不胜真"、"同可为证"，"然后道法与事词并茂，刊削与铨配兼行"。③ 出于这样的认识，他在编纂《献征录》时，很注意史料的兼蓄并存，以给撰写国史人物传记提供比较、鉴别的空间。展龙统计过，其中一个人物两传并载的共 109 处，如记罗洪先，先引徐阶撰《罗公洪先墓志铭》，又引王时槐撰《念罗先生传》。也有三传并载者，仅有 5 处。如唐顺之，分别征引了《唐公顺之言行录》、李开先《荆川唐都御史传》和万士和《祭荆山唐先生文》等。此外，他还采用补裁法。在征引一篇传记的同时，还剪裁其他相关记载，以补充其不足。据统计，全书采用补裁法者有 61 处。④ 比如卷 11《李善长传》，先引录王世贞《中书省左丞相太师韩国公李公善长传》，后又剪裁黄金《开国功臣录》内容以作补充。四库馆臣认为，其"搜采极博，然文颇泛滥，不皆可据。"⑤ 实际上，这是在不明其编书宗旨而妄下的评论。

当然，《献征录》也存在着诸如"引据之书，或注或不注"⑥，以及

---

① 《澹园集》卷 4《论史》，第 20 页。

② 《澹园续集》卷 1《梁端肃公奏议序》，第 761 页。

③ 《澹园集》卷 5《修史条陈四事议》，第 21 页。

④ 展龙：《论焦竑献征录的史料价值》，《史学史研究》2007 年第 1 期。

⑤ 《四库全书总目提要》卷 62《史部》18 传记类存目四《献征录》，海南出版社 1999 年版，第 349 页。

⑥ 同上书，第 349 页。

体例混乱、引文重复等问题，但其提供材料之丰富、史料价值之高，是其他史书所无法相比的。《献征录》成书伊始，即在学界引起很大反响，"学士大夫向往此书藉观，至于简渝传写为之纸贵"。① 明末黄尊素在被捕入狱之际，曾嘱咐其子黄宗羲说："学者不可不通知史事，可读《献征录》。"② 著名史学家万斯同在阅读有关明史的"诸家记事之书"时"见其抵牾疏漏，无一足满人意者"，认为"惟焦氏之《献征录》一书，搜採最广，自大臣以至郡邑吏，莫不有传。虽妍媸备载，而识者自能别之，可备国史之采择者，惟此而已"。③ 足见此书影响之大。

第六节 "网罗放失旧闻，考订得失"
——钱谦益与明史的修撰及考证

钱谦益（1582—1664），字受之，号牧斋。万历十年（1582）出生于江南常熟（今江苏常熟）书香门第。祖父钱顺时，嘉靖三十八年（1559）进士，曾著《资世文鑰》百余卷。父钱丕扬，万历十九年（1591）举人，曾著《春秋说》10卷。钱谦益自幼喜读史书，15岁读《吴越春秋》，作《伍子胥论》，又作《留侯论》，受到时人赞赏。20岁时已熟读李梦阳、王世贞文集。万历三十八年（1610）29岁时考中进士，授翰林院编修，管理诰敕撰文。天启年间担任左春坊左谕德兼翰林院编修、詹事府少詹事，参与纂修《神宗皇帝实录》。后因与东林党人过从甚密被除名。崇祯朝被起用，任詹事府詹事、礼部右侍郎兼翰林院侍读学士。明亡后，在南明福王政权担任礼部尚书。曾给福王上《修国史疏》称："臣自壮岁登朝，留心史事二十余年，扬挖讨论，差有端绪。昔宋臣司马光编修历代通鉴，乞就冗官，以书局自随。臣愿以先例，即家开局。"④ 但由于战乱，

---

① 顾起元：《献征录序》，《四库全书存目丛书》《史部》100，第3页。

② 全祖望：《鲒埼亭集》内编卷11《碑铭》六《梨洲先生神道碑文》，引自朱铸禹《全祖望集汇校汇注》，上海古籍出版社2000年版，第214页。

③ 万斯同：《石园文集》卷7《与范笔山书》，《续修四库全书》《集部》别集类，第1415、510页。

④ 顾苓：《东涧遗老钱公别传》，参见钱仲联标校《牧斋杂著》附录，上海古籍出版社2007年版，第960页。

修史之事很难实施。清兵攻陷南京时，他投降清朝，任礼部右侍郎，充修《明史》副总裁。任职仅半年就称疾辞归。由于他晚年成了"贰臣"，因此学术界对其评价不一，但都充分肯定其在文学史上的地位。而由于其编纂的明史书稿等毁于一炬，史学著作仅存《国初群雄事略》《太祖实录辨证》《桑海遗录》《三史备言》等，因此人们对其史学的成就评价不高。梁启超曾说过："钱牧斋亦有志自撰《明史》，其人不足道，但亦略具史才。然其书无成，可不复论。"①

钱谦益在明清两朝均担任过史职，因此他始终以修国史为己任。他说："我二祖列宗之德业，如日中天，而金匮之藏，寥寥未有闻也。《实录》所载，不过删削邸报，而国史又多上下其手，乞哀叩头之诬，故老多能道之，恐难以信后也。国史未立而野史盛，汲之冢，齐东之野，至有以委巷不经之说诬高皇为嗜杀者，非裁正之，其流必不止。愚以为亟宜网罗放失旧闻，考订得失，以国史为经，以野史家乘为纬，州萃部居，条分缕析，而后使鸿笔之士，润色其辞。"并表示："执事者其亟图之，生愿握管以从焉。"② 早在天启四年（1624）他参与《神宗实录》时就留心相关史料的收集。他得以"翻阅文渊阁秘书，获见高皇帝手诏数千言，及奸党、逆臣四录"。③ 天启五年（1625）他"欲钞《昭示奸党》诸录，而削夺之命骤下（按：指被阉党崔呈秀指为东林党党魁，被弹劾削籍归乡），踉跄出都门，属门下、中书代写邮寄。于时党禁戒严，标题有奸党二字，缮写者援手咋指，早晚出入阁门，将钞书夹置袴裆中仅而得免"。④ 可见收集史料之难。从其所撰《绛云楼书目》看，为了撰写明史，他有意识地收藏了本朝相关史籍600多种，其中，分为本朝制书、本朝实录、本朝国纪、传记、典故、杂记六类。

在收集相关史料的同时，他还规划了国史应当包含的内容，认为：其一，"开国之功宜录也"。像功比萧何的李善长，善于帷幄谋议的陶安，武臣如耿炳文，文臣如叶琛、孙炎等，皆应收入。其二，"革除之节宜录

---

① 梁启超：《中国近三百年学术史》十五《清代学者整理旧学之总成绩（三）》，东方出版社1996年版，第333页。
② 钱谦益：《牧斋初学集》卷89《策第四问》，上海古籍出版社2009年版，第1855页。
③ 《牧斋初学集》卷28《皇明开国功臣事略序》，第844页。
④ 钱谦益：《牧斋有学集》卷38《与吴江力田生书》，《四库禁毁书丛刊》《集部》116，第246页。

也",其中应收录逊国诸臣,武臣如铁铉、词臣如方孝孺、台省官如景清等。其三,"抗节之贤当录也",他说:"二百年来,死事效忠之臣,后先接踵。如逆瑾之变,有三疏死杖下者,有坐草疏被逮,几死诏狱者,其事炳烺人耳目。"其四,"理学之贤当录也",如吴与弼、罗汝芳等"造诣卓绝者"均应收录。① 显然,钱氏准备修一部明代纪传体史书。

修一部当代国史面临着许多困难,对此钱谦益是有思想准备的。他说:"以二百五十余年之久,日历起居,因仍往事,辇轩上计,非询郡国,一旦欲贯穿掌故,罗覼放失,盖已难矣。"② 他认为:"史未可轻言也,诚有意于史,则亦先庀其史事而已。"所谓"先庀其史事",就是要仿效司马光修《通鉴》"先使其僚采摭异闻,以年月日为丛目。丛目既成,乃修长编"。③ 又云:"史事之难,不在旦夕成书,而在讨论贯穿,先理长编、事略之属。"④ 修长编的工作,实际是为撰写本纪做准备,他认为:"史之有本纪,一史之纲维也。今举驳杂细碎志传所不胜书之事,罗而入之于本纪。古之为史者,本纪立而全史已具矣。今之为史者,全史具而本纪之规摹犹未立也。发凡起例,举无要领;纪事立传,不辨主客。互载则复累而无章,迭举则错迕而寡要。"修事略则是为作列传做准备,他认为应该仿效宋人的琬琰之录,"汇聚家状别录,以备采择",仿元人苏天爵《名臣事略》"先疏其人而件系其事"。而书、志部分则应仿效元朝《经世大典》,"分天地春夏秋冬之别,凡君事者四,曰帝号、帝训、帝制、帝系;臣事六:曰治典、赋典、礼典、政典、宪典、工典"。⑤

他自称:"盖往者滥尘史局,窃有意昭代编年之事,事多抵牾勿就。中遭废弃。日夕键户,荟蕞所辑事略,颇可观览。天不悔祸,绛云一炬,靡有孑遗。"⑥ 可见,他已经着手编纂明史长编,可惜因"事多抵牾"而中途废弃。后编成事略,可惜顺治七年(1650)十月的一场火灾把钱氏藏书的绛云楼化为灰烬,事略自然难逃厄运。其中除宋元精本、各种图

① 《牧斋初学集》卷89《策第四问》,第1854页。
② 《牧斋初学集》卷90《制科三第三问》,第1873页。
③ 同上书,第1873页。
④ 钱谦益:《牧斋杂著》附"牧斋有学集文钞补遗"、"与李映碧论史书",上海古籍出版社2007年版,第491页。
⑤ 《牧斋初学集》卷90《制科三第三问》,第1873—1874页。
⑥ 钱谦益:《绛云楼题跋》"修史小引",上海古籍出版社2005年版,第33页。

书珍玩被焚外，据邹式金在《有学集序》中所言，钱氏"留心于明史，博询旁稽，纂成一百卷，惜毁于绛云一炬"。[①] 又据顾苓所云："丙戌、己丑之间（即顺治三年至六年间），搜讨国史，部居州次，起例发凡，以报乙酉二月之命（按：指弘光元年二月钱氏上请修国史疏，弘光帝命其'在任料理'）。而祝融（火神）甚之，与所论次昭代文集百余卷，荡为煨烬。"[②] 可见，钱氏纂修明史已有百卷成书，另有编次明代文集百余卷，可惜毁于一炬，今不得见。绛云楼的火灾不仅毁掉了钱氏一生收藏的图书珍宝，而且也毁掉了他继续编修明史的宏愿。后来，他看了吴炎、潘柽章撰写的《明史记》初稿时感叹道："老夫耄矣，不图今日复见二君。绛云楼余烬尚在，当悉以相付。"[③] 于是把残余的书籍交付吴、潘二人，以助其编纂明史。钱氏也因此而免遭庄廷钺明史案之祸。正如管庭芬所云："至虞山蒙叟自谓留心明史，著述垂成，因绛云一炬而灰冷。此史一行，其中悖谬之处必多，则祸不亚于崔浩矣。呜呼！岂钱氏之有祖德，藉一炬以灭其妄肆雌黄？鉴于庄氏，亦未始非虞山之深幸也夫！"[④]

钱谦益认为，纂修国史"其尤难者，则无甚于国初"。[⑤] 他指出："龙凤（大宋小明王韩林儿的年号）之于我明也，高皇帝未尝讳也，而载笔之臣讳之。今其事若存若亡，即不必列之世家，亦当存以月表之法（意即仿效《史记·秦楚之际月表》），而谁与征之？伪周（按：指张士诚建立的大周政权）之事，一时遗臣故老，如陈基、王逢所记载，皆凿凿可据，而考之《元史》、国史，无论事实牴牾，即岁月亦且互异。基与修《元史》，非见闻异辞者也，而又使谁正之？至于鄱阳代溺之事（按：指鄱阳湖之战，韩成穿戴朱元璋衣冠，代其投水以救主）青田牧竖之言（按：指刘基不拜韩林儿，称其为'牧竖'），传讹增益，其诬较然，而至今未有是正者也。"[⑥] 因此，他把研究的重点放在了明初历史的编纂和考证上。天启七年（1627）至崇祯元年（1628）间，他先后编纂了《国初

① 邹镳：《牧斋有学集序》，《四库禁毁书丛刊》《集部》115，第501页。
② 顾苓：《东涧遗老钱公别传》，参见钱仲联标校《牧斋杂著》，上海古籍出版社2007年版，第961页。
③ 戴笠：《潘柽章传》，《松陵文献》前附录，《四库禁毁书丛刊》《史部》7，第3页。
④ 沈起：《查东山先生年谱》附录二"书湖州庄氏史狱"，中华书局1992年版，第158页。
⑤ 《牧斋初学集》卷90《制科三第三问》，第1873页。
⑥ 同上。

事略》《开国群雄事略》《开国功臣事略》三书。《国初事略》主要叙述
元末红巾军滁阳王郭子兴和韩林儿的事迹。《开国群雄事略》主要介绍天
完、汉、夏、东吴、庆元、扩阔、陈友定等群雄的事迹。《开国功臣事
略》则叙述明朝开国功臣事迹。他在撰写三书过程中，十分重视考证工
作。他认为："史家之难，其难于真伪之辨乎! 史家之取征者三：国史
也，家史也，野史也。于斯三者，考核真伪凿凿如金石，然后可以据事
迹而定褒贬。"① 他在作《开国功臣事略》时称："考览高皇帝开国功臣
事迹，若定远黄金、海盐郑晓、太仓王世贞之属，人自为书，蹐驳疑互，
未易更仆数，则进而取征于《实录》。……国史之脱误，野史之舛缪，一
一可以据以是正。然后奋笔而为是书，先之以国史，证之于谱牒，参之
于别录，年经月纬，州次部居，于是开国功臣之事状粲然矣。"② 可惜此
书被焚于绛云楼。后《国初事略》《开国群雄事略》合二为一，就成了今
本《国初群雄事略》。三书编写完成后，钱氏将其中考异部分编成《太祖
实录辨证》。在撰写以上各书的过程中，钱氏仿效司马光作《通鉴》，先
作"丛目"、"长编"的方法，又仿效《通鉴考异》的考史方法，对有关
元末明初的人物、史事的史料进行梳理和考证。

今本《国初群雄事略》共 15 卷。记元末明初韩林儿、郭子兴、徐寿
辉、陈友谅、明玉珍、张士诚等各路群雄的事迹。钱氏自称："序录开国
群雄，首滁阳（郭子兴）、亳都（韩林儿）者，何也? 志创业也。数月而
馆甥（按：指朱元璋赘于郭子兴义女马氏），期年而别将，脱真龙于鱼服
之中，而藉以风雷，傅之羽翼。滁阳之于圣祖，其亦天造草昧，有开必
先者乎!"然而随着明朝的建立，"日月出而爝火熄，于是龙凤（大宋小
明王年号）之君臣事业，风销湮灭，杳然荡为穷尘，而沦为灰劫矣"。为
了抢救这一段历史，作者仿效司马迁《楚汉月表》之意作此书，"俾后世
有观焉"。③ 该书实为作者计划编写《明史》的部分"长编"。正如张钧
衡所云：该书"采自诸书，牴牾处不改定，参差处不画一，仍是长编之

---

① 钱谦益：《牧斋有学集》卷 14《启祯野乘序》，《四库禁毁书丛刊》《集部》116，第 634
页。

② 《牧斋初学集》卷 28《皇明开国功臣事略序》，第 844 页。

③ 钱谦益：《开国群雄事略序》，引自《牧斋初学集》卷 28，上海古籍出版社 2009 年版，
第 845 页。

例，实非刊定之书。"①

《太祖实录辨证》共 5 卷，今收录在《牧斋初学集》卷 101 至卷 105 中。由于《明太祖实录》经过几次重修，其中隐词回护、曲笔讳饰的现象严重。该书主要针对《明太祖实录》的曲笔、缺漏、失误而进行考证。其中有些考证的内容与《国初群雄事略》略同。

以上两书在客观保存元、宋（龙凤政权）之际和元、明之际的史料及考订史料真伪、弥补前史记载的缺漏、订正前史内容的错误等方面具有重要作用，并具有以下三个特点。

（1）以诗和碑文存史、证史：王世贞在《史乘考误》中充分运用国史、野史、家乘互证的方法以考史。受其影响，钱氏在运用此法的基础上，还特别重视以诗存史。他曾本着"以诗存史"的愿望编纂《列朝诗集》，撰写《列朝诗集小传》。在考史过程中，他还重视以诗证史，以碑文证史。如关于张士诚弟张士德被俘之事，有不同的记载。《洪武实录》称士德以丙申（至正十六年，即公元 1356 年）二月据平江，秋七月援毗陵，中山武宁王设伏擒之。而《天璜玉牒》则云六月取江阴州，攻常熟，擒张士诚弟士德以归。钱氏引陈基《舟中望虞山有感》诗云："一望虞山一怅然，楚公（按：士德降元，死后追封楚国公）曾此将楼船。间关百战捐躯地，慷慨孤忠骂寇年。"认为常熟虞山为张士德身将楼船，百战捐躯之地。钱氏又据宋濂《銮坡后集》所录《梁国赵武桓公神道碑》所云："丁酉六月戊辰，取江阴。秋七月丙子，攻常熟。张士德出挑战，公麾兵而进，士德就缚。"证明张士德被俘时间应是丁酉（1357 年）七月而非丙申七月，而被俘之地在常熟而非《实录》所云毗陵。②钱氏由此感叹道："夫史家异同，必取衷于国史，而国史多不足信，至如开国元勋之碑，出自御笔，传诸琬琰，非他金石之文，所可伦拟，而犹或未免于传疑。史家之难，岂不信哉！"③他还注意揭露前史的曲笔讳饰。如针对郑晓《名臣记》所云："上尝与善长从容谈论天下事，善长称上豁达大度，类汉高祖，天下不足定也。上因问善长：'卿可方萧何，徐达可方韩信，

---

① 《适园丛书》本张钧衡跋，参见《国初群雄事略》后附，中华书局 1982 年版，第 307 页。

② 《牧斋初学集》卷 101《太祖实录辨证一》，第 2103—2105 页。

③ 同上书，第 2106 页。

谁可方张良者？'善长称金华宋濂，上曰：'孤所闻青田有刘基。'"钱氏认为，此时朱元璋尚依附于郭子兴，"名位在诸将之后，安得傲然称孤，以汉高君臣相命？善长典司书记，上戒令勿言诸将得失，遑及其他。龙凤戊戌克婺，上始召见濂，庚子克处，始有人荐基，此时殆未必知有两人也。流俗有《英烈传》，称太祖三顾中山（指中山王徐达），中山谈经世大务，仿佛如韩侯、葛生"。指出："不谓郑氏通儒，亦剽取俗说如此。"① 又针对黄金《开国功臣录》所载李善长"当元季隐居东山，思佐明主以安天下"。钱氏依据太祖庚午诏书所言"善长挈家草莽，诣军门，俯伏于前"指出："岂隐居高尚者耶？太祖之于善长，一则曰以文吏相从，一则曰知小吏之心。善长之为吏审矣。必欲讳胥吏之名，标隐逃之目，则酂侯（指西汉萧何）、雍奴（指东汉寇恂），将不得为两汉之宗臣乎？俗儒肤陋。往往如此，宜痛削之。"②

（2）订正史书记载的错误并弥补其缺漏：如《洪武实录》记洪武十三年正月，涂节告胡惟庸、陈宁等谋反，事连李善长及吉安侯陆亨等。上命群臣更询得实，赐惟庸、宁死。群臣又请诛善长、亨等，上曰：此皆我初起腹心股肱，吾不忍罪之，其勿问。至二十三年五月，有告元臣封绩为惟庸通朔漠讯，得反状，及善长私书。刑官请逮善长，诏勿问。会善长家奴卢仲谦等，亦发善长与惟庸交通状，上命廷讯得实。招善长诣奉天门，抚遣归第，善长遂自经。对此，记载钱氏是持怀疑态度的。他说："尝窃疑善长以元勋国戚，结党谋叛，罪不容于死。业已更讯得实，群臣奏劾请诛，其义甚正，而上以勋旧曲赦之，十年之内，宠寄不衰，有是理乎？"钱氏依据《昭示奸党录》证明李善长等反状直到洪武二十三年四月"始先后发觉也"。他认为，永乐初史局诸臣"不过欲以保全勋旧，揄扬高皇帝之深仁厚德，而不顾当时之事实抑没颠倒，反贻千古不决之疑，岂不缪哉？"③ 再如《元史·顺帝本纪》记载：至正十二年正月"壬申，中兴路陷，山南宣慰司同知月古轮失领兵出战，众溃，宣慰使锦州不花、山南廉访史卜礼月敦皆遁走"。而《元史·忠义传》则记载徐寿辉军进犯中兴，"山南廉访史卜礼月敦以兵与抗，射贼多死，明日，

---

① 《牧斋初学集》卷 101《太祖实录辨证一》，第 2101 页。
② 同上。
③ 《牧斋初学集》卷 104《太祖实录辨证四》，第 2129—2130 页。

拥众来袭东门，力战被执，不屈而死"。钱氏认为，"当以《忠义传》为正"。①

（3）对无法下结论的材料，采用存疑备异的手法。比如关于刘福通和小明王的结局，钱氏把几种不同的记载均抄录下来。《太祖实录》记载龙凤九年（即至正二十三年）刘福通被张士诚部将吕珍杀于安丰。刘辰《国初事迹》则云张士诚围安丰，刘福通向朱元璋求救，解围后"福通奉林儿弃安丰遁于滁州居之"。高岱《鸿猷录》记"太祖至安丰击吕珍，破之，珍弃城走。太祖遂以宋主韩林儿还金陵"。《庚辰外史》则云韩林儿居于滁州后，朱元璋以舟船迎其归建康，"小明王与刘太保（福通）至瓜洲渡，遇风浪掀舟没，刘太保、小明王俱亡"。而《通鉴博论》则说："丙午岁，廖永忠沉韩林儿于瓜埠。太祖恶永忠之不义，后赐死。"钱氏认为"二说未知孰信。《史乘考误》以刘辰所记为非，然《洪武实录》多舛误，又讳言龙凤事，吾亦未敢以为信也。"② 再如关于曹国公李文忠之死，王世贞《史乘考误》载野史云：文忠多招纳士人门下，上闻而弗善也。又劝上裁省内臣。上大怒，尽杀其门客。文忠惊悸暴卒。上杀诸医及侍者百人。王世贞本来怀疑此说，后据李景隆袭爵诰文考之，"而知野史之言有自来也"。而俞本《记事录》则云：文忠病，淮安侯华中侍疾进药，上疑其有毒致毙，贬淮安侯，放家属于建昌卫，医士全家被诛。对《记事录》的记载，钱氏致疑云："淮安进药之事，与刘诚意（基）之死状略同，胡惟庸之毒诚意也，奉上命挟医而往。淮安之侍药，岂亦传上命耶？惟庸之于诚意，淮安之于曹国，与夫德庆（廖永忠）之于龙凤，卒皆用以致辟，岂其事亦有相类者耶？"这种推论是有一定道理的。然毕竟缺乏有力证据，因此钱氏说："若曹国得罪之故，史家阙如，无可征考，吾不得而知之矣。"③

钱氏还做过《致身录考》，对史仲彬的《致身录》所记建文朝史事，尤其是靖难之役中建文帝的下落进行考证，根据明初的制度和史事，通过细致的分析，举出该书的十条破绽，以确凿的证据，断定《致身录》所载建文帝的出逃是不可信的。同时断定所谓的程济《从亡日记》是

---

① 《国初群雄事略》卷3《天完徐寿辉》，第67页。
② 《国初群雄事略》卷1《宋小明王》，第39—40页。
③ 《牧斋初学集》卷105《太祖实录辨证五》，第2145—2146页。

"妄庸小人，踵《致身录》之伪而伪之者也"。他指出："大抵革除事迹，既无实录可考，而野史真赝错出，莫可辨证。"①

此外，钱谦益还为不少明朝王公大臣、名士烈女等撰写行状、墓志铭、墓表、传记等，其中保存了明天启、崇祯及南明和清初的丰富史实。如其所写的《孙公（承宗）行状》（参见《牧斋初学集》卷47），长达近五万言，远比《明史》中《孙承宗传》更为丰富翔实。同时还记述了清统治者入关前后一些坚持抗清斗争的仁人志士可歌可泣的事迹。

钱谦益对元末明初史事的编纂和考证，反映了他实事求是的治史精神。他考证史事，严格遵循言必有据的原则，其考史的成果多被清修《明史》所采纳。他所采用的考史方法对清初乃至乾嘉考据学都产生了一定的影响。

第七节 "不袭于谀墓之辞，不逐于群犬之吠"
——尹守衡撰《皇明史窃》

尹守衡（1549—1631）②，字用平，号冲玄，又号懒翁。出生于广东东莞官宦之家。③ 生而聪颖，以气节自负。年十六补弟子员。督府至县视察，县诸生郊迎跪拜，独守衡施长揖礼，县令因此责备他，他说："此祖制也。君子岂媚人以非礼之恭哉。"④ 万历十年（1582）考中举人，授福建清流县教谕。后屡试礼部均不中。万历二十六年（1598）在时任南京吏部侍郎裴应章的举荐下，出任浙江新昌县令。因不善逢迎，与顶头上司发生矛盾，二年后被降职任赵府审理正。尹守衡"欣然谢归，杜门下

---

① 《牧斋初学集》卷22《〈致身录〉考》、《书〈致身录考〉后》，第755—760页。
② 此据钱茂伟《明代东莞史家尹守衡及其〈史窃〉初探》（《明清时期珠江三角洲区域史研究》，广东人民出版社2011年版）；《规范中求变异的尹守衡〈史窃〉》（参见钱茂伟《中国传统史学的范型嬗变》，黑龙江人民出版社2010年版）中关于尹守衡生卒年的考证。
③ 尹守衡：《皇明史窃》"叙传"自称："先世宦居东莞，遂为仕族。"（《四库禁毁书丛刊》《史部》64，第653页）又该书《守令列传循吏》记"为吏同侪有语余曰：'公家世仕宦，曷不识宦谱？'"（《四库禁毁书丛刊》《史部》64，第614页）
④ 《雍正东莞县志》《尹守衡列传》，参见《皇明史窃》篇前附录，《四库禁毁书丛刊》《史部》64，第16页。

楗"①，专心著述。

尹守衡为人"不立城府，对人肝胆辄尽，慷慨谈论不可一世。"② 曾经有人"为上司举其父入名宦者"，尹守衡"移书抵斥谓：'周公以此尊文王，使禹亦以此尊鲧可乎？'"③ 其为人正直可见一斑。

尹守衡十分博学，自幼"好《左氏》，治《春秋》"。④ 友人张萱称其："先生之才无所不宜，其学无所不窥，逸经外史、汲冢禹穴之编、玄宗内典、金经玉笈之秘，阴阳医卜、百家技艺之书、当世典章文物，钱谷甲兵、山川扼塞之要、法家比谳之言，一时士人流品，山泽遗逸之才，无不蓄诸胸中，握之掌上。"⑤ 李贞也称其："生平于书无所不读，而尤留心于当代之典故。"⑥ 渊博的学问，扎实的史学功底，为其撰写史书奠定了坚实的基础。

《皇明史窃》约始撰于万历二十八年（1600）尹氏辞官回乡后。史称："既归，杜门著书，取国朝以来人物贞淫、政治得失勒成一百五卷，名曰《史窃》以见志。"⑦ 清代学者李思沆也称："先生以明万历间名孝廉宰江右之新昌，未几挂冠归，结庐罗浮，杜门却扫以著述自娱。因见明兴三百载未有正史，于是博稽典故，披集旧闻，著有《史窃》一编。"⑧

尹氏自称："少尝高慕左邱明、司马迁，愿为执鞭非一日矣。或得窃其绪余，别成一家言，为后人覆瓿，不犹愈于碌碌与齐民同腐耶？自维国家二百年来文献具有足征，代多纂述，别欲斟酌前贤，採访近世，删成一代全书，名之曰史窃，附窃取之意。"⑨ 为集中精力撰写史书，他"不衣冠，不拜客，不语俗人言，不闻人世事，自称为懒翁"。⑩ 后来，他撰写明史因遭时人讥笑，遂中止写作。友人张萱当时正编纂《西园汇史》，写信鼓励他说："吾以今人论古人，无伤于今人，故免于诮。子以

①　《雍正东莞县志》《尹守衡列传》，参见《皇明史窃》篇前附录，《四库禁毁书丛刊》《史部》64，第16页。

②　同上。

③　同上。

④　尹守衡：《皇明史窃》卷105《叙传》，《四库禁毁书丛刊》《史部》64，第653页。

⑤　张萱：《史窃序》，《四库禁毁书丛刊》《史部》64，第3页。

⑥　李贞：《史窃序》，《四库禁毁书丛刊》《史部》64，第9页。

⑦　《雍正东莞县志》《尹守衡列传》，《四库禁毁书丛刊》《史部》64，第16页。

⑧　李思沆：《史窃序》，《四库禁毁书丛刊》《史部》64，第15页。

⑨　《明史窃》卷105《叙传》，《四库禁毁书丛刊》《史部》64，第654页。

⑩　同上书，第655页。

今人论今人，宜滋多口也。虽然，子笔大如椽，直如矢，必勉之，毋避敌而退舍。"① 在张萱的鼓励下，尹守衡最终于崇祯三年（1630）完成《史窃》的编写。

《明史窃》分有帝纪 8 卷，今缺《高后纪》。《志》6 卷，分《百官》《田赋》《礼乐》《军法》《刑法》《河漕》凡六志。今缺《百官》《田赋》《河漕》三志。世家虽标为 10 卷，实为 8 卷。《列传》82 卷，其中有合传、类传之分，另有《叙传》1 卷，共 105 卷。记载了从元末群雄逐鹿，明太祖建国至嘉靖朝的史事。

《明史窃》在编撰方法和内容上具有以下三个特点。

（1）《明史窃》虽说在体例上效法《左传》和《史记》，如张萱所称："法丘明以为编年，法子长以为纪传。"② 但在体例上进行了改造。如在"帝纪"部分，虽以编年记事，但采用了纪事本末体例，从明朝建立前后至嘉靖朝的史事中选取最有影响的重大事件分为"开国纪""靖难纪""革除纪""北狩纪""夺门纪""亲征纪""明伦纪""高后纪"凡 8 纪。除"高后纪"外，分别记载了朱元璋剪除群雄，建立明朝、靖难之役、土木之变、夺门之变、嘉靖大礼之争以及太祖至武宗攘外安内亲征的过程。在个别列传中也采用了纪事本末体记事的特点。比如在卷 25《宦官传》中，先介绍明朝宦官机构及职掌，次叙历朝对宦官的政策，再述历朝有影响的宦官的事迹，俨然为一篇明代宦官简史。

（2）注重记载基层官吏的事迹。在全书后几卷中，设置"循吏""能吏""廉吏""久任吏""教职""掾吏"等列传。尹氏之所以重视对基层官吏事迹的记述，一是受《史记》《汉书》所设《循吏传》的启迪。他称："余读太史公所著《循吏传》，仅仅周末时列国大夫五人耳，汉室无称焉。班孟坚论次西京太守六人，不及令。汉至新莽已更十二帝，天下之郡国亦众矣。时称良吏为盛。此所记载寥寥若晨星，何哉？"③ 显然对《史》《汉》《循吏传》所收人物过少很不满意。二是其深感基层吏治之重要。他指出："太祖起闾阎，见吏侵渔百姓，天下大乱，立国之初，御郡县吏甚严。吏有不法虐民，辄抵极刑。"而"成弘以来，法度愈弛，

---

① 《明史窃》卷 105《叙传》，《四库禁毁书丛刊》《史部》64，第 654 页。

② 张萱：《明史窃》"序"，《四库禁毁书丛刊》《史部》64，第 3 页。

③ 《明史窃》卷 99《守令列传循吏》，第 614 页。

大吏之焰弥张，郡县不胜其扰，掊罚公挐，卖请私夺"。① 尹氏本人做过新昌县令，对此深有感触。因此，他"稽祖宗朝守宰中有二三君子，或有所取"，收入《能吏传》中，以达到"以一人警百人"的作用。② 针对官场上贪风日炽，他选择了一些"居官清正，平易近民"的守令加以表彰。如贵阳太守廖梯居官"三年不携家，不罚民寸楮，出郊自裹粮，宾客之费咸俸金"。又如漳州太守、后转长芦盐运使的詹莹"清操皭然，居常麦粥，竟月无肉食，每饭茹盐而已。"表彰他们"清白二字，守而勿失"。认为他们"外不染于流俗，内不惭于衾枕，四海内使有得如数君子者，分布郡县，天下可几而理矣"。③

（3）重视对人物的评价。《明史窃》有时在正文中仿效《史记》"寓论断于序事之中"，更多的是仿效《史》《汉》的论赞形式，对所载人物发表评论。如在卷51《于谦传》中，记其："以国事多艰，穷年不还私第，居止朝房。上以阙西一第赐之，谦固辞曰：'国家多事之秋，岂臣子安居之日？'衣无絮帛，食无兼味。"又记："太监兴安语于廷曰：'诸君中有不爱钱、不爱官、不问家计，一心体国如于公者，谁欤？'"④ 充分肯定其公而忘私，廉洁从政的优良品质。又在"论赞"中称："阉振挟至尊之万乘，授手于鹊起乌合之虏。……谦用而内获干城之重，遂令凶丑焰销，六飞返辔。"⑤"社稷不幸而至于夺门……竟使忠良颈血猥与共洒东曹，君子是以不能不含悲于百世之下矣。"⑥ 在肯定于谦于"土木之变"后所起的重要作用的同时，也对其悲惨遭遇寄予深切同情。又如在卷82《齐泰黄子澄列传》中，开篇即直抒胸臆，称："余志建文君死难诸臣，至于齐尚书、黄太常，心窃诛之。奈何以我诸王而与（刘）濞比也。濞之逆蓄之已五十年，发于（晁）错耳。我诸王谁为濞哉？"认为齐、黄二人是靖难之役的罪魁祸首，并在"论赞"中称其："无故而兴大难之端"，"其罪可胜诛哉。"⑦ 再如在卷71《张居正列传》中，他评价张居正说：

---

① 《明史窃》卷99《守令列传循吏》，第614页。
② 《明史窃》卷100《守令列传能吏》，《四库禁毁书丛刊》《史部》64，第626页。
③ 《明史窃》卷79《守令列传廉吏》，第640页。
④ 《明史窃》卷51《于谦传》，第314页。
⑤ 《明史窃》卷4《北狩纪》，第74—75页。
⑥ 《明史窃》卷51《于谦传》，第315页。
⑦ 《明史窃》卷82《齐泰黄子澄列传》，第521—522页。

"张江陵不可谓非一救时之宰相也。内拥六尺之孤,外秉国钧之重,太后信之,主上任之,摄行天子之事。当其时,以视周公之昔日于成王也。"并称其"秉闱十载,天下井井"。针对有人"诋其擅权",尹氏为之辩白说:"人主而能刚明独断也,宰相安所用权哉。使值幼冲之主而权不归于宰相,岂必旁落于阉寺、宫闱嬖幸也,而可乎?故宰相不可无权,要在有权而不自用耳。"他认为,张居正失败的原因"不在收权任事,在于有权而自用之,以行其私"。加之其身边一些"贪夫恮壬"、"又假江陵之权以各行其所私,弃仁恩,尚奔竞,公忠正直之士累累,无有仪气,积祸怨之极,恶得无败哉?"① 此类评价,多为公允。对此,他自己评价称:"然是书也,不袭于谀墓之词,不逐于群吠之犬。我明二百余年以来,列朝人品有忠邪,一人志行有初终,窃谓片纸上可直睹其肺肠。僭有论于传后,敢以比于一代之公案,似为得之。"② 李思沆也指出:"余今观先生之纪传论断,抑何直而不失之犯,隐而不失之漏,略而不失之诬,颂而不失之谀。详略得宜,叙述有体,至其笔力遒劲,句梳字栉。其事核,其词洁,其义严,其传信,尤得《史》《汉》遗意,泂一代之钜篇,千秋之良史也。"③

然而,《明史窃》也存在一些不足之处。一是在一些纪传中记载荒诞无稽之说,如卷1《开国纪》记朱元璋母亲梦一道士"授一白丸,吞之遂生帝","帝生之夕,有白气自东南贯室"。又如在卷85《孙燧许逵列传》"论"中,记"弘治壬子之秋,浙之文场中试士之夜,人见有巨人二,东西立,一衣绯,一衣绿,遥相谓曰:'三人好作事',忽不见。初莫喻云何,而是秋王文成、胡端敏与(孙)燧同举于乡。"④ 二是对一些史事的记载缺少必要的考证。如卷25《宦官列传》记"云奇告变"。再如卷81《程济列传》中记建文帝出亡之事。同卷后附有"革除汇志",自称:"余志革除时事,已著有纪有列传,疑与信姑从之,总之皆稗史也。"⑤ 并详载史仲彬《致身录》所叙其从建文帝出亡始末。这些记载均失之考证。而张萱却称其:"正疑而传信,务详而忌略,崇雅而黜诬。……溯其所可知非据乎?言其所必覈非实乎?疑之必阙非慎乎?其

---

① 《明史窃》卷71《张居正列传》,《四库禁毁书丛刊》《史部》64,第457页。
② 尹守衡:《明史窃》卷105《叙传》,第654页。
③ 李思沆:《明史窃》"序",第15页。
④ 《明史窃》卷85《孙燧许逵列传》,第529页。
⑤ 《明史窃》卷81《程雪河补藏列传》后附"革除汇志",第518页。

言恻怛尊亲是悖非忠乎？四者备矣。"① 显然，其中有不少虚美的成分。

第八节　"半生精神，一生事业"
——朱国祯与《皇明史概》

朱国祯（1558—1632），字文宁，号平涵，又号平湖居士，浙江乌程（今吴兴南）南浔镇人。幼年时"嬉戏不肯读（书）"，12 岁应童子试，落选。14 岁时考中秀才，其间得其叔藏"全刻精好"《通鉴纲目》，"日阅一本，能记忆，不三月而遍"。在与其祖父外弟，精通《通鉴纲目》的吴弦斋谈论《通鉴纲目》时，竟然难倒吴氏。以后很长一段时间主要以坐馆授徒为业，此间学问日长，他自称："凡三年间改刻文数千篇，自是不须思索，行止坐卧，挥笔立就。每拈题一意未了，又一意涌至。至读文非夜半及鸡号不止，未尝就枕，唯拥被据坐一睡而醒。"② 万历十七年（1589）考中进士，馆选后为翰林院庶吉士。二十五年（1597）六月除授翰林院检讨。二十九年（1601）四月请告回籍。三十一年（1603）起为南京国子监祭酒。后因病归家，久不出。天启元年（1621）擢礼部右侍郎，辞而未就。三年正月拜礼部尚书兼东阁大学士，不久改文渊阁大学士，累加少保兼太子太傅，又改户部尚书、武英殿大学士兼太子太傅。③与叶向高、韩爌、顾秉谦、魏广微等同为内阁大臣，排名仅在叶、韩之后。四年夏首辅叶向高致仕，韩爌为首辅。韩爌被罢后，朱国祯担任首辅。此时顾秉谦、魏广微依附魏忠贤，排斥异己，唆使御史李蕃弹劾朱国祯，朱国祯被迫上疏请辞，由于魏忠贤对其党羽有言称："此老亦邪人，但不作恶，可令善去。"④ 因此获准加少师进建极殿大学士改吏部尚书归家。他自称："起家寒士，通籍四十余载，实俸仅止七年，自甘冷署，不

① 张萱：《明史窃》"序"，第 4 页。

② 朱国祯：《自述行略》，参见《朱文肃公集》，《续修四库全书》《集部》别集类，上海古籍出版社 2002 年版，第 333 页。

③ 按：《明史》本传称累加少保兼太子太保，而《自述行略》称累加少保兼太子太傅。以自述为准。

④ 《明史》卷 240《朱国祯传》，中华书局 1974 年版，第 6251 页。

善持筹。""入阁一年有半，匆匆守分。"① 可见其一生仕途并不得意。

归家后，他把主要精力用在纂修国史上。他自称："既归，生平无他好，日取国史手定之，将终身焉。"② 又称："老眼已生花，矻矻成何事？惭无田可求，幸有书堪嗜。况此一息存，正可适吾志。"③ 此时魏忠贤兴大狱，捕东林党人杨涟、左光斗、魏大中等，杨、左、魏受酷刑而死。阉党借机翻"三案"，迫害东林党人。朱国祯称："虐焰愈炽，骈死于狱，继而崔呈秀之疏中有《涌幢小品》先刊，藉红丸为罪案。予家居虑祸且至，然无可如何，一听之天，惟日校国史。"④ 可见，阉党崔呈秀已经瞄准朱国祯，欲加其罪。可能是魏忠贤并不想置之于死地，因此幸免于难，得以纂修国史。

朱氏有意纂修国史，缘起于万历二十五年（1597）六月他加入史馆准备参与纂修列传的工作。可惜的是，他刚入史馆三日，六月十九日三殿火灾，修史活动因此而停。接着他发病三月。由此感叹道："盖余之无缘如此，有愧其名甚矣。"⑤ 然而，此次入馆激起他纂修国史的愿望，他开始有意识地收集和整理相关史料。他自称："于友人处借得各朝实录。"⑥ 又称："参备翰院，参黄扉，窥金匮石室之藏。"⑦ 叶向高也称："乙丙间（按：指万历三十三年至三十四年间）同官留都，一日阄其书斋，则所积皆朝家典故与志传之类，中多涂抹点窜，如芝草存株，拂尘见镜。"⑧ 朱国祯归家后更是悉心收集资料，他称："所幸家居最久，闲日颇长，姑取以游焉息焉。先后三十余年，不觉积已数百卷矣。零掇之如聚沙，然自粒而升，而石，而垤，非不勤且多也。"在广泛收集资料的基础上，他"稍从诸书中折衷去取"，以达到"整齐之意"。⑨ 结果功未及

---

① 朱国祯：《朱文肃公集》"书"、"答宪副午台大兄"，《续修四库全书》《集部》别集类，第 236 页。

② 朱国祯：《自述行略》，参见《朱文肃公集》，第 342 页。

③ 朱国祯：《朱文肃公诗集》五言古体"即事其四"，《续修四库全书》《集部》别集类，第 377 页。

④ 朱国祯：《自述行略》，参见《朱文肃公集》，第 342 页。

⑤ 朱国祯：《涌幢小品》卷 2《实录》，《四库全书存目丛书》《子部》106 杂家类，第 196—197 页。

⑥ 《涌幢小品》卷 2《实录》，第 196 页。

⑦ 朱国祯：《皇明史概自序》，参见《朱文肃公集》"序"，《续修四库全书》《集部》别集类，第 286 页。

⑧ 叶向高：《皇明史概》"序"，参见《皇明史概》，（台北）文海出版社 1984 年，第 13 页。

⑨ 同上书，第 285 页。

半，便被召入阁，撰写工作停了下来。天启四年叶向高致仕临行时，朱国祯"乃出其篇目与稿之十三以示"，叶向高称："二百六十年人物灿然胪列，总曰《史概》。……虽未得全而大都已瞭然心目间矣。"并为之作序，含有"以序促书"之意。① 天启七年（1627）叶向高病逝，朱国祯感到"良友难负，旧绪可寻"，"复从尘中取出，略加简点"。崇祯三年（1630）十一月，74 岁的朱国祯"痰蹶几死"，"念岁不我与，福清（代指叶向高）之订，忽见梦寐"。乃取叶离京临别时所观旧稿并加之叶序"付之梓人"，他自称："题曰史概，以别于全。上不能绘天，次不能华国，又次不能脍口，半生精神，一生事业，可谓云尔也已矣。"②

《明史概》是一部纪传体明史。查继佐称其"酷仿太史公文法"。③据叶向高《皇明史概序》所云，该书主要由"五记"、"五传"构成：所谓"五记"，一为《大政记》36 卷。此前郑晓《吾学编》中有《大政记》10 卷，雷礼也有《大政记》20 卷。朱氏显然沿用其称谓，"表提纲挈领之意"④，以编年体记述明历朝大政和皇帝行事，从朱元璋出生记起，止于隆庆六年。相当于正史中的本纪。二为《大训记》16 卷，"明圣学圣政之传"。⑤ 录有朱元璋御制祖训文章及洪武至宣德九年诸帝言论、诏告等。三为《大因记》，所谓"著承先启后之概"。⑥ 由于该部分没有流传下来，内容不详。钱茂伟推测"疑即同治《湖州府志》提到的'已写样本未刻者六种，曰《元遗臣传》一卷，《天勋记》一卷，《天璜记》二册，《天姻记》一卷、《天配记》一卷、《天源记》一卷。'或者是载宋元之际韩林儿、郭子兴及群雄事迹的。"⑦ 有一定道理。四为《大志记》，所谓"分门别类存体要"。⑧ 此记今不传。然据陈于陛所云："修正史之序当以国家诸大志为先，请将郊庙、礼乐、律历、天文、灾祥、五行、

---

① 叶向高：《皇明史概》"序"，参见《皇明史概》，（台北）文海出版社 1984 年，第 11、13 页。

② 朱国祯：《皇明史概自序》，参见《朱文肃公集》"序"，《续修四库全书》《集部》别集类，第 286 页。

③ 沈起：《查继佐年谱》附录一"东山外纪"，中华书局 2006 年版，第 115 页。

④ 叶向高：《皇明史概》"序"，（台北）文海出版社 1984 年版，第 11 页。

⑤ 同上。

⑥ 同上书，第 12 页。

⑦ 钱茂伟：《朱国祯及其〈史概〉初探》，《浙江学刊》1990 年第 4 期。

⑧ 叶向高：《皇明史概》"序"，（台北）文海出版社 1984 年版，第 12 页。

藩封、郡国、舆服、学校、选举、职官、经籍、艺文、赋役、食货、漕运、盐法、屯田、兵制、马政、刑法、河渠、四夷之类分为二十余目，修辑成书，使朝廷之上经制典法炳然可考。"① 可知该记相当正史中之书志。五为《大事记》，此记沿用宋吕祖谦《大事记》之题名，从"淮右起义"到"黔孽"共50卷，列出123个标题，以纪事本末体记载从朱元璋起事到永乐至天启年间对贵州苗民的剿与抚等重要事件的来龙去脉。最晚的一则史料记至崇祯五年事。所谓"五传"，一为《开国臣传》13卷，记徐达、常遇春等开国功臣及洪武朝上至公卿，下至知县、教谕、训导等臣僚事迹。同时也记载逸民、孝子、义士等下层平民事迹。二为《逊国臣传》5卷，记载建文朝徐辉祖、常昇、方孝孺等臣僚事迹，其中"逃野诸公"中则记载诸如川中补锅匠、东湖樵夫、云庵和尚、乐清樵夫、云门僧等平民事迹。三为《列朝臣传》，今不传。据《东山外纪》云："庄子相（襄）尝重赀购得朱平涵先生《史概》逸本二十卷。《史概》行世者半，半以忌讳不行。"② 全祖望说得更为明白："明相国乌程朱文肃公尝著《明史》，举大经大法者笔之，已刊行于世，未刊者为《列朝诸臣传》。国变后，朱氏家中落，以稿本质千金于庄廷钺。廷钺家故富，因窜名己作刻之，补崇祯一朝事。"③ 四为《类传》，今不传，疑即陈于陛所云："名臣、良将、循吏、儒林、文林、高行、烈女之传。"④ 五为《外传》，因不传，不详其内容。钱茂伟称："《类传》和《外传》，今不详，估计尚未撰写。"⑤ 杨艳秋则举例指出："《大事记》卷19《复辟》中云：'惟总两广，与柳景交奏俱逮，见本传。'此传应是类传中的《诸王传》；《开国臣传》卷2《郭英传》末曰：'子勋嗣亦有传'，此或是类传中的《外戚传》。看来，朱国祯拟定的篇目原是有书稿的，只是未能付

① 《明神宗实录》卷264《万历二十一年九月》，（台北）中研院历史语言研究所1982年版，第4900页。

② 刘振麟、周骧：《东山外纪》，引自沈起《查继佐年谱》附录，中华书局2006年版，第115页。

③ 全祖望：《江浙两大狱记》，参见朱铸禹《全祖望集汇校汇注》，《鲒埼亭集外编》卷22，上海古籍出版社2000年版，第1168页。

④ 《明神宗实录》卷264《万历二十一年九月》，（台北）中研院历史语言研究所1983年版，第4900页。

⑤ 钱茂伟：《朱国祯及其〈史概〉初探》，《浙江学刊》1990年第4期。

梓。"① 这个推断是有道理的。

《明史概》在编纂上具有以下三个特点。

（1）在体例上力求创新。唐代刘知幾曾主张："凡为史者，宜于表志之外，更立一书。若人主之制册、诰令，群臣之章表、移檄，收之纪传，悉入书部，题为《制册》《章表书》，以类区别。"② 宋代王曾受此影响曾取宋太祖、太宗、真宗三朝"圣语政事分政体、听断、谨灾、省费等类为《宝训》三十卷。"范祖禹也曾撰《仁皇训典》六卷，"自圣孝至爱物凡三百十七条以备迩英进读，与国史实录并行者"。洪武七年，宋濂、詹同等"纂日历成，请更辑圣政为书，分四十类，自敬天至制蛮夷，名曰《皇明宝训》。"③ 朱国祯在借鉴前人纂史经验的基础上，分设《大政记》和《大训记》。他认为："政者，国家典制；训者，列圣典谟。虽互为根柢，而生生色色终有分别。"④ 把记事与记言分开，可以避免刘知幾所说的："文辞入记，繁富为多。……夫方述一事，得其纪纲，而隔以大篇，分其次序，遂令批阅之者，有所懵然"的弊端。⑤《明史概》中的《大政记》采用编年体记事，《大事记》则采用纪事本末体记事，其中还融合典志体例，而《开国臣传》等各传则采用纪传体记载人物事迹。一书融合多种史体，力图弥补前人所指出的传统史体自身存在的弊病。正如叶向高所云："采其本末，兼诸家之体，各开门户，成一家之言。"⑥

（2）重视对史事的存疑和考据。朱国祯编纂《明史概》主要依据《明实录》，但并不迷信它。他认为，《明实录》在纂修和重修的过程中存在曲笔讳饰、任情褒贬等现象，引用时必须注意甄别和考证。比如关于《孝宗实录》的编纂，他指出："焦芳褒贬任意，叶盛、何乔新、彭韶、谢迁，天下所称正人，皆肆诋诬。即李东阳不敢为异同，故表中有传信、传疑，以备于将来之语云。考（焦）芳所诋前数人，独谢文正（迁）为甚，谓倭寇由其家招引。于黄世显摹讲学之态，堪供奸人抵掌。王虎谷

---

① 杨艳秋：《朱国祯〈皇明史概〉考析》，《南开学报》1999 年第 1 期。

② 刘知幾著，浦起龙释：《史通通释·载言》，上海古籍出版社 1982 年版，第 34 页。

③ 《明神宗实录》卷 264 万历二十一年九月，（台北）中研院历史语言研究所 1983 年版，第 4900 页。

④ 朱国祯：《皇明史概》卷 6《大政记》，（台北）文海出版社 1984 年版，第 400 页。

⑤ 刘知幾著，浦起龙释：《史通通释·载言》卷 2，第 34 页。

⑥ 叶向高：《皇明史概》"序"，（台北）文海出版社 1984 年版，第 13 页。

美髯则曰一嘴猪毛，是何等语，可入国史中。"① 而"充栋面墙"之"家乘野记"存在的问题更多。为此，《大政记》在每一朝卷终设有"存疑"和"补遗"条目。朱国祯认为："事在可信，摘而存之。既曰《大政》，琐屑自不必书，间在可疑，另列于后疑信之间。"② 据钱茂伟统计"存疑"一项共约 85 条，其中以考据条居多。③ 如《大政记》卷 7《存疑》中有考证太祖下葬日期、建文朝改官制、懿文皇太子出巡燕、代及晋、康汝楫历官等方面的内容。《补遗》中也有存疑考证的内容。如《大政记》卷 1《补遗》中就有考辨周伯琦之死的内容。而在《眉批》处，也有考证的内容，如《大政记》卷 7《眉批》称：（燕王）"遣其三子入临京师，建文元年遣还。并无记载燕王来京之事。况是时，湘、齐、岷、代四王，相继以罪废死，燕王正在危疑之际，已蓄欲反之心，岂有入觐京师，妄自尊大，行黄道入阶陛不拜之理。盖讹传也。"④ 在《开国臣传》《逊国臣传》中也多有考证的内容。如《开国臣传》卷 4《韩公传》中有关于韩成之死的考证。同卷"乐浪濮忠襄传""朱史氏曰"中有考证濮真征高丽被执自杀一事。他认为："终太祖世，不闻加（高丽）一矢，用一兵。濮真师之深入取败，果何所据？夫国初最重武臣，赠都督金事以上，其卒也，未有不录，况死于异国，又烈烈如真，竟不一见，何哉？断是濮英一人而误书之。"卷 5《长兴侯耿公传》中针对黄金《开国功臣录》和黄佐《革除遗事》所云耿炳文战死于靖难之役中，朱国祯指出："《国史》则云：永乐二年被劾缢死。修国史者亲与炳文相值，目击其事，当必不误。舍此不信，更信何书？"又如《逊国臣传》卷 2《兵部尚书铁公传》引《忠节录》批驳王鏊《纪闻》所记铁铉死后，其二女入教坊，铁铉同僚至教坊，二女为诗云云，认为"二诗或出于好事者之口"。朱国祯也指出："好事者捏出铁女二诗，读之呕秽欲吐。女不幸而收，又重不幸。遭此枉，谁为明之者。前录（指《忠节录》）所辨最妙，其余教坊诸语皆削去。"⑤ 卷 5《逃野诸公传》"朱氏史曰"中又有考辨建文帝下落的论述。总之，朱国祯在编纂《明史概》过程中十分注重史事的考证。正

① 《皇明史概》《大政记》卷 21，（台北）文海出版社 1984 年版，第 1311 页。
② 《皇明史概》《大政记》卷 7，第 432 页。
③ 钱茂伟：《朱国祯及其〈史概〉再探》，《宁波师院学报》1990 年第 4 期。
④ 《皇明史概》《大政记》卷 7，第 412 页。
⑤ 《皇明史概》《逊国臣传》卷 2，（台北）文海出版社 1984 年版，第 8051—8052 页。

如查继佐所云："国桢（祯）才弱，而考核最详，称信史。"①

（3）重视史论。在各"记"、"传"中，朱国祯往往以"臣国祯曰"、"朱氏史曰"的形式发表评论，同时引用其他史家的评论。杨艳秋曾以《大政记》为例作过统计，其中所载 11 位皇帝的史论竟达 43 处之多，其中 11 处为朱国祯自己的议论，引明历代实录、史书、诸家评论 23 处。②这些史论中虽不乏溢美之词，但多能做到客观公允。如他主张将建文"列帝纪中，介高皇之下，文皇之上"，针对有人说："侄不可先叔"，他反驳说："文皇起兵后屡上书称臣，称陛下，臣独可以先君乎？虽无庙享，其序自在，日久论定，变而不失其常。"③ 又如针对有人把土木之变的原因完全归罪于王振，他指出："王振之罪不必言矣，然复辟而立祠赐额致祭，可见此行原出独断，直视房易与一出长驱，如祖宗故事。"④ 又说："英皇追慕先烈，才一启行，六师俱覆，谋虽发于王振，断必决于圣衷。"⑤ 认为英宗的轻敌、独断也负有不可推卸的责任。在诸多史论中，朱国祯还十分注意总结国家治乱的经验教训。他指出："天下之生久矣，一治一乱。乱世荼毒不必言，不忍言。世庙（嘉靖帝）英明，号称极治，乃南倭北虏蹂躏内地先后二三十年，饱锋刃者何啻百万，财物畜产不与焉。……土寇处处窃发，辟人身癣疥，自手足延及肢体，重贻腹心之虑。"他认为，记载诸如青州矿贼、青羊山贼、海贼等事迹，"虽其人不足挂牙齿，其事不必系安危，合之所关生人休戚甚大，且亦当代得失之林也。"⑥ 针对唐赛儿起义，他指出："盖祸芽不可不折，民志不可不定。威在必申，要使绝形影，杜疑似，事定即止，决无蔓延。"⑦ 针对河北农民起义，他指出："流贼犹鬼风也，有人于此，腠理欠密，卒然乘之，几乎遍体浮肿，心腹不宁，而要之元气尚充，有剥肤难收之苦，无瓦解必倾之势。"他认为："元气者本也，本不伤则力犹劲。泰陵（弘治帝）所留厚矣，易世未几，人心方固，虽内竖逆天浊乱宫府，而庙祐有灵，俄

---

① 沈起撰：《查东山先生年谱》乙未五十五岁条引查继佐《得案日记》，中华书局 2006 年版，第 47 页。

② 杨艳秋：《朱国祯〈皇明史概〉考析》，《南开学报》1999 年第 1 期。

③ 《皇明史概》《大政记》卷 7，第 431 页。

④ 《皇明史概》《大政记》卷 16，第 961 页。

⑤ 《皇明史概》《大事记》卷 16，第 4440 页。

⑥ 《皇明史概》《大事记》卷 37《闽广贼》，第 6017—6018 页。

⑦ 《皇明史概》《大事记》卷 17，第 4513 页。

焉殄灭。"① 在某些史论中，朱国祯还针对当时面临的边疆危机，主张
"控关修隘" 以防虏之入侵，他说："虏之所短在攻，我之所长在守。因
山起伏，随地回旋，推之各边，寸寸垒之，人人力之，岁岁增之，东西
何啻万里。"他认为："中间用兵调度分合，以至侦探点闸，虽不专恃一
墙，顾趾定而后心不摇，身依而后群不涣，藏无形之险于有形，寓不测
之威于可测。"② 他还直斥当朝一些士大夫"文学议论，气岸甚高，视天
下事无不可为，辄以边才自诡，幸其不用，庶几藏拙。又有一种凌厉豪
杰自命者，沦弃封疆，锢狱弃市，亦可耻可哀也已。"③

　　总之，《明史概》是一部在体例上有所创新，史实上重视考证，具有
一定史料价值的明朝当代史。但该书还存在诸多问题，总结一下，主要
有以下三点：一是在有些体例、内容分类上出现混乱，如《开国臣传》
中夹杂着逸民、孝子、义士等下层平民事迹。《大事记》中设有"祀典"
"乐章""学校""祀事""封建""封赏""选举"等标题，显然与《大
志记》内容有所重复。二是在史料使用过程中还缺乏剪裁熔铸的功夫。
在《大政记》各卷后往往设有"补遗"，每一朝卷终又有"存疑"条目，
说明在正文的叙述中，作者往往沿袭实录和其他史书的内容，而没有对
相关史料进行必要的剪裁和整合。三是各部分记事起讫不统一。《大政
记》记事起自元文宗天历元年至隆庆六年。《大训记》记洪武至宣德朝诸
帝言论、诏诰等。《大事记》从朱元璋濠右起兵述至崇祯五年。《开国臣
传》记载多为洪武功臣。《逊国臣传》则专记建文朝死难臣民事迹。由此
可见，朱国祯在撰写该书前并没有设定一个明确的记事起讫，因此该书
还不是一部十分完整、成熟的明代通史。

第九节　"专勤以致志，果断以奋笔"
——何乔远撰《名山藏》

　　何乔远（1558—1631），字稚孝，号匪莪，学者称为镜山先生。福建

---

① 《皇明史概》《大事记》卷 25《平河北寇》，第 5134—5135 页。
② 《皇明史概》《大事记》卷 15《陕西四镇》，第 5877—5878 页。
③ 《皇明史概》《大事记》卷 30《大同兵变》，第 5467 页。

晋江人。出生于历代官宦书香门第。其父何炯，专精《易》学，嘉靖中，应贡试内廷，世宗阅其文，亲拔为第一。授安福儒学训导，后迁靖江儒学教谕。著有《清源文献》《温陵留墨》。其族父何琚，嘉靖丁未进士，授刑部主事，后迁刑部员外郎。其兄乔迁，万历四年（1576）举人，授建阳学谕，后升为国子监学正、大理评事。著有《谭阳文献》。

何乔远自幼聪颖，五六岁，工楷书。少年时期，博览经史子集，《文选》、唐诗过目成诵。十四五岁，工古文词。年十九，与其兄乔迁同中举人。后与乔迁、杨文恪等五人结社赋诗，被称为"温陵五子"。万历十四年（1586），考中进士。其间母亲去世，丁忧在家。万历十六年（1588）释服，谒选，途径苏州，以诗文拜谒王世贞，为王世贞所器重。万历十七年（1589）四月选授为刑部云南司主事，万历十九年（1591）十二月改授礼部精膳司员外，万历二十年（1592）四月升仪制司郎中。万历二十二年（1594）五月，因同僚失误，以"奏牍不恭"，本可罚三个月俸即可，但太监从中作梗，六次改旨，乔远代人受过，被贬为添注广西布政司经历。[①] 后因夫人温氏去世，遂告假回乡，在家乡晋江清源山结庐，名其斋"自警"、"寡过"、"天听"、"耻躬"，读书、讲学其中20多年。

泰昌元年（1620）九月，光宗登基仅八日，起为光禄少卿。天启元年（1621）九月升任太仆少卿，天启二年（1622）四月升为左通政使、光禄卿等。天启三年（1623）十二月以积劳成疾要求提前致仕，朝廷不许，提升为通政使。在其"抗疏力辞"的情况下，朝廷只好准其病退，临出都又加户部右侍郎衔。回乡后，主讲泉山书院。其时阉党屡次想起用乔远，"以收人望"，均遭其拒绝。[②] 崇祯二年（1629），起为南京工部右侍郎。崇祯四年（1631）病逝，时年七十四。朝廷追赠其工部尚书。

纵观何乔远一生，前后断续为官四十余年，但其间有20多年赋闲在家，从事讲学和著述，故有众多著述。正如其弟子王邵所云："吾师之学，根柢诚正，而得力于洗心退藏居多。终其身出山日少。"[③] 主要著述有《名山藏》109卷、《闽书》150卷，选编《皇明文征》74卷和《明诗

---

① 黄任等纂：《泉州府志》卷44《明列传》《何乔远传》，引自商传等校点《名山藏》后附，福建人民出版社2010年版，第3137页。

② 同上书，第3139页。

③ 王邵：《名山藏序》，商传等校点《名山藏》篇首，第6页。

选》。又著有仁、宣两朝编年史。① 在编修福建通志《闽书》的同时将无法收入该书而有史料价值的资料汇编成册，成《志稿弃余》12 卷。另有《镜山集》72 卷附 5 卷。②

《名山藏》（原称《名山记》）是一部明朝人编写的当朝史。关于何氏撰写该书的动机，钱谦益在该书"序"中称其"慨国史之无成书也，扬榷典谟，勾稽掌故，发愤尽气，编摩数十年，遂告成事"。又称："本朝学士大夫从事于史者众矣，以海盐之志焉而弗史，以太仓之力焉而弗史，以南充之位与局焉而弗克史。国家重熙累洽，度越汉、唐，而史事阙如，此亦士大夫之辱也。"③ 这里称陈于陛（南充）任史局副总裁，最终没有修成国史，造成"史事阙如"，尚有一定道理，而称郑晓（海盐）、王世贞（太仓）"弗史"而造成"史事阙如"，则显然是不公允的。但钱氏确实说出了何乔远纂修《名山藏》的主要动机，那就是对官方纂修国史不成以及对各家私修国史的不满，出于一个史家对当朝史高度负责的态度。正如何氏所云："至本朝之事，诸公前后所著，未见其佳，弟意欲令一代事功文章，巍然焕然，长存天地之间。"④

《名山藏》编写始于何时？何乔远自称："《名山记》自始隶西曹时业已着手。"⑤ 所谓"西曹"，为刑部之别称。也就是说，何氏从万历十七年入刑部后就着手撰写《名山藏》的准备。钱茂伟认为，"这种说法值得怀疑"。他认为，何氏在京前后不足六年，结社吟诗，编写部门志，出版家族文献，文化活动非常频繁。似乎没有时间，也不能从事国史写作。⑥ 实际上，这个推论是缺乏说服力的。近六年的时间并不算短，除去一些文化活动外，何氏还应有较为宽裕的时间从事资料的收集、整理和写作工作。何氏的弟子林欲楫说得很明白："师亦以西曹多暇，与戴亨

---

① 据林欲楫《先师何镜山先生行略》云："又数年以来，欲汇列朝实录纂为编年，曰：左氏成传，厥有《国语》，吾志欲俪二书。是秋归，取《实录》，窜掇仁宣二庙，至腊月脱稿。"参见《镜山全集》附录，崇祯十年刻本，中国台湾"国家图书馆"藏复印件。

② 参见钱茂伟《晚明史家何乔远著述考》，《文史》2008 年第 2 期。

③ 钱谦益：《牧斋初学记》卷 28《国史〈名山藏〉序》，上海古籍出版社 2009 年版，第 849 页。

④ 何乔远：《镜山全集》卷 32《报许甸南书》崇祯十年刻本，中国台湾"国家图书馆"藏复印件，第 15 页。

⑤ 《镜山全集》卷 33《答沈方伯书》崇祯十年刻本，第 12 页。

⑥ 钱茂伟：《晚明史家何乔远著述考》，《文史》2008 年第 2 期。

融、袁君学、吴文仲、王惟允、刘懋学六子过从论诗为《刻烛吟》。又遍抄本朝实录，著《典谟记》《名臣记》，号《名山藏》。"①

至于何氏在给友人的信中所云："弟自为郎以来，辄有志于作本朝一史，以垂诸后。虽不敢望子长、孟坚，亦欲如《东观记》、裴松之注等书。今粗了计，已十五年。"② 并不能说明何氏在担任礼部仪制司郎中后才着手《名山藏》的撰写，否则如何理解陈继儒所云："明朝正史，则公笄仕初，遂引为己责"？③ 既然其出仕之初，便把修明史作为自己的职责，为何非要等到做礼部郎中后才动手呢？显然，何氏在任职仪制司后，由于分掌礼仪、祭祀、宴享、贡举、学校之政令，对国家的各种典章制度更为熟悉，进一步促使其完成作本朝史的宏愿，也开始更加集中精力从事写作。《名山藏》中何氏仿《史记》"太史公曰"，大多称"郎曰"，可为佐证。

据钱茂伟《晚明史家何乔远著述考》一文考证，何氏在万历二十三年（1595）六月后离开广西回到晋江，从此隐居27年，其中用15年时间集中修纂《名山藏》。何氏自称："废居以来，所恨僻在一隅，未及尽见我朝诸公文字，得其零金碎玉，以为采撷之助，兼之年老难以兼日，独手无从佣书，是以迟迟，今十已八九。"④ 其弟子林欲楫称："间益取《名山藏》，极意编辑。凡国乘野史，先辈文集，搜罗隐括，得其零金碎玉，以为採撷之助。盖无日无月不易稿。凡记、志、列传种种数十部。"⑤ 陈继儒也称其："或摘其断壁碎金，或汇其竹头木屑，无地不购访，无书不採撷，无日无月不易稿，如燕之垒巢，蜂之酿蜜，而《名山藏》若干卷始成。"⑥ 直至崇祯年间，林如源在翻阅《名山藏》书稿时，何氏仍自称："此稿，犹未定。"⑦ 可见，何氏耗尽了大半生的精力，倾心于国史的

　　① 林欲楫：《先师何镜山先生行略》，《镜山全集》附录，中国台湾"国家图书馆"藏复印件，第8页。

　　② 《镜山全集》卷32《答黄绍夫中丞书》，第14页。

　　③ 陈继儒：《镜山全集序》，《镜山全集》卷首，中国台湾"国家图书馆"馆藏复印本，第2页。

　　④ 《镜山全集》卷33《答沈方伯书》崇祯十年刻本，中国台湾"国家图书馆"藏复印件，第12页。

　　⑤ 林欲楫：《先师何镜山先生行略》，《镜山全集》附录，第8页。

　　⑥ 陈继儒：《镜山全集序》，《镜山全集》卷首。

　　⑦ 林如源：《何司徒佳话》，《镜山全集》附录，第12页。

编纂，他的作史态度是十分严谨的。

《名山藏》的体例一般称为纪传体，也有称为分类体的。① 笔者认为，称为纪传体更为适当。且不说《名山藏》的称谓暗含司马迁作《史记》"藏之名山"之意，就其中纪传的分类，虽统称为"记"，但仿照纪传体的史书分类是十分明显的。比如，《典谟记》为明朝自洪武至隆庆十三朝皇帝本纪；《坤则记》实为历朝皇后传；《继体记》专记未继位的太子事迹；《分藩记》专记历朝分封诸王的事迹；《勋封记》专记开国功臣及历朝所封侯伯的事迹；《天因记》则记朱元璋赖以发迹的郭子兴、韩林儿的事迹；《天欧记》主要记载元末与朱元璋争雄的陈友谅、张士诚、方国珍、明玉珍等人的事迹。

卷47《舆地记》至卷55《盐法记》等诸记，相当于纪传体史书中的"书"或"志"部分。其中，《舆地记》只记载了南北二京的区划、地理沿革等，似未周全；《刑法记》主要记载《大明律》《大诰》等国家的刑法制度；《河漕记》记黄河、漕河、通惠河等河流水道的治理及其他水利事业；《漕运记》分记漕粮、漕仓、漕军、漕船和漕规五部分；《钱法记》记明代货币的沿革；《兵制记》记明朝军队的编制、督理、操练、行军号令等；《马政记》记明朝蓄养军马的政令及举措；《茶马记》记明朝与西番茶马交易的情况；《盐法记》记明朝盐的经营和专司盐的生产、经营的机构。

卷56至卷104为人物类传。其中，《臣林记》记著名大臣事迹；《臣林外记》记建文殉国诸臣事迹；《臣林杂记》记锦衣卫权臣纪纲、门达和石亨、严嵩等事迹；《儒林记》和《文苑记》记理学大师和文学大师的事迹。《俘贤记》记元朝官员蔡子英、伯颜中子、简祖英等被明俘获，但不忘旧主的事迹。《宦者记》和《宦者杂记》则专记宦官事迹。《列女记》与历代正史所列《列女传》毫无二致。《方技记》记从事天文推布、占卜、相面、医术之士的事迹。《艺妙记》记书法家、画家的事迹。《方外记》记仙姑、道士、和尚的事迹。

卷105至卷109《王享记》仿正史中所设"四夷传"，记东南夷、北狄、东北夷、西戎等少数民族及外国的历史。其中涉及朝鲜、日本、东南亚一些国家以及古里、满剌加、锡兰山等。

---

① 钱茂伟：《晚明史家何乔远名山藏初探》，《福建论坛》1992年第2期。

钱谦益称：《名山藏》"其总而称记也，则本纪、志、传阙焉，记大事则年表阙焉。终篇则叙传阙焉，削史体也"。① 实际上，《典谟记》即为本纪，《舆地》《刑法》等记即为志，《臣林记》之类则为传。当列表而未列，自然是一缺憾，但其中《分藩记》例列诸王世系，与诸侯王表功能无异。"叙传"虽阙，而收入何氏《闽书》中的《我私志》可以弥补部分缺憾。

《名山藏》在叙事上具有以下四个特点。

（1）力避《实录》中"书朝而不书野，书显而不书微"的弊端，重视记载一些有益于教化的中下层人士的事迹。比如，《关柝记》专记一批低级官员忠于朝廷、直言敢谏、廉洁为民的事迹。《高道记》记陶宗仪、杨维桢、文征明、唐寅等一批名士事迹。《本士记》记"读书怀孤独之行而身孝悌"的君子事迹。目的是"使当路位人见之，加敬贬躬而从之，以高贤士大夫之风，不肖者愧且畏"。② 《本行记》记行为举止符合道德规范的士大夫、间巷小民的事迹。明言："陋巷耕凿佣贩之徒，吾犹重之。天下大矣，生于偏州僻邑，当不绝人。无有文字为之记，则其故老乡人，一时道说，久无闻矣。吾犹悲焉。"③ 《艺妙记》记书法家、画家的事迹。《货殖记》则仿《史记·货殖列传》，记七位富而好施之士事迹。明言："若武进人倪瓒、昆山人顾仲英，皆以猗顿之资，游意东晋之习，并坐见法。此则恶轻浮逃虚之士，不足与共兴教化者也。"④

（2）在人物传记的分类上，做到"疆理有分"，做到"方以类聚，物以群分，薰莸不同器，枭鸾不比翼"。⑤ 比如，为了区分皇帝与追谥之帝，在《典谟记》外设《开圣记》，仿元人撰修《金史》，在九帝本纪之前，设立《世纪》以记载金太祖完颜阿骨打以前十一位追谥之帝事迹。在九帝本纪之后，又设《世纪补》以记景宣帝宗峻（熙宗父）、睿宗宗辅（世宗父）、显宗允恭（章宗父）之事迹的做法，分别记载明太祖的高祖、曾祖、祖父、父亲以及嘉靖帝之父朱祐杬及其配偶的事迹，而不使之混

---

① 钱谦益：《名山藏》序，引自商传等点校《名山藏》，福建人民出版社 2010 年版，第 2 页。

② 《名山藏》卷 97《本士记》，第 2795 页。

③ 《名山藏》卷 98《本行记上》，第 2807 页。

④ 《名山藏》卷 101《货殖记》，第 2861 页。

⑤ 刘知几撰，浦起龙释：《史通通释·品藻》，上海古籍出版社 1982 年版，第 185 页。

入《典谟记》中。再如在《臣林记》中多记载历朝著名大臣。而在《臣林杂记》中则专记酷吏、佞臣、奸臣等。故李建泰称："读《臣林》诸记，可进君子；读《杂林》诸记，可退小人。"① 在《宦者记》中记载记贤宦沐敬、郑和等事迹，而另设《宦者杂记》则专记王振、汪直、刘瑾等几大权宦把持朝政、危害天下之事。

（3）以"臣乔远曰""臣郎曰"的形式，表明宗旨，抒发胸臆，补充史实。虽其中有不少奉承之词，如称颂明太祖"若夫兢兢业业，不少宁荒。虽二帝三王所称，蔑以加矣"。② 称颂明成祖"成祖居以唐太宗自拟，有唐家法，则匪我俦。盖汤、武耶！盖汤、武耶！"③ 但其中有些评价还是能够做到实事求是的。如评价解缙："年少通达，不减贾谊。至其直言，如魏征矣。缙与蹇、夏、三杨并有翼储之功。有口不密，几之不作，以及于祸。"④ 评价周枕是"为国家生财节用之臣，交际霭接，虽阉寺权势亦得其心，以故久安于伟，名称至今在吴中"。⑤ 还有一些史实通过"臣郎曰"的形式加以补充。如《分藩记》称："臣为郎时，周自王以下，凡三万二千八百九十七宗。其宗独众，而人贫甚。嘉靖中，有代宗室越关诉粮者。言臣从开封来，目击周宗动作有禁，无产可鬻，无人可依。数日之中，曾不一食。有年逾三十不能婚者，有暴露十年不能葬者。有行乞市井，佣作民间，流亡他乡、饿死道路者。诸府宗室诚贫，于周为甚。上览而悯之。"⑥ 由此可见，嘉靖朝周王宗室及其他宗室所处之窘境。何氏还通过"臣郎曰"的形式，对一些传说进行存疑、辩驳。如在《臣林记》中称："人言黔宁（沐英），高帝外妇子也。帝长黔宁十七岁，时方贫困，外遇妇人，岂其然欤！"⑦ 在《刘基传》中称："世言诚意伯读书山中，山石忽裂，伯窜其中，取出《阴符经》，其后多验用。伯死，遗令燔尸扬灰，皆漫诞不足信。及观世所传基，窃怪基以名世才，佐高帝五百年之会，不合徒多畸略小谋，取屡中而已。予居京师，得与

① 李建泰：《名山藏序》，引自商传等点校《名山藏》卷首，福建人民出版社 2010 年版，第 4 页。
② 《名山藏》卷 4《典谟记》四"太祖高皇帝四"，第 128 页。
③ 《名山藏》卷 8《典谟记》八"成祖文皇帝三"，第 247 页。
④ 《名山藏》卷 60《臣林记》五，第 1642 页。
⑤ 《名山藏》卷 62《臣林记》七，第 1737 页。
⑥ 《名山藏》卷 36《分藩记》一，第 952 页。
⑦ 《名山藏》卷 56《臣林记》一，第 1474 页。

伯九世孙志学游。为余言伯所佐高帝，皆广论大义。志学言其家有诸父，年九十余，具述如此。因采而兼存焉。"①

（4）在一些人物传记中，采用附录的方法，兼记其他人物事迹，收录其诗文等文献。如在《太祖高皇帝记》中附录有孙炎、陈遇、朱升、范祖干、胡翰、叶琛、汪河、汪广洋、胡廷美、王本等几十人的简介或小传。一方面扩充了人物传记的容量，另一方面也进一步细化了记载的内容。比如在洪武二年七月"《元史》成，复遣使行天下，求其近事，而将续修之"下以附录形式简介参编诸人的简况。在洪武三年七月"续修《元史》成"下又以附录形式简介参与续修诸人简况。同时，何氏还采用附录的形式，交代重要事件的始末。比如，在《宪宗纯皇帝记》成化七年正月"下南京礼部郎中吕晟及主事林孟和于南京刑部狱"，十月"夜杀吉安知府许聪"后均附录其事件始末。何氏还通过附录的形式采集一些文献，如在洪武十一年四月"建《皇陵碑》"下附录明太祖《皇陵碑辞》的全文。在《宣宗章皇帝记》中收录宣宗所作《猗兰操》《捕蝗诗》《悯农诗》《祖德诗》《减租诗》《广寒殿记》等诗文。

《名山藏》撰成后，直至崇祯十三年才得以刊刻流传。正式刊刻之前，已有手抄本流传。此后，对何氏及该书的评价可谓毁誉参半。钱谦益称何氏编写此书有"三善"："果断以奋笔，采毫贬芥，不以党枯雠腐为嫌，此一善也。专勤以致志，年经月纬，不以头白汗青为解，此二善也。介独以创始，发凡起例，不以断烂芜秽为累，此三善也。"同时，也委婉地指出其存在的不足："开天之创业，月表具在，其可委诸陈迹乎？开国之重典，丹书未亡，其犹问诸故府乎？朱墨之秘录，岂无取于是正，而丹青之俗说，岂无待于刊削者乎？"②既肯定其采集、鉴定史料之勤和发凡起例之创新，同时也指出其没有很好利用太祖开国之月表、开国之重典。也没有利用朝中"秘录"来订正"俗说"等。后来，钱氏在给友人的信中再次指出："即我圣祖开国，因依龙凤滁阳之遗迹，子长《楚汉月表》之义，谁知之者。韩公之诛夷，德庆之赐死，金匮石室之书，解、

---

① 《名山藏》卷57《臣林记》一，第1496页。

② 钱谦益：《名山藏序》，引自商传等点校《名山藏》，福建人民出版社2010年版，第1页。

黄诸公执如椽之笔者，皆晦昧不能明其事，而后世宁有知之者乎？"①

《名山藏》没有设"表"，这无疑是一个缺憾，致使一些本可精简的内容繁复；《舆地记》仅记南北二京，而不及其他地域；《货殖记》仅记七八位富而好施，乐于助人之士，没能全面反映明代工商业发展的情况；《方技记》虽记载了一些"精天文推步之学"和医学之士，但更多地偏重记载卜筮、占星、算命之人，而像早于何氏的李时珍、与何氏同时代的徐光启等只字未提。并不像谢国桢先生评价的那样："内有明代的科学技术家和《货殖列传》，反映了明朝科学技术及社会上工商业经济的发达，颇具特色。"② 此外，书中还记载了不少荒诞无稽之说。比如在《太祖高皇帝记》中称："当皇妣娠，梦皇冠授一丸，有光，吞之，觉而口尚闻香。明日，生于土地神祠中，白气贯空，异香经宿，祠中神惊避数里。……浴，汲河水，水浮红罗，遂取为衣。所居尚有神光，里人竞呼朱家火，往视，无有。"③ 故吴炎称其"率多嗜奇无识，引断失据"④ 是有一定道理的。

第十节　"得失鉴戒，展卷易镜"
——许重熙撰《宪章外史续编》

许重熙，字子洽，常熟（今江苏常熟）人。其祖父许河曾担任上蔡知县。自称："自童子时，口吃，性简，不便人间酬对，终日向隅而坐。原不知书，涉览而已。贫无藏籍，悠悠数载。初学为农，稼穑不分，安问耕耨。水田一顷，岁岁告凶，宗族付为弃物。"⑤ 后为邑诸生，然在科场上很不得意。遂"数游京师、金陵、维扬、匡庐间诸藏书家，得遍识其书，商订典籍，学益博识高古"。⑥ 据钱茂伟考证，其在游历过程中，

---

① 钱谦益：《牧斋有学集》卷 38《再答苍略书》，《四库禁毁书丛刊》《集部》116，第 242 页。

② 谢国桢：《明清笔记谈丛》"重版说明"，上海书店出版社 2004 年版，第 5 页。

③ 《名山藏》卷 1《典谟记》一，第 1 页。

④ 吴炎：《吴赤瞑先生文集》"答陆丽京书"，《国粹丛书》第二集。

⑤ 许重熙：《国朝殿阁部院大臣年表》"自识"，《四库禁毁书丛刊补编》25 册，第 263—264 页。

⑥ 康熙《常熟县志》卷 20《文苑》《许重熙传》，康熙二十六年刻本，第 498 页。

于万历乙卯（四十三年）到江西临川拜谒过著名戏剧家汤显祖，并手抄其文，编辑成《汤义仍先生文集》。同年到南昌，拜谒明宗室学问家朱谋㙔。两人谈得十分投机，许氏自称："纵谈夜半，予不胜意痒。"① 朱氏"贯穿经史，博览群籍，通晓本朝掌故。……著书百有十二种"。他"留心史事"，打算修一部明史，并"粗有著述，多所是正"。他知道自己年迈，难以完成修史任务，曾将书稿托余干令转交钱谦益，希望其完成明史的纂修。可惜书稿被余干令酒后烧掉。② 同时他，还将纂修明史的重任寄托在许重熙身上。钱茂伟推测："这次交谈，奠定了许氏以后的治学方向"，"和朱氏长谈后，他便决心在当代史方面一展身手"。③ 这个推测是有道理的。

许重熙与钱谦益、钱士升等交往甚密，并在学术上常有切磋。如钱氏在《太祖实录辨证》中曾就鄱阳水战中韩成穿御袍代朱元璋自沉而死之事进行考辨，并说明："此邦有许生重熙，好谭国朝典故，尝为余言：'韩成诳汉，事诬也。'余因许生言，为著其始末如此。"④ 钱士升在纂修《南宋书》时，身居"袁闳土室"（按：东汉延熹末，党事将起，袁闳散发绝世，自筑土室以藏身），"自一二行脚往来外，至戚亦罕睹其面"，专心从事《南宋书》的纂修。唯有许重熙至，"一编相对，或泣或歌，有非左右所得知者"。⑤《南宋书》每卷"赞"语，均为许重熙为之。故席世臣称重熙"博学有史才，著述甚富。相国为是书，多其赞助之力"。⑥

许氏有关当代史学的著述主要有《宪章外史续编》《国朝殿阁部院大臣年表》《明季甲乙汇编》《江阴守城记》等。

《宪章外史续编》又名《嘉靖以来注略》《皇明五朝纪要》《五朝注略》《五陵注略》。凡 14 卷，记载嘉靖、隆庆、万历、泰昌、天启五朝史事。记事起于嘉靖元年，迄于天启七年八月。该书始作于崇祯初年，许

---

①　许重熙：《国朝殿阁部院大臣年表》"自识"，《四库禁毁书丛刊补编》25 册，第 263—264 页。

②　钱谦益：《列朝诗集小传》润集"宁藩中尉贞静先生谋㙔"，上海古籍出版社 1983 年版，第 778 页。

③　钱茂伟：《许重熙：一个值得重视的晚明史家》，《苏州大学学报》1998 年第 3 期。

④　钱谦益：《牧斋初学集》卷 102《太祖实录辨证二》，上海古籍出版社 2009 年版，第 2115 页。

⑤　钱佳：《赐馀堂年谱跋》，《四库禁毁书丛刊》《集部》10，第 426 页。

⑥　席世臣：《南宋书》"叙"，《二十五别史》《南宋书》，齐鲁书社 2000 年版，第 136 页。

氏《自序》称："微臣草野无识，试取嘉靖以来近事彰之闻见者，褒其大略，用次成编，得失鉴戒，展卷易镜。"序后署："崇祯六年癸酉重九日吏部候选监生臣重熙述序。"① 可见，此书应修成于崇祯六年（1633）。钱茂伟称："崇祯六年十月后，许重熙着手《宪章外史续编》的撰写。"② 显然有误。其后钱氏又称："许重熙《宪章外史续编自序》时间标崇祯六年，这是成书年月还是始作时间，值得怀疑。"③ 实际上，许氏既然说"褒其大略，用次成编，得失鉴戒，展卷易镜"。那肯定是成书了，还有何怀疑的。据雍正《昭文县志》云："崇祯二年太守聘修府志，九年刻《五陵注略》。"④ 可知该书刊行于崇祯九年（1636）。

董其昌称："重熙沉雅笃信，动以古谊自程。少年为诸生，不肯诡遇求闻。晚游太学，从事南北闱，几幸而复落。无聊困顿之中，辄著书自娱，而《嘉靖以来注略》其一种也。"⑤ 认为《嘉靖以来注略》是许氏作为一个太学生，在科场失意"无聊困顿"之时"著书自娱"之作。许氏难道仅是为"自娱"而写史吗？显然不是。他是带有"明确的致用目的"而修史的。他之所以选择自嘉靖朝以后几朝作为"观省"对象，是因为他认识到"世宗朝确是明代历史的一个转折点"。⑥ 他称："试观嘉靖何等时也？俺吉并骛，烽火日惊，破城杀将，东西告急，直、海狂逞，几半天下。所在丛窟，一止一起，兵荒连岁，租税全蠲，战士死生，优恤屡下，物力自当告诎，智勇至且交困。然而圣谟捷于风霆，臣略运如水火。犯颜敢谏者，蹈镬不移，挺身任事者，盈箧无悔。一时精神气色，有阳明无阴昧。迨至隆庆以至万历之初，股肱惟良，俊义盈侧，边鄙不耸，稿人成事，太仓粟支十年，间右盖藏相望，五十年兵寝刑厝，何莫非肃皇帝饬法所造也。"⑦ 他认为，明至嘉靖朝，虽内忧外患严重，但君圣臣明，团结一心，终究转危为安，并影响到隆庆至万历之初，天下一片太平景象，而到了后来国势日益衰颓。"一变而蜚鸿满野，部分南北；

① 许重熙：《嘉靖以来注略序》，《四库禁毁书丛刊》《史部》5，第 5 页。
② 钱茂伟：《许重熙：一个值得重视的晚明史家》，《苏州大学学报》1998 年第 3 期。
③ 钱茂伟：《明代史学编年》，中国文联出版社 2000 年版，第 381 页。
④ 雍正《昭文县志》卷 7《文苑》《许重熙传，雍正九年刻本。
⑤ 董其昌：《嘉靖以来注略序》，《四库禁毁书丛刊》《史部》5，第 3 页。
⑥ 钱茂伟：《许重熙：一个值得重视的晚明史家》，《苏州大学学报》1998 年第 3 期。
⑦ 许重熙：《嘉靖以来注略序》，《四库禁毁书丛刊》《史部》5，第 5 页。

再变而燕雀处室，门庭召寇；三变而狐鼠公行，丛神几藉矣。天启时，魏祠穿碑，争谄竞媚，知有富贵而不知有功名，知有附戴而不知有忠顺，人心澌灭殆尽。"他认为，造成这种局面的原因"岂世运使然哉？亦緜涂塞耳目，不习见先朝行事，国是晦而学术坏耳"。他尤其对崇祯朝君勤臣惰感到十分忧心，指出："圣主焦劳，自今群臣泄沓如旧。谁为孚敬（张璁）、（张）居正乎？（夏）言、（徐）阶、（高）拱乎？谁为（王）廷相、山晓乎？（胡）宗宪、（王）崇古乎？名爵（杨）继盛、恩瑞乎？扬扬中外，考绩加恩，夫岂异昔人任？乃赞襄以掩过为能，封疆以避罪为巧，议论以雷同为尚。身名轻于利禄，情面重于法纪，近喜易袭，远虑难施，逞意易蒙，蔽明难撤。天下未尝无人，盖已事之不熟，而吉凶无辨也。"① 为此，他以为崇祯朝摆脱危机应当借鉴嘉靖朝的做法。正如董其昌所言："惟嘉靖暨万历初年纪法足师，以相救挽，□求化理之助，鉴戒胡可不备？"② 许氏也希望读者"緜嘉靖以来求观洪武，庶几有合焉。愿附刍荛之末以供缙绅之一助云"。③

　　许氏在客观记载史事的过程中，不时地用按语的形式表明自己对时政的态度和看法。比如天顺、成化间改变永乐以来"边需悉以盐利，每盐一引，输边粟二斗五升"的做法，使"商人中盐，悉令输金户部"。致使"边贾无戍，撤业而归"，"墩台日颓，保聚日涣，千里沃野，莽然丘墟矣"。对此许氏指出："万历初，边鄙不耸，穑人成功。江陵既没，人情更以承平转玩，胥役日繁，官视地方为传舍，衙役世据蟠结，即有能垦之人，难应诛求之费矣。"④ 他认为，不仅是变坏盐法导致边地荒芜，边储日匮，自从张居正去世，承平日久，官场风气的变坏更是加剧了边地的危机。又如隆庆四年（1570）时任应天巡抚的海瑞被罢官还乡，接替他的江南抚臣朱大器"奏复海瑞所汰冗兵，请加派苏松常三府兵饷银十二万"。对此许氏评论说："瑞甫去而大器尽更之，冗兵之复，未必有兵，只复空籍耳。嗣后加派日增，藉饷名以饱奸胥耗蠹者，其弊遂不可问。"⑤ 再如万历四十五年（1617）贵州巡抚张鹤鸣调集兵力征剿苗人，

---

① 许重熙：《嘉靖以来注略》"序"，《四库禁毁书丛刊》《史部》5，第5页。
② 董其昌：《嘉靖以来注略》"序"，《四库禁毁书丛刊》《史部》5，第4页。
③ 许重熙：《嘉靖以来注略》"序"，第5页。
④ 同上书，第29页。
⑤ 许重熙：《嘉靖以来注略》卷6，《四库禁毁书丛刊》《史部》5，第122页。

对此许氏指出："万历末年，承平日久，抚按每以开衅为功，请发帑藏，请调士兵，官收其利，民当其灾，国受其害。鹤鸣此举，斩杀无辜以万万计，而苗民汹汹思乱矣。"① 针对天启以来辽地守将屡因接收降夷而酿祸的现实，许氏指出："受降如受敌，以残败之辽，而收叵测之降夷，其见经略之无识矣。阁臣泄泄置之，其真轻国事为一掷哉。"② 又称："按降夷内应，一愚（袁）应泰（时任辽东经略）于辽，再愚（孙）元化（时任登莱巡抚）于莱。书生之误国两见矣。"③ 再称："按应泰方以受降为奴所卖，轻掷辽左，而（文）球（时任蓟辽总督）同有其罪，�然若不闻者。乃以受降为功，身当国家重任，而身甘为奴夷奸细。举朝莫辨，功罪不识，于国法谓何也。"④ 针对左都督平辽总兵官毛文龙虚报战功、冒领赏赐之事，许氏指出："文龙不能争尺寸地，而无岁无季不报捷，疏朝上而赏赐夕下，举朝明知其欺伪而莫敢综核之。其故诚不可解。且所奏捷者不言深入千余里，则言擒斩数千人。师进不闻馈粮假道，战胜则安归海岛？岂奴众尽坚壁不出者乎？以此语常法，实难信矣。"⑤

此外，许氏还多引用其他学者之论间接地表明对人对事的态度。比如，在关于罢市舶问题上，他引用范守已的话说："郑晓有云：夏言谓倭患起于市舶，遂请罢之，不知当罢者内臣，非市舶也。祖训虽绝日本，而市舶不废。盖以通华夷之情，使利权在上也。市舶罢而利孔在下，奸豪外交内诇，海上无宁日矣。噫，晓言不为无见。然使番舶不至，则奸豪何从诳取其货以阶厉耶？夷货非衣食所急，何谓中国不可缺耶？"⑥ 范氏虽然认为郑晓的意见是有道理的，但是他认为，罢市舶可以断绝倭患。许氏显然是赞同范氏意见的。又如万历二十九年三月，光禄卿赵健上疏极言内廷赏卓之费，称上供钱粮原有定额，不堪耗用。对此许氏引董其昌云："国家优礼侍从，如日讲修等官，尝俸之外，复月有供给，足矣。不闻日日有赏卓也。乃两殿书画医局等官，于尝俸供给之外，日有赏卓，

① 许重熙：《嘉靖以来注略》卷 11，第 234 页。
② 许重熙：《嘉靖以来注略》卷 13，第 260 页。
③ 同上书，第 261 页。
④ 同上书，第 263 页。
⑤ 同上书，第 274 页。
⑥ 许重熙：《嘉靖以来注略》卷 1，第 19—20 页。

而多至于每月八九百卓，抑何滥乎。"① 对皇帝滥赏书画医局等官，耗费国家财用深表不满。再如万历三十七年十二月礼科杨天民参总督李汶杀降邀功，对此许氏引董其昌云："边臣欺蔽，掩败为功，所从来久矣。而按臣扶同不撼实上闻，宁得罪于君父，不取怨于朋友，朝廷孰从而知之。"② 对边将杀降邀功以及巡按附和不据实上报提出严厉批评。

总之，许重熙撰写该书带有明显致用色彩。他试图通过总结前朝的经验教训，为扭转崇祯朝衰颓的局面寻找良方。该书受到当时学者及后人的肯定。董其昌称其："衷近代之故实，括诸家之旧闻，循其年次，列以事言，卷帙不病于浩繁，指陈殊快于简易，可谓义文兼美者矣。"③ 谢国桢称其："记嘉靖以来五朝时事，评骘论断，以为昭戒，其法颇善。"④ 钱茂伟称其："成于神宗、泰昌、天启三朝实录刊布以前，故它的记载，有自己独立存在的价值。至于记明清战争，更具有独立价值。"⑤

由于许重熙撰写的是当代史，加之其敢于直言，因此得罪了不少人。如他称："（方）从哲为魏党所藉，其人可知，律以春秋弑逆大义，或谓迂远，然以封疆为戏，漫焉催战，断送完全之辽，纷纷召募调发，骚动天下，反者四起，所急惟请帑加征，绝无营办干济。空帑藏间阁以供奸橐。毁坏国家，至今为病。　（叶）向高但知诏下求名，不思为国敬事。……易名之典，两人当在戾、谬之拟，而曰端曰忠，不已过乎？"⑥ 叶、方两位万历三十五年（1607）后先后担任内阁首辅，距许氏所处年代不远，许氏直斥不讳。又如他称刘基非渡江勋旧，袭封出乡人之推戴，直接触怒了刘基十四世孙诚意伯刘孔昭。正如杨士聪所云："刘孔昭一见大怒，适温相（温体仁）恶倪元璐（时任祭酒），恐其入阁，（刘）孔昭遂以倪锢妻事于许并股作疏，意重在许，开大狱。"⑦ "牵连参阅姓氏七十五人，俱东林指名，几兴同文之狱。"⑧ 结果崇祯帝不同意，仅下旨"倪

---

①　许重熙：《嘉靖以来注略》卷 10，第 202—203 页。

②　许重熙：《嘉靖以来注略》卷 9，第 199 页。

③　董其昌：《嘉靖以来注略序》，《四库禁毁书丛刊》《史部》5，第 3 页。

④　谢国桢：《晚明史籍考》卷 1《通纪》，"有明一代史乘"，华东师范大学出版社 2011 年版，第 43 页。

⑤　钱茂伟：《许重熙：一个值得重视的晚明史家》，《苏州大学学报》1998 年第 3 期。

⑥　许重熙：《嘉靖以来注略》卷 14，《四库禁毁书丛刊》《史部》5，第 289 页。

⑦　东村八十一老人：《明季甲乙汇编》卷 2，《四库禁毁书丛刊》《史部》33，第 684 页。

⑧　雍正《昭文县志》卷 7《文苑》，雍正九年刻本。

元璐冠带闲住去，许重熙革去衣巾，书版追毁"。① 同时，"禁书坊不许行《五陵注略》"。② 许氏因直言而招祸，被革去太学生资格，书虽明令禁毁，但最终还是传留下来。

第十一节 "笔非高健，言颇可採"
——刘振与《识大录》

刘振（？—1648），字自我，安徽宣城人。《明史》未为设传，事迹散见于李应泰修光绪《宣城县志》卷18《文苑》（江苏古籍出版社1998年版）和王弘《山志》（中华书局1999年版）中。县志称其："少高尚博学，慷慨善持论，尝纵游齐、梁、燕、赵间。"③《山志》称其："年二十，以为文讥刺汤霍林，避祸出亡。尝主山东耿中丞、涿州冯阁学家。"④崇祯初，范景文做河南巡抚时，后金军攻至京师城下，范景文主动率所部八千人勤王。明年三月，擢兵部添注左侍郎，练兵通州。此间刘振以布衣身份上书谈论时事，受到范景文的赏识，被聘为幕僚，因此知名。崇祯五年（1632），范氏因父丧去官，刘振也返回南京，"键户撰著，辑古今治乱得失，作《庙算》。采兵家言作《纬书》。又以明三百年《实录》藏馆阁者，旁稽野乘，以己意仿《史记》述为本纪、志、表、列传，自洪武迄万历，名曰《识大录》，纪百余卷"。⑤崇祯七年（1634），范景文先后任南京右都御史、兵部尚书。此间范氏"每有大事，多就咨访"。⑥崇祯十五年（1642）秋，朝廷任命范氏为刑部尚书，未上任，改任工部尚书。范氏遂招聘刘振去京编纂《北工部志》。书成，会李自成攻陷北京，书稿未及上交，便在战乱中散佚。据《山志》云："自我卒于戊子

---

① 文秉：《烈皇小识》卷4，北京古籍出版社2002年版，第132页。

② 东村八十一老人：《明季甲乙汇编》卷2，《四库禁毁书丛刊》《史部》33，第684页。

③ 李应泰修光绪《宣城县志》卷18《文苑》，江苏古籍出版社1998年版。

④ 王弘：《山志》初集卷5《刘自我》，中华书局1999年版，第126页。

⑤ 李应泰修：光绪《宣城县志》卷18《文苑》，江苏古籍出版社1998年版。按：现存《四库全书存目丛书》本只有帝典（本纪）和列传，而无志、表。《四库全书总目提要》云："其书纪明君臣事迹，仿各史例，惟改本纪为帝典……列传则不分卷数。"没有言及志、表，可见县志有误。

⑥ 李应泰修：光绪《宣城县志》卷18《文苑》。

年"，当死于顺治五年（1648）。①

　　《识大录》的编纂起讫时间，史无记载。《山志》称："其著《识大录》，盖五十年而后成书。"据此，钱茂伟认为："从崇祯十五年刘振北上修《工部志》来看，（成稿时间）最晚时间当在崇祯十五年（1642）"由此向上推断认为："万历后期，刘振即开始写作了。"② 案：由崇祯十五年（1642）向上推算，五十年前当为万历二十年前后。可见，早在万历二十年前后，刘振已经开始留心资料的搜集、整理和写作。

　　刘振作《识大录》所依据的史料"大抵以《实录》为本，而旁采诸家文集铭志之类"。③ 此外，他十分重视"征文考献"，曾仿效司马迁进行过一定的实地调查，收集口碑史料的工作。如《识大录·商辂传》云："振尝过桐江一访文毅之庐。"④ 又如《徐有贞传》中云："振闻故老云"。⑤ 再如《李春芳传》中云："句曲之人数为振言。"⑥

　　《识大录》有无最后成书？李清说得很清楚："予见其所著国史，虽笔非高健，然已有成书。"⑦ 王弘说得更为明白："自洪武起至崇祯止，计十二套，稿止一部。"⑧ 现存"惠宗让皇帝"和"代宗景皇帝"两篇《帝典》后分别记"崇祯十七年追上尊谥曰：天道文武孝让皇帝"。⑨ "崇祯十七年加上尊谥曰：天道文武仁孝景皇帝"。⑩ 说明其记事确实迄于崇祯末年。但由于战乱未及刊印，在流传的过程中，出现残损、乱帙的现象在所难免。现收入《四库全书存目丛书》中的影印本为北京图书馆馆藏清人抄本。前 24 卷为《帝典》，为洪武至隆庆历代皇帝本纪，而缺万历、泰昌、天启、崇祯四朝事迹。列传部分除残缺外，乱帙现象也十分严重。比如《帝典》后即为《四夷传》记东夷，如朝鲜、日本、琉球、安南等

　　①　按：光绪《宣城县志》称其"乙酉疽发背死"。乙酉为顺治二年（1645），当以《山志》记载为准。

　　②　钱茂伟：《明代史学历程》第十四章第四节"尹守衡与刘振的明史编纂"，社会科学文献出版社 2003 年版，第 311 页。

　　③　《四库全书总目提要》卷 50《史部》6 别史类存目《识大录》，第 291 页。

　　④　刘振：《识大录》《商辂传》，《四库全书存目丛书》《史部》37，第 160 页。

　　⑤　《识大录》《徐有贞传》，第 168 页。

　　⑥　《识大录》《李春芳传》，第 499 页。

　　⑦　李清：《三垣笔记》下"弘光"，中华书局 1997 年版，第 106 页。

　　⑧　王弘：《山志》初集卷 5《刘自我》，中华书局 1999 年版，第 126 页。

　　⑨　《识大录》《帝典》"惠宗让皇帝"，《四库全书存目丛书》《史部》37，第 78 页。

　　⑩　《识大录》《帝典》"代宗景皇帝"，第 191 页。

（《四库全书存目丛书》《史部》35，第 375—426 页），中间隔了不少类传，又出现《四夷传》分别记南蛮、西戎、鞑靼等（《四库全书存目丛书》《史部》35，第 647—708 页）。又如《四库存目丛书史》《史部》36，第 605—651 页为《宰辅列传》，而《史部》36，第 219—250 页又列有陈以勤、赵贞吉、张居正、殷士儋、吕调阳、高仪、马自强、张四维、余有丁、申时行等宰辅传。① 按照钱茂伟依据四库馆臣所云："列传则不分卷数，自母后、储宫、宗室、宰辅以至四裔，皆以类分编。"② 并参照明人其他明史著作常规所排列的顺序为：母后、储宫、宗室、宰辅、群雄、列朝、儒林、文苑、忠义、循吏、奸臣、佞臣、墨吏、酷吏、盗贼、隐逸、宦官、孝友、义士、列女、方技、方外、货殖、四夷。③ 这是可信的。

刘振撰写《识大录》以《明实录》为本，在史料的取舍和考证上较之《明史》颇具特色。以《帝典》为例，比如，在"太祖高皇帝典"至正二十四年三月下引《明太祖实录》所载："江西行省进汉金镂床，帝曰：'此何异孟昶（按：后蜀末代皇帝）七宝溺器'，亟毁之。侍臣曰：'未富而骄，未贵而侈，所以亡也。'帝曰'此覆车也。富亦岂可骄贵，亦岂可侈？正欲抑嗜欲，弘俭约以厌众心，犹恐不足以慰民望，况穷天下之技巧以奉一己，其致亡也'。"以下还载有朱元璋总结陈友谅失败的原因，以及与孔克仁等论前代成败之因。④ 这些材料说明，朱元璋在尚未建立大明政权之前，就善于通过总结历史经验教训来告诫部下，倡导戒骄侈、弘俭约，反对"穷天下之技巧以奉一己"。但清修《明史》却弃而不取。

又如在"惠宗让皇帝典"开头基本没有采用《太祖实录》的史料，因为他知道《太祖实录》经过永乐间两次重修，已被改得面目全非。因此取材于其他记载，详记朱允炆如何尽孝于其父太子朱标和太祖之事，以及太祖将"中外万几，多付裁决"，并允许其修改法律条例、审理案件

---

① 按：钱茂伟《刘振及其〈识大录〉考略》（《文献》1999 年第 4 期）认为应将"《史部》36 页 219—374"与"《史部》36 页 605—651 的宰辅""合起来"。实际上，从《史部》36 节 250 页"申时行传"后所列熊桴、周满、陈鸿濛、吴百朋、胡松、雷礼、葛守礼、朱衡、潘季驯等人均不属宰辅范畴，自然不能与《宰辅列传》合并。

② 《四库全书总目提要》卷 50《史部》6 别史类存目《识大录》，第 291 页。

③ 钱茂伟：《刘振及其〈识大录〉考略》，《文献》1999 年第 4 期。

④ 《识大录》《帝典》"太祖高皇帝"，《四库全书存目丛书》《史部》35，第 18 页。

等，说明太祖传位于朱允炆是早有打算的。而决不像《太宗实录》所载太祖与侍臣密语称："太子薨，长孙弱不更事，主器必得人，朕欲建燕王为储贰，以承天下之重"、"皇太孙矫诏嗣位"。①

对《实录》中存在的曲笔讳饰现象，他更是一针见血地予以指斥。在该书《焦芳传》中，他指出：焦芳"为《孝宗实录》总裁官，笔削任意，尤恶江西人，一时先正名卿，无不肆诋以快其私忿，所书多矫诬不根"。② 在《彭华传》中他称其："警敏多悟，居恒寡言，及论辩当事成败，每多奇中，颇以才称。特以未能保全刘文和王端毅（恕）、马端肃（文升）之去，为时论所薄。焦芳遂谓其风瘫为阴险无良之报，岂实录也哉？"③ 对其他别史野乘的记载也多持审慎态度，比如，在《尹直传》中，他称其："为人疏俊，不拘小节，颇以才气自负，多招物议耳。而《郓州别记》书其藉文达威焰，胁取财贿，根蒂蟠固，中外侧目，无乃过刻也乎。"④

对一些人物的评论，刘振往往有独到见解。比如他评论杨一清称其："学博才雄，应变济务，斡旋事势，调停机宜，人所不及。尤晓畅边事，熟谙军旅。""督陕大有边绩，而去瑾一事（指使张永告发大宦官刘瑾），尤为千古所难议者。"然而有人"不多其长才远略"，却"诬以收金"。他指出："先生间尝受人美珠一斗矣，值诸边将谒，留侍左右询边事，随出所受珠分劳之立尽。知交有以贫归者，发囊助给率数十百金以为常。盖以天下财为天下用，不为私蓄，即比于一介不取可也，又奚足为先生累乎。"⑤ 又如关于徐有贞诬告杀害于谦之事，他认为，这是一起"为奸党所诬搆"的冤案。他说："振闻故老云：英庙（按：指明英宗）持于王狱，辞未下，石亨偕张辄面奏曰：'陛下不杀谦等，今日之事何名？'上意遂决。忌嫉之徒乃谓出自公口，冤哉！初犹有知其诬者，及少保子冕（于谦子于冕）求程篁墩（敏政）序《旌功录》以实谤言，天下信之矣。"⑥

---

① 《明太宗实录》，（台北）中研院历史语言研究所 1983 年版，第 4—5 页。
② 《识大录》《焦芳传》，第 213 页。
③ 《识大录》《彭华传》，第 190 页。
④ 《识大录》《尹直传》，第 194 页。
⑤ 《识大录》《杨一清传》，第 465 页。
⑥ 《识大录》《徐有贞传》，第 168 页。

《识大录》问世后，人们对其评价褒少贬多。如李清称其"笔非高健"，"言颇可採"。[①] 黄宗羲则称："其人皆非作手，猥杂不足观。"[②] 四库馆臣评价称其："叙述疏舛，义例杂糅，不足自名一史也。"[③] 可见，《识大录》还算不上是一部成功之作。但其史料价值和刘振对人物史事的评价却是值得重视的。

① 李清：《三垣笔记》下"弘光"，中华书局1997年版，第106页。

② 《黄宗羲全集》第一册《思旧录》"范景文"，浙江古籍出版社1988年版，第345页。

③ 《四库全书总目提要》卷50《史部》6别史类存目《识大录》，海南出版社1999年版，第291页。

第二章　明末清初明史编修之研究（下）

第一节　"正实录之是非，订野史之谬误"
——谈迁《国榷》与史事的考订

谈迁（1593—1657），原名以训，号射父，字观若。明亡后更名迁，字孺木，自署江左遗民，明万历二十一年（1593）出生于盐官（今浙江海宁市）枣林一个穷困之家。史称："少负史才，不屑固陋之学，张太宰慎言、胶州高相国宏（弘）图皆目为奇士。"[①] 他的一生是在穷困潦倒的窘境中度过的。他长期充任记室（秘书），为人办些文墨事务、代写应酬文章来维持生活。他自幼好学，喜欢读书，更喜欢阅读史书。时人称他："谈子孺木有书癖，其在记室，见载籍相饷，即色然喜。或书至猥诞，亦过目始释，故多所采摭。"[②] 在阅读史书过程中，他发现明代实录中有几朝实录经过以后的重修，存在严重的失实，而众多私家所修的当代史中多有讹陋肤冗的毛病，出于强烈的责任心，他决心写一部信史。天启元年（1621）他开始动手编纂。这对一个"绳枢瓮牖"、"家徒四壁立"的穷秀才来说，在既无"金匮石室"可供查阅，又无厚禄巨资可资周游海内的情况下撰写当代史，困难可想而知。他撰写《国榷》的主要依据是明朝历代实录，然而，《明实录》当时并没有刻本，只有极少数大官僚、地主家才藏有抄本。于是他不辞辛苦，经常步行到百里之外去借抄。他自称："自恨绳枢瓮牖，志浮于量，肠肥脑满，妄博浏览，尤于本朝，欲

---

① 民国十年《海宁州志稿》卷12《艺文志典籍五》。
② 高弘图：《枣林杂俎序》，参见《枣林杂俎》卷首，中华书局2006年版，第1页。

海盐（郑晓）、丰城（雷礼）、武进（薛应旗）之后，尝鼎血指，而家本儋石，饥梨渴枣，遂市阅户录，尝重跰百里之外，苦不堪述。"① 平日里，"于坐聆途说，稍可涉笔者，无一轻置"。② 他还涉览了明人著述百余种以上。他在自叙其收集史料困难情景时说："迁本寒素，不支伏腊，购书则夺于膳粥，贷书则轻于韦布。又下邑褊陋，薄视湘云，问其邺架，率资帖括。于是问一遗编，卑词仰恳，或更鼎新，靳允不一，尝形梦寐，即携李鼎阀间，亦匍匐以前矣。"③ 可见，身为一介乡间穷秀才生活之窘迫、求书之艰辛。在他耗费心血完成初稿之后，谁知天降横祸。顺治四年（1647）八月，小偷光顾了他的家，盗走了《国榷》全部书稿。对此黄宗羲认为，这并不是一般的盗窃案，他说："当是时，人士身经丧乱，多欲追叙缘因，以显来世，而见闻窄狭，无所凭藉。闻君之有是书也，思欲窃之以为己有。君家徒四壁立，不见可欲者。夜有盗入其家，尽发藏稿以去。"④

二十七年的心血毁于一旦，这对年已 55 岁的谈迁来说无疑是晴天霹雳。他自称："丁亥八月，盗肱其箧。拊膺流涕曰，噫，吾力殚矣。"⑤ 然而，他并没有灰心丧气，他说："吾手尚在，宁遂已乎？"⑥ 继续发愤从头做起，于是"遂走百里之外，遍考群籍，归本于实录。其实录归安唐氏为善本，携李沈氏、武塘钱氏稍略焉，冰毫汗茧，又若干岁，始竟前志"。⑦ 于顺治七年（1650）再次完成 500 多万字《国榷》的撰写。他的这种顽强不息的精神体现了一个优秀史家的高贵品质。他在修成《国榷》后，还曾计划撰写一部纪传体明史。他在写给李楚柔信中透露了这一计划。他说："倾者益究先朝史，凡片言只行，犁然有当与心，录之无遗。拟南还后，作纪、传、表、志。三年为期，不敢辄语人，私为足下道也。"⑧ 可惜的是，天假其时日不多，未能完成这一宏愿。

谈迁撰写《国榷》除了重视历史文字资料的收集，还十分重视调查

---

① 谈迁：《北游录》"纪文""上吴骏公太史书"，中华书局 1997 年版，第 269 页。
② 高弘图：《枣林杂俎序》，参见《枣林杂俎》卷首，第 1 页。
③ 《北游录》纪文"上太仆曹秋壑书"，第 266 页。
④ 黄宗羲：《黄梨洲文集》碑志类"谈君墓表"，中华书局 2009 年版，第 117 页。
⑤ 谈迁：《国榷》"义例"，中华书局 1988 年版，第 8 页。
⑥ 黄宗羲：《黄梨洲文集》碑志类"谈君墓表"，第 117 页。
⑦ 《国榷》"义例"，第 8 页。
⑧ 《北游录》"纪文""寄李楚柔书"，第 275 页。

研究。他很早就盼望去北京一游，以便查阅相关资料和实地调查了解相关情况。他说："余结发期一当于燕，既弃繻，无户外之履，窃自恨少壮时愧司马子长。"① 第二次书稿完成后，他的这一夙愿终于实现了。顺治十年（1653），义乌朱之锡任弘文院编修，服阕期满，进京供职，聘他做书记。他得以与朱之锡同路坐船经运河到达北京，顺治十三年（1656）二月返回海宁。在北京住了两年半时间。此间，他从曹溶、吴伟业、霍达等官员及其他人手中借阅了诸如《万历实录》《酌中志》《崇祯事迹》《流寇辑略》《幸存录》《四朝人物传》等大量著作和资料，并阅读和抄录了邸报，以补充崇祯朝、弘光朝史料的不足。除查阅文字资料外，他还经常与熟悉明朝掌故的耆旧交谈，以获得书本之外的资料来订正《明实录》及其他稗官野史记载的错误，补充其记载的缺漏。朱之锡在《北游录序》中描述了他辛勤收集资料的情况："每登涉蹑屩，访遗迹，重趼累茧，时迷径，取道于牧竖村佣，乐此不疲，旁睨者窃哂之不顾也。及坐穷村，日对一编，掌大薄蹏，手尝不辍，或覆故纸背，涂鸦萦蚓，至不可辨。或涂听壁窥，轶事绪文。残楮圯碣，就耳目所及无遗者，其勤至矣。"② 谈迁自撰的《北游录》更是详细地记载了他在京每每与人交谈有关明朝掌故、逸事的经过。顺治十一年（1653）八月，他还亲往西红门拜谒崇祯的思陵及司礼监秉笔太监王承恩的坟墓，并与守陵的宦官许氏交谈，了解甲申之变宫中的详情。

此次北京之行，使他获得了大量珍贵的资料，这些资料不仅可以订正书本记载的讹误，而且可以补充原有史料的不足。据张为儒《晚明文录》记载，张氏曾经亲眼看见《国榷》原稿"约计二万余叶，涂改增注，每番必有数处，或行间偪塞，则更粘一纸于简端以补之，盖复记后重定本也。兼有论断，长者十余行，短者二三行"。可惜的是，《国榷》原稿后归于大姓，装潢时"尽去其所粘之纸"。③ 否则我们今天看到的《国榷》记载的内容将更加完备。

《国榷》104 卷，卷首 4 卷分作大统、天俪、元潢、各藩、舆属、勋封、恤爵、戚畹、直阁、部院、甲科、朝贡等门，以记明朝典制为主。

① 《北游录》"纪程序"，第 1 页。

② 朱之锡：《北游录序》，引自《北游录》卷首，中华书局 1997 年版，第 1 页。

③ 《海宁州志稿》卷 12《艺文志·典籍五》，民国十年刊印。

共 108 卷，500 多万字，是一部编年体明代史。记事上起元文宗天历元年
（1328），下迄明末弘光元年（1645）共 318 年的历史。这部史学巨著最
突出的特点是在记述史事的过程中，继承了司马迁重视考信的优良传统
和明中叶以来重实证的学风，对所依据的史料进行了去伪存真、去粗取
精的考据工作。

一 订正《明实录》的失实

《国榷》的编撰是以明代历朝实录和邸报为主要依据，以明人著述和
本人实地调查所收集到的史料为参考的。明代保存下来的共有十三朝
（建文附太祖，景泰附英宗）实录及崇祯朝的辑补本。由于种种原因，其
中有数朝实录存在着严重的失实、丑正、阙漏等现象。正如黄宗羲所指
出的："实录见其表，其在里者已不可见。况革除之事，杨文贞（士奇）
未免失实；泰陵之盛，焦泌阳（芳）又多丑正；神、熹之载笔者，皆宦
逆奄之舍人。至于思陵十七年之忧勤惕励，而太史逃荒。皇威烈焰，国
灭而史也随灭。"① 《太祖实录》初修于建文时期，靖难之役后，永乐帝
为掩盖某些事实，曾先后两次重修，甚而杀害初修《太祖实录》的史官。
如永乐元年二月以"指斥旧事"为名，杀害参与《太祖实录》初修的原
史官、南昌知府叶惠仲，并将其妻罚为千户泰贵家奴。② 永乐元年重修的
目的在于预示太祖原有传位于朱棣之意，甚至否认朱棣本生母为硕妃而
强以为马皇后所生之子，所以歪曲事实的地方很多。《成祖实录》阙漏现
象尤为严重。正如明人黄省曾所指出的："至于修文庙时列传，不知当柄
之臣，何故抹杀其事，每载一人，不过述其姓名、科甲，转历归老，如
由状然，中间略见其为人若何而已。虽有殊功显谟，竭力社稷，抗法万
世，一切不录，皆随飘风春叶以渐灭焉尔。"③ 《孝宗实录》在编纂的过
程中，焦芳"入内阁，操史笔。凡所褒贬多挟恩怨，旧时大臣如何乔新、
彭韶、谢迁辈，芳辄肆诋毁。李东阳等不敢为异同"。④ 因此，曲笔现象
比较严重。《光宗实录》因阉党与东林党之间的政治斗争而被修改，颇多
失实之处。《熹宗实录》问题也不少，崇祯对其颇为不满。他曾批评道：

---

① 黄宗羲：《黄梨洲文集》碑志类"谈孺木墓表"，中华书局 2009 年版，第 118 页。
② 《国榷》卷 13《永乐元年》，第 897 页。
③ 《国榷》卷 21《宣德五年》，第 1381 页。
④ 龙文彬：《明会要》卷 36《职官八》，中华书局 1998 年版，第 636 页。

"实录，传信将来，笔削最要虚公，朕昨闻皇考前录颇失实。……今于意合者存其美，不同者去其实，或突载一节，或单标数语，成心偏见，滋惑传疑，其于实录之义何在？"① 再加之顺治初年冯铨将《熹宗实录》中天启四年纪事毁掉，后又缺天启七年纪事，遂使《熹宗实录》残缺不全。

对《明实录》存在的问题，谈迁是非常清楚的。因此，他对《明实录》抱着不迷信、不盲从的态度。他在引用《明实录》时特别注意加以厘正。比如针对修改过的《太祖实录》否认朱棣生母为碩妃而强以为马皇后所生之子的记载，他直截了当地指出："太祖高皇帝第四子也，母碩妃。玉牒云，高皇后第四子。盖史臣因帝自称嫡，沿之耳。今南京《太常寺志》载孝陵祔享，碩妃穆位第一，可据也。"② 在太祖驾崩建文嗣位问题上，经过永乐年间重修的《太祖实录》多有曲笔。如记太祖临终前"特持符召燕王，建文用事者，矫诏欲还之准安。疾剧，上问第四子来未？"谈迁对此一针见血地指出："此永乐时饰说也。先是敕燕王备虏，盖无一日忘者，宁溺爱启嫌于诸王哉？浅之乎，窥高皇也。"而《国榷》在记载这件事情时，补充记载了太祖临终时"皇太孙侍汤药甚谨，亲扶掖，虽秽亵必躬以进，深夜侍卫或寝，呼太孙即唯，目不变睫，形至骨立"的事实，并特别突出地记载了太祖关于"燕王不可不虑，齐泰受顾命"的诏谕及传位于建文的遗诏，遗诏称："皇太孙允炆，仁明孝友，天下归心，宜登大位，以勤民政。"③ 以还历史的本来面目。又如《太祖实录》记洪武二十五年四月戊寅，太祖登上东角门，谕群臣曰："国有长君，社稷之福，燕王类朕，朕欲立之，何如？"谈迁以为此段记载有曲笔之处。他说："国史虽如此，然永乐所裁定，未遂确也。上言动曲中，安有越秦晋二王，私树燕邸？此孤竹君、赵主父偃之覆辙，谓高皇帝出诸口乎？在文皇未免藉其说以欺靖难诸人，又曲笔张大之，似非所以安高皇帝也。"④ 再如明武宗正德十三年八月福州军索饷起事，《明实录》把起事的原因归咎为都御史林廷玉、副使高文达"尝干请不遂"，与左布政使伍符有隙，而故意唆使士兵污辱伍符，然后出面劝解以示功。谈迁据

---

① 李逊之：《崇祯朝野记》，上海书店出版社1982年版。
② 《国榷》卷12《建文四年》，第847页。
③ 《国榷》卷10《洪武三十一年》，第783页。
④ 《国榷》卷9《洪武二十五年》，第729页。

赵时春的《平凉府志》以澄清事实。《平凉府志》记载："伍布政与杨通判夺军士月粮，军遂作乱，屯市中，将攻伍、杨之衙，迁延不果，侯官巡抚林廷玉伺其意善，遂抚降之，许以时给粮，伍、杨之党反诬其导之也，靳勿与。故叶元再乱，连日不解，廷玉不得已再抚之，不下，反质公食言。廷玉阴以义携其党，与镇守太监兵诛之。"谈迁认为："《实录》诋廷玉酿变，而赵以解梦称之，大属矛盾。然干请不遂，遽嗾叛卒，万一不可制，奈何？此在庸夫犹不为此，似非所以律廷玉也。彼凤敦名节，肯失计蹯于危险之途哉？"因此他断言："伍符惧罪，藉廷玉为口实，而《实录》辄采其说，冤矣。"① 这样，不仅纠正了《明实录》记载的失实，而且为一起冤案昭了雪。

二 弥补《明实录》记载的缺漏并辨其是非

《明实录》的缺漏有的是出于为封建统治者隐讳的需要而人为的删削，有的是因为当时史官的疏忽或记载得不全。如明太祖晚年杀戮功臣，《明实录》上只写某人某年某月某日死，多不交代死因。《国榷》却原原本本地记载了前因后果。洪武年间，汪广洋、胡惟庸、李善长、蓝玉等相继被杀，谈迁不仅详载其事，而且均有议论，表明自己的看法。如洪武十三年详细地记载了胡惟庸被诛杀的前因后果："初，惟庸得上意，窃肆威福，横甚。封事稍嫌，匿不奏。四方馈遗亡算。家人为奸利事，道关，榜辱关吏，吏奏之。上怒，杀家人，窃责丞相，谢不知，乃已。又以中书违慢，数诘问所由，惟庸惧，乃计曰：主上鱼肉勋旧臣，何有我耶？死等尔，宁先发，毋为人束死。……遂诱吉安侯陆仲亨、平凉侯费聚，使出招士马为外应。……乃遣元臣封绩致书漠北请兵，又使指挥林贤通倭使，俾载精兵千人伪贡，及期会府中，掩执上。度可取之，不可则掠武库兵入海。惟庸因伪称第中甘露降，请上临幸，许之。会西华门内使云奇走告变……上悟，登西皇城楼而眺，顾见丞相第中壮士伏甲屏间数匝，亟发禁兵擒之。""戊戌，诛左丞相定远胡惟庸、御史大夫茶陵陈宁，夷三族，尽诛其僚党，凡万五千人。"② 对此，谈迁评论说："胡丞相狷才窃柄，俾睨名器。……第英主龙兴，手剪群雄，如灶上扫除，事且大定，而逆党不数人，藏甲不数百，觊专诸于窟室，冀聂政于东社，

---

① 《国榷》卷50《武宗正德十三年》，第3157页。
② 《国榷》卷7《洪武十三年》，第582页。

自非婴儒，其敢任之。"① 再如《国榷》卷10《洪武二十六年》在详记蓝玉案的前因后果的同时，谈迁为蓝玉辩护说："蓝凉公非反也。虎将粗暴，不善为容，彼犹沾沾一太师，何有他望？胡惟庸通倭虏颇有迹。凉公欲以部校家奴数百千人冀幸万一，虽至愚不为也。富贵骄溢，动绁疑网，积疑不解，衅成锺室。噫，功臣菹醢，安得止大树之下，晚游赤松，庶几哉，不殆不辱矣。"

关于建文帝的记载，经过修改的《明实录》不仅取消了建文的年号，而且删削了大量史实。《国榷》则补充了朱允炆执政四年来的详细史实。尤其详细地记载了从燕王起兵到攻陷南京的全过程。并引用王世贞、李维桢、冯时可、何乔远等一大批史家的记载和评论，既评论了建文帝及其采取的削藩政策与靖难之役的关系，同时也补充了许多关于建文帝下落的不同记载。至于崇祯朝和南明弘光政权的史事，由于这两朝没有实录，谈迁更是依据邸报和自己耳闻目睹的史实作了大量的补充。《国榷》卷89到卷103详细记载了崇祯帝在位十七年的史实。卷104主要记载了南明弘光政权的史实。其中记载李自成攻陷北京、崇祯帝煤山自缢事甚详。《国榷》在弥补《明实录》缺漏时，有时加以说明。如永乐十年九月杀大理寺卿耿通，谈迁称此事"实录不载，岂有所讳耶？事具南院故牍，不可不存"。不仅补充记载了此事，而且说明了耿通被杀的罪名和原因。即"通所犯谭源清事，止徇情出罪耳"。"先回銮时，每朝罢，辄窥伺动静，言东宫过举，此离间罪重也。……时汉王构东宫，故上每事怒之，耿通言及，触上怒，遂被极刑。"② 又如《国榷》卷17《永乐十八年》十二月记载："始立东厂，专内臣刺事。"谈迁注曰："事不见正史。而《会典》据成化十八年大学士万安奏罢东厂云：'文皇帝建立北京，防微杜渐，初行锦衣卫官校，暗行缉访谋逆妖言、大恶大奸等事，恐外官徇情，随立东厂，令内臣提督控制之。彼此并行，内外相制'云云。不知《实录》遗此何也？"可知此条《明实录》原本缺载，是谈迁补记的。而更多史实的补充谈迁是不加说明的。要想精确地了解谈迁究竟补充了多少史实，就必须拿《明实录》与《国榷》仔细对读，而这项工作决非一朝一夕可以完成。

---

① 《国榷》卷7《洪武十三年》，第582页。

② 《国榷》卷15《永乐十年》，第1082页。

三 揭露野史的曲笔虚饰

明代私家自行写史超过了以往任何一个朝代。正如喻应益在《国榷序》中所指出的："三代而后……野史之繁，亦未有多于今日者。"由于这些野史稗乘作者水平不一，政治态度各异，加之其他方面的原因，因此存在着"见闻或失之疏，体裁或失之偏，纪载或失之略"① 等问题。谈迁在引用这些野史稗乘时，态度十分审慎。他说："实录外，野史家状，汗牛充栋，不胜数矣。往往甲泾乙渭，左轩右轾。"对此，他采取的态度是："人与书当参观也。其人而贤，书多可探，否则，间征一二，毋或轻徇。"② 也就是说，在决定史料取舍时，决不单纯因人废言，其人贤，而其书可多采，即就作者不贤，也不能说其著作一无可取。这种实事求是的态度是十分可贵的。这与当时一般作史者那种"此因彼袭，攘袂公行"③ 的现象大相径庭。为此，他对野史稗乘的记载作了认真甄别鉴定的工作。

比如元至正二十三年七月鄱阳湖之战中，朱元璋所乘白海舟被陈友谅军包围。稗史记载："白海事急时，帐前左副指挥韩成，服公衣冠，对众投江中，敌信之，稍缓。"谈迁对此颇为怀疑。他引友人许重熙所云："此事妄也，两军方斗，无主将自殒疑众之理。时上称宋平章吴国公，非龙袍冠冕。"又引当时人朱善所记："常遇春被敌困，公率副将陈兆先、韩成救之，遇春舟得脱，而公等三人战没"等为证，指出："世俱以纪信拟成（按：公元前204年，汉王刘邦荥阳被围，纪信伪装成汉王出城降楚，汉王乘间脱逃，纪信被项羽烧死。），孰知其子虚乌有者哉？"④ 再如有稗史记洪武旧臣郭英事迹时虚构了这样的情节：陈友谅部将陈英杰驰马持槊直奔朱元璋帐下，郭英从旁来，跃马奋臂，斩杀陈英杰，使朱元璋脱险，谈迁以为："此即敬德之护秦王也。意郭氏后人勋饰称，故不足信。圣祖素严重，安有牙门如无人焉者。"⑤ 另有稗史称郭英有"射陈友谅，缚张士诚"之功，谈迁认为，郭英果有此伟功，为何太祖当初不封其为侯，而拖延到洪武十七年，才因其有"征云南"之功被封为武定侯？他指出："今稗说谓英射陈友谅，缚张士诚，其绩似伟，高帝岂忍遗之

---

① 喻应益：《国榷》"序"，中华书局1958年版，第4页。
② 《国榷》"义例"，第7页。
③ 黄宗羲：《黄梨洲文集》碑志类"谈孺木墓表"，中华书局2009年版，第118页。
④ 《国榷》卷1《元顺帝至正二十三年》，第303页。
⑤ 《国榷》卷2《元顺帝至正二十四年》，第310页。

耶？嘉靖中，裔孙翊国公勋购门客创饰之，侘跻太庙，不足信也。"① 又有野史载"襄城伯李国祯见贼，愿触死于阶前，争三大事：葬先帝，护山陵，全太子、定、永二王。李自成一一从之"。谈迁对此记述深表怀疑。为了考证这个记载的虚实，他与"北来诸人"交谈，"北来诸人"称"绝无闻也"。他在北京期间，曾面见李国祯的门客，谈论李国祯事甚详。又听说李国祯舅父金华某氏"尝叹其不能死国，彼犹觊归命之赏，甘心事仇"。谈迁据此断定：此种记载是"南人不察其实，为流闻之所误"。②

四　重视考订史实的原委

《国榷·义例》指出："建置创始必书。如改郡县、设官司、通朝贡、行封拜、肇工作、定礼乐、正赋役、开科贡、颁诏令，例宜书。"比如，关于明代宦官干政起始问题，一般认为始于永乐朝。而谈迁却不以为然。《国榷》卷6《洪武八年》"五月戊辰，内使赵成往河州，以绫绮罗帛茶市马"。谈迁指出："此中人奉使之始。初阉禁甚严，不令识字，有言及时政，立斥之。其河州之命何也？可奉使，亦可镇守、监军、采权、封贡矣。天下之患，尝发于所不及料，圣祖既料之，亦未坚持其终也。"又如《国榷》卷6《洪武十一年》"十月戊申，遣内臣吴诚诣总兵官指挥杨仲名行营观方略"，谈迁指出："此内臣监军之始。即不预军事，恐为所怵也。"由此交代了明朝宦官涉政的起始。他认为，明太祖虽然鉴于汉唐宦官干政造成的危害，对宦官采取抑制的政策，明令宦官不得干预朝政，但他却未能始终如一的奉行这个政策。宦官的出使、监军，标志着洪武初年严禁宦官干政政策的失败，从而为明朝宦官擅政开了先例。又如关于明朝经略宁夏的起始时间，《国榷》卷5《洪武六年四月》初一记载："太仆寺丞梁垫先帖木儿言：'宁夏及四川，西南至船城，东北至塔滩，相距八百里，沃野通舟，宜重将镇之，召集流亡，务农屯田，十一而税，兼行中盐之法，可军民足食。'从之。"谈迁指出："此经略宁夏之始。"③

五　对历史人物的名号据实以书

谈迁在《国榷·义例》中有两条谈历史人物的名号称谓问题。他说："司马子长于汉初曰沛公，曰汉王，据实以书，后人或概从帝号，颇乖其

---

① 《国榷》卷13《永乐元年》，第896页。
② 《国榷》卷100《崇祯十七年》，第6063页。
③ 《国榷》卷5《洪武六年》，第483页。

素。"又说:"国初如汉陈友谅、吴张士诚、夏明玉珍之类,或书入寇,云伪汉、伪吴、伪夏,大非孝陵逐鹿之意。秦初未尝臣六国,汉初未尝抑西楚也。孝陵诏敕,不讳为元民,而诸家辄以成败责一时敌国,得毋早计。"① 因此他主张,人物的名号称谓应"如本称,庶明历履"。按照以上原则,谈迁在记载人物不同时期称谓时,均能据实以书,反映了他实事求是的治史精神。如初称朱元璋为"朱公子"(至正十三年五月—至正十五年五月),后称"大元帅"(至正十五年六月—至正十六年六月),再后称"吴国公"(至正十六年七月—至正二十三年十二月),最后称"吴王"(至正二十四年正月—至正二十八年秋),洪武元年始称"上"。而不像一些史书"概从帝号"。对于与朱元璋同时起兵反元的起义军首领陈友谅、张士诚、明玉珍等均不称其为"寇"。谈迁认为:"国初如陈友谅、张士诚、夏明玉珍之类,或书入寇,云伪汉、伪吴、伪夏,大非孝陵(按:指明太祖)逐鹿之意。"② 谈迁对永乐年间重修《太祖实录》,取消建文年号而代之以洪武纪年深表不满。他说:"国可灭,史不可灭。靖难之事,彼弃屣而比止戈,名正言顺,夫何疑之有?今革建文而仍洪武,孙蒙祖号,是似以父子角,非所以妥高帝在天之灵也。"③ 因此,他在《国榷》中不仅恢复了建文年号,而且在起兵以前把朱棣称为燕王,到起兵以后,建文帝削除燕王封号,便改称燕庶人。谈迁虽身在清朝,但他是以亡国遗民的心情来写《国榷》的,因此他毫不掩饰地直称清先人为"建虏",清建立后又改称其为"清虏"。这在当时,是要冒着被杀头的危险而为之,需要很大勇气的。

六 对暂无法下结论的史料,采用兼收并存的办法

由于明代私家修史非常繁富,各家之说往往互相矛盾,有的史实与谈迁耳闻有出入且暂无法下结论的,谈迁往往采用兼收并存的办法。如记载李自成与吴三桂之间的瓜葛时,谈迁记录了友人明光禄寺丞高弘商亲身经历的一件事。高弘商于崇祯十七年被起义军俘虏。是年四月,吴三桂大败起义军。高氏曾亲自听起义军将领李肖宇"面述败状",并诉说当时情景:"自成出吴襄军前以招三桂,三桂不动,求见东宫,亦出之,

① 《国榷》"义例",第7页。
② 同上。
③ 《国榷》卷12《建文四年》,第884页。

三桂叩马上而哭。自成嘱东宫招之，三桂称万岁。东宫还营，自成轻骑欲过三桂营劳军，三桂诺，留宴，同东宫焉。酒数行，笳吹大作，三桂遽起抱东宫入，自成亟腾马去，不及执矣。天骤晦，贼休营不备，胡骑突杀，锐甚，自相踏藉，僵尸数十里。"听当事人直接面述，应该是比较可信的。然而谈迁对此却持非常审慎的态度。他说："第三桂给降，自成劳军，东宫留夺，诸家所未闻，似属子虚。予亦未敢竟矜以为然，故录存其说以备后之考订可也。"① 又如弘光元年三月，有少年至南京，自称旧太子。马士英派宦官持御札召见，同时又揣摩弘光帝之意，提出若干可疑之处。大学士王铎昔日曾侍奉过太子，但慑于马士英的权势，遂加以附和，首言太子为伪。对马士英等人断定该少年为假太子一事，谈迁是持怀疑态度的。他引用了许重熙《甲乙汇略》所载："去年秋，舍人穆虎道山东，值少年，求附行。同途久之，云我东宫也。入南京梦箕邸中，梦箕未之信，少年曰：'我往始冠，君不赞礼乎？'盖梦箕先北寺序班，遂伏地哭。留浃月，惧露，移杭州，又久之，潜遣往浙东，将匿之闽粤，以不自晦，上书明其事"作为证据。接着，他又以自己亲耳所闻作为佐证："夏五月，予从高相国弘图宿西湖净慈寺，旧阉苏某四月出金陵，云东宫甚真，其足骭骨左右各双，谁能伪之？特慑于积威，毋敢相剖。"有了这两个证据，似乎可以下结论了，但谈迁非常谨慎地认为：此为"一时道听，不敢如《湘山野录》致烛影斧声之枉。然略举其概以俟南史氏，亦存疑之例也"。② 尤其对有关建文帝下落的资料，谈迁更是不厌其烦地加以引录，以证明建文帝在靖难之役中没有死。这除寄托对建文帝的同情和怀念外，客观上为后来的史学研究者提供了企图解开建文帝下落之谜的一些依据。采取存异的办法，不仅保留了许多不可多得的史料，把历史上某些问题的纷争交代得非常清楚，以留给后人裁定，而且避免了因鲁莽而造成《国榷》记载的失实。

　　总之，谈迁在编纂《国榷》过程中，对其主要的依据《明实录》采取不迷信、不轻信的态度，对各种野史的记载，更是进行了去伪存真、去粗取精的考证、鉴定的工作，对暂时无法断定其是非的史料，他采用了兼蓄并存的方法。尤其是他在客观记载史实的过程中，采用了插附按

---

① 《国榷》卷 101《崇祯十七年》，第 6076 页。
② 《国榷》卷 104《弘光元年》，第 6191—6192 页。

语、亦评亦辩的特殊方式，对所载史事既有考证，又有评论，颇具特色。

第二节 "征是非之互异，重褒贬之功用"
——傅维鳞与《明书》

傅维鳞（1608—1667）①，原名维桢，字个臣，后改名维麟，字飞睄，号掌雷，又号歉斋。出生于北直隶真定府灵寿县（今属河北石家庄市）一个世代官宦之家。其八世祖傅才永乐朝任锦衣卫指挥使。祖父傅铤为万历二十八年举人，曾任陕西岐山令。父永淳明天启二年进士，任湖广房县令、山西芮城令，崇祯朝官至河南道、京畿道监察御史、左都御史、吏部尚书。傅维鳞，"少而颖悟，一目十行俱下，诗文瞻敏，燕赵间称才子"。② 崇祯十五年（1642）考中举人，次年会试落榜。入清后，傅维鳞参加了顺治三年（1646）清朝举行的第一次会试，考中进士，为翰林院庶吉士，入翰林国史院。不久改任内翰林秘书院编修。顺治五年（1648）担任江南乡试主考官。顺治九年（1652）任内翰林弘文院编修，兼任左春坊左中允。顺治十年（1653）傅氏"以直言忤执政"③，被外放临清，担任山东东昌兵备道。④ 二年后因其"爱民有治行，且学问素裕"⑤，被任命为大理寺少卿，迁太仆寺卿，又迁通政使、左副都御使，官至工部尚书。死后，康熙帝专下谕旨称其"鞠躬尽瘁，臣子之芳踪；恤死报勤，国家之盛典"。"性行纯良，才能敏练，克尽职掌，厥有勤劳。"⑥

---

① 生卒年月据武玉梅《傅维鳞与明书》第一章"学行及著述"二"生卒年考"（北京大学出版社2009年版）和何伟帜《〈明书〉与傅维鳞》第二章"傅维鳞的先世与傅氏生平"（崇文书局2009年版）考证之结论。

② 魏裔介：《太子少保工部尚书掌雷傅公墓表》，转引自武玉梅《傅维鳞与明书》附录"傅维鳞碑传七种"，北京大学出版社2009年版。

③ 《灵寿县志》册2卷7《人物志·名臣·傅维鳞》，清同治癸酉刊本，第375页。

④ 何伟帜据《清世祖实录》卷74《顺治十年四月庚子》条，认为世祖亲试翰林，选出几位"学问素裕"的年轻官员，并因为在京为官，能习知法度，外调地方，可以谙练民情，所以世祖让他们"俱优外转"。并非如《灵寿县志》所谓"直言忤执政"的结果，亦非降职。参见其《〈明书〉与傅维鳞》第二章"傅维鳞的先世与傅氏生平"，崇文书局2009年版。

⑤ 《大清畿辅先哲传》卷1《名臣》二，第19页，引自《清代传记丛刊》第198册。

⑥ 《谕祭葬太子少保工部尚书傅维鳞文》，参见《傅氏家乘》上之二《宦迹·封赠》，河北图书馆藏民国十六年续修本影印件。

一　《明书》纂修的过程与动机

顺治四年（1647）傅氏任内翰林秘书院编修。此间，参与《明史》的编修，负责编纂《明实录》中二十余年的资料。也就在这一年，傅氏由于担任史职，有较多的空闲时间，因此决定自己动手编纂《明书》。① 经过六年的编纂，至顺治十年（1653）外传临清前，"尚阙一本纪、七列传，其名臣亦未合传、合赞也"。后回京任职"仅续合赞名臣数传，而究未暇卒业"。② 可见，该书没有最后完稿。

傅氏在参与官修《明史》的同时为何还要自己动手编修另一部明史呢？考其原因主要有三点。

（1）对清初官修《明史》所采取的方法和成效持怀疑态度。顺治二年（1645）清廷入关后不久就急急忙忙命令冯铨、洪承畴负责纂修《明史》，以图通过此举缓和各地抗清斗争的情绪。但此时政局未稳，史料不备，人才匮乏。对此傅维鳞虽未明言，却是心知肚明的。他自称："麟得分修《明史》，所纂不过二十余年，止类编实录，不旁采。"又称："既奉简命，敕纂《明史》，列局分曹，不能悉窥全册，又止采实录，严禁旁搜，除所阄二十余年，他勿得过而问矣。"③ 显然，他对这种通过抓阄分工类编《明实录》，而不去旁采其他史料的做法是十分不满的。同时对史馆中众手修史，效率低下也颇有感触。他称："遭遇清朝，滥竽史馆。事既简静，仰息多闲。伤大官之坐糜，悲岁月之流迈。"④

（2）对编修《明史》主要的依据《明实录》中存在的曲笔讳饰现象深恶痛绝。他指出："总领以勋臣，提督以宰辅，无论执笔者之邪正，改窜者之公私，而追书旧事，茫昧者多。国恤衮缺，表之有吠主之嫌；冒功伪名，暴之有操戈之衅。或夺于权势，或隘于见闻，或怵于利害，或徇于情面。孝子慈孙，每委屈欲掩覆其祖父之短；富贵权要，凌竞欲矫饰其一日之长。致使孤而无援者之谋猷勋业，灭没不彰，而奸险情态，

---

① 据武玉梅《傅维鳞与明书》第二章"《明书》的编纂与流传"二"纂修条件、经过"考证，认为傅氏于顺治四年参与《明史》的分纂，并开始《明书》的纂修。何伟帜则据《明书·叙传》，认为《明书》的编纂始于顺治九年（1652），参见何伟帜《〈明书〉与傅维鳞》第四章"《明书》与傅维鳞"，崇文书局2009年版，第111页。

② 傅燮詷：《明书序》，《四库全书存目丛书》《史部》38，第1页。

③ 傅维鳞：《明书》卷171《叙传二》，中华书局1985年版，第3379页。

④ 同上。

则无以发其微而垂戒后世。嗟乎，明之实录，大概如此矣。"①

（3）担心稗官野史"各抒胸臆，不顾传疑，是非混淆，真赝参半"，"家乘又颂扬之辞，碑铭皆谀骨之作"，严重影响历史的严肃性和真实性。②他指出："野史之弊则又甚焉。或有为而作，激烈成编，图报畅荣，挟憾污蔑，寄雌黄于睚眦，彰黼秀于党同，妄肆贬褒，谬厥圣罳；或人品粗率，才识平庸，轻听惑滋，据为坚确，陋巷妄述廊庙之事，下市偶闻传说之言，遂信为真，衷然成帙；或诡诞偏僻，好为其创，本前代之事，而辄作时人，实风影之谈，而妄云果有，务为可惊可愕，以取媚听闻。"③

因此他决心以"清署余暇"，"搜求明兴以来行藏印抄诸本与家乘、文集、碑志，得 300 余部，9000 余卷。参互明朝实录，考订同异"④，以编纂《明书》。

二 《明书》编纂的特点

（一）在传统纪传史体的基础上，对一些体例进行改造，并增加新的内容

《明书》是一部纪传体史书，包括帝王本纪、宫闱纪、表、志、记、世家、列传、叙传，凡 171 卷。记事起于元文宗天历元年（1328），止于崇祯十七年（1644）。

其中，《宫闱纪》实兼有以往正史中《皇后本纪》、《后妃传》的内容，按各帝顺序记述后妃事迹，后附公主、女官。较之以往的分类显得更加简练。在史表中创设了《祖系故王表》记明太祖先祖世系；《先设后革诸官表》列中书省、御史台、四辅官、承旨弘文馆学士先任后革各官情况。明初的丞相列入此表。《制科取士年表》记洪武四年至崇祯十六年历次开科取士情况。在志书中改《兵志》为《戎马志》，增加"马政"内容；改《河渠志》为《河漕志》，兼及水利和漕运；改《舆服志》为《服玺志》，改《仪卫志》为《舆卫志》，改《五行志》为《禨祥志》，仅记灾异、祥瑞，不言占验。此外从《食货志》析出《土田志》《赋役

---

① 《明书》卷 171《叙传二》，第 3380 页。
② 同上。
③ 同上书，第 3379 页。
④ 同上。

志》，从《兵志》中析出《边防志》，从《选举志》中析出《学校志》，记明朝教育发展的情况。另新设《纶涣志》专记明历朝皇帝的诏令，刘知幾曾指出："愚谓凡为史者，宜于表、志之外，更立一书，若人主之策、诰令，群臣之章表、移檄，受之纪传，悉入书部，题为'制册'、'书'、'章表书'，以类区别。"① 设立此志，显系受刘知幾此说之影响。设《营建志》记明朝宫殿、禁城内规制、坛庙、城垣、陵寝等。设立此志，疑也受刘知幾建议在史书中设立"都邑志"的影响。② 在人物传记中增设《皇子诸王宗室记》和《起兵诸国记》。前者主要记载"皇子诸王宗室中贤、不肖行事可为法戒者"③，后者记载元末起兵群雄郭子仪、韩林儿、徐寿辉、陈友谅、张士诚等事迹。在世家和列传中，不采用独传，而采用"以类相从"的原则，将众多人物分别放入《开国王公世家》和《勋臣》《忠节》《儒林》《名臣》《孝义》《循良》《武臣》等类传中。

（二）审慎对待史书中的各种异说

他深知《明实录》中存在曲笔讳饰现象，各种稗官野史则"是非混淆，真赝参半"，因此他对所取资的史料持非常审慎的态度。自称"考证典章，恪宗文献，征是非之互异，却忌讳之顾虑，前人多与，则存以嘉荣；故策皆疵，则彰以斧钺。"④ 比如，元至正二十三年（1363）朱元璋与陈友谅鄱阳湖之战，不少史书记载当朱元璋所坐御舟被陈友谅军包围的紧张时刻，韩成服御袍，投水代死，缓解危情。而《明书》卷1《太祖高皇帝纪》则摒弃这种无稽之谈，记"友谅将张定边欲犯上舟，舟适胶，遇春从旁射中定边舟，始却，援舟至，上舟脱"。又如关于沐英的身世，世俗传言其为太祖外妇子。傅氏指出："计太祖长英十五岁，当英之生，太祖方窭孤，安从取外遇哉。"再如关于胡惟庸谋逆案发事由，他称："先谣云：其所居井涌醴泉，以彻上闻，洪武庚申春正月，邀上幸其第观之，先列勇士，衷甲，数匝，匿屏后俟变。时守西华门内使云奇，知所为仓卒，告变。上悟亟还宫，发兵围缉。"此处使用"先谣云"，说明他对井涌醴泉、伏甲俟变、云奇告变说是持一定怀疑态度的。在《刘

---

① 刘知幾著，浦起龙注：《史通通释·载言》，上海古籍出版社1982年版，第34页。
② 《史通通释·书志》，第72页。
③ 《明书》卷86《皇子诸王宗室记》，第1733页。
④ 《明书》卷171《叙传二》，第3380页。

基传》中云："世以刘基多帷幄龌契，又善天官家言，相率为瑰怪之说，传之往往过实，故不录。"可见，其采用史料的严谨态度。

（三）重视发挥史书的劝诫和教化作用

在人物传记中，作者设有勋臣、忠节、名臣、孝义、循良、杂传、列女、佞幸、残酷等类传，通过人物的归类，基本体现其褒贬的态度。如在《忠节传》中指出："如明之持初节，膏战场，遭燕难，争大礼，罗椓祸，遇丧亡，而能碧血殷郊原，漆身浊竖牧，即截支体、燔九族而不悔。而甲申之变，妻徇其夫，子随其父，阖门雉经，视死若归，真是泣鬼神而动天地。而或抗颜直谏，至于流离沈滞，气壮河山，如此者皆人杰也。爰录于篇，以愧天下万世之为人臣而不忠节者。"①显然，作者是要通过表彰忠节之士，弘扬正气，以羞愧那些"为人臣而不忠节者"。同时，作者也直言不讳地痛斥卖国求荣者，称："若甘心卖国，反面射天，饮食桔桎之下，流水金珠之献，觍颜金紫，夸藻美新者，可胜诛乎。"②在清初，表彰明朝忠烈，斥责卖国求荣者，这显然是需要勇气的。他作《孝义传》称："予考史传，必列孝义，以其为王事所浃。一代人心风俗所著，观风者必採焉。"③作《权臣传》称："严（嵩）张（璁）之得政，俨然古丞相矣。贤、不肖虽殊，然专则盈，盈则覆，其祸国与自祸一也。表而出之，为来者鉴。"④作《列女传》称："若乃教化微缺，风俗凌替，朝无贞臣，野鲜志士，而之子少长委巷，目不识彤史，耳不闲保训，奋乎帷墙之中，立于刀锯之侧，成仁取义，蹈死如归，此则丈夫之所难，而巾帼之女，无少自纡曲，夫食人之食而跻巇显，视此何如也？呜呼！可以为豪杰矣。前史博采懿风，如樊姬孟母之良箴，少君德曜之隐约，庞娥曹女之殉亲，皆卓然裨益世教。操虽不同，其性一也。"⑤充分肯定那些面对国家危难"成仁取义，蹈死如归"的"巾帼之女"是人之"豪杰"，可以与樊姬、孟母等"裨益世教"。

（四）沿用《史》《汉》论赞的形式

叙著述之宗旨，对人物、事件进行评论，《明书》除本纪外，在其他

---

① 《明书》卷101《忠节传》一，第2018页。

② 《明书》卷110《忠节传》十，第2215—2216页。

③ 《明书》卷136《孝义传》一，第2709页。

④ 《明书》卷149《权臣传》一，第2938页。

⑤ 《明书》卷152《列女传》，第3003页。

表、志、人物传记中均设有"史官论曰"的序论，以叙述著述该篇的宗旨。如《边防志》开篇即通过"史官论"说明作该篇的旨意："历稽前代，治乱强弱咸由边，而况明耶。明幅员緜邈，东起鸭绿，西邸嘉峪，为边者九千余里，北接朝鲜，南连交趾，守海者万五千里，诸削筑堞障屯戍，君臣日吐嚼嗟咽于斯"，"兹採明之始终边事，与其筹谟之要者著于篇，以俟后之谨边者览焉"。①

在大部分篇目中，还设有"史官赞曰"、"史官曰"的赞语和后论。通过这些形式，对相关人物、事件进行评论，表明自己的态度。如《忠节传》中以"赞曰"的形式评价方孝孺，"读书种子，烈烈志节，万段已甘，十族亦决，气厉岳摇，忠精日揭，不有斯人，维倾轴折"。又如在《开国功臣世家》中，他以"史官论"形式评论道："君子观于明之公侯，始未尝不星罗棋置，而后乃凌夷衰微也。能世其家，盖亦无几。岂君无十宥之仁，臣鲜万石之慎欤？"批评明太祖诛杀功臣缺少宽恕仁爱之心，而一些开国功臣则骄横跋扈，缺少应有的谨慎，才最终导致其"凌夷衰微。"在《勋臣传》中以"史官曰"的形式，表明自己对蓝玉谋反是持怀疑态度的。他说："至谋反事，则有可疑者。徒以奏请不下，何激而出此，而故牒不载其详，徒曰狱具，则二万余人已随玉烬灭。呜呼！欲死诸人，惟党之一字，可以连类而及，太祖此举，亦惨极矣。"②

三　《明书》存在的不足

（一）史事的缺略

傅氏自称作《明书》"于万历以前，厘然详备，泰昌而后，多有缺略"。③ 在《明书》目录中，卷16"神宗显皇帝本纪"条下记有"未参《实录》，尚多阙略"。卷19"怀宗端皇帝本纪"条下则记有"未有《实录》，事阙。"造成这种状况的原因是："故牒散失，国无藏书，事近人存，野史未出，以故真闻真见，乃使濡毫而恍忽疑似"，因此只有"宁俟来者"。④

对《明书》史事的阙略，武玉梅曾进行过仔细查对，认为除《怀宗端皇帝本纪》寥寥数笔，未能编年记述军国大事外，在《宫闱纪》中对

---

① 《明书》卷74《边防志》，第1495—1496页。
② 《明书》卷96《勋臣传》三《蓝玉传》，第1948页。
③ 《明书》《叙传二》，第3380—3381页。
④ 同上书，第3381页。

崇祯后妃事迹也未能细载。表、志、记断限不同，或断至明初，或断至正德，或断至嘉靖，史事缺略甚多。在列传中，晚明一些重要人物如李成梁、袁崇焕、徐光启、黄道周等或缺略，或列于目录而未成传。另有一些篇目仅列目而无文。如卷164《乱贼传》中，列有杨应龙、奢崇明、安邦彦、徐鸿儒、李自成等传目，但唯有杨应龙有传文。张献忠则连名字也未见于目录。魏忠贤列目于《宦官传》二中，也无传文。认为造成缺略的原因，主要是材料不足，其次是避讳。① 另在《名臣传》中有近六十余人物传赞语缺略。

（二）人物分类失当

对此四库馆臣有过评价，称其："其分隶尤为不允。《忠节传》列殉国诸臣至盈四卷，而梁良玉、雪庵和尚、补锅匠乃别入《隐逸传》中。如曰以死不死为别，则《忠节传》中之程济、叶希贤、杨应能固未尝死。《隐逸传》中之东湖樵夫又未尝不死，是何例也？刘基不入勋臣，宋濂不入文学，以尝仕元，均与危素等人之《杂传》是也。纳哈出，元色目人，何以又入勋臣传乎？张玉、谭渊以其为靖难佐命，入之《乱贼传》，与唐赛儿联名，已不伦矣。朱能、丘福，事同一例，何以又入之《武臣传》中？姚广孝首倡逆谋，尤为乱首，何以又入《异教传》中乎？《儒林传》中列丘濬，《名臣传》中列严震直、胡广、徐有贞、李东阳、吕本、成基命，其于《儒林》《名臣》居何等也？严嵩入《权臣传》，与张居正并列。温体仁、周延儒、薛国观并泯其姓名。而刘吉、万安、尹旻、焦芳则入《奸回传》。嵩等罪乃减于四人耶？石亨、石彪，实有战功，但跋扈耳。仇鸾交结严嵩，冒功纵恶，亦未尝得幸世宗，与马昂、钱宁同入《佞幸》则非其罪。陆炳有保全善类之事，乃入至《残酷》。而许显纯、田尔耕竟不著名，此亦未足服炳也。"② 其中，有的批评是很有道理的。比如该书仿欧阳修《新五代史》立《杂传》，"采曾仕元者"入传。③ 竟将原任元朝万户，后归降明朝的纳哈出放入《勋臣传》而不是放入《杂传》。张玉曾任元朝枢密知院，洪武间归降明朝，本也应放入《杂传》

<hr>

① 参见武玉梅《傅维鳞与明书》第五章"明书的缺失"，北京大学出版社2009年版，第29—133页。

② 《四库全书总目提要》卷50《史部》6别史类存目《明书》，海南出版社1999年版，第290页。

③ 《明书》卷143《杂传》一，第2837页。

中，但因其在靖难之役中为燕王谋划，最后战死，而被列入《乱贼传》中。谭渊也因在靖难之役中为燕王战死，列入《乱贼传》。而朱能、邱福与张玉、谭渊都同时为燕王效力，却被列入《武臣传》。《名臣传》本意记"元首股肱相得成功之著者"。① 武玉梅认为，"有些传目本身就有褒贬色彩"，《名臣传》"是褒"。② 而列入《名臣传》中的徐有贞显然不属于"褒"的范围，傅氏称其："狡猾倾险，怙恃才技，幸天下有事，沾沾自喜。当驾（按：指英宗车驾）出而私语所亲，驱妻子去国，不闻叩马之忠。及北狩而倡议南迁，倾摇人心，几蹈靖康之祸。"又称其："包藏祸心，尝欲动危天下"，"志骄意得，潜伏杀机，遂至蔽鹏举之诛，碧苌弘之血，贻人主藏弓之悔，伤天下忠臣义士百身莫赎之心，珵（有贞）之肉岂足食哉。迹其守国之智，曾不如金英，而媚嫉之才，乃甚于（李）林甫。千秋万世，当比于卢之杀颜，张之杀岳，并污青史"。③ 将徐有贞列入《奸回传》则为妥当。而一代权奸严嵩列入《权臣传》也不如列入《奸回传》为妥。

此外，《明书》还存在记载史事纰漏、前后矛盾等问题。对此武玉梅在《傅维鳞与明书》中有详细考证，可资参考。

第三节　"事必求真，语必务确"
——张岱撰《石匮书》

张岱（1597—1680），字宗子，又字石公，号陶庵，别号蝶庵居士，山阴（今浙江绍兴）人。生活于明清鼎革之际，在文学上以其散文、小品文而著称。同时又是一位杰出的史学家。他出生于浙江绍兴，自称："少为纨绔子弟，极爱繁华。好精舍，好美婢，好娈童，好鲜衣，好美食，好骏马，好华灯，好烟火，好梨园，好鼓吹，好古董，好花鸟。"④ 又称："余家三世积书三万余卷。""余自垂髫聚书四十年，不下三万卷。"⑤ 可见其

---

① 《明书》卷116《名臣传》一，第2321页。
② 武玉梅：《傅维鳞与明书》第四章"明书的特点"，第115页。
③ 《明书》卷123《名臣传》《徐有贞传》，第2459页。
④ 张岱：《张岱诗文集》卷2《自为墓志铭》，上海古籍出版社2014年版，第373页。
⑤ 张岱著，弥松颐校注：《陶庵梦忆》卷2《三世藏书》，西湖书社1982年版，第24—25页。

生于钟鸣鼎食且极富藏书之家。六岁时开始读书，七八岁时，善于属对，被名儒陈继儒称为："余小友也。"① 成年后，他也曾穷究八股，醉心于科举，希冀由此登入仕途，但最终名落孙山。后绝意仕进，发愤著书，以求显名于世。清兵入关，明朝灭亡后，他曾寄中兴希望于弘光政权，然而弘光小朝廷并没有给他带来真正希望。于是他选择了逃避。他自称："国破家亡，避迹山居。所存者，破床碎几，折鼎病琴，与残书数帙，缺砚一方而已。布衣蔬食，常至断炊。回首二十年前，真如隔世。"② 又称："陶庵国破家亡，无可归止，披发入山，骇骇为野人。故旧见之，如毒药猛兽，愕窒不敢与接。自作挽诗，每欲引决，因《石匮书》未成，尚视息人世。"③ 生活境遇的极大反差，无疑给张岱强烈的刺激。面对贫困、孤独，他曾想到自杀，但为了完成《石匮书》的撰写，他像司马迁一样选择了隐忍苟活。他一生勤于笔耕，给后人留下了大量脍炙人口的小品散文。同时也给后人留下了《古今义烈传》《史阙》《石匮书》《石匮书后集》等史著，其中《石匮书》及后集是其史学代表作。

《石匮书》的撰写始于崇祯元年（1628），据张岱自称："余自崇祯戊辰，遂泚笔此书。十有七年而遽遭国变，携其副本，屏迹深山，又研究十年，而甫能成帙。"④ 前后耗费 27 年的心血，终成此书。⑤ 据《东山外纪》云："山阴前辈张宇子留心明史二十余年，汰繁就简，卷帙初备，欲移其草就先生（案：指查继佐）共为书。"⑥ 可见，张岱曾打算将书稿交查继佐征求修改意见。顺治十三年（1656），浙江提督学政佥事谷应泰招揽人才，编纂《明史纪事本末》，张岱应邀参加。他一方面参与《明史纪事本末》的编纂，另一方面则充分利用收集到的崇祯十七年邸报等史料，编纂崇祯朝纪传和南明各小王朝君臣传记，以续接《石匮书》，故称

---

① 张岱：《张岱诗文集》卷 2《自为墓志铭》，第 374 页。

② 同上书，第 373 页。

③ 张岱著，夏咸淳、程维荣校注：《陶庵梦忆·自序》，上海古籍出版社 2001 年版。

④ 张岱：《张岱诗文集》卷 1《石匮书自序》，上海古籍出版社 2014 年版，第 184 页。

⑤ 按：倪元璐"序"（作于崇祯十二年八月）称："余友张宗子少年力学，绝迹于宛委山，闭门著书，十五年于兹矣。一日，诣余庐，出其所著《石匮书》伯余卷，与余商榷。余羁之案头者半季许，始得卒业。"据"十五年于兹"倒推，张岱应在天启五年（1625）已经开始写作《石匮书》了。

⑥ 刘振麟、周骧：《东山外纪》，参见沈起《查继佐年谱》，中华书局 2006 年版，第 112 页。

为《石匮书后集》。

张岱在《石匮书自序》中对自己撰写《石匮书》的意图和动机作了说明："第见有明一代，国史失诬，家史失谀，野史失臆，故以二百八十二年，总成一诬妄之世界。余家自太仆公以下，留心三世，聚书极多。余小子苟不稍事纂述，则茂先家藏三十余乘，亦且荡为冷烟，鞠为茂草矣。"① 所谓"国史失诬，家史失谀，野史失臆"，他在《征修明史檄》中说得更为明白："宋景濂撰《洪武实录》，事皆改窜，罪在重修；姚广孝著《永乐全书》，语欲隐微，恨多曲笔。后焦芳以金壬秉轴，丘濬以奸险操觚。《正德编年》，杨廷和以掩非饰过；《明伦大典》，张孚敬以矫枉持偏。后至党附多人，以清流而共操月旦；因使力翻三案，以阉竖而自擅纂修。黑白既淆，虎观、石渠尚难取信；玄黄方起，麟经夏五，不肯阙疑。博洽如王弇州，但夸门第；古练如郑瑞简，纯用墓铭；《续藏书》原非真本；《献征录》未是全书；《名山藏》有拔十得五之誉；《大政记》有挂一漏万之讥。"② 可见，张岱对《明实录》屡遭篡改，各种当代史在编纂过程中的任情褒贬，曲笔讳饰等种种弊端深恶痛绝。他决心对"总成一诬妄之世界"的明代历史进行全面的整理，订正其中的"诬妄"，还明史以真实面目。

张岱自称：《石匮书》记事"上际洪武，下讫天启，后皆阙之，以俟论定"。③ 实际上，该书有些志、表、传已经记到崇祯朝乃至南明史实。比如，在《明兴以来直阁年表》中记"传至先帝（指崇祯帝），求治甚急，枚卜多人，外任浅资，无不兼用"。在《天文志总论》中记"崇祯五年淫雨三月……十六年二月乙丑朔月日食"。《义人传》则专记甲申之变、清兵入关后自杀殉国的义士事迹。《瞿式耜列传》则专记南明弘光政权大臣、抗清志士瞿式耜事迹。显然，张氏在写《石匮书》时，由于崇祯朝及南明史料不足，因此明言讫于天启，但在写作过程中又情不自禁地把自己耳闻目睹的明季史实写入史书。

《石匮书后集》为续《石匮书》而作。张岱认为："崇祯甲申三月便

---

① 张岱：《张岱诗文集》卷1《石匮书自序》，上海古籍出版社2014年版，第183—184页。

② 张岱：《张岱诗文集》卷3《征修明史檄》，上海古籍出版社2014年版，第280页。

③ 张岱：《张岱诗文集》卷1《石匮书自序》，上海古籍出版社2014年版，第184页。

是明亡。"① 原先打算《后集》写至崇祯帝死为止，据他给友人的信中说："弟盖以先帝鼎升之时，遂为明亡之日，并无一字载及宏（弘）光，更无一字牵连昭代。"② 结果很多篇目记载的是南明小朝廷的史事，并已涉及清兵入关后的史事。显然作者对原先的写作计划作了调整。设有烈皇帝、烈皇后、献愍太子慈烺三本纪；有永王、定王、福王、唐王、桂王、戚婉等世家；有朱燮元、孙承宗、文振宇、毛文龙、袁崇焕等诸臣传，以及流寇死事、甲申殉难、孝子、义人、文苑、列女、妙艺、宦者、盗贼等类传。记载了崇祯朝及南明各小政权的史事。

张岱指出，"自古史贵一人成"③，主张私家修史。他说："盖闻才、胆、识实有三长，《左》《史》《汉》皆成一手。"又称："自幸吾先太史有志，思附谈、迁；遂使余小子何知，欲追彪、固。"④ 显然，他十分仰慕司马迁、班固。《石匮书》在体例和写作方法上有明显仿效《史记》《汉书》的痕迹。

《石匮书》的体例刻意仿效《史记》《汉书》，其中分为本纪、表、志、世家、列传、朝贡诸夷考几部分。但在写作过程中根据明代历史特点和作者作史之旨意，进行了必要的调整。如在志中设立了《科目》、《马政》（附《茶马》）《盐荚》《漕运》等志，分别记载明朝的科举、马政、盐业、漕运等关系国家选拔人才、加强边防、发展经济等举措和相关制度。在列传中设立《妙艺列传》和《名医列传》，以记载明代书画家和医家的事迹。在《儒林列传》外又设《王守仁列传》（附《阳明弟子列传》），以彰显王阳明创立"致良知说"及其影响。在《开国群雄》《盗贼》《逆党》《三案诸臣》等列传中吸取了纪事本末体的记事特点。在《后集》中根据明末清初鼎革之际的社会现实，设立《甲申殉难》《义人》《流寇死战诸臣》《乡绅死义》《乙酉殉难》《死义诸臣》等类传，表彰忠臣死义之士。在《列女列传总论》中纠正自范晔《后汉书》以来人们对"列女"含义的歪曲，认为："列女者，女之流也。有以贤孝见，有以节义见，有以侠烈见，亦有以才慧见，品类不一，故曰列也。

---

① 张岱：《石匮书后集》卷 5《明末五王世家总论》，上海古籍出版社 2008 年版，第 451 页。

② 张岱：《琅嬛文集》卷 3《与周戬伯》，岳麓书社 1985 年版，第 176 页。

③ 张岱：《张岱诗文集》卷 3《读查伊璜三说》，上海古籍出版社 1991 年版，第 63 页。

④ 张岱：《张岱诗文集》卷 3《征修明史檄》，上海古籍出版社 2014 年版，第 280 页。

世多认列为烈，其间不无遗议。"① 主张《列女传》不应仅收录节烈之女的事迹，还应包括贤孝、才慧等方面的女子。这个见解确有独到之处。

《石匮书》还具有"事必求真，语必务确"的特点。张岱称："幸余不入仕版，既鲜恩仇，不顾世情，复无忌讳，事必求真，语必务确，五易其稿，九正其讹，稍有未核，宁阙勿书。"② 比如此前一些史书中，均称成祖为马皇后所生，唯何乔远《名山藏》考证说："臣于南京见《太常志》云：帝为硕妃诞生，而《玉牒》则为高后第四子。《玉牒》出当日史臣所纂，既无可疑，南太常职掌相沿，又未知其据。臣谨备载之，以俟后人博考。"③《石匮书》"成祖本纪"则直书"文皇帝，太祖第四子也，母曰硕妃，高皇后妊为己子。"这显然是经过进一步考证后得出的结论。又如在《沐黔宁世家》中，张岱指出："人言黔宁王（沐英）为高帝外妇子，非也。帝长于英十五年。当英之生，帝方婴孤，安从取外遇哉？"④ 否认了沐英为明太祖外妇子的说法。

《石匮书》还十分注意弥补《明实录》史实记载的缺漏。如经过三次重修的《明实录》根本不承认建文朝的存在，以洪武纪年代替建文年号，对"靖难"这一重大事件往往隐瞒实情。而《石匮书》增设了《让帝本纪》，详细记载建文帝的事迹和靖难之役的过程。在《逊国诸臣列传》《靖难死谏列传》《勤王死者列传》《逊国隐遁者列传》等传中详载了因"靖难之役"或被杀、或战死、或隐遁者的事迹。再如明太祖晚年杀戮功臣，《明实录》只写某人某年某月某日死，多不交代死因。而《石匮书》在《蓝玉胡惟庸列传》中则详细交代其死因，诸如此类，不一一列举。

张岱在《石匮书》及其《后集》各表、志、合传、类传之前设有"叙"或"总论"，或叙述作史之旨意，或总论相关人物和事件。在纪、传、表、志中间或结尾以"石匮书曰"的形式，对其中所载人物、事件展开评论。这些序论集中反映了张岱的历史观及对人物、事件评价的标准，具有以下四个特点。

---

① 张岱：《石匮书》卷206《列女传》，上海古籍出版社2008年版，第215页。

② 张岱：《张岱诗文集》卷1《石匮书》自序，上海古籍出版社2014年版，第184页。

③ 何乔远：《名山藏》卷6《典谟记》六《成祖文皇帝》，福建人民出版社2010年版，第157页。

④ 《石匮书》卷41《沐黔宁世家》，第646页。

一　较为客观公正地评价历史人物及事件

《石匮书》及其《后集》成书于入清后，因此较少忌讳。所以许多评论是比较客观公正的。比如，张岱对明太祖是十分推崇的。他称："高皇帝之功胜舜、禹矣。"① 然而，对其滥杀功臣也毫不隐瞒自己的观点："乃一旦蓝、胡党起，诛锄万数，相国惨于系萧，督府严于诛越，一时功臣十去六七。……乃烹完走狗，罪以吠尧，抉尽良弓，诬以射影，封之不足，乃尽杀之。岂非秦始皇之故智乎？"② 又称："太祖生平稍有疑忌，辄以其党党之，后且渐灭殆尽"。③ 他称赞永乐帝为"上圣之主"，将之比作汤、武，肯定他"大小凡百余战，未尝不冒矢石""五出漠北，三下安南"，使"后此二百年虏所以不敢大肆其凭陵"之功。④ 然对其在靖难之役中的表现提出批评："今乃一门之内，自极兵威，覆巢之下，不留完卵。懿文（太子朱标）则亦已矣，其何面目见太祖于地下哉！"⑤ 又称他"薄待功臣可为至极矣"，为防止文人才子对其"腹诽其非"于是召集天下儒生纂集《永乐大典》，"几于坑儒焚书，以箝天下之口"。⑥

对于一些昏庸之君，张岱也不是一概否定。比如评论武宗称其"英果刚决，是大有为之君。使其循规蹈矩，一出于正，以之绳文皇帝之武，不难矣。"同时批评其"流连荒亡，恣意游佃，万乘之躯，等于一掷"。⑦

再如对张居正的评价，既肯定其"有相才"，能"振饬纪纲，驾驭中贵"，辅佐神宗，又称其"生平学尚申、韩，而内又多欲，自夺情以后，益与正士为雠，日引群小横行，胸意一切，务为苛刻，聚敛海内，人心汹汹思乱，至死不悔，可哀也哉"。⑧

明亡后，张岱曾一度寄中兴希望于南明小朝廷，但后来他彻底失望。在《石匮书后集》中，他是如此评价南明几个小皇帝的。称弘光帝"痴如刘禅，淫过隋炀，更有马士英为之颠覆典型，阮大铖为之掀翻铁案。一年之内，贪财好杀，媾酒宣淫，诸凡亡国之事，真能集其大成"。评价

---

① 《石匮书》卷1《高帝本纪》，第21页。
② 《石匮书》卷19《开国功臣侯者世表叙》，第290页。
③ 《石匮书》卷68《胡惟庸列传》，第13页。
④ 《石匮书》卷3《成祖本纪》，第53页。
⑤ 《石匮书》卷17《太子本纪》，第225页。
⑥ 《石匮书》卷20《靖难功臣侯者世表叙》，第304页。
⑦ 《石匮书》卷10《武宗本纪》，第137—138页。
⑧ 《石匮书》卷166《张居正列传》，第584页。

唐王称："任意竟行，未免受卤莽决裂之报。当其请缨御贼，则径自出境；流离入闽，则径自称尊；敌未临城，则径自逃窜。登极三诏，徒自夸张，毫无实际。则所筹皆纸上空言，所行则蒙皮弱质，欲以羁縻天下，恢复皇图，盖断断不能者也。"称桂王"多蓄常侍，流配谏官。"称鲁王"见一人则倚为心膂，闻一言则信若蓍龟"，"及至后来，有多人而卒不得一人之用，闻多言而卒不得一言之用，附疏满廷，终成孤寡，乘桴一去，散若浮萍，无舵之舟，随风飘荡无所终"。① 他认为，造成明宗室后继无人的主要原因是"靖难之后，待宗室其制愈严愈刻"，"当其一出藩，封两长史一奉承，如古之三监，王不得纵意自为。而一藩宗禄出于本郡太守，故见太守如见严师畏友"。"所属宗人不许其擅离境，外有住居乡村者，虽百里之外，十日必三次到府画卯。一期不到，即拘墩锁，下审理所定罪议罚"，因此宗室之人对国家的变故均持"幸灾乐祸"的态度。甲申之变后，"诸王迁播，但得居民拥戴，有一成一旅，便意得志满，不知其身为旦夕之人，亦只图身享旦夕之乐。东奔西走，暮楚朝秦，见一二文官便奉为周、召，见一二武弁，便倚作郭、李。唐王粗知文墨，鲁王薄晓琴书，楚王但知痛哭，永历惟事奔逃"。② 这个分析是十分深刻的。

对一些历史事件的评论张岱也基本能做到客观公正。如评价嘉靖初年的"大礼议"说："世宗身为天子，父母不得称帝后，身未尝为人后，父母不得称考妣，在三尺之童尚所不甘"，因此批评杨廷和"死守濮议，铁石不移"，"杨廷和辈不曲为救正，而伏阙叫嚣，徒激圣怒已耳。迨下狱廷杖之事行，而矫枉过偏，寝失其节。上而称宗，上而配帝，无复敢言。后遂不可底止矣。杨廷和辈非止自误，盖自误以误世宗者也"。③ 批评杨廷和等死守宋儒的"濮议"而不通人情。

二　重视史书"申以劝诫，树之风声"的功用，宣扬忠孝节义

张岱早在 23 岁时便着手搜集从殷商至有明历朝义士资料，得 400 余人，撰写《古今义士传》，他自称："余见此辈，心甚壮之。"④ 在《石匮书》中更是不遗余力地表彰忠义之士，宣扬忠孝节义思想。比如在《南

---

① 《石匮书后集》卷 5《明末五王世家》，上海古籍出版社 2008 年版，第 466 页。
② 《石匮书后集》卷 5《明末五王世家总论》，第 450—451 页。
③ 《石匮书》卷 140《大礼建言诸臣列传》，第 403 页。
④ 张岱：《古今义烈传》卷首"自序"，浙江图书馆藏崇祯刻本。

巡死谏诸臣列传》中记载了武宗朝不惜一死，"抗疏极谏"之臣的事迹。在《辛卯殉难列传》中表彰了南明张肯堂等一批"举家殉难"的文臣和"血战就擒"的武臣。在《义人列传》中称："夫忠臣死忠，孝子死孝，二者天下之正道也。乃于死忠死孝之外，而又有所谓死义。"① 为此表彰了一批在甲申之变、清兵入关时自杀殉国的下层人士，称："一以见吾辈草野布衣，舍生取义，与峨冠大纛者实胜彼万万。"② 在《列女列传》中则记载了一些以身殉国的女子。在《逊国诸臣列传》中，他记载了齐泰、黄子澄、方孝孺以及一批"抗节死者"、"殉义死者"、"首事死者"、"勤王死者"、"城守死者"等的事迹，称："自古死义之臣无如革除诸臣之多，亦无如革除诸臣之惨。""忠臣殉国非求生也，贼臣市国欲免死也，而终不生。"③ 在《孝子列传》中，他认为，"明史所载孝子，强半皆封君任子，深可厌。鄙夫菽水承欢，问安侍膳，皆人之常职"，没必要去记载这些。他称："余不录其生孝而录其死孝。"因此专记"以死殉父若母者"。④ 他还专设《胜国遗臣列传》，称："廓扩之辈，心为旧主，转展不肯忘元，是亦元之文（天祥）、谢（枋得），恨《元史》不及尽收，则后且日就湮没矣。"为此专为王保保、蔡子英、陈友定等立传，以此"见我明珍重节义，不避雠仇"，以达到"风厉名教"的作用。⑤ 而在《流寇死事》《流寇死战》《甲申殉节》《甲申勋戚殉难》等列传中，更是着力宣扬忠君死义的思想。

三 注意总结朝政的得失及明亡之原因

他认为最高统治者的优劣直接决定朝政的好坏、国运的长短。比如在评价万历皇帝时称："神宗冲龄嗣位，英明果断，有江陵（张居正）辅之，其治绩不减嘉、隆，迨二十年后，深居不出，百事丛脞，养成一猇骇之疾，且又贪呓无厌，矿税内使四出虐民，比如养痈，特未溃耳。故戊午前后地裂山崩，人妖天变，史不胜书。盖我明亡之征已见万历末季矣。乃世以静居无事称为福王，则世岂有一日万几之主，可仅仅以无事

① 《石匮书》卷199《义人列传总论》，第50页。
② 同上书，第51页。
③ 《石匮书》卷73《逊国诸臣列传》，第49页。
④ 《石匮书》卷198《孝子列传》，第42页。
⑤ 《石匮书》卷210《胜国遗臣列传》，第303页。

为福也哉。"① 对万历皇帝晚期深居简出，不理朝政，造成社会矛盾激化，及对后世的影响作了中肯的评价。而称赞光宗皇帝"一旦起潜邸，而撤矿税，发内帑，起直言，勤召对"，力救神宗朝之弊政，然短命而亡，为"一月之唐虞焉"。② 再如对崇祯帝的评价称："古来亡国之君不一，有以酒亡者，以色亡者，以暴虐亡者，以奢侈亡者，以穷兵黩武亡者。嗟我先帝焦心求治，旰食宵衣，恭俭辛勤，万几无旷。即古之中兴令主无以过之"。然而，他"务节省"，"不肯轻用一钱"，"京师一失，无不尽出以资盗粮"。在用人上，"黑白屡变，捷如弈棋，求之老成则不得，则用新进；求之科目而不得，则用荐举；求之词林而不得，则用外任；求之朝廷而不得，则用山林；求之荐绅而不得，则用妇寺；求之民俊而不得，则用宗室；求之资格而不得，则用特用；求之文科而不得，则用武举。愈出愈奇，愈趋愈下"。张岱称："先帝用人太骤，杀人太骤。一言合，则欲加诸膝；一言不合，则欲堕诸渊。以故侍从之臣，止有唯唯否否，如鹦鹉学语，随声附和已耳。则是先帝立贤无方，天下之人无所不用，乃至危急存亡之秋，并无一人为之分忧宣力。从来孤立无助之主，又莫我先帝若矣。"③ 对崇祯帝的勤政、恭俭，然用人不当，滥杀无辜最终导致明王朝的灭亡，进行了深入分析，并作了中肯的评价。

他认为，宦官擅政是造成明亡的重要原因之一。他说："我朝三百年宦官之祸始于正统，横于正德，复横于天启。正统、正德犹对口发背之症，壮年力旺，毒不能内攻，几死复活。天启则病在命门，精力既竭，疽发骨旋，痈溃毒流，命与俱尽矣。烈宗（指崇祯帝）虽扁鹊哉，其能起必死之症乎？且又求愈太急，多服劫剂，元气日耗，神气不宁，风邪卒乘，有立毙已矣。则是宦官之祸，种毒既深，国与随尽，可不畏哉，可不畏哉。"④ 在《逆党列传总论》中他评论魏忠贤擅政时称："魏忠贤一手障天，以泰山压卵之势，逆之者辄糜，人当其时，一飏正道，则死辱随之。智士达人如欲苟全性命，虽刚介之性，亦不得不出于逶蛇，而况彼伊阿龌龊者乎？"⑤ 在《宦者列传》中又称："魏忠贤流毒海内，天

---

① 《石匮书》卷13《神宗本纪》，第192页。
② 《石匮书》卷14《光宗本纪》，第197页。
③ 《石匮书后集》卷1《烈帝本纪》，第444—445页。
④ 《石匮书》卷15《熹宗本纪》，第208页。
⑤ 《石匮书》卷196《逆党列传》，第1页。

下已成瓦解之势,明之所以不即亡者,幸耳。乃尚留遗孽,如曹化淳、杜勋者,降贼献门,忠贤之遗祸至此始尽。嗟乎!我明天下不亡之崇祯而实亡之天启,不失之流贼,而实失之忠贤。"①

他还认为,明末党争、门户之见是造成明亡的另一重要原因。他说:"烈矣哉,门户之祸人国家也。我明之门户日久日甚。万历之岁有门户科道,天启之岁有门户宦官,崇祯之岁有门户宰相,弘光之岁有门户天子。"②他尖锐地指出:"朋党诸君子推其私心,只要官做。要官做则又百计千方装点其不要官做,故别其路曰门户,集其人曰线索,传其术曰衣钵,美其号曰声气,窃其名曰道学。非门户之人,廉者不廉,介者不介;是门户之人,贪者不贪,酷者不酷,奸者不奸,恶者不恶,以盗跖而一入门户,即是伯夷。"③以门户之见来判断是非、分别黑白,自然而然地导致社会风气的败坏和朝政的腐败。对此,张岱深恶痛绝,他说:"朋党之人,至比之河北之贼,则其为祸也亦烈矣。我明二百八十二年,金瓯无缺之天下,平心论之,实实葬送于朋党诸君子之手。"④

张岱对农民起义的认识有一个从轻视到重视的转变过程。他说:"尝见国史所记邓茂七、叶宗留等皆谓崔苻之盗,何足挂齿。及至崇祯末年,闯贼横逆,余见之寒心,始不敢轻视盗贼矣。盖自来盗贼窃发,皆足以颠覆社稷。"⑤为此设《盗贼列传》,专记邓茂七、叶宗留、刘六、刘七等各地农民起义的情况。在《石匮书后集》中又设有《中原剧贼列传》和《李自成张献忠列传》。作为封建社会的文人,张岱自然把威胁封建统治的农民起义视为洪水猛兽。他称:"自古逆贼之暴,自赤眉、黄巢以来,未有若张献忠之甚者也。"⑥然而,他并不一味地抹黑农民起义军,如记载李自成攻占南阳后"贼秋毫无犯,自成下令曰:'杀一人者,如杀吾父,淫一女者,如淫吾母。'得良有司,礼而用之。贪污吏及豪强富室,籍其家以赏军。人心大悦,风声所至,民无固志。故一岁间略定河南、南阳、汝宁四十余州县。兵不留行,海内震焉。时丧乱之余,白骨

---

① 《石匮书后集》卷55《宦者列传》,第711页。
② 《石匮书后集》卷32《乙酉殉难列传》总论,第588页。
③ 《石匮书》卷180《门户列传》总论,第662页。
④ 同上书,第661页。
⑤ 《石匮书》卷212《盗贼列传》总叙,第311页。
⑥ 《石匮书后集》卷63《盗贼列传》,第807页。

蔽野，荒榛弥望。自成招流亡，通商贾，募民垦田，收其籽粒以饷军。贼令严明，将吏无敢侵略"。① 同时注意探究农民起义与明亡的关系。他认为，不能忽视"群盗"对政权"蚕食"的作用。他说："譬犹蠹木，献忠啄之，自成殊之，实群盗钻穴之。譬犹逐鹿，献忠犄之，自成攫之，实群盗聚踣之，则群盗之罪可未减于自成也哉。嗟乎！秦祚之亡，亦受四方蚕食，隋社之灭，皆因剧贼鸱张。思宗志在瓦全，而祸同冰解，总由彼蝇蛆攒浊，而蜂虿肆毒也。"② 他认为，"盗贼之祸与敌国外患相为表里"更是明朝衰败乃至灭亡的重要原因。他说："至正统武备渐弛，茂七等聚啸山林，遂有土木之变；正德以后，大盗窃发，随起随灭，口外亦然。崇祯末季，流贼糜烂，不复可收，竟遭颠覆。然则边疆之患无不从盗贼酿之矣。譬人之受病者，区区疥癣，卒至殒身，谋国者可不加之意哉？"③

四　写史十分讲求文笔的优美

张岱是明代散文大家，在写史时也强调讲求文字的优美。他说："文之工拙，固不必论，然使文不能妙，将令人苦其艰晦而弃之。故凡文章叙事理幽赜者，必使读者虽不甚悉其故，而其文一一有针路可寻，诵之了然，乃为妙笔。"④

张岱的讲求文笔优美尤其表现在《石匮书》的总论、总叙和"石匮书曰"上。如针对神宗朝"廷臣遂视皇长子为奇货可居，群然蜂起，各各自任吾为羽翼"时称廷臣这样做好比："负小儿于百尺之渊，而故作一颠危之状，乃力为扶掖，而使小儿德我。"⑤ 把一些廷臣的作为刻画得入木三分。再如论蔡清等五君子称："世间肉汁易冻，而坚不如冰，无其洁也；莹不如冰，无其明也；冽不如冰，无其刚也。而冰之为体，不受纤垢，虽尘埃满盎，而冰之所结，止一水晶，而尘垢皆无所着，则其劲气之肃也。介夫诸君子廉洁如冰，而又复光明磊落，人莫能干，谓非先辈典型也。诗云：昔我有先正，其人明且清。若五君子者，其可以不愧斯

---

① 《石匮书后集》卷63《盗贼列传》，第798页。

② 《石匮书后集》卷62《中原剧贼传》总论，第754页。

③ 《石匮书》卷212《盗贼列传》，第312页。

④ 《石匮书》卷24《天文志》总论，第355页。

⑤ 《石匮书》卷172《国本建言诸臣》总论，第592页。

语矣。"① 比喻形象而生动。

无名氏《陶庵梦忆序》称："陶庵老人，著作等身，其自信者，尤在《石匮》一书。"② 可见，张岱对《石匮书》自我期待甚高。此书一出，被时人称作"《石匮》一书，上与《左》《史》等鼎"。③ "当今史家，无逾陶庵。"④ 其中不免有溢美之词，但确实反映了《石匮书》在明人所修当代史中的地位。

但是，由于是私家修史，不可避免地会出现参考文献不足、所据史料真伪相掺等情况。由于参考文献不足，因此一些志、传未能很好地反映客观史实。比如《地理志》往往仅罗列行省所辖府、州、县，而没有记载府、州、县的区划沿革、地理形势、户口人数等。再如《靖难死谏列传》仅用不足 40 字记余逢辰在靖难兵起时"泣谏死之"，用 50 余字记杜奇极谏燕王"当守臣节"而被杀之事。《孝子列传》仅记樵夫董福儿为父报仇，李壮丁儿以身救母的事迹。另有不少篇目寥寥数语，敷衍成篇，显然是所据史料不足。在《石匮书后集》卷 11《袁崇焕列传》中，张岱依据稗史传闻记载满桂与袁崇焕"面质"，"尽发其通敌奸状，并言其接济寇粮，凿凿有据。崇焕见满桂色变，遂不能辨，免冠请死"。又称："秦桧力主和议，缓宋亡且二百余载，崇焕以龌龊庸才焉，可上比秦桧。"⑤ 事实是崇祯中了清人反间计而杀害袁崇焕的。此外，《石匮书》与《后集》有些篇目是重复的，如《石匮书》卷 49、《后集》卷 52 均有《瞿式耜列传》，《石匮书》卷 47、《后集》卷 50 均有《辛卯殉难列传》，但《后集》增加了沈廷扬、沈宸荃等 9 人事迹。《石匮书》卷 56《盗贼列传》中已有李自成、张献忠传，而在《后集》卷 63 中又有李自成、张献忠传。再如《崔文荣传》已列入卷 14《流寇死战诸臣列传》中，然卷 8《贺逢圣列传》中又附崔文荣事迹。萧汉已列入《流寇死战诸臣列传》中，但在同卷"宋一鹤传"中又附录其事，而宋、萧两人毫无关系。另有一些篇目编次失当。比如《后集》卷 14《流寇死事诸臣列传》，却

---

① 《石匮书》卷 133《蔡储邵熊张列传》，第 373 页。
② 张岱著，弥松颐校注：《陶庵梦忆》后附"《砚云甲编》原序"，西湖书社 1982 年版，第 116 页。
③ 王雨谦：《琅嬛诗集序》，岳麓书社 1985 年版，第 309 页。
④ 《琅嬛文集》卷 3《与李砚翁》，岳麓书社 1985 年版，第 146 页。
⑤ 《石匮书后集》卷 11《袁崇焕列传》，第 496—497 页。

将清兵南下时负责守卫嘉兴战败自缢的锺鼎铉放入此传。诸如此类，不一而足。可见，张岱在《石匮书》尤其是《后集》的编纂中，存在着所据史料不足、编次失当、前后失去照应等问题。这显然与其晚年生活窘迫、修史环境恶劣有关。

第四节　"广稽博采，考镜一代得失"
——谷应泰与《明史纪事本末》的编纂

官修《明史》始于顺治二年（1645），当时动议撰修《明史》主要是出于昭示易代的政治考虑，而由于时局不稳，准备不足，结果顺治朝仅修成数帙。这次旷日持久的修史活动直到乾隆四年（1739）才告成。而距《明史》修成 80 年前，由谷应泰发起和组织编纂的《明史纪事本末》就已经成书。因此，这部书不同于以往的纪事本末体著述，它没有现成的明史作为依据，因此，它的史料价值可以与《明史》等量齐观。

谷应泰（1620—1690），字赓虞，别号霖苍，直隶丰润（今河北丰润）人。顺治四年（1647）进士，历任户部主事、员外郎、提督浙江学政佥事等职。谷氏"夙有网罗百代之志"[1]，在提督浙江学政佥事任上，他积极搜购有关明史的著述，网罗修史人才，并在杭州西湖创立"谷霖苍著书处"，以图纂修有明一代历史。他自称："余尝不自量，思追踪古人，以备诸史之阙，于全明二百六十余年，搜茸见闻，分为《明纪》、《通鉴》及《纪事本末》三书，目编月录，挥汗呵冻不少辍，及今乃成。"[2] 钱茂伟据此认为，《明纪》是一部纪传体明史，《通鉴》即《通鉴续编》，是一部编年体明史。[3] 可见，谷应泰纂修明史并不仅限于编纂《明史纪事本末》。由于《明纪》和《通鉴续编》没有流传下来，因此，人们往往误以为谷氏只编纂了《明史纪事本末》。

谷应泰主编《明史纪事本末》究竟聘请了哪些学者参与编修，历来存有争议。据徐倬《倪文正公年谱跋》称："倬入谷霖苍学使幕中，命倬

---

① 傅以渐：《明史纪事本末序》，参见《历代纪事本末》，中华书局 1977 年版，第 2120 页。
② 谷应泰：《史评序》，《四库全书存目丛书》《史部》281，第 581 页。
③ 钱茂伟：《明末清初明史编纂特点三论》，《史学月刊》2009 年第 4 期。

同张子坛为《明史纪事本末》。"① 又据郑苣畦《今水学略例》云："谷氏《纪事本末》，徐蘋村箸，蘋村诸生时，为谷识拔，故以此报之。"② 据此可知，徐倬、张子坛、徐蘋村参修自然不存在争议。

而关于张岱是否参修，则有歧见。四库馆臣引邵廷采《思复堂集》"明遗民传"称："山阴张岱尝辑明一代遗事，为《石匮藏书》。应泰作《纪事本末》，以五百金购请，岱慨然予之。"又称："明季稗史虽多，惟谈迁编年，张岱列传，两家具有本末，应泰并采之，以成纪事。"③ 有人据此便认为谷氏有窃书之嫌。实际上，这只是说明谷氏在修史时参考了张岱的《石匮书》和谈迁的《国榷》，所以，《四库全书总目提要》称其"取材颇备，集众长以成完本，其用力亦可谓勤矣"。④ 又据《南疆逸史》所云："丰润谷应泰督学浙江，闻其（张岱）名，礼聘之，不往，以五百金购其书。"⑤ 张岱在给友人周戬伯信中说："弟向修明书，止于天启，以崇祯朝既无实录，又失起居，六曹章奏，尽化灰烬，草野私书，又非信史，是以迟迟，以待论定。今幸逢谷霖苍文宗，欲作《明史纪事本末》，广收十七年邸报，弟于其中簸扬淘汰，聊成本纪，并传崇祯朝名世诸臣，计有数十余卷。"⑥ 可见，张岱初未应谷氏之聘，谷氏只好购其书作为参考，但后来为了借助谷氏收集的史料，以完成崇祯朝史事的编纂，张岱显然与谷氏有过联手。胡益民曾指出："见于《石匮书后集》卷62《中原群盗列传》和《纪事本末》卷75《中原群盗》，两书正文内容几乎一模一样。从文字风格看，为张岱的手笔无疑。"又说："《纪事本末》卷77《张献忠之乱》、卷78《李自成之乱》与《后集》卷63《盗贼列传》等篇，文字也基本相同，叙述风格大体一致。""《纪事本末》中有些篇目的拟目，如《东林党议》《争国本》《三案》等，受《石匮书》中《门户列传》《顾宪成列传》影响相当明显，很可能这些篇目就是张岱拟定或建

① 傅以礼：《华延年室题跋》卷上，转引自《明史纪事本末》附录，《历代纪事本末》，中华书局1977年版，第2545页。

② 叶廷琯：《吹网录》卷4《辨明史纪事本末非窃书》，参见《明史纪事本末》附录，第2545页。

③ 《四库全书总目提要》卷49《史部》5"明史纪事本末提要"，海南出版社1999年版，第283页。

④ 同上。

⑤ 温睿临：《南疆逸史》《列传》第39《张岱谈迁传》，中华书局1959年版，第325页。

⑥ 张岱：《琅嬛文集》卷《与周戬伯书》，岳麓书社1985年版，第151页。

议的。"① 这些均为张岱参与《明史纪事本末》撰写工作提供了有力的证据。

俞樾指出："孙氏（志祖）《读书脞录》述姚际恒语云：《明史纪事本末》本海昌一士人所作，亡后，为某以计取，攘为己书。其事后总论一篇，乃募杭诸生陆圻作，每篇酬以十金。始知其说起于姚立方（际恒）《庸言录》，所谓某者，即指谷应泰，惟海昌与张岱里籍不符。"② 姚氏所说显系从邵廷采"五百金购请"说推衍而来。而购书并不能等同于窃书。正如陈祖武先生所言："《国榷》系编年体明史，《石匮藏书》为纪传体明史，二书与《明史纪事本末》体裁迥异。谷应泰据此改作，无可非议，本身就是一种有价值的再创造。"③ 然据吴晓铤所云："家赤溟先生（吴炎）《浩然堂集》有答陆丽京书，称谷使君撰《纪事本末》，聘丽京（陆圻）为幕下客。"④ 可见，陆圻有可能参与了《明史纪事本末》的编纂，至于他具体负责哪些工作，已无从查考。中国台湾徐泓先生则认为："《明史纪事本末》史论部分并非陆圻所作，其底本应系蒋棻写的《明史纪事》，而主要篇目也是沿袭《明史纪事》。"⑤ 而文廷海经过分析则认为："《明史纪事》是传抄《明史纪事本末》的评论后，为蒋棻收藏。《明史纪事》的作者并非蒋棻，而是谷应泰。"文氏曾对两书的"评论"进行比较，认为两书存在的差异，"可能是《明史纪事》抄录《明史纪事本末》的评论时存在的错抄、漏抄或增删"。⑥ 文氏的分析是有道理的。因此，谷氏自撰史论是可信的。时任太子太保、武英殿大学士兼兵部尚书的傅以渐在该书自序中称："阅其纪事而污隆兴废之故，贤奸理乱之形，洞如观火，较若列眉。更读其论断诸篇，又无不由源悉委，揣情撼实。贾昌之说故事，历历目前，马援之画山川，曲折具见，洵一代良史

<hr>

① 胡益民：《张岱卒年及〈明史纪事本末〉作者问题再考辨》，《复旦学报》2004 年第 5 期。

② 俞樾：《茶香室三钞》卷 14《明史纪事本末》，笔记小说大观二十三编，第 4047—4048 页。

③ 陈祖武：《明史纪事本末杂识》，《文史》第 31 辑（1989 年）。

④ 叶廷琯：《吹网录》卷 4《辨明史纪事本末非窃书》，参见《明史纪事本末》附录，第 2545 页。

⑤ 徐泓：《明史纪事本末的史源、作者及其编纂水平》，《史学史研究》2004 年第 1 期。

⑥ 文廷海：《关于明史纪事的作者问题》，《四川师院学报》1999 年第 1 期。

也。"① 对谷氏编纂史事和史论给予很高的评价。倘若史论为他人代笔，或抄袭他人著述，身为朝廷重臣的傅氏绝不至于如此饰美。

在诸多评论中，王树枏的评论较为公允。他说："古今纂辑一种史书，搜罗编次，大半成于众手，万非一人之力所能集事，不独霖苍此书然也。霖苍当日购买张书，聘请徐颖村、陆丽京诸名士代为编纂，皆属事实，而增删笔削，谷氏实总其成。必非攘取他人之书冒为己作，昔姚际恒、陆定圃所云也。至丽京撰论之说，亦不尽然。吾视霖苍《筑益堂集》，其文笔与史论大略相似。盖当日作论，每成一篇，与丽京商订改正则有之，谓尽出丽京之手则某论也。"②

关于该书的史料来源，除《四库全书总目》所云采《国榷》《石匮书》以成书外，谢国桢先生认为其中"东林党议"条，与蒋平阶《东林始末》全同。③ 李光璧先生认为，高岱纪事本末体的《鸿猷录》是谷氏直接参考的祖本，谷氏还取材于范景文的《昭代武功编》。④ 徐泓先生则认为，除《石匮藏书》《国榷》《鸿猷录》外，《明实录》《宪章录》《宾退录》《名山藏》等明朝官方及私家野史、笔记，也是其主要史料来源。⑤

该书在史料价值和编纂方法等方面具有以下三个特点。

（1）具有史料的原始价值。《明史纪事本末》之前的纪事本末体史著，其内容均采撷于某一部编年体或纪传体史书，其史料价值自然不能与原史书相比。谷氏在组织编纂《明史纪事本末》时，虽然有《国榷》《石匮书》和其他稗史可资取材，但尚无一部可供独自取资的明史，编纂者面对众多的史书和纷纭的史事，必然要进行剪裁熔铸、考辨的工作，因此，此书史料的原始价值，是其他任何一部纪事本末体史著所无法比拟的。晚清王颂蔚在撰写《明史考证捃逸》时就曾大量征引此书的材料以考证明代的史事。

---

① 傅以渐：《明史纪事本末序》《历代纪事本末》，中华书局 1977 年版，第 2120 页。

② 王树枏：《胜水厄言》，转引自《明史纪事本末》附录，第 2546 页。

③ 谢国桢：《晚明史籍考》卷 1《通纪》"有明一代史乘"，华东师范大学出版社 2011 年版，第 55 页。

④ 李光璧：《谷氏明史纪事本末探原》，《中和月刊》第三卷第 12 期（1942 年）。

⑤ 徐泓：《明史纪事本末的史源作者及编纂水平》，《史学史研究》2004 年第 1 期。

（2）发挥纪事本末体"文省于纪传，事豁于编年"① 的特点，全面反映明朝历史上发生的重要事件及采取的重要举措。

编者将明代建立之前及以后历史上发生的重要事件，归结为 80 个专题，一事一题，首尾条贯，基本按照时间顺序排列史事。从卷 1《太祖起兵》记起，至卷 12《太祖平汉》主要记载明太祖反元、战胜群雄的过程。从卷 14《开国规模》到卷 80《甲申殉难》主要记载历朝发生的重要事件和史实，比如"燕王起兵""建文逊国""仁宣致治""土木之变""南宫复辟""宸豪之叛""沿海倭患""江陵柄政""平哱拜""东林党议""魏忠贤乱政""崇祯治乱""宦寺误国""中原群盗""张献忠之乱""李自成之乱""甲申之变"等，对影响明朝社会的重要事件都做了详尽介绍。此外，该书还将重要的典章制度及举措如漕运（卷 24《河漕转运》）、水利（卷 25《治水江南》）、治黄（卷 34《河决之患》）、礼制（卷 50《大礼议》、卷 51《更定祀典》）、矿监税使（卷 65《矿税之弊》）、历法（卷 73《修明历法》）、民族关系（卷 21《亲征漠北》、卷 22《安南叛服》、卷 40《兴复哈密》、卷 60《俺答封贡》）等作了详细介绍。一改《通鉴纪事本末》重军事、政治而忽视典制的倾向（《资治通鉴》本身具有重军事、政治的倾向，而袁枢据此改编不可避免具有这种倾向），这显然受陈邦瞻《宋史纪事本末》多涉及典章制度的影响。

（3）特色鲜明的"史论"。在《通鉴纪事本末》中，袁枢没作"史论"，明末张溥在每一篇后补作史论。陈邦瞻《宋史纪事本末》在个别篇目中作有"史论"。而《明史纪事本末》除"设立三卫""亲征漠北""俺答封贡"几篇无史论，卷 56《李福达之狱》用高岱之论，卷 66《东林党议》用倪元璐之论，卷 68《三案》之"梃击""移宫"二案用夏允彝之论外，每篇之后，均以"谷应泰曰"的形式，采用骈俪之文，对影响明朝政治的人物、事件、典制等普遍进行了深入的分析和评价。四库馆臣称："每篇后各附论断，皆仿《晋书》之体，以骈偶行文。而遣词抑

---

① 章学诚：《文史通义》内篇一"书教下"，引自仓修良《文史通义新编》，上海古籍出版社 1993 年版，第 19 页。

扬，隶事亲切，尤为曲折详尽。"① 谢国桢先生也称："每篇后之论赞，洞
见当时症结，颇具见地。"② 如他在评价明太祖时充分肯定其"惩宦寺之
失，而禁内官预政；惩女宠之祸，而戒母后临朝；惩外戚之乱，而令不
封后家；惩藩镇之变，而制武臣不预兵柄。祸本乱阶，防维略尽。至于
著律令，定典礼，置百官，立宗庙，设军卫，建学校，无不损益质文，
斟酌美备，遍考百王之迹，深明治乱之故。"同时也批评其"性沈鸷，果
于屠杀，微类汉高。"③ 他评价胡蓝之狱认为："胡（惟庸）以倾邪升鼎
耳，蓝（玉）以宠利居成功，不学无术，器小任重，宜其及也。"但他对
明太祖搞株连、滥杀无辜是持批评态度的。他说："乃以一人跋扈，遂疑
尾大之图，仓卒启机，傅会难明之事，株连者四万，失侯者二十，周内
深文，亦云惨矣。"④ 再如他评价崇祯帝与明亡原因时指出："自古未有端
居深念，旰食宵衣，不迩声色，不殖货利，而驯致败亡，几与暴君昏主
同失而均贬者。则以化导鲜术，贪浊之风成于下，股肱乏才，孤立之形
见于上。夫是以欲安而得危，图治而得乱也。""怀宗之图治，与其所以
致乱，揆之事实，盖亦各不相掩焉。方其大东罢贡，便殿亭香，记注重
珥言之臣，寒暑御文华之讲，进监司而问民疾苦，重宰执而尊礼宾师，
以至素服论囚，蠲通弭乱，罪己则辍减音乐，赈饥则屡发帑金。于凡爱
民勤政，发奸摘伏，此则怀宗之图治也。及其御寇警则军兴费烦，急征
徭则闾阎告病，以至破资格而官方愈乱，禁苞苴而文网愈密，恶私交而
下滋告讦，尚名实而吏名苛察，于凡举措听荧，贞邪淆混，此则怀宗之
致乱也。"⑤

该书也存在一些不足：一是编次失当。按照时间顺序，卷 13《胡蓝
之狱》不应放在卷 14《开国规模》前，而应放在其后。二是考证不精，
如在卷 17《建文逊国》中，编者依据史仲彬《致身录》、程济《从亡随
笔》，相信关于建文帝与程济出亡做了和尚，先后游历滇黔，至英宗正统

① 《四库全书总目提要》卷 49《史部》5 "明史纪事本末提要"，海南出版社 1999 年版，
第 283 页。

② 谢国桢：《晚明史籍考》卷 1《通纪》，"有明一代史乘"，华东师范大学出版社 2011 年
版，第 55 页。

③ 《明史纪事本末》卷 14《开国规模》，《历代纪事本末》第二册，中华书局 1977 年版，
第 86—87 页。

④ 《明史纪事本末》卷 13《胡蓝之狱》，《历代纪事本末》第二册，第 62 页。

⑤ 《明史纪事本末》卷 72《崇祯治乱》，《历代纪事本末》第十册，第 54 页。

五年到达北京的记载。实际上王世贞在《史乘考误》中早就力辨其妄。谷氏之前也有不少学者对建文帝出亡一事进行过考证。三是记载缺漏：比如对明初为巩固封建统治而采取的重要政治制度缺乏详尽记载。对一些重大历史事件如郑和下西洋等竟未立目，对明满关系和南明史迹采取回避态度等。但瑕不掩瑜，《明史纪事本末》是一部颇具特色，具有重要史料价值的史著。

第五节　"自出手眼惟君能，廿一史中参一座"
——查继佐与《罪惟录》

查继佐（1601—1676），原名继佑，因参加县试时试册误书为佐，因错就错故名继佐，字伊璜，号与斋。又自号东山钓史。入清后，更名省，字不省。后又更名为左尹，别号非人氏。浙江海宁人。因其居处临近海宁东山，居庐名朴园，也称东山先生或朴园先生。崇祯六年（1633）举人。顺治二年（1645）清军南下，查氏被鲁王政权任命为兵部职方司主事，率兵奋起抵抗，小鼍初战告捷，"义声大振，诸镇倚以为重"。[①] 不久鲁王逃奔台州，查氏隐居汤湖，拟作《廿一史史论》，最终完成《史记》《汉书》《后汉书》共三史史论。后返回东山。先后著有《知是编》12卷和《通鉴严》8卷。顺治十年（1653）始，先后讲学西湖、铁冶岭敬修堂等处。他的后半生，除讲学外，还创作了不少诗作，而将更多的精力倾注在明史的纂修上。他的著作因时局动乱多散佚，现存有《罪惟录》《东山国语》《鲁春秋》《敬修堂钓叶》《国寿录》等。其中《罪惟录》106卷是其史学代表作。

一　《罪惟录》撰写经过

查氏自称："此书之作，始于甲申，成于壬子（康熙十一年），终二十九年，寒暑晦明，风雨霜雪，舟车寝食，疾痛患难，水溢火焦，泥涂鼠啮，零落破损，整饬补修。手草易数十次，耳采经数千人，口哦而不闻声者几何件，掌示而不任舌者几何端，以较定、哀之微词，倍极辛

---

① 沈起：《查东山先生年谱》，中华书局1992年版，第41页。

苦。"① 方福仁认为，此书始作于甲申的说法不可靠，怀疑其"会不会是借以掩盖它与庄廷钺的明史著作之间的关系呢？那就不得而知了。"② 而钱茂伟则认为："《自序》说《罪惟录》之作'始于甲申'，这是不可能的事，因为当时他参与了抗清斗争，根本不可能修史。"③ 而查氏弟子沈起所撰《查东山先生年谱》则十分明确地说明："乙未（即顺治十二年，1655 年）先生五十五岁。讲学敬修堂，始著《罪惟录》，历二十年始成"。依据是查氏《得案日记》所云："杨子思圣犹龙奉分局修明史，属为草集，赞成全史。旧汇诸家之言，知《史概》尚未刻，草四十本，为湖浔朱相国国桢（祯）遗笔。国桢（祯）才弱，而考核最详，称信史。此草已质于同里贡生庄钺家，钺有纪略之志，使人缮誊两月，竟而还其质，又质于沈苍□，苍□宝之，原本不可得也。问之庄氏，忌不与校。余素不一至南浔，偶钺弟廷钺在苕，束脩余门，曰：'家兄意独为之，不欲分人，且先生不须此。'余遂有明史之役，改曰《罪惟录》。"④ 显然，查氏是受杨思圣之托起草明史的。但从查氏以上所云可知，他此前早有撰写明史的打算，并已着手汇集"诸家之言"。并早在顺治七年（1650）撰成《知是编》12 卷。查氏"认为乾坤不可无正气，所以翼命，所以励节，非一人私言"。故此书"自流氛（案：指李自成起义）始而魏案（按：指魏忠贤阉党案）不与，甲申后颇多其人。书法据事直陈，无有内外。"⑤ 顺治八年（1651）又撰成《敬修堂说外》，据张涛考证以为："《敬修堂说外》即《罪惟录》'启运传'。前有顺治辛卯（即顺治八年）官石邑张奇熊石观、巨鹿杨思圣犹龙、社盟弟董□无殊三序，并钓史引。上卷：宋韩林儿传，郭滁阳王子兴传，方国珍传，天完徐寿辉传；下卷：汉陈友谅传，吴张士诚传，元陈友定传（附伯颜于中），元扩廓帖木儿传，蔡士英传，秦从龙传（附叶兑、周良卿），静诚先生陈遇传。"⑥ 而以上所说各传则分散在今传本（据吴兴嘉业堂藏手抄本而整理刊印的，

---

① 查继佐：《罪惟录》"自序"，北京图书馆出版社 2006 年版，第 16 页。

② 方福仁：《罪惟录》"前言"，浙江古籍出版社 1986 年版。

③ 钱茂伟：《明代史学的历程》第二十章第四节"自出手眼的《罪惟录》"，社会科学文献出版社 2003 年版，第 451 页。

④ 沈起：《查东山先生年谱》顺治十二年条，中华书局 1992 年版，第 47 页。

⑤ 沈起：《查东山先生年谱》顺治七年条，第 44 页。

⑥ 沈起：《查东山先生年谱》顺治八年条，第 44—45 页。

浙江古籍出版社 1986 年版）卷 5《翼运王国列传》、卷 6《衡运诸国列传》、卷 7《逸运外臣列传》等列传中。由此可见，杨思圣委托查氏代为起草明史，显然是因为查氏已经撰写了不少篇目，有了很好的基础。沈起所谓顺治十二年"始著《罪惟录》"的说法，并不可靠。而查氏自云"始于甲申"，却是极有可能的，他自甲申之变后不仅开始留意史料的收集、整理，而且开始着手撰写一些篇目。正如张宗祥所云："此书《翼运》《衡运》二传，即《敬修堂说外》二卷也，据《年谱》，《说外》刊成于顺治辛卯，则自序始于甲申之证也。"①

　　顺治十八年（1661）庄廷钺明史案发，查氏因列参阅姓氏之首被捕入狱。沈起在所撰《查东山先生年谱》顺治十八年条中，记庄史案将发时"陆子丽京（圻）告先生曰：'南浔有庄钺者作《明史纪略》，参阅姓氏首列东山（即查继佐），次范子文白（骧），次及某，共十八人（《日记》作廿一人）。作序者李霜回（令晢）也。'先生殊骇，所谓大警者定以此矣。拟牒当事，从刀笔家称此书不工。先生曰：'吾三人不工，此书是仇庄，非善。'因投牒督学，手著四六体，中一联：'倘或犯于所忌，间有非所宜言。'并入范、陆名于牒，范、陆不知也。率以此一联，生三家三百余口"。于是就有了查氏为庄案首告的说法。实际上所谓的"投牒督学"，是查氏获知自己名列明史参阅者之首后很正常的反应，他不仅为自己进行了辩白，而且也顺带为范骧、陆圻进行了辩白。年谱注引查氏《得案日记》称："始以原牒行湖府学，学官为赵君宋，温州人，颇有深望。时钺已卒，父老七十余岁矣，自言此书无不敬，可上闻。即奈何渔猎君宋毒之，详于府道。庄不得已，行千金寿知府陈某，而亦输君宋四百余，劈版，计六十囊。奉督学指，存版湖府库，为已其事。"可见，由于查氏的辩白，加之庄父贿赂有关地方官，此事原本可以就此罢休。然由于吴之荣向朝廷告发，致使此案株连者甚多，查氏也因此入狱。

　　为何查氏没有遭受杀身之祸？据王士禛《吴顺恪六奇别传》所载，吴六奇为乞丐时，查氏"为具汤沐而衣履之"，"留与痛饮一月，厚赍遣之"，后六奇发迹，官至广东水路师提督，厚报查氏知遇之恩。当获知查氏受庄史案牵连，"吴抗疏为之奏辩，获免于难"。②另有蒋士铨也著有

①　查继佐：《罪惟录》附录张宗祥"跋"，浙江古籍出版社 1986 年版，第 2896—2897 页。
②　沈起：《查东山先生年谱》附录王士禛《吴顺恪六奇别传》，第 158—159 页。

《铁丐传》(《国朝耆献类征初编》卷436《隐逸三》)记吴六奇与查氏的交往过程。实际上这种传奇式的记载是不可靠的。据魏源考证,吴六奇原任明桂王南粤镇总兵,顺治七年投降清朝。① 徐鼒《小腆纪年附考》卷17也云:"盖乞丐乃少时事,查、吴相遇,实在明世。旋附义旅,为桂王驱驰,后人讳之,而托言骤贵于兴朝,非实录也。"而查氏也明确说明:"世相传余初有一饭之德,葛如(即吴六奇)方布衣野走,怀之而思厚报。其时无是事也。"②

沈起《年谱》则记载在审讯过程中"相传有于满人侧预为先生白冤者",怀疑此人为陆晋。并认为:"长安人皆哄传先生曲护得全,而四方讹传吴潮阳(即吴六奇),非也。"张涛在《年谱》按语中则认为:"庄史波及,因先生合词简举,留案,得释。"又记"初就狱,枭法若真索弁语司李纪元寒温,狱中三四府丁咸池愿倾家为之赎,仁和令张玉甲割囊留赠。及北逮,杨千波匿其诗稿,王望为办朝夕,上至督抚部院,无不周旋营护云。"③ 可见,查氏免遭杀身之祸一是因为他的"简举",二是因为有不少人为之"周旋营护"。

康熙二年(1663)查氏被释放,继续《罪惟录》的撰写。同时也纵情于诗酒声色,"尽出其橐中装,买美鬟十二,教之歌舞。每于长宵开讌,垂帘张灯,珠声花貌,艳彻帘外,观者醉心"。④ 其弟子沈起认为,这是查氏自全之策,他称:"昔之东山(指晋谢安),以丝竹浊其盈满,而身以全;今之东山,复藉声色以贬损其名誉,而身亦全。"⑤ 这是有一定道理的。康熙十四年(1675),查氏75岁时完成《罪惟录》的撰写。《罪惟录》本名《明书》,因受庄氏史狱的影响而韬晦其名,以"获罪惟录书"而更名为《罪惟录》。

二 《罪惟录》体例、内容

《罪惟录》为纪传体明史,比较系统地记载了有明一代及南明各小王

---

① 魏源:《圣武记》附录卷13《武事余记事功杂述》,中华书局1984年版,第510页。

② 吴骞:《拜经楼诗话二则》,参见沈起《查东山先生年谱》附录,中华书局1992年版,第151页。

③ 沈起:《查东山先生年谱》康熙元年条,第56页。

④ 纽琇:《觚賸》卷7,参见沈起《查东山先生年谱》附录,中华书局1992年版,第162页。

⑤ 沈起:《查东山先生年谱》康熙十五年条,第70—71页。

朝的历史。含帝纪 22 卷，包括了从明太祖到毅宗诸帝纪，附纪南明安宗
（福王）、鲁王、桂王、韩王的事迹。志 31 卷，包括天文、历、五行、冠
服、艺文、地理、礼、乐、土田、贡赋、河渠、刑法、职官等史书中常
列的志，同时也根据明代典章制度的特点增设了屯田、九边、漕、班爵、
陵、经筵、科举、直阁、典牧、茶法、锦衣、宗藩、盐法、数志等。各
志大都按编年记事，个别志虽有分类，但也基本按编年记事。而如《班
爵志》《直阁志》等志则具有志、表合一的特点，正如查氏自称："所为
书与表，则全合之于志。"①

列传按以类相从的方法，设立了一系列类传。如首传为《皇祖祢列
传》记明太祖的高祖、曾祖、祖父、父亲的事迹。其后设皇后、皇太子、
诸王列传。再后设《翼运列传》记郭子兴、韩林儿事迹；《衡运列传》记
金朱光卿、方国珍、徐寿辉、陈友谅、张士诚、明玉珍等元末各路起义
军的事迹；《逸运列传》记元朝旧臣中或降明，或坚守节义诸人事迹；
《启运列传》记明初开国文臣武将事迹；《抗运列传》和《致命列传》记
方孝孺、练子宁等"靖难"或易代之际的人物。此外，还有理学、经济、
谏议、讽喻、清介、乘时、循谨、文史、武略、荒节、播匿、隐逸、侠
烈、独行、庸误、方外、闺懿、宦寺、奸壬、叛逆等列传。其中《荒节
列传》主要记载"靖难"迎降诸臣；《播匿列传》所记孙镇以下 44 人都
是"靖难"时反对成祖的，田时震以下 40 人都是明末抗清的。《文史诸
臣列传》，在旧史设立《文苑列传》的基础上，首次把史官、史家放入列
传中，这是颇具特色的。另有外藩、蛮苗、胜国、外国等列传，专记周
边少数民族和相邻国家的历史。

查氏在纪传之外还设有《外志》，他认为，"外云者，非外也，以辅
内也，以参内也，以实内也，以证内也。内有存体之格，如事屑而不登，
笔劳而或缺，辅之乃始称备"。② 其中，多收录纪传中遗漏或不便收录的
史料，可以补充纪传记载的不足，如在"诸臣传逸"中详记严嵩被籍没
时金银珠宝、名画古物的清单，由此可见严嵩之贪婪。在"列朝属彝封
爵"中附记洪武、永乐两朝先后封鞑靼、哈密、西番等统治者爵位及安
南、朝鲜、日本、暹罗、真腊、苏禄等各国国王的情况。但其中也收录

---

① 查继佐：《罪惟录》"志叙"，浙江古籍出版社 1986 年版，第 437 页。
② 《罪惟录》志卷 32《外志总论》，北京图书馆出版社 2006 年版，第 687 页。

如"梦兆""因果""妖厉"等荒诞不稽的记载。张元济先生认为:"其纪逸、志逸、传逸诸篇,揆之史例,殊多未合。意必当日笔削余材,不忍舍弃,强立名目,附以流传。"①

三 《罪惟录》的特点及不足

《罪惟录》虽成书于清初,但该书具有强烈的反清倾向。在该书帝纪部分以附记的形式记载了福王、鲁王、唐王、桂王、韩王的事迹,并分别使用各王的年号以记时。直至顺治十八年,在《韩主附记》中仍称韩定武十七年。对清兵或称"满兵"、"建卤",或称"北师""东人"等。书中对抗清人士多加颂扬,如称赞良乡知县党还醇在"东师薄城,力竭援绝"的情况下壮烈而死,"诚不愧其官矣"。② 在《张煌言传》中详记其被清兵俘获后慷慨陈词、英勇就义的情节,并引录其诗云:"余生则中华兮死则大明,寸丹为重兮七尺为轻。维彼文山兮亦羁绁于燕京,黄冠故乡兮非余心之所馨。"称赞他:"事不克就,死而后已,鞠躬之义,千古为昭。"③ 在《外志》"议论逸"中引录张煌言《始终报韩论》称:"自古称张良始终为韩,先儒论之详矣。今世仕卤廷者,多藉此为口实,以建州固常驱贼,遂以沛公亡秦、子房事汉为拟,噫!何其不犹之甚也。"④ 指斥投降派既要做婊子,又要立牌坊的丑恶嘴脸。

书中特别关注靖难、夺门之变及甲申死难之士事迹的介绍,并借此宣扬忠孝节义的封建伦理道德思想。如称颂方孝孺"夫一门节义,古册不几见"。⑤ 称颂于谦"谦功在后世,血食千载……活在人心"。⑥ 对崇祯帝自缢煤山,他颂扬道:"不屈者人臣之节,而天子先之。为南面持大防,义矫百代,是故愿从者众。为北面昭大节,亦矫百代。"⑦ 在《抗运列传》和《致命列传》中,他称赞"靖难"或易代之际的人物"或从容而就鼎俎,或崩陷而敝智力,或扳胡而升,或阖室以从,气凌山河,白日为晦,磊落光明,万世俱可"。⑧ 查氏还记载了不少社会下层人士在明

---

① 《罪惟录》附录张元济"跋",北京图书馆出版社 2006 年版,第 651 页。
② 《罪惟录》列传卷 12 下《党还醇传》,第 575 页。
③ 《罪惟录》列传卷 9 下《张煌言传》,第 317 页。
④ 《罪惟录》卷 32《外志》,第 757 页。
⑤ 《罪惟录》列传卷 9 上《抗运诸臣列传》,第 284 页。
⑥ 《罪惟录》列传卷 11 上《于谦传》,第 374 页。
⑦ 《罪惟录》帝纪卷 17《毅宗烈皇帝纪》,第 285 页。
⑧ 《罪惟录》列传卷 9 上《抗运诸臣列传总论》,第 245 页。

亡之际"杀身成仁"的事迹，如记"汤文琼，北京布衣也，甲申三月，闻帝暴崩煤山，心痛自缢死。其衣带中所存绝笔有曰：'位非文丞相之位，心则文丞相之心'。"记"布衣周生，京师人，城陷，悲愤搥胸，呕血数升死。卖菜佣，京师人，担菜至东华门，见帝后灵椁，呼天号恸，叩首触阶死"。在《闺懿列传》中大量记载贞女、烈女、孝女的事迹，尤其注意记载死于"寇难"的烈女事迹。

查氏还十分注意分析、考辨、评论书中所涉及的人物、事件和史料。《罪惟录》在帝纪前设有"总论"，在"志"和类传前设有"志叙"和"总论"，在大部分纪、传、志后设有"论曰"，或直抒胸臆，或引他人评论，以表明自己的态度和观点。

如对明太祖晚年诛杀功臣，他认为，胡惟庸"奸败伏诛"，罪有应得。而李善长之死，则因为太祖"实有隐虑"，担心"他日朝廷孱柔，或恐奸回怙势，姻娅故旧，钩引盘结，猝不可解，致成外重之势"。"于是勇于一割，以应杀运，即致戚故人不恤。"[1] 他认为，蓝玉案则与燕王有关，称："玉于太子至亲，常说太子：'臣观燕王英武，负上宠爱至，而术者言燕地有天子气，太子幸自爱。'然则玉忠志无他矣。而燕王从中构之，必杀玉。史不载其实，但云狱具，则二万余人岂皆无辞，不待再听者乎？"[2]

对建文帝身后的各种传说，他持一种实事求是的态度。他指出："帝以仁柔，海内欲不忘之，遂有逊荒之说。说历久益增。至史仲彬《致身录》诸凿凿，实所疑，如或亲见之者。观吴文定仲彬墓志，全不及此，一伪皆伪也。"又云："考出亡踪迹，见诸稗乘者，二十五六而止，而情事各异，安得以各异者画为一定欤？"[3] 在《建文逸纪》中，查氏提出"十六辩"，证明各种稗乘所载是不可信的。[4]

对明太祖设锦衣卫，他认为："锦衣卫初非为杀人，势积于杀人，往往教天子杀人，往往天子欲不杀人而竟杀人。"[5] 他感叹道："呜呼！太祖之设锦衣卫，原以惩奸宄，而二百年之锦衣卫狱专杀君子！有明不幸有

---

① 《罪惟录》列传卷8《启运诸臣列传》中《李善长传》，第191页。
② 《罪惟录》列传卷8《启运诸臣列传下》中《蓝玉传》，第224页。
③ 《罪惟录》帝纪卷2《惠宗帝纪》，第657页。
④ 《罪惟录》志32外志《建文逸纪》，第695—696页。
⑤ 《罪惟录》志卷24《锦衣志总论》，第621页。

锦衣，而志锦衣宜乎？汉史深讥酷吏，而传酷吏也。"① 对锦衣卫充当皇帝鹰犬，擅杀君子深恶痛绝，同时也说明设立《锦衣志》是仿效《汉书》设《酷吏传》。

查氏还十分注意总结明亡的原因。他认为，宦官专权是导致明王朝灭亡的重要原因之一。他赞同太祖"严自宫之律"，反对太宗"任诸阉，主兵、监营、出镇、坐厂"的做法。称："高皇帝读史至唐鱼朝恩，为之惊心动目，岂知末祀受败率由此。"② 他指出："若乃宦官无制，黜陟不关铨部，始固轻之，后反至于极重，摈之曰天子私人。夫天子私之，彼安得不自私。于是习为私，公为私，制私而究溺于私，群藉之用庇其私，激为朋党，国脉大伤。"③ 针对魏忠贤擅政，他指出："魏党分两截：初党在内，则王体乾、李永贞等，所乖毒宫寝为甚。继之党在外，自（崔）呈秀为虎子……祸延士大夫，国运与俱。"④ 同时认为，崇祯帝的某些决策失误是直接导致明亡的原因。他说："帝勇求治，寡欲崇俭，鳃鳃民瘼。此心诚可享上帝。独少推诚，稍舞智，往往以处逆魏之法绳其下。于是诸臣救过不暇，即贤者亦或宁自盖。而坚任内侍，益灰豪杰之隐。曰我自不旁落，已旁落矣。以饥益盗，以加派益饥，以缮兵益加派，以不知所以用兵益缮兵，久之兵皆盗也。盟诸中者，不与众喻，有恝视耳。"⑤ 又称："世乱不得不加赋，而一岁忽益四百万，诚之未布，又无术以善之庙算不精如是哉！收拾人心为治世良药。及势击，百姓怀故人，蹈汤火不悔，而卒不可救，又无如天命何也。"⑥ 在此指出，崇祯帝虽勇于求治，但驾驭群臣方法失当，不与群臣相谋，信用宦官，加派赋税，激化矛盾等，可谓一针见血。

张岱在评价查继佐史学成就时有诗云："古来作史有几个？字字留拾龙门（代指《史记》）唾。出自手眼惟君能，廿一史参一座。"⑦ 认为古来作史者多仿效司马迁笔法，很难超越《史记》的藩篱，唯有查氏"出

---

① 《罪惟录》志卷 24《锦衣志》，第 625 页。
② 《罪惟录》列传卷 29《宦寺列传总论》，第 425 页。
③ 《罪惟录》帝纪卷 1《帝纪总论》，第 19 页。
④ 《罪惟录》列传卷 30《奸壬列传》，第 468 页。
⑤ 《罪惟录》帝纪卷 17《毅宗烈皇帝纪》，第 285 页。
⑥ 《罪惟录》列传卷 12 下《马世奇传》，第 591 页。
⑦ 张岱：《张岱诗文集》诗集卷 3《读查伊璜三说》，上海古籍出版社 1991 年版，第 63 页。

自手眼"，别开生面，使《罪惟录》可以与廿一史并列。其中虽有溢美成分，但也客观上反映了《罪惟录》独具特色的一面。

应当看到，《罪惟录》由于成书后缺乏前后通贯删削、润色，还存在不少问题。

一是各志繁简失宜。天文、五行、地理、礼、职官志篇帙较大，而冠服、土田、屯田、九边、漕、经筵、宗藩、盐法、钱法等志则篇幅偏小。而《茶法志》《数志》只有几百字。

二是分类不当。刘承幹曾指出："刘宗周、祁彪佳俱理学名臣，身殉国难，列诸武略；以及教匪、流贼杂厕《奸壬》，均于义未安。"① 查今本《罪惟录》（浙江古籍出版社 1986 年版），刘、祁二人并没入《武臣列传》，而是列入《致命诸臣列传》。《奸壬列传》中也没涉及教匪、流贼。不知刘氏所据何在？或许后人在整理时已作调整？但将刘、祁两人放入《理学诸臣传》似更妥当。阮大铖本应入《奸壬传》，却被放入《列朝诸臣逸传》中。正如刘承幹所云："又列传后《列朝诸臣逸传》，亦即附录之意，只限于其人之一节，传中如袁崇焕、阮大铖，关系时事至钜，他卷既无专传，实嫌疏略。"② 在《叛逆列传》中，记锦衣千户王臣与太监王敬奉命採药湖湘江浙，"所至纵暴，横索无度"，激起诸生殴之。被巡抚尚书王恕劾为不轨。显然，将其与邓茂七、叶宗留放在同一传中，实属不当。

三是一人分见二传。如列传卷 13《谏议诸臣传》中有杨循吉传，而卷 18《文史诸臣列传》中又有杨循吉传，只是记载较之前传为略。再如邵宝见于列传卷 10《理学诸臣传》，又见于卷 15《清介诸臣传》。

四是缺漏甚多。如马士英应入《奸壬传》，而其事迹阙如。《谏议传》无杨涟等。《隐逸列传》中仅记至嘉靖年间孙一元，以后隐逸之士事迹阙如。

尽管《罪惟录》存在诸多问题，但其史料价值却不可忽视。正如刘承幹所云："是编遗文逸事，足以补正《明史》者实多，虽小有疵类，无伤也。"③

---

① 《罪惟录》附录刘承幹"跋"，第 647 页。
② 同上书，第 2895 页。
③ 同上。

第六节 "以任故国之史事报故国"
——黄宗羲纂修明史与襄助官修《明史》

　　明亡后，晚明有影响的学者大多持不与清廷合作的态度。如黄宗羲、顾炎武、王夫之、李颙、孙奇逢、傅山等。康熙亲政后不久，清廷改变了此前对汉族知识分子一味打压的政策，采用怀柔的手段以笼络人心。正如梁启超所云："值康熙亲政后数年，三藩之乱继起。康熙本人的性格，本来是阔达大度一路，当着这变乱时代，更不能不有戒心，于是一变高压手段为怀柔手段。"他认为，康熙帝的怀柔手段表现为：一是康熙十二年的荐举山林隐逸；二是康熙十七年的荐举博学鸿儒；三是康熙十八年的开《明史》馆。前两个手段都失败了，只有第三个手段"却有相当的成功"，"因为许多学者，对于故国文献，十分爱恋。他们别的事不肯和满洲人合作，这件事到底不是私众之力所能办到，只得勉强将就了"。[①]梁启超的分析是十分有道理的。清廷抓住明朝遗民对故国历史的关注，一方面确实需要他们协助修史，更为重要的是借此可以笼络人心。此举确实吸引了一批学者参与修史，比如潘耒、朱彝尊、毛奇龄等，但是，对于把气节看得比身家性命更为重要的一流大学者来说，亲自投身于史局参与修史，仍然难避归降之嫌，于是就出现了或以布衣身份修史，或以自己的明史著述、广博的学识和精深的专业素养间接襄助修史的情况。黄宗羲就属于间接襄助修史的典型。

　　康熙十七年（1678），诏征博学鸿儒，掌院学士叶方蔼以诗动员黄宗羲应征，遭婉言拒绝。深知其师为人的陈介眉称："是将使先生为叠山（案：指宋谢枋得，人称叠山先生，宋亡不仕，魏天祐强之北上，不食而死）、九灵（按：指元戴良，号九灵山人，洪武十五年，招至京师，要其做官，以老疾固辞，次年四月自杀）之杀身也。"[②]后叶氏面奏康熙帝再

---

　　① 梁启超：《中国近三百年学术史》二《清代学术变迁与政治的影响（上）》，东方出版社1996年版，第19—20页。
　　② 全祖望：《梨洲先生神道碑文》，参见朱铸禹《全祖望集汇校集注》"鲒埼亭集内编"卷11《碑铭六》，上海古籍出版社2000年版，第220页。

作举荐，又遭陈介眉的劝阻。黄宗羲对陈氏的劝阻深表感谢，他说："吾兄力止，始闻之而骇，已喟然而叹，且喜兄之知我也。……某年近七十，不学而衰，稍涉人事，便如行雾露中。老母年登九十，子妇死丧略尽。家近山海，兵声不时撼动，尘起镝鸣，则扶持遁命。二十年以来，不敢妄渡钱塘，亦不敢一月留也。母子相依，以延漏刻。若复使之待诏金马，魏野所谓断送老头皮也。"① 徐元文担任《明史》监修，欲聘宗羲修史，宗羲"以母既耄期，己亦老病为辞"。②

黄氏坚持不与清廷合作的态度，显然是为了保持民族的气节和自己的名声。但他对故国的历史始终不能忘怀。他说："国灭而史亦随灭，普天心痛。……当是时，人士身经丧乱，多欲追叙缘由，以显来世。"③ 他本人也有为故国修史之宏愿，其友人李逊之在给其信中称："倾忽辱二哥翩然枉顾，大慰渴思，因知吾老翁兄闭户著述，从事国史，将成一代金石之业。弟亦有志斯事。"④ 但毕竟受到各种因素的限制，其修明史的宏愿很难靠一己之力完成。清朝聘其纂修明史，对于一个明朝遗民来说，无疑是颇具吸引力的，但保住气节对其来说更为重要。为此，他在保持气节和纂修故国历史两者之间采取了非常微妙的态度，做到既无损气节，保住自己的名声，又能为纂修故国历史做出贡献。他一方面同意弟子万斯同等以布衣身份参与官修《明史》，目的是使"一代是非，能定自吾辈之手，勿使淆乱，白衣从事，亦所以报故国也"。⑤ 另一方面，他则以自己的史著、学识间接地襄助官修《明史》。

和明代许多学者一样，黄宗羲早就留意明史的纂修。其父黄尊素受阉党迫害被捕入狱时曾告诫宗羲"学者不可不通知史事，可读《献征录》（指焦竑《国朝献征录》）"，自此宗羲"遂自明十三朝实录，上溯二十一史，靡不究心"。⑥ 他还广泛阅读和收集书籍。全祖望称："既尽发家藏书，读之不足，则抄之同里世学楼钮氏、澹生堂祁氏、南中则千顷斋黄

① 黄宗羲著，陈乃乾编：《黄梨洲文集》书类"与陈介眉庶常书"，中华书局2009年版，第464—465页。
② 全祖望：《梨洲先生神道碑文》，参见朱铸禹《全祖望集汇校集注》，第220页。
③ 黄宗羲：《黄梨洲文集》碑志类"谈孺木墓表"，中华书局2009年版，第117页。
④ 《黄梨洲文集》附录书信第十一，第517页。
⑤ 黄嗣艾：《南雷学案》卷7《万石园先生》，正中书局1947年版。
⑥ 全祖望：《梨洲先生神道碑文》，引自朱铸禹《全祖望集汇校集注》，第214页。

氏、吴中则绛云楼钱氏，穷年搜讨。游屐所至，遍历通衢委巷，搜鬻故书，薄暮，一童肩负而返，乘夜丹铅，次日复出，率以为常。"①

在广泛阅读和收集资料的基础上，他还着手编辑史料。他自称："某自戊申（康熙七年）以来，即为明文之选，中间作辍不一，然于诸家文集搜择亦已过半。至乙卯（康熙十四年）七月，文案成，得二百七卷。"② 以后又在《明文案》基础上扩充为《明文海》482 卷，（邵懿辰《四库全书简明目录标注》称此书原有 600 卷之多，现存之数已为后人删剩）共收作者近千人，文章 4300 余篇。按体分为赋、奏疏、诏表等二十八大类，各体之下又分若干子目。今有中华书局 1987 年影印本。四库馆臣称黄氏编纂此书的用意是："欲使一代典章人物俱借以考见大凡。"称其："搜罗极富，所阅明人集几至二千余家"，"考明人著作者，当必以是编为极备矣。"③《明文海》的编纂，为保存明代的文献做出了重要贡献。

黄宗羲还十分重视南明史料的整理，并将自己亲身经历与耳闻目睹的史实记载下来。他先后编纂了《弘光实录钞》3 卷、《行朝录》12 卷、《海外恸哭记》及《思旧录》1 卷等。其目的是保存史料。

他虽然对南明弘光朝君臣失望、痛恨至极，称："帝之不道，虽竖子小夫，亦计日而知其亡也。"又称："南都之建，帝之酒色几何？而东南之金帛，聚于（马）士英，士英之金帛几何？而半世之恩仇，快于（阮）大铖。曾不一年，而酒色、金帛、恩仇不知何在！"④ 但他出于对历史的负责态度，于顺治十五年（1658）编纂了《弘光实录钞》。他说："寒夜鼠啮架上，发烛照之，则弘光时邸报，臣畜之以为史料者也，年来幽忧多疾，旧闻日落。十年三徙，聚书复阙。后死之责，谁任之乎？先取一代排比而纂之，证以故所闻见，十日得书四卷，名之曰《弘光实录钞》。"⑤ 该书逐日记事，起自崇祯十七年（1644）五月福王朱由崧即位南京，终于顺治二年（1645）秋七月弘光朝江西巡抚旷昭迎降、万安知

---

① 全祖望：《梨洲先生神道碑文》，引自朱铸禹《全祖望集汇校集注》，第 214 页。

② 黄宗羲：《明文案序上》，参见陈乃乾编《黄梨洲文集》序类，第 387 页。

③ 《四库全书总目提要》卷 190《集部》43 总集类 5《明文海》，海南出版社 1999 年版，第 1038 页。

④ 黄宗羲：《弘光实录钞序》，参见《南明史料（八种）》，江苏古籍出版社 1999 年版，第 3 页。

⑤ 同上。

县梁於涘自缢。其中间以"臣按"的形式对史事加以评述。

他所编纂的《行朝录》，记载了南明隆武、绍武、鲁王、永历等几个小王朝事迹。同时记载了"赣州失事""舟山兴废""日本乞师""沙氏乱滇"等重要事件。《海外恸哭记》则记载鲁王监国数年间君臣事迹。重点记载了孙嘉绩、陈子龙、熊汝霖、郑遵谦、钱肃乐、冯京第、张肯堂等人的事迹。在《思旧录》中，他记载了与之有过交往的刘宗周、文震孟等110多位人物的简要事迹及与之交往的过程。

黄宗羲编纂和收集的这些史料，后来多抄送明史馆。康熙帝曾专门下旨："凡黄宗羲有所论著及所见闻，有资《明史》者，着该地方官钞录来京，宣付史馆。"① 浙江布政使李士祯为此招黄百家"入署较戡如干册，使胥吏数十人缮写进呈"。②

此外，黄宗羲还撰写了《明史案》及不少人物传记。据全祖望称：黄宗羲"辑《明史案》二百四十四卷，有赣州失事一卷，绍武争立纪一卷，四名山寨纪一卷，海外恸哭纪一卷，日本乞师纪一卷，舟山兴废一卷，沙定洲纪乱一卷，赐姓本末一卷"。③ 钱林也称其"又《明史案》二百四十二卷，条举一代之事，供采摭，备参定也"。④ 可见，黄氏所撰《明史案》已经成书，可惜因亡佚而无法详考。邓实认为全祖望所列《明史案》的篇目与《行朝录》目次颇有出入，《行朝录》多"隆武纪年""鲁纪年"和"永历纪年"三纪，而独缺"海外恸哭"一纪，所分卷数也不相同，由此认为："岂梨洲初辑《明史案》，慨然有国史之志，而先就其海东一隅，残山剩水所目见耳闻者撰为诸纪，既乃名之曰《行朝录》欤？"⑤ 吴光认为："邓实关于《明史案》与《行朝录》关系的见解是言之有理的，全祖望正是用'有'字将《明史案》与《行朝录》各篇联系起来了。"⑥ 可见，《行朝录》实为《明史案》的一部分。

① 黄炳垕：《黄宗羲年谱》卷下，中华书局2006年版，第42页。

② 黄百家：《先遗献文孝公梨洲府君行略》，参见黄炳垕《黄宗羲年谱》附录，第69页。

③ 全祖望：《梨洲先生神道碑文》，引自朱铸禹《全祖望集汇校集注》，第222页。

④ 钱林辑，王藻编：《文献徵存录》卷2《黄宗羲传》，《续修四库全书》《史部》传记类第540册，第77页。

⑤ 邓实：《黄梨洲行朝录后序》，参见《国粹丛书》收《黄梨洲行朝录》，金陵秘籍征献楼刊印。

⑥ 吴光：《黄宗羲遗著考》，参见《黄宗羲全集》第二册附录，浙江古籍出版社1985年版，第553页。

查黄氏《南雷文定》《南雷文约》《南雷文案》《吾悔集》等中存有明代人物行状、墓志铭、事略等一百三四十篇。他自称："余多叙事之文，尝读姚牧斋、元明善集，宋元之兴废，有史书所未详者，于此可考见。然牧斋、明善皆在廊庙，所载多战功。余草野穷民，不得名公巨卿之事以述之，所载多亡国之大夫，地位不同耳。其有裨于史氏之缺文一也。"①

在众多人物传记中，有三篇直接标明上交史馆的，即《移史馆熊公雨殷行状》、《移史馆章格庵先生（正宸）行状》和《移史馆先妣姚太夫人事略》。《移史馆熊公雨殷行状》记载了抗清名臣熊汝霖的事迹。黄氏称："爰撰行状一通，移之史官，以为列传之张本也。"②《移史馆章格庵先生（正宸）行状》则记载了崇祯间被誉为"一代眉目"，阉党称其为"铁汉子"的章正宸的事迹。黄氏称："会稽章誉持格庵先生家传，以余为先生同门友也。再拜乞行状，将以上之史馆。先生在崇祯间为一代眉目，岂可令其遗事舛驳零落乎？谨以故所闻见状之。"③ 而《移史馆先妣姚太夫人事略》则记载其母之事迹。为了证明自己在作该篇时没有夸饰，黄宗羲特别说明，"每当太夫人寿辰，海内巨公，多有杰作以表徽音"，"史馆诸公，亦考信前言，知羲说之不妄也"。篇末还注明："监修徐立斋先生为之特传于列女，是吾母屈于生，顾得伸于死。子孙当世世不忘也。"④ 他对徐元文同意将其母事迹放入《列女传》中是十分感激的。

黄宗羲还特别为其师刘宗周撰写了长达近二万五千字的"子刘子行状"，详尽地介绍明末一代宗师刘宗周的为政之道和学术上的成就。温睿临称其："作《刘子行状》，要其指归之精微，由是言刘氏学者皆宗之。"⑤ 这篇行状无疑为明史馆臣纂修《刘宗周传》提供了最权威的蓝本。

黄宗羲还特别注意表彰明末抗清的忠义之士。他说："国可灭，史不可灭。后之君子能无遗憾耶。乙酉、丙戌，江东草创，孙公嘉绩、熊公汝霖、钱公肃乐、沈公宸荃皆闻文（天祥）、陆（秀夫）、陈（宜中）、谢（枋得）之风而兴起者，一时同事之人殊多贤者，其事亦多卓荦可书。

---

① 黄宗羲：《南雷文定》《凡例》，中华书局 1985 年版。
② 黄宗羲：《黄梨洲文集》传状类《移史馆熊公雨殷行状》，第 4 页。
③ 黄宗羲：《黄梨洲文集》传状类《移史馆章格庵先生（正宸）行状》，第 5 页。
④ 黄宗羲：《黄梨洲文集》传状类《移史馆先妣姚太夫人事略》，第 5 页。
⑤ 温睿临：《南疆逸史》卷 43《列传》第 39《逸士》，中华书局 1959 年版，第 324 页。

二十年以来，风霜销铄，日就芜没。此吾序董公（守谕）之事而为之泫然流涕也。"① 为此，他作有《移史馆熊公雨殷行状》、《钱忠介公（肃乐）传》、《苍水张公（煌言）墓志铭》等一批抗清仁人志士传记，以表彰忠烈。全祖望称其："公多碑版之文，其于国难诸公，表章尤力。"② 黄宗羲所作的这些人物传记或直接抄送明史馆，或间接经地方官委派胥吏抄送史馆，为史官撰写明史人物传记提供了可靠的参考材料。

黄宗羲虽不愿意直接参与《明史》的纂修，但他始终不能忘怀故国历史的纂修。他曾以元末明初的危素为例，说："嗟乎！元之亡也，危素趋报恩寺，将入井中。僧大梓云：'国史非公莫知，公死，是死国之史也。'素是以不死。后修《元史》，不闻素有一词之赞。"③ 可见，在黄宗羲的内心中，自不免以危素自居。

明史馆监修、总裁及地方官十分看重这位饱学之士。如总裁汤斌在与其书信中称："戊申承先生赐证人（指证人书院）会语，又得读蕺山遗书，知吾道真传，实在先生。此心归依，寤寐以之。惜当时渡江匆匆，未得面晤，至今歉然。戊午入都，于叶讱老案头，得读《待访录》，见先生经世实学。史局既开，四方藏书大至。独先生著述宏富，一代理学之博，如大禹导山导水，脉络分明，事功文章，经纬粲然，真儒林之巨海，吾党之斗杓也。"④ 总裁徐乾学则云："闻先生隐居不出，博极群书，深明理学，著述等身，皆有裨于世教，蔚然为东南大儒。"⑤ 充分肯定其在理学和经世实学方面的泰斗地位。监修叶方蔼在给海宁知县许酉山信中称："梨洲先生久留贵治，深为可喜，匆匆不敢具书问候。目下史事，意欲藉手老年台，转求其一言之海，想高贤决不吾拒也。先生留心此事已久，家中藏书必富。万历编年，乃其先公笔，而《史概》《国榷》等书，又皆浙人撰述也，不揣冒昧，就目中所开，此间未有者，录一单奉寄，求老年台令善书胥吏，就梨洲先生家尽数抄写为幸。"⑥ 希望许酉山主动听取黄宗羲对纂修明史的意见，并令人至其家抄录相关资料。而浙江巡抚李

---

① 黄宗羲：《黄梨洲文集》碑志类《董公墓志铭》，第 138 页。

② 全祖望：《梨洲先生神道碑文》，引自朱铸禹《全祖望集汇校集注》，第 223 页。

③ 黄宗羲：《补历代史表序》，参见陈乃乾编《黄梨洲文集》序类，第 316 页。

④ 黄宗羲著，陈乃乾编：《黄梨洲文集》附录书信第十八，第 520—521 页。

⑤ 黄宗羲著，陈乃乾编：《黄梨洲文集》附录书信第二十四，第 525 页。

⑥ 黄宗羲著，陈乃乾编：《黄梨洲文集》附录书信第十三，第 518 页。

本晟则称："知先生抱道怀古，探名山之秘籍，发二酉之微言，网罗之富，充栋汗牛。正冀先生一披条例，以导愚蒙。"又称："故明崇祯失御，南方另有支传，未审宜列何例，此又大费推敲。谅先生山居揣摩，必有成局，倘出千秋卓见，以破举世疑城，即勒成一家之书，以补正史所未备，亦安有不可乎?"① 希望黄宗羲能够拿出修纂明史的"条例"，尤其是拿出如何处理南明小朝廷史事的意见。

由此可见，明史馆监修、总裁及相关官员首先看重的是黄宗羲的学识，其次是看重他所收藏的史料。希望其不仅奉献收藏的与明史相关的资料，而更重要的是希望其"出千秋卓见，以破举世疑城"，解决修史过程中遇到的疑难问题。

黄氏弟子全祖望称："公虽不赴征书，而史局大案，必咨于公。《本纪》则云削去诚意伯（刘基）撤座之说，以太祖实奉韩氏（韩林儿）者也。《历志》出于吴检讨任臣之手，总裁千里贻书，乞公审正而后定。其论《宋史》别立《道学传》为元儒之陋，《明史》不当仍其例，时朱检讨彝尊方有此议，汤公斌出公书以示众，遂去之。辨康斋（吴与弼）无与弟讼田之事，白沙（陈宪章）无张盖出都之事，一洗昔人之诬。党祸则谓郑鄤杖母之非真，寇祸则谓洪承畴杀贼之多诞。至于死忠之籍，尤多确核，如奄难则丁乾学以牖死，甲申则陈纯德以俘戮死，南中之难，则张捷、杨维坦以逃窜死，史局依之，资笔削焉。"② 钱林也称："宗羲虽不与修《明史》，然史官著作，常转咨之。因起《明史条例》，年月依国史；官爵世系取家传；参详是非，兼用稗官杂说。是时史馆初置，颇引招雅徒凡数十人。鄞县万斯同，称一时南、董，见宗羲说，施行之。"③ 可见，黄宗羲不仅善于考辨史事之真伪，为史局提供确实的史料，而且还就明史的体例、内容等提出自己的意见和建议。

如在《移史馆论不宜立理学传书》中，黄宗羲逐一批驳了徐元文等人在《修史条议·理学四款》中主张设立"道学传"，把他们认为的程朱后学收列进去，而把王阳明心学及其末学置之于《儒林传》的主张。认

---

① 黄宗羲著，陈乃乾编：《黄梨洲文集》附录书信第十四，第518页。
② 全祖望：《梨洲先生神道碑文》，引自朱铸禹《全祖望集汇校集注》，第223页。
③ 钱林辑，王藻编：《文献徵存录》卷2《黄宗羲传》，《续修四库全书》《史部》传记类第540册，第77页。

为这是"师法元人之陋"（按：指元修《宋史》设《道学传》），直截了当地说明在《明史》中不宜设立"道学传"。他说："夫圣学之难，不特造之者难，知之者亦难。其微言大义，苟非工夫积久，能见本体。则诸儒之言，有自得者，有传授者，有剽窃者，有浅而实深者，有深而实浅者。今以场屋时文之学，处诸儒于堂下，据聚讼成言门户意见而考其优劣，其能无失乎？"① 显然，他对馆臣纂修《道学传》判别道学各家优劣的能力是持怀疑态度的。他曾花费大量精力研究明代学术思想，著有《明儒学案》，对有明一代学术源流、各派治学宗旨及特点了如指掌。他批评前人周汝登（海门）的理学书《圣学宗传》"扰金银铜铁为一器，是海门一人之宗旨，非各家之宗旨也。"批评孙钟元（奇逢）作《理学宗传》称："钟元杂收，不复甄别，其批注所及，未必得其要领，而闻见亦犹之海门也。"② 他深知仅靠那些通过博学宏词科选拔出来的二三流学者，"据聚讼成言门户意见"以评论各学派优劣得失，很难做到客观公正。为此他认为："道学一门所当去也，一切总归儒林，则学术之异同皆可无论，以待后之学者择而取之。"③ 主张在《明史》中沿用旧史惯例，将有明一朝理学家都收入《儒林传》中，而没有必要单设《道学传》。明史馆总裁汤斌在给黄宗羲信中称："读论理学传书，辩论精详，至当不易，与鄙见字字相合。四年以来，与同事诸公谆谆言之。主持此事者，皆当代巨公名贤。弟生长僻陋之乡，学识不足动人，争之不得。今得先生大篇，益自信所见之不谬矣。"④ 后来，由于汤斌转达了黄宗羲不宜立理学传的意见，因此，打消了徐氏兄弟等人在《明史》中设"道学传"的想法。

《历志》是由翰林院检讨吴任臣负责撰写的，书稿写成后，总裁专门寄给黄宗羲，请其删定。在《答万贞一论明史历志书》中，黄宗羲称："承寄《历志》，传监修、总裁三先生之命，令某删定，某虽非颛门，而古松流水，布算簌簌，颇知其崖略。"万贞一（言）在来信中请黄氏"去其繁冗"、"正其谬误"，黄氏回信称："某之所补，似更繁冗，顾关系一代之制作，不得以繁冗以避之也。以此方之前代，可以无愧。"他认为，

---

① 黄宗羲：《黄梨洲文集》书类《移史馆论不宜立理学传书》，第449—452页。
② 黄宗羲：《明儒学案》《凡例》，中华书局2008年版，第5页。
③ 黄宗羲：《黄梨洲文集》书类《移史馆论不宜立理学传书》，第452页。
④ 黄宗羲著，陈乃乾编：《黄梨洲文集》附录书信第十九，第521—522页。

《崇祯历书》中所列太阴距度表、黄道九十度表等诸表，"盖作者之精神，尽在于表，使推者易于为力。今既不可尽载，而徒列推法，是则终于墙面而已"。因此建议："将作表之法，载于志中，使推者不必见表，而自能成表。"①

由此可见，黄宗羲不仅参与了《明史》体例、内容的讨论，而且亲自考订某些史事，起草《明史凡例》，修订某些篇目。

黄宗羲还作有《今水经》1卷，旨在纠正郦道元《水经注》及后世诸家对于南北水脉源流关系及其走向的错误记载。全祖望称《明史》"《地志》亦多取公《今水经》为考证"。②

总之，黄宗羲为了保持民族气节，在政治上秉持不与清廷合作的态度，但为了客观公正地记载故国的历史、评价故国的历史人物，在学术上则采取比较灵活的态度，或主动向史局提供修史的意见和建议，充当局外顾问，或提供资助修史的资料，甚至撰写某些篇目以供参考。对此黄宗羲颇为得意，他在临终时嘱咐家人在其生圹的望柱上刻上"不事王侯，持子陵（严光）之风节；诏钞著述，同虞喜之传文"。③ 与黄宗羲相比，顾炎武对清修明史则采取了相对比较消极的态度。在给叶方蔼的信中，他提及养母王氏"临终遗命，有无仕异代之言"，表示"人人可出而炎武必不可出矣"，"七十老翁何所求？正欠一死！若必相逼，则以身殉之矣"④，表达了绝不出来参与修史的决心。他虽然也曾与其外甥、明史监修、总裁官徐元文、徐乾学等书信中提供一些修史的意见，也同意弟子潘耒参与明史的纂修，但他对官修《明史》并不热心。他原本寄希望于私修明史的吴炎、潘柽章，曾把收集整理的1000多卷史料提供给他们，结果吴、潘二人惨死于康熙二年的庄廷鑨明史案，这进一步激起他对清廷的仇视，也更坚定了其不与清廷合作的态度。与顾氏相比，黄宗羲采取了比较灵活的态度襄助清朝官修明史，这无疑对保存和公正地评价故国历史是大有裨益的。

① 黄宗羲：《黄梨洲文集》《答万贞一论明史历志书》，第452—453页。
② 全祖望：《梨洲先生神道碑文》，引自朱铸禹《全祖望集汇校集注》，第223页。
③ 黄宗羲：《黄宗羲全集》第一册《梨洲末命》，浙江古籍出版社1985年版，第191页。
④ 顾炎武：《顾亭林诗文集》卷3《与叶讱菴书》，中华书局1983年版，第53页。

第七节　"当成一代史书，以继迁、固之后"
——吴炎、潘柽章与《明史记》的纂修

一

发生在顺治末年至康熙初年的浙江庄廷鑨明史案直接导致了江浙地区 70 位文人、名士被残忍杀害。其中，包括吴炎、潘柽章等青年才俊。这个史案不仅基本毁掉了庄氏主编的《明史辑略》（现仅存《明史钞略》7 卷，国图藏清吕葆中家抄本），而且也导致了吴、潘二人私修明史的终止和已修史稿的毁灭。梁启超曾感叹："两君《明史稿》之遭劫，我认为是我们史学界不能回复之大损失。"①

吴炎（1624—1663）、潘柽章（1626—1663），同为江苏吴江人，明朝生员，又同为"惊隐诗社"的成员。"惊隐诗社"是清初江南人士眷怀故明，耻事新朝所成立的爱国诗社。在诗社中，他们以诗文唱和，以寄托对故国、故君的怀念之情，并得以结识顾炎武、归庄、戴笠、王锡阐、陈济生、朱明德、钱肃润等一批名士。

吴、潘二人初以诗文自豪，其有志于纂修明史，除抱有"以任故国之史事报故国"②的信念外，主要还缘于对前人所修明史的不满。正如潘耒所云："明有天下三百年而史无成书，奋笔编纂，凡十数家，浅陋芜杂者，固不足道，即号称淹雅，俨然有体裁者，徐而按之，亦多疏漏舛错，不得事情。"潘柽章也称："国史者、野史、家史不可胜驳，惟实录有疏略与曲笔，不容不正。"③ 吴炎则云："有明一代纪载之书，舛错不伦。"④于是立志修出一部明朝的信史。

据顾炎武所云："苏之吴江有吴炎、潘柽章，二子皆高才，当国变

---

① 梁启超：《中国近三百年学术史》八《清初史学之建设》，东方出版社 1996 年版，第 106 页。

② 全祖望：《万贞文先生传》，引自朱铸禹《全祖望集汇校集注》"鲒埼亭集内编"卷 28《传二》，第 521 页。

③ 潘耒：《遂初堂文集》卷 6《国史考异序》，《续修四库全书》《集部》别集类，第 1417 册，第 463 页。

④ 吴炎：《吴赤溟先生文集》"答陆丽京书"，国粹丛书本。

后，年皆二十以上，并弃其诸生，以诗文自豪。既而曰：'此不足传也，当成一代史书，以继迁、固之后。'"① 好像两人一开始便意见一致，编修纪传体明史。实则不然，潘氏原本拟仿效《通鉴》，作明代编年史。他说："著述之法，莫善于司马温公其为《通鉴》也，先成长编，别著考异，故少牴牾。"② 又称："国朝则为长编，颇采实录、家传及牺轩列成数百卷。吴子适过余，深言编年之体，往往一人一事而跨越数世，文易牴牾，义难纵贯。又况律历兵刑之事不备。故自汉以来守太史公家法本纪、年表之纲，而世家、列传其目也。予窃欲续《史记》，记述汉太初以后迄宋祥兴，本纪略具而载乘繁芜，未遑卒业。今以子之志，盍相与为《明史记》，网罗天下放失旧闻，取材于长编，而折衷于荐绅先生及世之能言者，以成一代之书。余又闻而然之。"③ 可见，吴炎的修史意见使潘氏改变了初衷，二人最终达成一致意见，共同编撰纪传体《明史记》。

据戴笠所载，此次修史作这样的分工："柽章分撰本纪及诸志，炎分撰世家、列传，其年表、历法则属诸王锡阐，流寇志则笠任之。"④ 王锡阐（字寅旭）、戴笠（字耘野）均为吴江人，又与吴、潘同为"惊隐诗社"成员。王锡阐"自幼嗜测天，晴霁之夜，辄登屋卧鸱吻间，仰察星象，竟夜不寐；每遇日月蚀，辄以新旧诸法所推时日秒刻所蚀多寡实测之，数十年未尝一次放过"。⑤ 潘柽章称其："博及群书，尤精历象之学。"⑥ 由其担任历法书（志）的撰写，显然是用其所长。王锡阐还承担了表的撰写。吴炎称："寅旭又助予两人为史，所作十表皆出其手。"⑦ 戴笠于清入关后曾一度入秀峰山为僧，后还俗隐居于吴江同里，教授生徒，熟悉明末史事。潘柽章称其："志节凛然，非其义，一芥不苟"，"勤于著述，谓明亡于流寇，综其始末，以日月为次，作《寇事编年》。采辑明末

① 顾炎武：《亭林文集》卷5《书吴潘二子事》，中华书局1983年版，第115页。

② 潘耒：《遂初堂文集》卷6《国史考异序》，《续修四库全书》《集部》别集类前1417册，第463页。

③ 吴炎：《吴子今乐府序》，《四库禁毁书丛刊》《集部》74，第113页。

④ 戴笠：《潘柽章传》，《四库禁毁书丛刊》《史部》7，第3页，《松陵文献》篇首附录。

⑤ 梁启超：《中国近三百年学术史》十六《清代学者整理旧学之总成绩》，东方出版社1996年版，第408—409页。

⑥ 潘柽章：《松陵文献》卷10《人物志隐逸传》，《四库禁毁书丛刊》《史部》7，第102页。

⑦ 吴炎：《吴子今乐府序》，《四库禁毁书丛刊》《集部》74，第114页。

死义诸臣事迹，作《殉国汇编》，自将相至布衣，无不详载"。① 由于戴氏已作有《寇事编年》，故由其负责撰写《流寇志》。吴、潘被杀后，戴氏继续完成《流寇志》的撰写。今留有《流寇长编》20 卷，似在其《寇事编年》基础上加工润色而成。

此外，从《今乐府》吴、潘二人的评语中，可略窥见吴、潘作史分工之一斑。如吴称："潘子作《练景列传》，力辨探舌之讹。"② 又称："潘子作《郊祀书》，直述大礼斋祠之事。"③ 潘称："予作《李宁远传》，功罪不颇相掩。"④ 又称："赤溟（吴炎）谓予之作《程史列传》，当《伯夷传》体，若有若无。"⑤ 又称："赤溟作史，于本朝理学诸公，极力推评，独不满吴征君、陈白沙，自是公论。"⑥ 又称："赤溟作传，欲以李文忠配胡文穆，因予言更之。"⑦

关于《明史记》的基本内容，吴炎有过明确说明："明兴三百年间，圣君、贤辅、王侯、外戚、忠臣、义士、名将、循吏、孝子、节妇、儒林、文苑之伦，天官、郊祀、礼乐、制度、兵、刑、律、历之属，粲然与三代并隆，而学士大夫，上不能为太史公序述论列，勒成一书，次不能为唐山夫人者流，被之声韵，鼓吹风雅。今予两人故在，不此之任，将以谁俟乎？因相与定为目，凡得纪十八，书十二，表十，世家四十，列传二百，为《明史记》。"⑧

吴、潘修明史主要依据《明实录》，参之于其他史书、文集及相关史料。潘耒称其"博访有明一代之书，以实录为纲领，若志乘，若文集，若墓铭、家传，凡有关史事者，一切钞撮荟萃"。⑨ 戴笠称："私家最难得者《实录》，桎章鬻产购得之，而昆山顾炎武、江阴李逊之、长洲陈济生皆熟于典故，家多藏书，并出以相佐。"⑩ 钱谦益看了吴炎、潘耒章撰写

---

① 潘耒章：《松陵文献》卷 10《人物志隐逸传》，《四库禁毁书丛刊》《史部》7，第 100 页。
② 潘耒章：《今乐府》，《四库禁毁书丛刊》《集部》74，第 134 页。
③ 同上书，第 141 页。
④ 潘耒章：《今乐府》，《四库禁毁书丛刊》《集部》74，第 144 页。
⑤ 吴炎：《今乐府》，《四库禁毁书丛刊》《集部》74，第 119 页。
⑥ 同上书，第 123 页。
⑦ 同上。
⑧ 同上书，第 112 页。
⑨ 潘耒：《遂初堂文集》卷 6《国史考异序》，《续修四库全书》《集部》别集类，第 1417 册，第 463 页。
⑩ 戴笠：《潘耒章传》，《四库禁毁书丛刊》《史部》7，第 3 页，《松陵文献》篇首附录。

的《明史记》初稿时感叹道："老夫耄矣，不图今日复见二君。绛云楼余烬尚在，当悉以相付。"吴、潘二人"连舟载其书归"。① 可见，吴、潘二人的修史，在资料的搜集上得到了不少友人的帮助。

吴、潘作《明史记》，仿效司马光作《通鉴》的方法，"先作长编，聚一代之书，而分划之，或以事类，或以人类，条分件系，汇群言而骈列之，异同自出，参伍均稽，归于至当，然后笔之于书"。② 在先作长编的基础上，对相关史料进行考证，而后再进行删削润色。经过数年的努力，其书已完成过半的撰写任务。吴炎称："自《乐府》成后半岁，而得纪十、书五、表十、世家三十、列传六十有奇。盖史事已过半矣。"③ 令人痛惜的是，不久吴、潘就无辜被牵连到庄氏史案中。戴笠称："庄氏书以故阁臣朱国桢（祯）《史概》为粉本，自与茗士共足成之，刻成，两人未尝寓目，徒以名重，为所摭引，遂罹惨祸。天下既惜两人之才，更痛其书之不就并已就者亦不传。"④ 可见，两人并没有直接参与纂修《明史纪略》，仅因名重被列入参阅者名单而惨遭杀害，而所修成的《明史记》部分书稿也没有流传于世。今仅能从现存的潘柽章撰、吴炎订的《国史考异》，吴、潘合著的《今乐府》及戴笠、吴殳辑编的《流寇长编》中窥其大概。

二

吴、潘编修《明史记》主要依据《明实录》，而《明实录》多次被篡改，加之其他史书记载各异，曲笔讳饰之处颇多，因此对相关史料进行考证，去伪存真，是非常必要的。《国史考异》是潘柽章花费十多年工夫对有明一代相关史料考证的成果结晶。其弟潘耒称："仁兄尤博及群书，长于考订。……十余年数易其稿，而成《国史考异》一书，盛为通人所称许。"又称该书"参之以记载，揆之于情理，钩稽以窍其隐，画一以求其当，去取出入者，皆有明征，不狥单辞，不逞臆见，信以传信，疑以传疑"。⑤

---

① 戴笠：《潘柽章传》，《四部禁毁书丛刊》《史部》7，第3页，《松陵文献》篇首附录。

② 潘耒：《松陵文献》"序"，《四库禁毁书丛刊》《史部》7，第2页，《松陵文献》篇首。

③ 吴炎：《今乐府》"序"，《四库禁毁书丛刊》《集部》74，第113页。

④ 戴笠：《潘柽章传》，《四部禁毁书丛刊》《史部》7，第3页，《松陵文献》篇首附录。

⑤ 潘耒：《遂初堂文集》卷6《国史考异序》，《续修四库全书》《集部》别集类，第1417册，第463页。

《国史考异》原本 30 多卷，现仅存 6 卷。现存 6 卷主要考证明朝建立之前及洪武、建文、永乐三朝的史事。此前，王世贞作有《史乘考误》（一曰《二史考》）11 卷，主要考辨国史、野史之谬误和缺漏。钱谦益则作有《明太祖实录辨证》5 卷，主要针对《明太祖实录》的曲笔、缺漏、失误而进行考证。潘耒指出："方诸近代，惟王弇州《二史考》、钱牧斋《实录辨证》体制略同，然王氏略发其端，而未及博考。钱氏止成洪武一朝，而余者缺如。兹编中亦援引二书，而旁罗明辨，多补二家所未及，且有驳二家所未当者。"① 戴笠也云："谦益有《实录辨证》，桴章作《国史考异》，颇加驳正，数贻书往复，谦益不能夺也。"② 可见，潘桴章显然受王、钱二人的影响而作《国史考异》，同时，在王、钱二氏考辨的基础上，多有驳正、补充和说明。

如在卷 4 第一条中称："王氏《二史考》引《皇明世系》，谓太宗、周王为高皇后所生，而懿文、秦、晋，诸妃子，非也。《革除遗事》则谓懿文、秦、晋、周王为高皇后生，而太宗为达妃子，亦非也。"对此潘氏补充驳证道："余考《南京太常寺志》所载孝陵神位，左一位淑妃李氏，生懿文太子、秦愍王、晋恭王。右一位硕妃，生成祖文皇帝。是皆享于陵殿，掌于祠官，三百年来，未之有改者。"又称："虽然，成祖果为硕妃子，则国史、玉牒何以讳言之，吾知成祖于此有大不得已者存焉。方靖难师起，既已自名嫡子，传谕中外矣，及入缵大统，何敢复顾私恩，以忘高皇后均养之德，与孝康一体之情。"③ 证明永乐帝为硕妃子，并从情理上推测国史、玉牒为何讳言之。

再如卷 1 第六条在考辨张士诚弟士德被俘时间、地点时，大段引用钱氏所谓"六误"之论，说明张士德被俘时间应是丁酉（1357）七月而非丙申（1356）七月，而被俘之地在常熟而非实录所云毗陵。潘氏称："余谓此论最覈"。然而，他觉得钱氏还有论述不及处。于是针对实录所谓："我欲留士德以诱士诚，士德间遗书士诚，俾归元以谋我，乃诛之"的说法，进一步论述道："《辍耕录》云：'长兴陷，常州又陷，士德战败

---

① 潘耒：《遂初堂文集》卷 6《国史考异序》，《续修四库全书》《集部》别集类，第 1417 册，第 463 页。

② 戴笠：《潘桴章传》，《四库禁毁书丛刊》《史部》7，第 3 页，《松陵文献》篇首附录。

③ 潘桴章：《国史考异》卷 4《让皇帝》第 1 条，中华书局 1985 年版，第 89 页。

被擒，缚至集庆，俾其作书劝士诚归附，士德以身殉之，终无降意。'岂所云间遗书士诚俾降元者，缘此事傅会耶？"认为吴国公本欲让士德写信劝士诚归附于己，但士德不从而被杀，实录附会为士德写信让其归附元朝，乃被杀。潘氏又据高岱《鸿猷录》所谓："戊戌十月，廖永安击士诚于太湖，战败，士诚囚之。上欲以所获将士三人易永安，士诚不从。士诚母念士德，欲以永安易士德，上不许。"认为："然士德既为谋主，上必欲留以诱士诚，未肯遽取而甘心也。如岱所记，则士德至戊戌（1358）冬犹存，安得直书伏诛于被擒之后耶？"①

又如关于右丞相汪广洋之死，实录称："洪武十二年十二月，右丞相汪广洋坐事贬海南，死于道。"钱氏认为："此时涂节已上变告惟庸，惟庸等当亦下吏，其狱成伏诛，则在十三年之正月耳。据《昭示奸党录》诸招，广洋实与惟庸合谋为逆，而上但以坐视废兴诛之。"对此，潘氏驳正说："余考正月癸卯诏云：'丞相汪广洋、御史大夫陈宁，昼夜淫昏，酣歌肆乐，各不率职，坐视废兴，以致胡惟庸私构群小，贪缘为奸，因是发露，人各伏诛。'以广洋与陈宁并称，则太祖之罪状广洋者，至深切矣。而手敕但摘其佐朱文正、杨宪已往之过，绝不及惟庸事，岂狱词未具，不欲讼言耶？"②

关于廖永忠之死，有几种不同的说法。而钱氏相信是廖永忠沉溺韩林儿于瓜步，称："永忠以小人之腹，为君子之虑。一旦沉林儿以逢上旨，论功之日，使所善儒生窥瞰上意，可谓果于诬上而巧于要君矣。圣祖对廷臣讼言之，以逆折其邪心，厥后卒以不义赐死。"③潘氏不同意此说，他指出："抑考庚午诏书云：'杨宪居中书，心谋不轨，廖永忠党比其中，人各伏诛。'方孝孺撰《詹鼎传》亦云：'宪败，凡为宪用者皆受诛。'则永忠之诛，盖因党比杨宪耳，非以沉韩林儿故也。"④

而关于建文、永乐朝史事的考证，潘氏多集中在关于懿文太子的废立、朱允炆的出身、嗣位、削藩、靖难之役、逊位、下落及革除之后制度的变更、人物的结局等方面。

---

① 潘柽章：《国史考异》卷1《高皇帝上》第6条，第10页。

② 潘柽章：《国史考异》卷2《高皇帝中》第11条，第42页。

③ 钱谦益：《牧斋初学集》卷103《太祖实录辨证三》，上海古籍出版社2009年版，第2124页。

④ 潘柽章：《国史考异》卷1《高皇帝上》第16条，第26页。

　　如《靖难事迹》记太祖嫌懿文太子柔弱，曾与高皇后商量欲废太子而立燕王为太子。太子闻讯后告知梁国公蓝玉。先是蓝玉出征北虏纳哈，至北平向燕王献名马而遭拒，故借机称有人说燕王有君子之度，又有望气者言燕地有天子气，提醒太子防范。对此，潘氏认为："孝康（即懿文太子朱标）在储宫二十余年，无纤芥之过闻于中外，亦不闻一日失欢两宫，而《事迹》谓高皇与孝慈有废立之谋，何其诬也？且孝慈之崩，在洪武十五年，而蓝玉讨纳哈出，在其后五年，今谓玉先有燕王却马之嫌，闻太子言而进谗，先后颠倒，不辨自明。作史者岂以蓝玉身陷大逆，不难加之罪乎？"①

　　关于建文帝靖难之役后的下落，或称其"阖宫自焚"，或称其"变服而遁"。潘氏称："惠宗之自焚与逊去也，诸书纷纭，无定论。而余以所见所闻，反复参订，则自焚之说可疑者有三，而逊去之说可据者亦有三。"所谓自焚之说可疑者，潘氏提出三条理由：一是"丧礼之不备"。他认为燕王"始终未尝一临其丧。"史书也没有记录丧礼的仪注、服制等。二是"园陵之无考"。《南京太常寺志》明言建文帝"封树莫识，魂魄无依"。三是"马后之不知所终"。《通纪》称："宫中火起，皇后马氏亦赴火死，及上清宫，诘问宫人、内侍以建文君所在，皆指后尸应焉。"而马后尸不知所终。所谓逊去之说可信者，也提出三条理由：一是谷王朱橞于永乐十四年曾对人说："建文君初实不死，今已在此。"二是据李贤撰《胡濙墓碑》认为，胡濙曾受命巡游天下，以寻找建文帝之下落。三是博洽于靖难兵起时，曾为建文帝设药师灯谶，咀咒燕王，靖难兵临金川门，又为建文帝削发。后被幽闭于禁卫十多年。潘氏认为："观洽公十载下狱，考其所以被谗之故，则金川夜遁之迹，于是乎益章明较著矣。"但他不相信建文帝从地道遁走之说，指出："今观南京宫城之外，环以御河，果从地道出，将安之乎？"②

　　关于建文帝迎归之事。他认为，《逊国记》《宪章录》等所谓建文帝削发为僧，或潜逃至蜀、滇等地，后自出，被官府迎归之事是不可信的。野史中还载录建文帝三首诗，潘氏以为皆是假托之作。他说："大抵建文出亡与否不可知，僧腊既已深，当灭迹以终，必不作此等诗以取祸，亦

　　①　潘柽章：《国史考异》卷4《让皇帝》第2条，第91页。
　　②　潘柽章：《国史考异》卷4《让皇帝》第13条，第107页。

必不肯出而就危地。"又云："余谓惠宗而不出亡则已，惠宗而出亡也，当如龙潜凤冥，唯恐不密，又肯于三十载后，无故挺身自蹈罗网？"他称："建文迎归之事，断不足信。"①

又如永乐帝革除建文年号之事，《逊国记》云："成祖即皇帝位，革除建文年，仍称洪武，以故有洪武三十五年。"《立斋闲录》云："太宗皇帝既即位，革建文元年、二年、三年、四年年号，仍称洪武三十二年、三十三年、三十四年、三十五年。"潘氏称："余友顾炎武尝推申氏之意著论，言实录自六月己巳以前书四年，庚午以后，特书洪武三十五年。此当时据实而书者也。第儒臣浅陋，不能上窥圣心，而嫌于载建文之号于成祖之录，于是创一无年号之元年，以书之史。……夫建文无实录，因成祖之事不容缺此四年，故有元年以下之纪。使成祖果革建文为洪武，则于建文之元，当书洪武三十二年矣。又使不纪洪武而但革建文，亦当如《太祖实录》之例书甲子矣。今则元年、二年、三年、四年书于成祖之录者犁然也。是以知其不革也。"潘氏称顾氏"其言尤辨博，然覈其实，则有未然者。谨读成祖即位诏书，盖意在修复旧制，故仍纪洪武，以风示天下，未尝恶建文之名而必去之。但榜文条例，并皆除毁，所谓用因，非用革也，然一时有司逢迎太过，遂追改建文元年至四年六月以前，皆系以洪武，亦势不得不然耳"。②

再如关于吏部尚书张紞之死，说法不一。"或曰靖难师迫，感高皇帝恩不食而卒。或曰闻文皇帝即位，自堂上投地，痛哭彻夜，泪尽继之于血，迨晓竟自缢。或曰投钟山龙潭，妻与二妾四子家僮皆从。"潘氏认为，张紞解职之命，在永乐帝即位后一月余，而称其"靖难师迫，感高皇帝恩不食而卒"，或称其"闻文皇帝即位，自堂上投地，痛哭彻夜，泪尽继之于血，迨晓竟自缢"，为"溢美之谭也"。真正的死因在于永乐帝斥责其导引建文改旧官制，"紞固有不得辞其责者也"。潘氏还依据《皇明纪略》所载，证明《逊国记》所云永乐帝召见张紞后，张紞"遂自经吏部后堂死"的说法是可信的。而投龙潭而死者为其家属。③

由此可见，吴、潘二人在纂修《明史记》过程中，不盲从《明实录》

---

① 潘柽章：《国史考异》卷4《让皇帝》第17条，第113—114页。
② 潘柽章：《国史考异》卷4《让皇帝》第15条，第110—111页。
③ 潘柽章：《国史考异》卷5《文皇帝上》第1条，第121—122页。

和前人所撰史书的记载。对史料的处理持十分审慎的态度。对史料的考辨，注意吸收前人或同时代人考辨的成果，并在此基础上扩大考辨的范围、订正他人考辨的失误，弥补此前论证之缺漏。因此钱谦益对此书评价很高，潘耒称："牧斋尝见此书，而贻书亡兄，极相推服，有周密精详，不执不偏，知史事必成，可信可传之语。"① 可惜的是，此书仅存五分之一，尚无法了解其对永乐朝以后史事的考证情况。

三

吴、潘二人在撰写《明史记》的同时，还合作了《今乐府》大型组诗。据《吴子今乐府序》称："草创且半，同志者或谓余，两人固无徇名失实之病，然所褒贬多王侯将相有权力者，且草创之臣，见闻多隘，子其慎诸。两人谢不敢私念。是书义例出入，必欲质之当今，取信来世。故不得已而托之于诗，则《今乐府》所为作已。……明兴而又相与疏轶事及赫赫耳目前足感慨后人者，各得数十事。潘子为题，余为解，予为题，潘子为解，损之又损，以至于百，为《今乐府》。"② 可见，创作《今乐府》是有所寄托的。《明史记》尚未成书，其中对王侯将相的褒贬是否公正，全书的体例是否得当？这是当时友人所关心的问题。为此，作《今乐府》以向世人昭示《明史记》的体例、内容及对人物褒贬的基本态度。

潘氏在《今乐府序》中明确说明："读吴子《我自行东》《悲土木》《赭山》诸章，则本纪之权舆乎。《古濠梁》《旧内曲》《伯温儿》《国有君》，又年表、世家之本也。《伏阙争》《跻献皇》作而礼乐、郊祀书具矣。《龙惜珠》作而河渠书究矣。《大宁怨》《两搜套》《前后捣巢》作而边防书饬矣。《梳篦有谣》而律书陈矣。《采珠有怨》而赋役、食货诸书晰矣。《钦明有狱》《红铅有狱》而刑书密矣。他若《雷老》《危不如》之作也，传开国臣之初也。《东角门》《星犯座》之作也，传逊国臣之烈也。《和尚误》《玉泉寺》之作也，传靖难臣之遇也。《老臣泣》《留提督》之作也，传中世名臣之盛也。《悲贾庄》《芜城叹》《明月洞》之作也，传殉国诸臣之忠也。《把滑之歌》《楚宗之哀》可以训宗室。《昭德

---

① 潘耒：《遂初堂文集》卷6《国史考异序》，《续修四库全书》《集部》别集类，第1417册，第463页。

② 吴炎：《吴子今乐府序》，《四库禁毁书丛刊》《集部》74，第114页。

宫》《建昌侯》可以箴外戚而征君归覈儒林也。《望三台》《射东楼》贵
丞相也。《折柳枝》《豹房乐》讥佞幸也。《囊土谏》《椒山胆》重直臣
也。《两歌妓》《三娘子》刺将帅也。《阁中帖》《客夫人》戒宦臣也。
《杨漆工》《五人墓》壮游侠也。《韩真女》《妾无夫》广列女也。《大小
东》《移哕鸾》痛朋党也。《斋宫》恶方伎也。《罢南交》《封关白》警四
夷也。"①

　　由此可见，《明史记》体例完全仿效《史记》，有本纪、年表、书、
世家、列传。书有《礼乐》《郊祀》《河渠》《边防》《律书》《赋役》
《食货》《刑法》等。列传中有《开国功臣传》《逊国诸臣传》《靖难诸臣
传》《盛世名臣传》《逊国忠臣传》《宗室诸王传》《外戚传》《儒林传》
《佞幸传》《宦官传》《列女传》《方伎传》《四夷传》等。关于《明史
记》的记事起讫，从潘氏《国史考异》和《今乐府》中可以窥知大概。
《国史考异》卷1第二条引实录云："壬辰春二月乙亥朔，定远人郭子兴、
孙德崖等起兵，自称元帅，攻拔濠州。"《今乐府》第一首《古濠梁》
云："圣人出，日月明，仗三尺，游濠城。……将军择甥得天子，驾六飞
龙王业始。将军之功比义帝，义帝不祀滁阳祀，圣明泽，舍万世。"吴炎
称："予作世家，于滁阳兴废之故三致志焉。"② 由此可知，《明史记》大
约从元至正十二年（壬辰）郭子兴起兵记起。又据《今乐府》中潘氏
《明月洞》诗云："勿谓南明真无人，忠臣身虽可杀，忠臣名那可没。墓
前题字魂不识，霹雳一声天地裂，遗骸已北还，臣心终南悬。"③ 此诗颂
扬了南明桂王政权大臣瞿式耜、张同敞于顺治七年（即永历四年）被清
兵俘获后，从容就义的事迹。可知《明史记》的记事大约讫于南明永历
小王朝的覆灭。

　　《今乐府》既然作为作者撰写《明史记》的一种寄托，其中自然反映
了作者对《明史记》所记载的人物、事件的褒贬态度以及对相关史实的
处理情况。

　　如吴炎《和尚误》直接指斥靖难之役的谋划者姚广孝，"姚和尚，谁

---

① 潘柽章：《潘子今乐府序》，《四库禁毁书丛刊》《集部》74，第112页。
② 潘柽章：《今乐府》，《四库禁毁书丛刊》《集部》74，第133页。
③ 同上书，第149页。

教汝杀人，汝所杀人多忠臣"。潘柽章评曰："老秃直得一骂。"① 潘柽章《和尚误》则称姚氏"故人不愿为之友，阿姊不愿为之姊。和尚误耶，和尚欲死，归作西山塔下灰，无人更浇一杯水"。② 直述其众叛亲离的结局。

又如对宣德初年明朝放弃交趾一事，潘氏《罢南交》认为，是明廷委派贪官污吏，对土人盘剥，激其造反，镇压不力，处理不当所至。诗云："但见刀笔吏，剥民日益肥，明珠翠羽帐，孔雀珊瑚枝，朝入中官囊，暮驰长安市。"当土人起而造反，朝廷镇压失败后，"止戈未赐汉皇诏，乞盟先遗城下耻，庙堂不弃将帅弃，传之国史夸盛事"。对此作者愤愤不已，称："吾欲不言，怀不能已已。"又称："中州无辜十万士，死作富良江上鬼。"③

再如对天启朝魏忠贤、客氏擅权专政，吴、潘深恶痛绝。吴氏《客夫人》云："客奶两旬行宴乐，宫中久知客奶尊，忍使龙祥中夜落。自言魏公（忠贤）是我夫，崔生（呈秀）是我儿，魏公为帝我为后。公死不嫁儿可为，何物老妖媪，几令宗社危，盈盈殿陛间，曾无须与眉。"④ 一方面揭露客氏与魏忠贤、崔呈秀狼狈为奸，危害宗社的罪行；另一方面指斥朝臣面对阉党乱政，无人抗争。潘氏《客夫人》也云："生男且勿喜，生女且勿怜，君看客夫人，眠坐官家前。""五日出外舍，拜跪罗道周，大儿呼作虎，小儿呼作彪。""阿儿前祝母千岁，官家散金钱，中官那得比。"吴炎评曰："组织客、魏事，纤细无遗，却不鄙琐。"⑤

《今乐府》还正面歌颂了一些人和事。如吴氏《中丞舌》云："成王走，周公帝，二三孤臣死不避。愿为良臣，良臣安可为？愿为忠臣，身亡族赤宁足悲。臣舌尚在天能噬，臣舌虽割心难移。宫中尸，不可别，地上书，不可灭。金川（练子宁）《玉屑》留人间，何由独割中丞舌？"⑥ 这里所说的中丞是指建文朝的御史大夫练子宁。成祖即位后，被缚至，因出言不逊被断其舌。成祖称"吾欲效周公，辅成王？"子宁虽被割舌，仍手沾舌血在地上书写"成王安在？"最后被磔死。这首诗颂扬了练子宁

① 吴炎：《今乐府》，《四库禁毁书丛刊》《集部》74，第120页。
② 潘柽章：《今乐府》，《四库禁毁书丛刊》《集部》74，第135页。
③ 同上书，第136页。
④ 吴炎：《今乐府》，《四库禁毁书丛刊》《集部》74，第129页。
⑤ 潘柽章：《今乐府》，《四库禁毁书丛刊》《集部》74，第146页。
⑥ 吴炎：《今乐府》，《四库禁毁书丛刊》《集部》74，第119页。

忠贞不贰的气节，同时谴责了成祖的残忍和滥杀。

《今乐府》还十分注意表彰一些社会下层人士。如吴氏《五人墓》，颂扬了天启年间因反对宦官专权惨遭阉党杀害的苏州颜佩韦、杨念如、马杰、沈扬、周文元五位义士的事迹，"五人呼，万人起，校尉血，滴泥里。此五人，良非愚，慷慨死，真丈夫"。① 《杨漆工》则颂扬了戍边士卒杨埙面对朝廷正直大臣袁彬遭其同僚锦衣卫指挥门达陷害时，敢于上书为袁彬申冤，同时机智地与门达周旋的事迹，并指斥道："千官袖手盲且聋，朝廷若无杨漆工（埙），何人敢讼袁彬功？"潘柽章评曰："千官羞死。"②

《今乐府》还对生活在社会底层人民的艰辛生活寄予深切的同情。潘氏《采珠怨》就诉说了採珠工的悲惨境遇，诗云："合浦珠池深千尺，六月入水寒彻骨，何物老蚌胎夜光，令我年年採不息。我非雪质冰驱，那得百琲真珠？少监督责充私囊，县官所得才锱铢。其下尝有骊龙卧，触之身手分须臾，前人病死后人溺，以命易珠何所惜，犹胜东邻困徭役，儿女典尽无颜色，五岭家家起为贼，独向珠池死也得。"吴炎评曰："与《捕蛇者说》同意。"③

《今乐府》还反映出吴、潘二人强烈的拥明反清的情绪。如吴氏《宁远捷》云："边火鸣，边笳惊，秋高马肥冒顿入，眼中已无宁远城。宁远城坚不可下，书生意气还凭陵。抚遁将与卒，劳苦如弟兄。男儿七尺宁作格斗死，何当隐忍穹帐偷余生？两昼夜攻不已，云楼折，冲车起。一炮发，震十里，名王血肉化泥滓，北人为号男人喜。"④ 此诗歌颂了抗清名将袁崇焕于天启六年的宁远之战中坚守宁远城，打败后金的事迹。"名王血肉化泥滓，北人为号男人喜"一句把后金军失败之惨，明军取胜后欢欣鼓舞的情景描述得十分生动。潘氏《宁远捷》则描写了此战中"红衣大炮"（又称"大将军"）的威力，"大将军一何神？动如雷，散如星，一发牛车裂，再发连骑崩"。又称："起兵三十年，不如辽人难与争。袁副使，如父兄，已破贼，不言功，大将军首当封。"⑤ 颂扬了袁崇焕居功

---

① 吴炎：《今乐府》，《四库禁毁书丛刊》《集部》74，第130页。
② 同上书，第122页。
③ 潘柽章：《今乐府》，《四库禁毁书丛刊》《集部》74，第141页。
④ 吴炎：《今乐府》，《四库禁毁书丛刊》《集部》74，第130页。
⑤ 潘柽章：《今乐府》，《四库禁毁书丛刊》《集部》74，第146页。

而不言功的高尚品质。又如吴氏《芜城叹》云："清淮流，芜城下，顾见穹庐张四野，谁言法公真死者。反乎覆，城当复，我买刀，趋卖犊。"①该诗名为《芜城叹》，实是"悲维扬也"，同时寄托了对坚守扬州城为国捐躯的史可法的缅怀之情。

　　综上所述，吴、潘所作《明史记》应具有以下几个特点：一是所据史料丰富，这些史料或出资购买，或得之友人资助，搜罗较为广博。从《国史考异》可以看出，吴、潘在修史时，参考了大量的史书。现存本仅考证三朝史，就参考了《明实录》、郑晓《今言》《逊国记》《吾学编》、黄佐《革除遗事》、朱国祯《皇明史概》、陈建《皇明通纪》、雷礼《列卿记》、钱谦益《初学集》、祝允明《九朝野记》、俞本《纪事录》《昭示奸党录》等四五十种文献。二是分工明确。戴笠称："槤章长于考核，炎长于叙事"②，故由潘氏负责对史料进行考辨，并分撰本纪及诸志，吴炎则分撰世家、列传。由精通天文历算的王锡爵分撰年表和历法志的撰写，而由戴笠负责撰写《流寇志》，各尽所能。三是对相关史料考证翔实，在吸收前人或同时代人考证成果的基础上，有较多的补充和发明。从其对史料严谨的考证态度看，《明史记》应该是一部较为可信的明史。四是作者褒贬人物，评论事件具有鲜明的立场和态度。比如对靖难之役，作者显然同情建文帝的遭遇，而对成祖君臣的残暴表示谴责；作者刻意表彰那些忠烈义士、贞妇列女，尤其注意表彰鼎革之际为国捐躯的忠烈之士，反映了作者鲜明的拥明反清的立场。虽然《明史记》没有保存下来，但通过相关文献的研究，可以说它应该是一部质量较高的明代纪传体史书。

第八节　"纪乱之书"
——《明季南北略》

　　计六奇（1622—?），字用宾，号天节、天节子，别号九峰居士。无锡兴道乡人。谢国桢先生在《晚明史籍考》中称："用宾事迹不详。"据张釜先生考定，计氏生于天启二年（1622），卒年不详，但据《明季南

---

① 吴炎：《今乐府》，《四库禁毁书丛刊》《集部》74，第131页。
② 戴笠：《潘槤章传》，《四库禁毁书丛刊》《史部》7，第3页。

略》卷3《太子一案》篇末自注"康熙丁卯（1687）闰五月廿七补评"知其66岁时尚能健笔撰述，则其享年当在古稀左右。① 其父为关心时政的读书人，在《南略》卷1《刘良佐》、卷2《吴适参驳》，《北略》卷2《袁崇焕守宁远》等条目中多次提到"先君子""先君子曰"，可见，其父也曾留意晚明史料的收集，他的关于人物和时政的评论对计六奇是有影响的。对计氏一生及其撰述产生影响的还有他的岳父杭济之和舅舅胡时忠。杭氏喜好谈论时政，尤留意于采访和记录有关明末农民起义的史事，对青年时代的计六奇有很深的影响，后来他撰写《明季北略》，其中一部分篇章，如卷18《李自成入荆州》至《梁玄昌家难》五篇明确注明《皆冯生所述》、"内父杭济之先生笔于《游记》云"。卷19《宋光祖贼伤》至《三藩贼祸》五事，也明确注明"皆内父杭济之先生手记"。其舅胡时忠明末曾任南昌府（今属江西）推官，参加过镇压抚州、新建一带的农民起义，后擢为御史，"为御史时屡言时政得失，京师号为冲锋"。② 胡时忠之子鸿仪，曾任职于南明弘光朝屯田署③，康熙朝曾任霍山教谕，父子两人对计氏的著述都提供过帮助。据计氏《南略跋》称："家表弟胡子鸿仪殊解人意，邀坐彩舞榭中，示以秘籍，赠以管城子（毛笔）。"计氏19岁随岳父杭济之读书于无锡洛社，21岁时又跟杭济之寄读于胡时忠家。④ 后两次应试于江阴，均不得志。他一生大部分时间主讲家塾，并利用授课余暇，广泛搜求史料，从事著述。为后世留下《粤滇纪闻》10卷，记明隆武二年（1646）永明王即位至永历十五年（1661）桂王在缅甸被执止。《金坛狱案》1卷，叙"金坛十生"通海响应郑成功之狱。《南京纪略》1卷，汇辑弘光一代遗事。其中，最具代表性的史著为《明季北略》和《明季南略》（以下简称为《北略》和《南略》）两书。

计氏《明季南略跋》云："康熙午未申酉之际，作《南略》《北略》两书，具草五百余篇。"可见，此书作于康熙五年至八年（1666—1669）之际。实际上，在此之前计氏已经做了大量资料收集工作，并且已着手撰写某些篇目。书成后，他还耗费很多时间用于修订补充和誊录。该书

---

① 张鉴：《计六奇与明季南北略》，参见《明季北略》附录，中华书局1984年版，第730页。

② 计六奇：《明季南略》卷2《陶差新法》，中华书局1984年版，第109页。

③ 计六奇：《明季南略》卷3《声色》附记，第157页。

④ 计六奇：《明季北略》卷18《志异》附记，中华书局1984年版，第337页。

的许多附记自注多出于康熙九年、十年，直至康熙二十六年作者对两书仍有增补。① 值得注意的是，此前不久，康熙二年（1663）庄廷鑨《明史》案结案，庄氏被戮尸，其弟廷钺被杀。为之作序者、参阅者被凌迟处死。刻工、书贾、藏书者连同地方官株连而死者多达 70 余人。著名学者吴炎、潘柽章也死于此狱。计六奇面对清廷的文字之狱，毫无畏惧。他说："天下可乱可亡，而当时行事，必不可泯。"他称："况清世祖章皇帝尝过先帝之陵而垂泣，为亲制诔文以哀之。即今上登极，亦谕官民之家，有开载启、祯事迹之书，俱着送来，虽有忌讳之语，亦不加罪。是天子且著书与求书矣，草野之士，亦何嫌何忌，使数十年来治乱兴亡之事，一笔勾却也哉！"② 这里所云，显然不是为清廷开脱罪责，而是为自己撰写晚明历史，避触时讳，找出一个冠冕堂皇的理由。

身为一介秀才要修出晚明历史，面临的最大困难是史料的收集。时值战乱鼎革之际，计氏为了保存这段历史的真实情况，他开始有目的地阅读和抄录相关史书，今见于《南略》《北略》所引的有《明通纪》《三朝野记》《明季遗闻》等不下六七十种。计氏没有明确说明他所参阅书籍的来历，但无非有以下几种情况：一是父辈的家藏，其父虽未为官，但热心政事，喜读经史，必有藏书。其舅胡时忠身为朝廷御史，其表弟胡鸿仪也在朝中任职，家中必有邸报及各种史书。胡鸿仪曾经向其"示以秘籍"可为证。二是计氏长期做塾师，先后在方全华氏、社埠王氏、江阴琉璜乡张氏等家坐馆。从计氏称社埠王氏家"门墙清简，编书有暇"，"枕上鸟声，案前山色，消受愧多"③ 来看，他所坐馆之家条件不错，想必也有不少藏书供其翻阅。三是到官府或官宦、乡绅之家借阅。在阅读相关史书的同时，他还十分留意搜集口碑史料。如顺治六年己丑仲冬十八日，计氏曾向同舟嘉兴人询问清师攻破扬州之事。④ 在江阴曾到君山临摹江阴令郝敬的诗刻。⑤ 康熙二年在苏州欲访颜佩韦、杨念如等五人墓而

---

① 张鉴：《计六奇与明季南北略》，参见魏得良、任道斌点校本《明季北略》附录，中华书局 1984 年版，第 733—734 页。

② 计六奇：《明季北略》"自序"，第 1 页。

③ 计六奇：《明季南略》卷 16 "跋"，第 524 页。

④ 《明季南略》卷 3《史可法扬州殉节》，第 203—205 页。

⑤ 《明季北略》卷 15《郝敬卒》，第 264 页。

不得。① 康熙四年五月在镇江，遇辽人唐奉山，向其询问松山、杏山之战情况。② 诸如此类，不一而足。

　　计氏曾经感叹道："甚矣，书之不易成也！昔之著书者必有三资四助。三资者，才、学、识是。落笔惊人，才也；博及群书，学也；论断千古，识也。四助为何？一曰势，倚藉圣贤。二曰力，所须遂致。三曰友，参订折中。四曰时，神旺心闲。予也赋资顽鲁，渺见寡闻，壁立如渴司马，数奇若飞将军，孤愤穷愁过韩公子、魏虞卿。七者无一，而欲握管缀辞，不几为识者所笑乎！虽然，窃有志焉。"③ 这里所说"七者无一"，显然有点妄自菲薄，从《南略》《北略》来看，计氏的才、学、识还是有过人之处的。但他所说的"四助"即"倚藉圣贤""所须遂致"、友人的"参订折中"及"神旺心闲"，显然是远远不够的。在穷困无助的情况下，计氏凭借顽强的毅力，克服种种困难，努力完成《南略》《北略》的撰写。他患有眼疾，自称："予以右目新蒙，兼有久视生花之病"，然仍能"纵览凝思，目不交睫，手不停披，晨夕勿辍，寒暑无间。宾朋出入弗知，家乡米盐不问，肆力期年，得书千纸"。④ 如康熙九年（1670）冬，"大雪连旬，千里数尺"，他"呵笔疾书，未尝少废"。康熙十年（1671）夏酷暑，他"虽汗流浃背，必限录五纸。每晨起，用手巾六层陈案上，书毕视之，肘下透洽"。⑤ 由此可见其写史之艰辛。书成之后他发出这样的感叹："嗟乎，集书之难也如此哉！予辍草四载，眷次二年，始得告竣。"⑥《南略》《北略》的撰写几乎是同时完成的。然修改、增补，最后定稿眷录则时间略有差异。《北略》竣工于辛亥（即康熙十年）"孟夏既望"，《南略》竣工于同年"季冬六日癸未"。⑦

　　《北略》凡24卷，记事起自万历二十三年（1595），讫于崇祯十七年（1644）。"以志北都时事之大略"，故名。为何从万历二十三年记起？计氏自称："而独始于二十三年者，见皇清封建之始（按：指明朝加封努尔

---

① 《明季北略》卷2《周顺昌被逮》，第59页。
② 《明季北略》卷18《洪承畴降清》，第331页。
③ 《明季南略》卷16"跋"，第523页。
④ 同上书，第524页。
⑤ 《明季南略》卷16《纪事》，第524页。
⑥ 《明季南略》卷16《志感》，第525页。
⑦ 《明季南略》卷16"跋"，第524页。

哈赤为龙虎将军），继明之天下已有其人矣。"① 全书记事的重点放在崇祯一朝。对此计氏作了这样解释："神、光、（熹）三朝，事多不录，而独详于思宗（崇祯）一朝者，盖前事悉以梓行，予不更赘。思宗杂记散落人间，各持一说，予特合编成帙，将以质诸博古之君子。"② 《南略》凡16卷，记事始于崇祯十七年（1644）五月，讫于康熙四年（1665）。主要记南明各小朝廷史事。

计氏指出："自古有一代之治，则必有一代之乱，有一代之兴，则必有一代之亡。治乱兴亡之故，虽曰人事，岂非天命哉！独怪世之载笔者，每详于言治，而略于言乱；喜于言兴，而讳于言亡。"③ 故其将《北略》称作是"纪乱之书"。④ 认为由此可见"国家之兴废，贤奸之用舍，敌寇之始末，兵饷之诎盈"。⑤ 实际上，《南略》也为"纪乱之书"。两书编纂的目的除了保存历史外，还在于总结明朝及南明小王朝灭亡的原因，以为后世提供借鉴。其主要内容如下。

（1）记述崇祯朝和南明君臣的事迹。由于有关崇祯朝的各种记录"散落人间，各持一说"，因此作者在《北略》中重点采集崇祯朝君臣的事迹。如在卷3《信王登极》《客氏出宫》《陆万龄下狱》《崔呈秀回籍》《钱元悫参魏忠贤》《钱嘉征参魏忠贤十大罪》《魏忠贤谪凤阳》《魏忠贤自缢》《赠谥诸臣》、卷5《钦定逆案》等条目中，详细记载了崇祯帝即位之初的情景，以及即位后采取抑制和铲除阉党，为受阉党迫害致死的大臣平反昭雪的举措。又如在卷4《瞿式耜六不平》《韩一良论贿赂》《刘宗周论近功小利》、卷5《倪元璐疏三案》、卷7《黄道周疏》、卷13《李如燦直言下狱》等条目中记述了敢于直言的大臣言行。再如在卷5《袁崇焕谋杀毛文龙》《袁崇焕通敌射满桂》《逮袁崇焕》等条目中，详细地介绍了袁氏事迹，但个中冤情计氏是明知而没有辩白。《北略》卷24《东彝大略》篇云："先是，虏出猎，掳我多人，中有二珰，上命侦崇焕者，亦被掳，虏视之，知为珰也，乃设一计，佯为袁遗书约犯边，答云：'知道了，多谢袁爷。'又佯惊云：'乃为珰闻，缚珰亟斩之！'又故遣一

---

① 《明季北略》卷24《北略总说》，第727页。
② 同上书，第728页。
③ 《明季北略》"自序"，第1页。
④ 《明季北略》卷24《北略总说》，第727页。
⑤ 《明季北略》"自序"，第1页。

奴私放珰归。珰归,上其事。上再召崇焕入,即下诏狱。此言周延儒亲语余者。延儒久与虏比,虏每输情,故知其言不诬。"按本篇文字,实转录自夏允彝《幸存录》。

在《南略》中,作者通过卷1《南京诸臣议立福藩》《福王登极》《国政二十五款》、卷4《弘光出奔》《弘光拜豫王》、卷5《鲁王监国》、卷6《鲁王惧闽监国》《鲁王遁入舟山》、卷7《闽中立唐王》、卷9《粤中立永历》《永历移梧州》《永历奔西峡》《广州立绍武》、卷10《永历抵桂林》等条目,详细记载了南明各小王朝从建立到衰亡的历史。同时,记载了史可法、路振飞、黄得功、刘良佐、黄澍、陈子龙、马士英、阮大铖等一批大臣事迹。

(2)详细记载了明末农民大起义的史实。据统计,《北略》24卷645篇中,有关农民战争的即有346篇,占全书的53%以上,仅记述李自成的就有70篇。如《北略》卷5《李自成起》、卷7《张献忠起》、卷8《高迎祥诸贼》、卷10《李自成降叛不常》、卷11《流贼陷颍州》《贼陷凤阳》《贼陷巢县》、卷12《李自成入西川》《张献忠陷应城》、卷13《陕西李自成诸贼》《李岩归自成》、卷14《张献忠请降》、卷16《李自成败而复振》、卷17《牛宋降自成》《李自成称闯王》《李自成陷南阳》《张献忠陷襄阳》、卷19《李自成擅号设官》《李自成入楚始末》《张献忠入楚始末》、卷20《李自成入北京内城》《李自成改制度》等详细记载了明末农民大起义的真实情况。有学者称:"我们把《明季南北略》,特别是《北略》,看成为一部以记录李自成、张献忠为首的明末农民战争史,是毫不过分的。"①

计氏在记载农民起义军事迹时,一方面宣扬其残忍无情,如《北略》卷18《李自成决河灌开封》称:"自贼乱以来,杀人不可胜计,其最烈者,无如献忠之屠武昌,自成之淹汴梁也。夫图大事者,当以得人为本,张、李所为如此,不过黄巢、赤眉之徒耳!"另一方面也客观记载李自成等争取民心的措施:"自成驰檄黄州,指斥乘舆,伪托仁义,以诱远近,伪示有'三年免征,一民不杀'之语,愚民皆惑之。李岩复私作民谣,令党诵之,云:'穿他娘,吃他娘,开了大门迎闯王,闯王来时不纳粮。'

---

① 魏得良:《计六奇与明季南北略》,《史学史研究》1992年第4期。

以故所至风靡。"① 同时，还将百姓对起义军和官兵的不同态度作比较，如《北略》卷18《李自成陷襄阳》中记载："左良玉大造战舰于樊，将避贼入郧，襄人怨其淫掠，纵火焚之。良玉怒，掠巨贾舟，载军资妇女其中，而身率诸军营于高阜。襄民焚香牛酒以迎贼。"说明起义军顺民意，得人心，而官军却趁乱扰民、害民。

（3）表彰"忠烈"之士。

一是表彰为反抗清军入侵而殉国者。如《北略》卷4《金声江天一骂洪承畴》中生动地记载金声、江天一被俘后，洪承畴劝降遭骂的情景。

"承畴以有年谊劝之曰：'多少臣子今俱亡殁，公宜应天顺人，毋徒自苦。'生默然。诸生江天一大言曰：'流芳百世，遗臭万年，千古之下，在此一时，不可错过。'且骂承畴曰：'汝为天朝大臣，不能死节，而反诱人耶！'承畴命左右断其舌，天一骂不绝口，遂杀之。声亦骂曰：'崇祯是汝君，今何在？父在泉州，今何有？汝无父无君，与禽兽何异！'承畴曰：'汝骂我极是，奈何不得已耳。'……承畴曰：'使公为僧可乎？'声曰：'何以称忠臣？'复戟手大骂。承畴曰：'成彼之名。'遂杀之。仅截其喉而不断其颈，以示全尸。"颂扬了明朝官员金声和秀才江天一临死不惧，痛骂洪承畴，壮烈殉节的事迹。同时也鞭挞了丧失民族气节、背主降清的洪承畴丑恶行径。

其他如卷5《刘之纶死节》《党还醇良乡殉难》、卷14《邓藩锡不屈》《邓谦磔死》、卷19《宋应亨不屈》、《南略》卷3《史可法扬州殉节》，卷4《王域大骂不屈》《夏允彝赴池死》、卷13《瞿式耜殉节》《临难遗表》等，均记载和颂扬了为保持民族气节、为国殉难的忠烈之士的事迹。计氏指出："清兵未至，而君相各遁，将士逃降，清之一统，指日可睹矣。至是而一二士子率乡愚以抗方张之敌，是以羊投虎，螳螂当车，虽乌合百万，亦安用乎！然其志则可矜矣，勿以成败论可也。"②

二是表彰为抵抗农民起义军而殉难者。如《北略》卷10《庞瑜死节》、卷11《包文达宿松死节》《石电战死》《黎弘业和州自缢》、卷13《胡光翰战死》《陈于王自刎》《诸将死难》等条目中记载了一批为抵抗农民起义军或战死或自杀的朝廷文武官员及其平民的事迹。作者站在统

①　《明季北略》卷19《李自成屠黄陂》，第356页。

②　《明季南略》卷4《总论起义诸人》，第278页。

治阶级的立场上，颂扬这些为"寇难"而死者，如在《北略》卷21上《刘理顺》条目中记载翰林院修撰刘理顺于甲申之变全家俱殉时称颂道："臣死君，忠也；子死父，孝也；妻死夫，节也；仆死主，义也。忠孝节义，萃于一门，可谓盛矣！可谓难矣！而刘公复以状元及第，兼此四美，尤盛中之盛，难中之难也。馨炤青史，休哉！"显然要达到弘扬忠孝节义的目的。

《南略》《北略》记事还具有以下几个特点。

（1）糅合了编年体、纪传体和纪事本末体三种史体的特点。在《北略总说》中，他说："予随笔编抄，止纪岁年，未次月日，似失始末。然叙事则先朝廷而后郡邑，明有本也，纪寇则始秦晋而及豫楚，明有渐也。至每卷末必系以'志异'者，见大寇由于大饥，人乱应乎天变，神州陆沉，厥有由矣！"① 《北略》按年代顺序记事，"编年不编月。"② 而《南略》不同于《北略》的是每卷末无"志异"专篇，而自甲申（1644）五月起，至次年七月，因时事纷繁，每月首篇，往往按日列举当月大事，称之为"某月甲乙史""某月甲乙总略"或"某月纪略"等。这些均具有编年体特点。而每事又各标事目，如《北略》有"红丸一案""杨涟惨祸始末""左良玉始末""张献忠入楚始末"《南略》有"史可法扬州殉节""张献忠乱蜀始末"等，明显具有纪事本末体特点。但在各事目中，还夹杂着人物传记，如《北略》有"熊廷弼传""左光斗""高攀龙""周延儒""周延儒续记"等，《南略》有"刘泽清""刘良佐""高杰""洪承畴传"等。这些具有纪传体的特点。另有一些事目杂记章奏、碑文、诗文等。如《北略》有"杨嗣昌奏岁饥""钱元悫参魏忠贤十大罪""陈启新疏三大病根""庐州芝麻湖浮碑记"等，《南略》则有"黄澍论马士英十大罪""万元吉疆事疏""史可法论军资""刘基墓碑""姜曰广临难赋诗"等。因此，李慈铭批评《南略》"惟其书以年叙次，而标目纷杂，全无体例"③ 是有道理的。

（2）作者在客观记载历史的同时，十分注意探究明亡及南明小王朝

① 《明季北略》卷24《北略》总说，第728页。

② 《明季北略》卷17《张献忠毁驿道》附记，第300页。

③ 李慈铭著，由云龙辑：《越缦堂读书记》《史部》杂史类《明季北略》《明季南略》条，上海书店出版社2000年版，第432—433页。

衰亡的原因。他认为，造成明末朝政混乱的主要原因有：一是阉党的危害。如在《北略》卷 2《魏忠贤浊乱朝政》条中，他指出："是时三韩（指朝鲜半岛南部）新陷，九边震惊，外事亦孔棘矣。乃天降杀星，穷凶肆恶，虽正典刑，未尽厥罪，延及申酉之际，奸党杨（维垣）、阮（大铖）辈，犹以余烬乱天下。甚矣！逆阉之流祸大也。"在卷 2《二十四罪疏》更是录杨涟奏疏，列举魏忠贤二十四条罪状，称其"初犹谬为小忠小信以侥恩，既乃为大奸大恶以乱政"。二是朋党纷争的影响。在《北略》卷 24 中他采录了夏允彝《幸存录》中"门户大略""门户杂志"诸文，意在说明"朋党之论一起，必与国运相终始，讫于败亡者"。三是吏治腐败。他称："国事之坏，半由良民尽走为盗，然驱之在墨吏。"① 在《总论流寇乱天下》条目中，他说："予道淮上，见一老父谈流寇事云'此寇不速除，且与国家相终始'。既而归里，从士大夫饮，闻邸报寇警，士大夫皆言'草寇也，不足为大忧'。……噫！今世公卿大夫岂尽钝根乎？盖亦留意富贵，未尝为国家为念耳。迨至大厦突倾，而燕雀亦遂失其巢也，岂不伤哉！虽然庸奸之列朝廷也，贪污之遍郡邑也，懦将悍兵之耗饷于营幕，而残贼猾寇之蹂躏夫海内也，俱天之所以开大清也。"② 在《南略》卷 2《马士英请纳银》条目中，计氏指出："是时士英卖官鬻爵，乡邑哄传。予在书斋，今日闻某挟赀赴京做官矣，明日又闻某鬻产卖官矣。一时卖菜儿莫不腰缠走白下，或云把总衔矣，或云游击衔矣，且将赴某地矣。呜呼！此何时也。而小人犹尔梦梦，欲不亡得乎！"又称："明之所以失天下者，止因用贪鄙无能之辈耳。"③ 在《论明季致乱之由》条目中，他认为，明之所以失天下，除去"君之失德不与"外，主要有"外有强敌""内有大寇""天灾流行""将相无人"等因素。他称："夫是四者，有其一亦足以乱天下，况并见于一时，有不土崩瓦解者乎？"④

（3）重视史料的考证和存异。如王世显著《左良玉始末》（收入《北略》卷 19 中）云：左氏"所降贼以数十万计。贼魁过天星、一斗粟、

---

① 《明季北略》卷 21 上《王家彦》，第 516 页。
② 《明季北略》卷 23《总论流寇乱天下》，第 681 页。
③ 《明季北略》卷 18《张献忠袭庐州》，第 328 页。
④ 《明季北略》卷 23《论明季致乱之由》，第 682 页。

混十万、小秦王、革里眼咸归焉"，又云："良玉奉指授，与诸大贼有朱仙镇之战，电扫霆击，威名几与岳忠武等。"又云：张献忠攻陷武昌"死者数百万人。"又云："相传献之破省，辇金帛啗良玉，且请限期。越两月，限满，献逆遂扬帆走湖南。"称："良玉每膳用厨丁三百六十人，人司一味，味窃山海之产。"计氏指出："篇内有可疑者，如降贼数万而云数十万；革里眼未闻归（言归附左良玉）而云归；称之过者，则云几与岳忠武等；贬之过者，则云通献贼。"又称良玉"用厨丁三百六十人，人司一味，及摽膺而死，皆不可深信者也。献忠杀武昌三十万而云数百万，所载悉异。"① 再如针对曹溶《李自成入楚始末》，计氏提出四点可疑之处：一是"他本载玄珪为罗汝才谋主，而兹云罗玄珪，则两人合为一矣"。二是"自成趋北，乃顾君恩之策，而兹云曹操力劝，后知绐己而杀之"。三是"他本载自成病死罗公山，清试士亦有贺表。兹云被田父铳毙"。四是"他本载自成俾一只虎李过降腾蛟，而兹云一枝虎名李璟，受堵牧游招抚"。② 根据其他史书的考证，计氏的四点怀疑都是有根据的。

计氏面对众说纷纭，往往采取兼蓄并存的方法，尽可能地保存史料。在《北略》卷20《朱之冯传》附记中云："前载'初八，宣府陷'，而此传则云：'十二，贼抵城下'。前《卫传》载'三月一日贼至大同，姜瓖以城降'，而此云'初八，白广恩约瓖降'。至朱之冯之死，一云自刎，一云贼杀之。而《传》则云缢死，似各不同。"他说："慎毋笑予书无定见也。以后悉仿此例。"又如卷15《左良玉破豫贼》中云："前卷载常道立招抚刘国能，出《遗闻》；此载良玉二月破贼，国能降，出《史略》，年月颇异。或去年道立招国能，有就抚意；至是又为良玉所破，其降始决耳。非一书自相矛盾，盖并志之，一以传疑，一以俟考也。余亦仿此。"

（4）引诗词入史、如在《北略》卷14《钱肃乐和心史诗并跋》条目中收录了明末抗清志士钱肃乐和宋末爱国诗人郑思肖《心史》韵而作的十首诗中的六首和跋，表达了钱肃乐不忘故国，志存恢复的悲怆情怀。在卷20《后人纪先帝英烈诗三十七首》《又附七绝诗八首》，收录了人们追思崇祯帝的诗作。又如在《南略》卷11《姜曰广临难赋诗》中收录抗

---

① 《明季北略》卷19《左良玉始末》附记，第408页。
② 《明季北略》卷19《李自成入楚始末》，第413页。

清志士姜曰广在南昌被围、自己决心自尽之前所作六首怀念崇祯帝、父母、兄弟、子孙的诗和绝句二首。在卷13《在狱赋诗（浩气吟）》中，收录了瞿式耜在狱中所赋诗八首，内中有"莫笑老夫轻一死，汗青留取姓名香""劫运千年弹指到，纲常万古一身留"等句，表现了诗人忠于明朝，视死如归的大无畏精神。在《北略》卷21中，收录有"赞诸忠臣诗"，内有"贤豪虽没精灵在，地迥难招自古魂"等句，热情歌颂为国捐躯的忠臣。显然，计氏十分赞同钱肃乐所云"诗文而史矣！亦经矣！"①的观点，把诗词作为史料。这与钱谦益的"以诗考史"，重视诗词的史料价值颇为相类。

（5）宣扬天人感应的唯心史观。《北略》各卷中，大都设有《志异》条目，《南略》中偶见《志异》条目。计氏认为："自古有国家者，一代之兴，必有绝异之休祥著于始，一代之亡，亦必有非常之灾祲兆于前。验之天地，征之人物，断断不爽者。"②他称："予每于卷末以'志异'附之者，知天变人乱亦会当劫运耳。"③内中多记怪异之事，如记天启六年五月"长安街空中飞堕人头，或眉毛和鼻，或连一额，纷纷而下。大木飞至密云。石驸马街有大石狮子，重五千斤，数百人移之不动，从空飞出顺城门外"。④如记崇祯六年八月"襄城县莎鸡数万，自西北来。莎鸡固沙漠产，今飞入塞内，占者以为兵兆"。⑤其他条目中也有记载怪异灵验之事的。又如在《北略》卷15《蟒蛇仓碑》中记："南京蟒蛇仓无风自倒，内有石碑，刘基题云：'甲申年来日月枯，十八孩儿闯帝都。困龙脱骨升天去，入堂群鼠暂相呼。中兴帝王登南极，勤王侠士出三吴。三百十年丰瑞足，再逢古月绍皇图。丕、丕、丕！八月中秋绝，呵、呵、呵！此时才见真消息。'"计氏称："己卯岁，我乡传诵此碑，咸云天下将乱矣。不出五年，语语皆应，岂非数欤！"⑥此类记载多为荒诞无稽，反映了作者唯心主义的天人观。

总之，《北略》《南略》两书比较真实地保存了明清鼎革之际的史实，

---

① 《明季北略》卷14《钱肃乐和心史诗并跋》，第254页。
② 《明季北略》卷1《志异》，第17页。
③ 《明季北略》卷7《志异》，第136页。
④ 《明季北略》卷2《丙寅五月初六纪异》，第75—76页。
⑤ 《明季北略》卷9《志异》，第152页。
⑥ 《明季北略》卷15《蟒蛇仓碑》，第272页。

尤其是为研究明末农民大起义保存了大量珍贵的史料，这是值得肯定的。但作者记事"多凭传闻之词"，因此导致"是非失实"。诚如李慈铭所指出的："《北略》之最舛者，如言袁崇焕之通敌，毛文龙之冤死，李明睿之主南迁，李国祯之忼慨殉节，懿安后之得旨不肯死；又谓张献忠后禅位于孙可望，被酖而死；李自成自幼能作诗，有《咏蟹》七律；皆极谬妄。"① 这是阅读该书需要注意的。

第九节 "记南明三朝史事最完备之书"
——《南疆逸史》

温睿临，字邻翼，又字令贻，号哂园居士。浙江乌程县（今湖州市）人。据李瑶《温氏绎史考》云，睿临为崇祯朝内阁首辅温体仁的族孙。伯父温璜为崇祯十六年（1643）进士，任徽州府推官，积极响应金都御使金声举兵抗清，兵败后，举家殉国。睿临父自幼从学于兄温璜，温璜死后，"往迎其丧而抚其孤"，"隐居终身"。② 温睿临为康熙四十四年（1705）举人，官至内阁中书，后人称其："赅贯群书，且熟于史。"③ 他与著名史学家万斯同交往甚密。万斯同以布衣身份在京编纂《明史》期间，温氏应礼部试来京，"得时过从，多所参论"。④ 此间，万斯同建议温氏称："鼎革之际，事变繁多，金陵、闽、粤（分别指弘光、隆武、永历南明三朝）播迁三所，历年二十，遗事零落，子盍辑而成之，成一书乎？"万氏认为："《明史》以福、唐、桂、鲁附入怀宗（崇祯帝），纪载寥寥，遗缺者多，倘专取三朝，成一外史，及今时故老犹存，遗文尚在，可网罗也。逡巡数十年，遗老尽矣。野史无刊本，日就零落，后之人有举隆、永之号而茫然者矣。"针对温氏所谓"其间固有抗逆颜行，伏尸都市，非令甲之罪人乎？取之似涉忌讳也，删之则曷以成是书？"的疑虑，

---

① 李慈铭著，由云龙辑：《越缦堂读书记》《史部》杂史类《明季北略》《明季南略》条，上海书店出版社 2000 年版，第 532 页。
② 温睿临：《南疆逸史》卷 33《列传》第二十九《守土》《司理府君》，《续修四库全书》第 332 册，第 338 页。
③ 李瑶：《南疆佚史》附《温氏佚史考》，《明清史料汇编》本。
④ 李瑶：《南疆佚史》附《温氏佚史考》。

万氏指出："国家兴废，何代无之，人各为其主，凡在兴朝，必不怒也，不得已而遂其志尔。故封阡表容，赠通祀阙，历代相沿，著为美谈。本朝初定鼎，首褒殉国诸臣，以示激扬，其在外者，不暇及尔。褒与诛可并行也。且方开史局时，已奉有各种野史悉行送部，不必以忌讳为嫌之令矣。采而辑之，何伤？"① 在万斯同的倡导和鼓励下，温氏"不忍违其雅意，闲居京邸，放废无事，荟蕞诸书，以销永日"。② 最终完成《南疆逸史》的编纂。据本书"凡例"记载，温氏还"自定陵（万历帝）以后，汇诸野史，取正史所遗而传闻甚者，纂为一编，名曰《吾征录》"。③可惜《吾征录》与其他著作都没有流传下来。

《南疆逸史》采用纪传体体裁，全书分为《纪略》和《列传》两部分。《纪略》4 卷，主要记载南明弘光、隆武、永历三朝及鲁王当政期间的历史大事。温氏自称："今金陵、闽、粤三君，位虽不终，亦自帝其地，各有政教，理合纪载。若拘入怀宗之例，则传且不列，何有于纪，非一代史体也。兹首卷先纪略，不称本纪者，避本朝也。其言略者，事固不得而详也。"④ 可见，不称本纪，而称纪略，一是为避清朝的忌讳；二是记事中还有不详之处。列传共 52 卷，分为专传、合传、类传等几种形式。诸传排列顺序为：先福王、次唐王、次鲁王、次桂王各朝臣子。从卷 5《史可法传》（附应廷吉传）至卷 32《熊汝霖、钱肃乐、张煌言传》，主要为专传和合传，记载 200 多人事迹。从卷 33 至卷 56 为类传，分为守土、死事、隐遁、逸士、义士、宗藩、武臣、杂传、逆臣、奸佞十类，记述近 390 人事迹。为了使"一朝之人，忠佞贤奸悉列焉"，"不掩其人之忠烈"，其中有的人"无行事而但列姓名以为一传"。⑤ 在各篇纪传中，作者大都以"逸史氏曰"的形式对所载人物、事件发表评论。

《南疆逸史》的编纂主要着眼于以下几个方面。

（1）力图全面、真实地反映南明历史。温氏之前已有大量杂史、野史笔记记载南明史实，或兼记三朝事者，如吴伟业《绥寇纪略》、邹漪《明季遗闻》；或记国变及南渡事者，如夏允彝《幸存录》、文秉《甲乙

---

① 温睿临：《南疆逸史》《凡例》，《续修四库全书》第 332 册，第 178 页。
② 同上。
③ 同上书，第 182 页。
④ 同上书，第 179 页。
⑤ 同上。

事案》、许重熙《甲乙汇略》、李清《三垣笔记》；或专记弘光朝事者，如顾炎武《圣安本纪》、黄宗羲《弘光实录》、李清《南渡录》；或兼记隆武、永历两朝事者，如黄宗羲《行朝录》、钱秉镫《所知录》；或单记隆武事者，如闽人《思文大纪》；或专记永历事者，如沈佳《存信编》等；或专记鲁监国事者，如黄宗羲《鲁纪年》、《四明山寨记》等；另有记载一人一事的。仅温氏在《南疆逸史》"凡例"中列举的杂史、野史笔记就有四十余种。但这些书籍"记载有详略，年月有先后，是非有异同，毁誉有彼此"。① 为了达到全面而真实地反映南明历史的目的，温氏在广泛征引各书提供史料的基础上，主要依据万斯同撰写的明末各人物传及徐秉义《明季忠烈纪实》，"合而订之，正其纰缪，删其繁芜，补其所缺，撰其未备，以成此编"。② 对此前诸史缺漏的人物和史事，温氏特别注意加以补充。如在卷19列传第十五《万元吉等人传》后附纪赣县死节诸人事迹，在卷20列传第十六《傅冠等人传》卷首称："傅（冠）、蒋（德璟）之死节，人无述之者，以其在闽也。呜呼，可哀也矣。今特著于篇，而以死闽、粤者附纪焉。"诸如此类，均能补充前史之缺漏。

（2）表彰忠烈，鞭挞那些不能恪尽职守乃至丧节之人。温氏撰写《南疆逸史》，一方面要表彰诸如"刘（宗周）、黄（道周）、姜（曰广）、高（倬）、史（可法）、瞿（式耜）、何（腾蛟）、堵（胤锡）诸君子者"，称他们是"学究天人，忠贯日月，常变不渝，文武互济，亦可谓祖宗之留遗，王国之桢干矣"。③ 称颂瞿式耜、张同敞、何腾蛟、堵胤锡为"粤中之柱石也，忠诚有余，才略亦伟，故能扶翼倾覆，仅而立国。……惟其精忠，死而愈光，虽功业未就，而名永垂矣"。④ 颂扬金声、夏允彝、陈子龙等人"慷慨投袂，誓死不顾，故忠义奋发哉"。"其遗教万世者远矣。夫岂不知其事之难成哉，惟知其不可而犹为之，此志士仁人之所以杀身成仁也。"⑤ 另一方面也特别注意表彰位卑而勇于献身的忠烈之士。为此，他专门设立《守土》《死事》《义士》等传。在《义士传》中，他指出："南都之亡，仗节死义者，缙绅中不多见，而闾巷之士，乃捐躯而

① 温睿临：《南疆逸史》《凡例》，第179页。

② 同上。

③ 温睿临：《南疆逸史》"序"，《续修四库全书》第332册，第177页。

④ 《南疆逸史》卷21《列传》第十七《瞿式耜等人传》，第289页。

⑤ 《南疆逸史》卷14《列传》第十《金声等人传》，第403页。

不顾。"① 他称："予于是史之作，发潜德，阐幽贞，旁搜远罗，虽士夫田隶，苟其死义，必不敢遗。"② 他认为像刘成治、黄端伯等人"位非高也，禄非厚也，权非重也，无封疆城守之寄，无兵马捍御之责，冷曹散秩，备员而已，而引义自守，刀锯不避"③。应当给予表彰。

在表彰忠烈的同时，温氏也以辛辣的笔墨鞭挞那些不能恪守职责乃至投敌变节的官员。如在《守土传》中指出："明之末也，为吏者既朘削以致变，及贼至则捧头鼠窜，列郡土崩，求之捐躯以报者寥寥也。"④ 在《张耀等人传》中又指出：百姓将地方官视为父母官，"殚其地之出，竭其力之入，金玉之贵，筐筐之彩，肥豚鲜异之品，土木仪卫之具，莫不致其美好。阜其财用，不足，则辍其长老之养以奉之；不足，则夺其妻子之生以奉之；又不足，则邻里姻娅称贷以奉之；又不足，则赤肌肤受榜笞而不辞。若是则冤抑不之伸，争辩不之决，盗贼不之禁，天灾流行、水旱饥馑不为之恤。呜呼，是直土寇也。而且国有大故，则挈囊担赀，褰裳而遁，甚者以土奉贼，以为己功。夫彼固不知死社稷之义矣"⑤。

在《刘成治等人传》卷首，温睿临写道："南渡君臣岂不哀哉，大敌已逼，而庙堂嬉戏若无事然，及扬州既破，文武大僚，仓皇集议，窃窃偶语，百官后至，微闻其语曰：即降志辱身，亦甘心也。盖群思卖国矣。"并生动地记述了总督京营军事的赵之龙、礼部尚书钱谦益等迎降清军的经过："豫王（多铎）之将至也，戎政府、都察院先遣官骑迎之于郊。赵之龙、钱谦益奉舆图册籍候于中途，四拜以献。将入城，大雨沾湿，百官雨立无敢后者，王命谦益以五百骑先入清宫，谦益封府库，收锁钥，导王以入，之龙集梨园子弟数百人，长筵广乐，迎王南面坐，奉觞上寿，张幕天坛，椎牛酿酒，大享将士。"⑥ 在记载隆武朝内阁首辅何吾驺先是降清，后又归附桂王政权时称："吾驺不能以死报国，乍降乍臣，廷臣咸鄙之。"又指斥其："妄贪富贵，致身败名裂而不恤"，"其在平时未有失德也，遭罹大故，一死殉国，岂不与信国同烈哉。乃出仕行

---

① 《南疆逸史》卷45《列传》第四十一《义士传》，第 239 页。
② 《南疆逸史》卷10《列传》第六《刘成治等人传》，第 241 页。
③ 同上。
④ 《南疆逸史》卷33《列传》第二十九《守土传》，第 337 页。
⑤ 《南疆逸史》卷35《列传》第三十一《张耀等人传》，第 351 页。
⑥ 《南疆逸史》卷10《列传》第六《刘成治等人传》，第 240 页。

朝，一无建立，隐忍偷活，为世指笑"。①

（3）总结明朝及南明小王朝灭亡的原因。温氏在本书"序"中称："土宇反覆，攻守纷错，政令互易，兴亡成败得失之迹，不可泯也。"显然，他把总结明朝及南明衰败的原因看作是撰写《南疆逸史》重要目的之一。他认为，明朝之亡，"始于朋党，成于奄竖，终于盗贼。南渡继之，小人得志。藉朋党以肆毒，合奄竖以固宠，假盗贼以张威，而庙堂昏庸，酣歌弗恤，忠贞黜落，贪渎横肆，纪纲倒置，是非混淆，以致穴中自斗，贻敌以渔人之利焉"。② 他总结明朝积弊有三："一曰务虚名不採实用。高谈性命，而以农田军旅为粗；研志词华，而以刑法钱谷为俗。至使吏治不修，武备全废。假钺于武夫，待成于胥吏，一弊也。二曰别流品不求真才。……今乃独尊甲第，鄙弃举贡。即材怀管、葛，行同夷、惠，升擢无期，排挤有自。楚材晋用，谁实贻之，二弊也。三曰争浮文不念切效，承平虚套，以抗大敌，祖制浮言，以摄巨寇，欲以通和而反树之怨，欲令效忠而滋益之怒。迨至邻封责言，狂寇反噬，则影销烟散，哑口无策，三弊也。"他说："积此三弊，败亡不悟，则误国之罪，岂得独诿诸小人哉？余所以每不禁掩卷而三叹也。"③

他评论崇祯帝说："怀宗之明察，非亡国主也，惟其轻折辱臣下，大者诛夷，小者杖戍，于是刚直果敢任事之士皆自挫，而在位者率佞谀、偷合、苟容、全妻子、保富贵之臣。因致寇盗纵横，畏缩不能御贼，至三日开门迎附，岂不可叹哉！"④

在《安宗纪略》中他直言不讳地指斥弘光政权的昏庸无能和政治上的黑暗，称其："外连强帅、内起狐群，斥逐贞贤、引用匪类；宠赂既彰，纪纲大坏。""朝昏日甚，飞章告密，网尽清流。"并称："已有国家者，可不鉴哉！"⑤ 在《奸佞传》中又指出："今自（马）士英、（阮）大铖以下诸人，直庸鄙浅陋狙狯之夫耳，遭逢乱世，挟柔闇之主，嗜财贪势，树怨丛诟，昏蔽瞀眩，甘心祸败，非有能劫制奸雄、笼牢材智之

---

① 《南疆逸史》卷20《列传》第十六《傅冠等人传》，第282页。
② 《南疆逸史》"序"，第177页。
③ 同上。
④ 《南疆逸史》卷40《列传》第三十六《隐逃传》，第380页。
⑤ 《南疆逸史》卷1《安宗纪略》，第198页。

术也。"①

在《熊开元等人传》中，他具体分析了朋党门户之争的危害。他说："朋党比周，假公植私，毁誉乱真，意之所昵，（飞）廉、（恶）来可为尧；意之所非，周、孔可为跖。即有经纶才干之士为国家任艰巨扞患难者，稍拂其意，必百计败坏其功，以伸己之说。于是贤智委蛇于内，将帅钤束于外，使人主眩瞀于是非而莫之适从，事机屡失，贤奸不辨。"②在《金声等人传》中，他指出："明之亡也，士大夫皆背公植私，蔑视君亲，声名既堕，祸乱遂作。"③

在《刘宗周黄道周传》中，他则以历史的眼光来总结明朝衰败的原因。他说："自晋人尚清言，宋人崇理学，指武备为末事，将帅为粗人，藉弭兵偃武之说以自文其不能，天下靡然从之。于是将鲜道德之选，军蔑尊亲之习，甲兵朽钝，行伍单弱，驯至盗贼纵横，夷貊交侵，乃尊用粗暴猛厉之夫，奉以为帅，始则慢之，继则畏之。骄兵悍将，挟寇自重，文吏惴怯而不敢究。盖后世中国之衰，皆自腐儒酿之也。"④

总而言之，温睿临是饱含爱国热情来撰写《南疆逸史》的。他身处清初屡兴文字狱的背景下，秉笔直书，表彰忠烈，鞭挞丧节之人，这种精神是难能可贵的。《南疆逸史》是"记南明三朝史事最完备之书"。⑤它"网罗散佚，搜抉残蠹。上自朝庙大纲，事关兴灭，下迨闾巷幽贞，谊存感讽，咸记其人，传其事，具见其本末"。⑥比较系统、全面地记载了南明的史事，保留了许多抗清史实，具有很高的史料价值。当然其中也存在一些不足，如杨凤苞所指出的："温氏之书，简而有法，世称信史。惟惜失之太简，要必为之注以补其阙，若裴松之注《三国志》之例，而后文献足征焉。"为此，他罗列温氏采择之外者文献不下数百种，计划"考其同异，删其纰缪，拾其佚遗，补其缺略，以分注于纪传之下，俾亡王播迁之惨，外无漏迹，而后世有国者览之，亦足以为殷鉴矣"。⑦可惜

---

① 《南疆逸史》卷56《列传》第五十二《奸佞传》，第478页。

② 《南疆逸史》卷28《列传》第二十四《熊开元等人传》，第322页。

③ 《南疆逸史》卷14《列传》第十《金声夏允彝等人传》，第256页。

④ 《南疆逸史》卷8《列传》第四《刘宗周黄道周传》，第234页。

⑤ 谢国桢：《晚明史籍考》卷9总记"南明史乘"，华东师范大学出版社2011年版，第390页。

⑥ 温睿临：《南疆逸史》"序"，第177页。

⑦ 《南疆逸史》附录杨凤苞《南疆逸史跋》，《续修四库全书》第332册，第479页。

未见成书。此外，还如温氏自己所云："诸史必有《儒学》《孝友》《独行》《隐逸》《方伎》等传，兹编为人无几，无从分析，独《隐逸》欲列一传，而搜访殊寡。"由于明末诸多"洁身高蹈者""既不求名，而知交中或鲜好义文学之士，不为传述，子孙式微，遂至湮没。"① 无奈之中，以《隐逸》一传而涵盖儒学、孝友、独行、方伎等各种人物，显然分类过粗且不当。

第十节　明末清初私家纂修明史的特点及不足

当代史纂修是明末清初私家修史的主攻方向。虽然有人因种种原因，修史半途而废，没能实现自己的修史宏愿，有的所修史书没能流传下来。但从整体上看，相当多的史家怀着对当代历史的敬重和高度责任感，克服了种种困难，以极大热情投入修史工作，并取得了相当不俗的成绩。这一时期私家所修史书，或记有明一代史事，或记数朝历史，或仅记人物、事件，或记录所见所闻，形式多样，体裁丰富。此前已有学者对这一时期当代史纂修的特点进行过总结。比如钱茂伟从明史作者群体空间分布上进行分析，指出："南方地区修史成风，而北方则较弱。"同时指出"明末清初的明史作者群体之间，有一定的学术交流，相互之间也有一定的影响。在编纂方式上，除了独修外，出现了集体性、整体性趋势。"② 他还指出，晚明人所撰的当代史著作具有"取材以实录为主，博稽群书"、"注重史料的考信工作"、"偏重纪传、编年、名臣录等体裁"、"体例上有所创新"等特点。③ 又如杨艳秋在《明代史学探研》中指出：明人修当代史，"在纪传体中加入纪事本末体，即融纪传、编年、纪事本末于一体"。又"在典章制度史中融进编年、传记和纪事本末体，形成了以典章为主，以编年记述或人物为辅的体裁。"④ 再如姜胜利则指出："明遗民的明史研究最为明显的特征是重视明季史。""他们耳闻目睹了国亡

① 《南疆逸史》《凡例》，第 180 页。
② 钱茂伟：《明末清初明史编纂特点三论》，《史学月刊》2009 年第 4 期。
③ 钱茂伟：《论晚明当代史的编纂》，《史学史研究》1994 年第 2 期。
④ 杨艳秋：《明代史学探研》第六章"明代史学有关问题综论"，人民出版社 2005 年版，第 278 页。

君死、异族入侵，亲身经历了剃发、易服、圈地等民族歧视和民族压迫，创剧痛深，激发了他们强烈的民族意识，更激发了强烈的历史反思精神，他们要究明昔日庞大的明帝国何以被农民起义所推翻，要探讨清何以兴、明何以亡，这促使他们关注明万历以后的衰亡过程及其原因。"① 结合以上学者的观点，重点分析以下几个特点。

一　重视对史书体例的改造和创新

明末清初私家修史者在纂修史书的过程中，开始有意识地改造传统史书的体例，力求避免传统史书单一体例所造成的缺陷。早在唐朝中叶，刘知幾就曾对编年体、纪传体两种传统史体提出批评，指出编年体在记事的过程中存在的缺点，"至于贤士贞女，高才隽德，事当冲要者，必盱衡而备言；迹在沉冥者，不枉道而详说。……故论其细也，则纤芥无遗；语其粗也，则丘山是弃。此其所以为短也"。同时也指出了纪传体史书在记事过程中存在的缺点："若乃同为一事，分在数篇，断续相离，前后屡出。"② 历代史家均深知这两种史体存在自身无法克服的缺点，因此，在实践的过程中，也曾力图弥补传统史体的不足，如司马光在编纂《资治通鉴》过程中，不拘守编年体"以事系日"、严格按照时间顺序逐条排列史实的程式，采用附叙、追叙、补叙等方法，集中相关材料记载重大事件的前因后果，使事件始末连贯。袁枢改编《通鉴》撰写《通鉴纪事本末》，力图改变"纪传之法，或一事而复见数篇，宾主莫辨。编年之法，或一事而隔越数卷，首尾难稽"③ 的缺陷。从而创立了"以事为纲"的纪事本末体。明中叶以后的史家也深知传统史体的弊病，如王世贞就曾指出："凡天下之言史者有二家，其编年者居其一，而左氏为最；纪传者居其一，而司马氏为最。左氏之始末在事，而司马氏之始末在人。重在事，则束于事而不能旁及人，苦于略而不遍；重于人，则束于人，其事不能无重出而互见，苦于繁而不能竟。故法左以备一时之览，而法司马以成一代之业，可相有而不可偏废也。"④

---

① 姜胜利：《明遗民与清初明史学》，《安徽大学学报》2003 年第 1 期。

② 刘知幾著，浦起龙注：《史通通释·二体》，上海古籍出版社 1982 年版，第 27—28 页。

③ 《四库全书总目》卷 49《史部》5 "通鉴纪事本末提要"，海南出版社 1999 年版，第 279 页。

④ 王世贞：《弇州山人四部稿》卷 116《策类·湖广第三问》，《四库全书》《集部》别史类第 1260 册，第 810 页。

因此，一些史家在私撰史书的过程中，在继承传统史体的同时，开始试图改造传统史书的体裁和内容。这种改造和创新工作主要体现在两个方面。

（一）在一部史书中杂糅多种史体，以避免单种史体自身存在的弊端

如吴士奇就主张："大略于编年之中，仿纪传之体，使一人一事，自为本末，庶观者一览而得，而不必于旁搜。"①

有些史家在撰史的过程中自觉或不自觉地对史体进行了改造。如尹守衡《明史窃》表面上看是沿袭了《史记》的体裁，实际上，他对"纪"这种体裁进行了改造，采纳了纪事本末体记事的特点，把以记载帝王事迹为主改为以记载重大历史事件为主。在个别传中也采用了纪事本末体的写法，如《宦官传》，先介绍明朝宦官机构及职掌，次叙历朝对宦官的政策，再述历朝有影响的宦官的事迹，俨然为一篇明代宦官简史。

又如朱国祯的《明史概》，融合编年、纪传、纪事本末为一书，其中《大政记》以编年体的形式记载皇帝的事迹与朝廷大政，《大训记》则以编年体的形式专记皇帝御制文章和言论，把记事与记言分开。《大事记》则采用纪事本末体记事，其中还融合典志体例记载"学校""选举""封赏"等原本属于典制体的内容。而《开国臣传》《逊国臣传》等各传则采用纪传体记载人物事迹。

再如涂山的《明政统宗》虽以编年记事，但又具有纪事本末体、纲目体的特点。计六奇的《明季北略》、《明季南略》在编纂体例上融合编年和纪事本末两种史体的纪事特点，大体依年编次，而又各标事目。谈迁在编年体史书《国榷》卷首汇辑明代典章制度，分为"大统""开圣""天俪""元潢""各藩"等12类别，显然是在编年体著作中融进典志体的内容。

（二）改造传统史体的形式和内容

如查继佐《罪惟录》中的志则具有志、表合一的特点。查氏所谓："所为书与表，则全合之于志。"② 在旧史设立《文苑列传》的基础上，《罪惟录》设立《文史诸臣列传》，首次把史官、史家放入列传中，这是颇具特色的。直至清乾嘉时期，章学诚在《文史通义》中才提出在史书

① 吴勉：《史裁叙》，《四库全书存目丛书》《史部》144，第4页。
② 查继佐：《罪惟录》"志叙"，浙江古籍出版社1986年版，第437页。

中增设《史官传》①，而查氏已率先为之。

又如傅维鳞《明书》中的《宫闱纪》实兼有以往正史中《皇后本纪》《后妃传》的内容，按各帝顺序记述后妃事迹，后附公主、女官。该书还根据明代社会政治、经济、文化的特点，改《兵志》为《戎马志》，增加"马政"内容；改《河渠志》为《河漕志》，兼及水利和漕运；改《五行志》为《禨祥志》，仅记灾异、祥瑞，不言占验。另新设《纶涣志》专记明朝皇帝的诏令，设《营建志》记明朝宫殿、禁城内规制、坛庙、城垣、陵寝等。这两篇志的编纂疑受刘知幾史学编纂主张的影响。刘氏曾明确提出："宜于表志之外，更立一书，若人主之制册、诰命、群臣之章表移檄、收之纪传，悉入书部，题为《制册章表书》。"② 还提出增设《都邑志》，记载历朝都城的"宫阙制度"和"朝廷轨仪"。③

何乔远《名山藏》虽然取消纪传体史书中本纪、书、表、世家、列传的分类，通篇共设 37 记，但《典谟记》（附《革除记》）实为洪武至隆庆历朝皇帝的本纪，《坤则记》实为后妃本纪。《开圣记》则追记朱元璋祖先的事迹，这显然受元人修撰《金史》的影响，《金史》在九帝本纪之前设立《世纪》以记载金太祖以前所追谥十一君的事迹。《勋封记》列诸公、侯、伯世系以及受爵除爵情况，相当于公侯伯表，只是未列表格，用文字叙述。《舆地记》《典礼记》《乐舞记》《刑法记》《河漕记》《漕运记》《钱法记》等相当于纪传体史书中的志。而《臣林记》《儒林记》《文苑记》《宦者记》《列女记》等则相当于类传。

明末清初私家修史者对史书体裁的改造，试图融合几种传统史体于一体，以弥补单一史体自身所存在的缺陷，动机无疑是好的。但是，由于私家修史受到来自各方面因素的限制，因此这种尝试还很不成熟，故而受到后人的批评。如四库馆臣批评吴士奇《史裁》说："既非编年，又非纪传，随意钞撮而已。"④ 再如李慈铭批评计六奇《明季北略》《明季

---

① 章学诚：《文史通义》外篇四"和州县志前志列传序例中"，引自仓修良《文史通义新编新注》，浙江古籍出版社 2005 年版，第 935—936 页。

② 刘知幾著，浦起龙注：《史通通释·载言》，上海古籍出版社 1982 年版，第 34 页。

③ 《史通通释·书志》，第 72 页。

④ 《四库全书总目提要》卷 66《史部》22 史钞类存目《史裁》，海南出版社 1999 年版，第 362 页。

南略》说："惟其书依年叙次，而标目纷杂，全无体例。"① 此类批评说明有些史书在体例的改造方面还远远没有达到预期的目的，但是，作史者这种勇于创新的精神却是值得肯定的。

二 重视对史料及所载史事的考证

明中叶以来，一些学者一改束书不观、游谈无根的积习，开始把更多的注意力放在读书博闻、考证求实上。解缙曾指出："国史固不足尽信，贤人之隐德难知，而凡传记所说，私家之所纂录，或朋友私与其所善，子孙欲盖其所亲，亦有奸谀未死之先，逞其胸臆之见，笔之于书，以授其人，令身后出之，以为信实，是非错谬，又有甚于国史之传讹。"② 王世贞则认为："国史之失职，未有甚于我朝者也。"③《明实录》在纂修和重修过程中存在篡改史实、曲笔讳饰的现象，加之各种稗官野史依据道听途说或凭虚捏造，致使所载历史严重失实。因此，对历史的考据应运而生。首开史学考信风气的是王世贞，他的考据代表作《史乘考误》11 卷，是明代首部对当代史史料进行考证的著作。在该书"序"中，他首先分析了明代所修国史存在的问题："故事有不讳始命内阁翰林臣纂修实录，六科取故奏，部院咨陈牍而已。其于左右史记言动，阙如也。是故，无所考而不得书，国忸衮阙，则有所避而不敢书。而其甚者，当笔之士或有私好恶焉，则有所考无所避而不欲书，即书，故无当也。"继而指出野史存在"挟郄而多诬"、"轻听而多舛"、"好怪而多诞"的弊病，又指出家乘铭状"此谀枯骨谒金言耳"。同时他认为："虽然国史人恣而善蔽真，其叙章典、述文献，不可废也；野史人臆而善失真，其征是非，削讳忌，不可废也；家史人谀而善溢真，其赞宗阀、表官绩，不可废也。"④ 为此，他用了 8 卷的篇幅考证国史和野史之误，用 3 卷篇幅考证家乘之误，共考证了 92 种书籍。他的史学考据的成就在很大程度上影响了后来修史者对史料的态度。

如焦竑在修史过程中指出：依据"台省之章疏与夫缙绅之志状"去编写史书带有很大局限性，因为人物的墓志碑文中存在"任情附会，轻

---

① 李慈铭：《越缦堂读书记》《史部》杂史类，上海书店出版社 2000 年版，第 433 页。

② 解缙：《彭氏族谱辨疑序》，《明文海》卷 211 "序"二，中华书局 1987 年版，第 2108 页。

③ 王世贞：《弇山堂别集》卷 20《史乘考误》一，中华书局 1985 年版，第 361 页。

④ 同上。

摇笔端"的现象。他指出："古之志铭，唯述其生死时日，以防陵谷之迁变。而后世子孙稍有赀力，妄为刻画，盖无不铭之祖父，亦无不善之墓铭。"① 而大臣们的奏疏各朝的情况也不一样，他说："余承乏史局，尝览观累朝奏牍，正德以前核而朴，嘉靖以还裁而练，至今日而华与实皆难言之矣。"② 因此，采用这些史料时，必须注意辨其真伪，核其虚实。他指出："必不得已，章奏采矣，而又参之时论；志铭收矣，而又核之乡评。"这样，才能使"伪不胜真"、"同可为证"、"然后道法与事词并茂，刊削与铨配兼行"。③ 出于这样的认识，他在编纂《国朝献征录》时，很注意史料的兼蓄并存，以给撰写国史人物传记提供比较、鉴别的空间。

钱谦益也认为："史家之难，其难于真伪之辨乎！史家之取征者三：国史也，家史也，野史也。于斯三者，考核真伪凿凿如金石，然后可以据事迹而定褒贬。"④ 为此，他在撰写《皇明开国功臣事略》《国初事略》《开国群雄事略》的过程中，仿效司马光作《通鉴》，先作"丛目""长编"的方法，又仿效《通鉴考异》的考史方法，对有关元末明初的人物、史事的史料进行梳理和考证。后将其中考异部分编成《太祖实录辨证》。潘柽章在与吴炎编纂《明史记》之时曾作《国史考异》30 余卷，现仅存6卷。现存6卷主要考证明朝建立之前及洪武、建文、永乐三朝的史事。

张铨纂修《国史纪闻》的一个重要特点是"芟稗官之浮夸，削野史之芜陋，备尚书之记载，省诸家之庞杂。"⑤ 朱国祯在《明史概》"大政记"每一朝卷终设有"存疑"和"补遗"条目。他认为："事在可信，摘而存之。既曰《大政》，琐屑自不必书，间在可疑，另列于后疑信之间。"⑥ 傅维鳞对所取资的史料持非常审慎的态度。自称："考证典章，恪宗文献，征是非之互异，却忌讳之顾虑，前人多与，则存以嘉荣；故策皆疵，则彰以斧钺。"⑦ 谈迁《国榷》最突出的特点是在记述史事的过程中，对所依据的史料，尤其是《明实录》进行了去伪存真、去粗取精的

---

① 焦竑：《澹园集》卷4《论史》，中华书局1999年版，第20页。

② 焦竑：《澹园续集》卷1《梁端肃公奏议序》，中华书局1999年版，第761页。

③ 焦竑：《澹园集》卷4《论史》，第21页。

④ 钱谦益：《牧斋有学集》卷14《启祯野乘序》，《四库禁毁书丛刊》《集部》第115册，第634页。

⑤ 徐扬先：《国史纪闻序》，《四库存目丛刊》《史部》17，第3页。

⑥ 朱国祯：《皇明史概》《大政记》卷7，（台北）文海出版社1984年版，第432页。

⑦ 傅维鳞：《明书》卷171《叙传二》，中华书局1985年版，第3380页。

考据工作。计六奇《明季南北略》也十分重视史料的考证和存异，他一方面考证不实的记载；另一方面针对众说纷纭，往往采取兼蓄并存的方法，尽可能地保存史料以待后人考证。

总之，明中叶以来，私家修史者在面对纷繁而杂乱的各种史料时，已经自觉地运用考据的手段，考辨其真伪，厘清其是非，并取得不菲的成绩。

三 体现以史经世的治史思想

这主要表现在两个方面。

（一）重视发挥史书"彰善瘅恶，树之风声"的作用

在明末清初私家所修史书中大都十分重视表彰忠义，弘扬正气。如张岱早在青年时期就着手搜集从殷商至有明历朝义士资料，得 400 余人，撰写《古今义士传》。在《石匮书》《义人列传》中称："夫忠臣死忠，孝子死孝，二者天下之正道也。乃于死忠死孝之外，而又有所谓死义。"① 为此表彰了一批在甲申之变、清兵入关时自杀殉国的下层人士。同时，在《流寇死事》《流寇死战》《甲申殉节》《甲申勋戚殉难》等列传中，不遗余力地表彰忠义之士，宣扬忠孝节义思想，以达到"风厉名教"的作用。②

焦竑认为，为了发挥史书"褒贬人伦"的作用，必须做到贵贱善恶必书。他反对史书专记好人而不记坏人，指出："至权奸误国之人、邪佞欺君之辈，未一纪述。今循此例，使巨恶宵人，幸逃斧钺，史称《梼杌》，义不其然。谓当善恶并列，不必以人为断。"③ 一些史家在褒扬正人君子、弘扬正气的同时，对奸邪卖国之人也进行了鞭挞。

傅维鳞《明书》在表彰甲申之变中"抗颜直谏"、"视死若归"的"人杰"的同时，也直言不讳地痛斥卖国求荣者，称："若甘心卖国，反面射天，饮食桔梗之下，流水金珠之献，觍颜金紫，夸藻美新者，可胜诛乎。"④ 在《列女传》中充分肯定那些面对国家危难"成仁取义，蹈死如归"的"巾帼之女"是人之"豪杰"，可以与樊姬、孟母等"裨益世

① 张岱：《石匮书》卷 199《义人列传总论》，上海古籍出版社 2008 年版，第 50 页。
② 张岱：《石匮书》卷 210《胜国遗臣列传》，第 303 页。
③ 焦竑：《澹园集》卷 5《修史条陈四事议》，中华书局 1999 年版，第 30 页。
④ 傅维鳞：《明书》卷 110《忠节传》十，中华书局 1985 年版，第 2215—2216 页。

教"。①

查继佐《罪惟录》中特别关注靖难、夺门之变及甲申死难之士事迹的介绍。在《抗运列传》和《致命列传》中，他称赞"靖难"或易代之际的人物"或从容而就鼎俎，或崩陷而敝智力，或扳胡而升，或阊室以从，气凌山河，白日为晦，磊落光明，万世俱可"。② 在《闺懿列传》中大量记载贞女、烈女、孝女的事迹，尤其注意记载死于"寇难"的烈女事迹。

温睿临《南疆逸史》在记述南明史事的同时，特别注意表彰位卑而勇于献身的忠烈之士。为此他专门设立《守土》、《死事》、《义士》等传。在表彰忠烈的同时，也以辛辣的笔墨鞭挞那些不能恪守职责乃至投敌变节的官员。在《刘成治等人传》中他指斥"南渡诸臣"，大敌当前，不思抵抗，"群思卖国"，并生动地记载了钱谦益等迎降清军的经过。他批评隆武朝内阁首辅何吾驺先是降清，后又归附桂王政权时称："吾驺不能以死报国，乍降乍臣，廷臣咸鄙之。"又指斥其："妄贪富贵，致身败名裂而不恤"，"隐忍偷活，为世指笑"。③

为了澄清吏治，《明史窃》针对官场上贪风日炽，为了达到"以一人警百人"的作用。他选择了一些"居官清正，平易近民"的守令加以表彰。④《名山藏》中的《关柝记》专记一批低级官员忠于朝廷、直言敢谏、廉洁为民的事迹。《本士记》记"读书怀孤独之行而身孝悌"的君子事迹。目的是"使当路位人见之，加敬贬躬而从之，以高贤士大夫之风，不肖者愧且畏"⑤。

（二）注意探究明王朝兴衰治乱的原因，以达到拯衰救亡、警示后人的作用

在明末清初这一特定历史时期，私家修史者往往把修史作为探究明王朝兴衰治乱的原因、总结历史的经验教训，以达到拯衰救亡、警示后

①　傅维鳞：《明书》卷152《列女传》，第3003页。
②　查继佐：《罪惟录》《列传》卷9上《抗运诸臣列传总论》，浙江古籍出版社1986年版，第1466页。
③　温睿临：《南疆逸史》卷20《列传》第十六《傅冠等人传》，《续修四库全书》第332册，第282页。
④　尹守衡：《明史窃》卷100《守令列传能吏》，《四库禁毁书丛刊》《史部》64，第626页。
⑤　何乔远著，张德信、商传等点校：《名山藏》卷97《本士记》，福建人民出版社2010年版，第2795页。

人的重要手段。如许重熙作《宪章外史续编》的目的就是总结嘉靖以来面对内忧外患，转危为安的经验教训，使"得失鉴戒，展卷易镜"①并企图通过总结前朝的经验教训，为扭转崇祯朝衰颓的局面寻找良方。再如查继佐《罪惟录》、张岱《石匮书》、计六奇《明季南北略》等史书则是把宦官擅政、党争、兵变、灾荒，农民起义、少数民族起义等作为记载的重要内容，从各个方面总结明朝从盛到衰，从衰至亡的原因。他们认为，内忧主要表现在最高统治者决策和用人失误、宦官专权、党争内耗等方面。外患主要表现在倭患和后金的侵扰，兵变和农民起义。内忧外患是造成明王朝国运衰败乃至灭亡的重要原因。夏允彝和计六奇的观点很具代表性。夏允彝的《幸存录》分为"国运盛衰之始""辽事杂志""门户大略""门户杂志"四个部分，分别就"国运之兴衰、贤奸之进退、虏寇之始末、兵食之源流"等发表议论。他认为，造成明末严峻局面的原因是农民起义和满清的入侵。计氏赞同夏氏观点，将夏书部分内容收入己书。他认为，明之所以失天下，除去"君之失德不与"外，主要有"外有强敌""内有大寇""天灾流行""将相无人"等因素。他称："夫是四者，有其一亦足以乱天下，况并见于一时，有不土崩瓦解者乎？"②

此外，在一些纪传体史书中，作者还十分注意记载社会中下层人士的事迹。如《明史窃》设置"循吏""能吏""廉吏""久任吏""教职""掾吏"等列传，重视对基层官吏事迹的记述。如在《能吏传》中，针对官场上贪风日炽，他选择了一些"居官清正，平易近民"的守令加以表彰。又如《明史概》在《逊国臣传》"逃野诸公"中则记载诸如川中补锅匠、东湖樵夫、云庵和尚、乐清樵夫、云门僧等平民事迹。再如《名山藏》中的《关柝记》专记一批低级官员忠于朝廷、直言敢谏、廉洁为民的事迹。《高道记》记陶宗仪、杨维桢、文征明、唐寅等一批名士事迹。《本士记》记"读书怀孤独之行而身孝悌"的君子事迹。《本行记》记行为举止符合道德规范的士大夫、闾巷小民的事迹。《艺妙记》记书法家、画家的事迹。《货殖记》则仿《史记·货殖列传》，记七位富而好施之士事迹。总之，这些史家在作史时汲取了司马迁《史记》的人民性和

---

① 许重熙：《嘉靖以来注略序》，《四库禁毁书丛刊》《史部》5，第5页。
② 计六奇著，魏得良、任道斌点校：《明季北略》卷23《论明季致乱之由》，中华书局2010年版，第682页。

大众化的特点，把写史的目光投向了广大的社会各个阶层。

由于私家修史所受的种种局限，史家境遇各异，加之鼎革之际时局动荡，因此，所修史书确实存在诸多问题。总结起来，主要有以下几点。

（1）所载史实缺略。如《明书》万历以前记载较详，而泰昌以后记载多有缺略。其中，《怀宗端皇帝本纪》寥寥数笔，未能全面记述军国大事。在列传中，晚明一些重要人物如李成梁、袁崇焕、徐光启、黄道周等或缺略，或列于目录而未成传。另有一些篇目仅列目而无文。又如《石匮书》中有些篇目寥寥数语，敷衍成篇。如其中《靖难死谏列传》仅用不足 40 字记余逢辰在靖难兵起时"泣谏死之"，用 50 余字记杜奇极谏燕王"当守臣节"而被杀之事。《孝子列传》仅记樵夫董福儿为父报仇，李壮丁儿以身救母的事迹。再如《明史纪事本》对明初为巩固封建统治而采取的重要政治制度，缺乏详尽记载。对一些重大历史事件如郑和下西洋等竟未立目，对明满关系和南明史迹采取回避态度等。《名山藏》中的《方技传》仅记天文历算和医学之士及卜筮、占星、算命之人，而漏记李时珍、徐光启等大科学家的事迹。诸如此类，不一而足。

（2）体例不完备。在一些纪传体史书中没有设表，致使本可精简的内容繁复。有的没有设志，使该记的典章制度缺漏。

（3）人物分类失当。如《明史概》《开国臣传》中夹杂着逸民、孝子、义士等下层平民事迹。又如《罪惟录》没有为明末有较大影响的袁崇焕、阮大铖两人设立专传，而将其放入《列朝诸臣逸传》中。在其《叛逆列传》中，将锦衣千户王臣与太监王敬与邓茂七、叶宗留放在同一传中。再如《明书》将辅佐燕王参与靖难之役的张玉、谭渊放入《乱贼传》中，与唐赛儿同列。而朱能、邱福与张玉、谭渊都同时为燕王效力，却被列入《武臣传》。

（4）有些史书互相抄袭，缺少必要的考证、剪裁和熔铸的功夫。有的史书成书于匆忙之间，前后重复、矛盾。对此，明末清初，一些史家有过不少评价。如李维桢指出：明代野史"或失之寡闻，或失之好异，或失之偏信，甚至以馋口修却"。① 谈迁也认为：明代野史"见闻或失之臆，体裁或失之偏，记载或失之略"。② 这些评价确实是中肯的。但据此

---

① 李维桢：《大泌山房集》卷 8《史料序》，《四库全书存目丛书》《集部》150，第 466 页。

② 俞应益：《国榷序》，《国榷》卷首，北京古籍出版社 1958 年版。

从根本上否定明末清初私家修史的成就，则显然有以偏概全之嫌。

第十一节　清初两次史案及对私家修史的影响

全祖望在其《鲒埼亭集》中有"江浙两大狱记"，分别记载了庄廷鑨明史案（以下简称庄案）和戴名世"南山集"案的始末。全氏之所以将两案放在一起记载，除了"盖为妄作者戒"① 之外，可能还因为两案均与著史有关。

一

庄案发生在清初顺治末年至康熙初年，案主庄廷鑨是浙江吴兴南浔镇富豪。顾炎武称其："目双盲，不甚通晓古今，以史迁有'左丘失明，乃著《国语》'之说，奋欲著述。"② 翁广平也称其："年十九拔贡，目旋盲。"③ 查继佐则称其"尝重赀购得朱平涵（朱国祯号）先生《史概》逸本二十卷。……生无所嗜好，必手求此书。久之因劳失明，就医数百里外，犹闭目引史学充左右，令人口诵不休也"。查氏还请人致意"吾当代草，可以愈病"。④ 据此，钱茂伟认为，顾炎武的"瞀史"说是不成立的。他说："庄氏并非一开始就双目失明，他是为了作史，操劳熬夜太多才引起视力减退的，而当时的医疗条件又跟不上，最后导致双目失明。"⑤ 这个分析是有道理的。

全祖望称："明相国乌程朱文肃公尝著《明史》，举大经大法者笔之，已刊行于世，未刊者为《列朝诸臣传》。国变后，朱氏家中落，以稿本质千金于庄廷鑨。廷鑨家故富，因窜名己作刻之，补崇祯一朝事。"⑥ 查继

---

① 全祖望：《鲒埼亭集》内篇卷 22《江浙两大狱记》，参见朱铸禹《全祖望集汇校汇注》，上海古籍出版社 2000 年版，第 1168 页。

② 顾炎武：《顾亭林诗文集》卷 5《书吴潘二子事》，中华书局 1983 年版，第 115 页。

③ 翁广平：《书湖州庄氏史狱》，参见《查继佐年谱》附录，中华书局 2006 年版，第 153 页。

④ 查继佐：《东山外纪》，参见沈起《查继佐年谱》附录，中华书局 2006 年版，第 115 页。

⑤ 钱茂伟：《明代史学历程》第二十章"清初遗民的明史编纂"，社会科学文献出版社 2003 年版，第 443 页。

⑥ 全祖望：《鲒埼亭集》内篇卷 22《江浙两大狱记》，参见朱铸禹《全祖望集汇校汇注》，第 1168 页。

佐称："《史概》行世者半，半以忌讳不行，秘本也。子相（案：庄氏字子襄）延三数知己，穷日夜之力，纂次磨对。"① 可见，庄氏并不是简单的购书、刻书，而是在购得的《史概》基础上，延请一些史家"纂次磨对"，并补充崇祯朝史实。书编成后，题为《明史纪略》。据载："《明史纪略》为九千几百余叶，有纪传，无太子诸王传，体又以官分。列朝后论皆出铁，间其父一与。"② 可见，各帝纪后的论，皆出于庄氏父子，廷铁虽盲，但他可以口授。

顾炎武很看不起庄廷铁，称"方庄生作书时，属客延予一至其家，予薄其人不学，竟去"。称其"不甚通晓古今"。③ 实际上，庄廷铁组织编纂明史之功不可一概抹杀，对此笔者颇同意钱茂伟在其《明代史学历程》中的论述。在此不再赘述。

庄氏纂修明史之所以酿成大祸，主要是因为站在明人的立场上，对前人史稿进行增补，而没有顾及清廷的忌讳。《范氏记私史事》记庄氏致祸之由称：其书"赞扬故明，毁谤本朝，呼清太祖为某氏之子，呼本朝为后金，呼尚王、耿王为尚贼、耿贼"。④ 所记虽不详尽，但由此可见其端倪。

从表面上看，庄案是贪官原乌程令吴之荣借机敲诈勒索引起的偶发事件，实际上这是清廷借此打压江南地区文士一系列举措的延续。因为江南是明清鼎革之际抗清斗争最为激烈的地区，这个地区的士人民族意识非常浓厚，许多知识分子对新朝持对抗或不合作态度。正如梁启超所云："那时满廷最痛恨的是江浙人，因为这地方是人文渊薮，舆论的发纵指示所在，反满洲的精神到处横溢。"又说："（清廷）觉得用武力制服那降将悍卒没有多大困难，最难缠的是一班念书人，尤其是少数有学问的人。因为他们是民众的指导人，统治前途（的）暗礁，都在他们身上。"⑤ 为此，清统治者对这一地区士人采取了高压政策。如顺治十四年（1657）的科场案，借机杀掉江南主考官等二十余人，"把成千上万的八

---

① 查继佐：《东山外纪》，参见沈起《查继佐年谱》附录，中华书局2006年版，第115页。
② 沈起：《查东山年谱》，顺治十八年张涛注，中华书局2006年版，第53页。
③ 顾炎武：《顾亭林诗文集》卷5《书吴潘二子事》，中华书局1983年版，第116页。
④ 转引谢国桢《晚明史籍考》卷16《史狱》，华东师范大学出版社2011年版，第710页。
⑤ 梁启超：《中国三百年学术史》二《清代学术变迁与政治的影响》，东方出版社1996年版，第18页。

股先生吓得人人打噤"。① 顺治十七年（1660）给事中杨雍建言："今之妄立社名纠集盟誓者，所在多有，而江南之苏州、松江，浙江之杭、嘉、湖为尤甚。其始由于好名，因之植党。请饬学臣严禁。"顺治下旨"严行禁止。"② 顺治十八年（1661）发生的奏销案，苏、松、常、镇欠赋的文武绅衿 13517 人被指为"抗粮"，既而全部褫革，发本处枷责。同年发生的苏州"哭庙案"，斩杀诸生金人瑞、倪用宾等人。庄史案也始起于此年，这并非偶然，当朝廷闻之此事，自然又找到一个打压江浙士人的良机，于是便以极其残酷的手段诛杀庄氏及资助刊刻《明史纪略》的朱佑明两家年满 15 岁以上以及参与编纂、作序、列名参订、刻书、买书、办事舞弊的官员 70 人，其中 18 人被凌迟。而庄廷钺死于案发前，遭掘墓焚骨，更有一百余亲属被流放为奴。

二

清廷借庄案以镇压江南地区士民的反抗，巩固其统治，对江南士民自然起到了威胁震慑的作用，同时对清初私家修史也产生了不小的影响。

首先是残忍杀害吴炎、潘柽章等一批才俊，震慑私修明史者，迫使一些士人放弃私修明史的打算。至庄案发，吴、潘合撰《明史记》仅成十之六七，因两人名列《明史纪略》参阅者，因此受株连惨遭杀害。戴笠称："庄氏书以故阁臣朱国桢（祯）《史概》为粉本，自与茗士共足成之，刻成，两人未尝寓目，徒以名重，为所撝引，遂罹惨祸。天下既惜两人之才，更痛其书之不就并已就者亦不传。"③ 可见两人并没有直接参与纂修《明史纪略》，仅因名重被列入参阅者名单而惨遭杀害，而所修成的《明史记》部分书稿也没有流传于世。吴、潘等无辜被杀，对顾炎武的刺激是强烈的。他为此专门作诗祭奠吴、潘二人："露下空林百草残，临风有恸莫椒兰。韭溪血化幽泉碧，蒿里归魂白日寒。一代文章亡左、马，千秋仁义在吴、潘。巫招虞殡俱零落，欲访遗书远道难。"④ 他原本已经收集了大量有关明史的史料，并有撰写明史的打算，自庄案后修史

① 梁启超：《中国三百年学术史》二《清代学术变迁与政治的影响》，第 19 页。
② 蒋良骐：《东华录》卷 8《顺治十七年》，齐鲁书社 2005 年版，第 120 页。
③ 戴笠：《潘柽章传》，参见《四库禁毁书丛书》《史部》7，《松陵文献》篇首附录，第 3 页。
④ 顾炎武：《亭林诗集》卷 4《汾州祭吴潘二节士》，引自《清代诗文汇编》第 42 册，上海古籍出版社 2010 年版，第 603 页。

意志逐渐消沉。他在给潘柽章之弟潘耒的信中说："吾昔年所蓄史事之书，并为令兄取去，令兄亡后，书既无存，吾亦不谈此事。久客北方，后生晚辈益无晓习前朝之掌故者。令兄之亡十七年矣，以六十有七之人，而十七年不谈旧事，十七年不见旧书，衰耄遗忘，少年所闻，十不记其一二。又当年牛、李、洛、蜀之事，殊难置喙。退而修经典之业，假年学《易》，庶无大过，不敢以草野之人，追论朝廷之政也。"①

另名列参阅者名单中的还有陆圻，他也曾私纂明史。据清初徐开任《明名臣言行录》记载，清初修明史者有三家，其中之一是陆圻。谢国桢先生认为，现存于南京图书馆的传抄本《陆子史稿》二册"为其所撰史稿，存食货志、舆服志，及杂记明季三案及弘光、隆武朝遗事，与圻所撰纤言多同。"② 证明陆圻确实修过明史。庄案中因其与查继佐等"检举留案"而免于被杀。陆圻出狱后则看破红尘，自称："余自分定死，幸而得保首领，宗族俱全，奈何不以余生学道耶？"于是云游四方，"不知所之"。③

其次是摧毁了一些珍贵文献：庄案除直接摧毁已刊印的《明史纪略》外④，还摧毁了正在编修中的《明史记》。此外，还毁掉了不少珍贵的史料。据戴笠称："私家最难得者实录，柽章鬻产购得之，而昆山顾炎武、江阴李逊之、长洲陈济生皆熟于典故，家多藏书，并出以相佐。"又称："间出其稿质之钱宗伯谦益，谦益大善之，叹曰：'老夫耄矣，不图今日复见二君。绛云楼余烬尚在，当悉以相付。'连舟载其书归。"⑤ 顾炎武也称："二子所著书若干卷，未脱稿，又假予所蓄书千余卷尽亡。"⑥ 可见，被毁掉的史料中包括钱谦益绛云楼大火后残余的书籍和顾炎武提供的千余卷材料，还包括李逊之、陈济生等提供的藏书。

① 顾炎武：《亭林文集》卷4《与次耕书》，中华书局1983年版，第79—80页。

② 谢国桢：《晚明史籍考》卷1《通纪》，华东师范大学出版社2011年版，第14—15页。

③ 全祖望：《鲒埼亭集》内篇卷26《陆丽京先生事略》，参见朱铸禹《全祖望集汇校汇注》，上海古籍出版社2000年版，第483页。

④ 今保存残本二册，署名《明史钞略》（收入《四库丛刊》三编），存《神宗本纪》3卷，《光宗本纪》1卷，《熹宗本纪》2卷，《李成梁》《戚继光》列传1卷，传后论皆始以"庄铉曰"三字，《释教列传》1卷。

⑤ 戴笠：《潘柽章传》，参见《四库禁毁书丛书》《史部》7，《松陵文献》篇首附录，第3页。

⑥ 顾炎武：《亭林文集》卷5《书吴潘二子事》，中华书局1983年版，第116页。

据朱彝尊记载，史狱之后，时人视明季史书如蛇蝎，避之唯恐不及。"先太傅赐书，乙酉（顺治二年）兵后，罕有存者，子年十七，从妇翁避地六迁，而安度先生九迁，乃定居梅会里，家具率一艘，研北萧然，无书可读。及游岭表归，阅豫章书肆，买得五箱，藏之满一楼。既而客永嘉，时方起《明书》之狱，凡涉明季事者，争相焚弃。问囊所储书，则并楼亡之矣。"① 同时，也促使一些史家把研究的目光转向旧史的改编和续写，正如金毓黻先生所云："吴炎、潘柽章、庄廷钺之徒，以修明史受祸，后遂相戒而不为。特撰史之风，不能因此而杀，于是避近代，而转趋前古，怯于创作，而转勇于改修，不敢谈治乱兴衰，而转考典章制度。"②

显然，庄史案对清初私修明史具有一定程度的遏制作用，但即使如此，明朝一些遗民仍然念念不忘故国历史。直接罹祸而幸免于难的查继佐于康熙二年（1663）被释放后，继续《罪惟录》的撰写。康熙十四年（1675），查氏75岁时完成《罪惟录》的撰写。吴、潘二人在纂修《明史记》时曾邀戴笠撰写明末农民起义之事，庄案后，戴笠继续完成《流寇长编》的撰写。康熙十年（1671），计六奇完成《明季北略》和《明季南略》的著述。康熙十二年至十七年（1673—1678）王夫之撰成《永历实录》。康熙十五年（1676），黄宗羲完成《明儒学案》的撰写。康熙十八年，邹漪撰成《明季野乘二集》等。阚红柳认为："庄氏史狱确给清初私家修史造成了恶劣影响，但对其破坏程度作定论时仍应慎重。毕竟，史狱的爆发带有一定的偶然性，与此后雍正、乾隆朝的文字狱相比，庄氏史狱并非清朝统治者对知识界刻意吹求，有心罗织；当时统治政策基本上仍然以怀柔为主，官方惩戒并不是主要针对私家修史……蓬勃发展的清初私家修史，亦未因此中断。"③ 这个分析是很有道理的。

三

戴名世的《南山集》案发生在康熙亲政晚期，距离庄史案已有50年左右。戴名世，生于顺治十年（1653），江南桐城人。青少年时以擅长古

---

① 朱彝尊：《曝书亭集》卷35《曝书亭著录序》，商务印书馆1935年版，第440—441页。

② 金毓黻：《中国史学史》第七章"唐宋以来之私修诸史"，商务印书馆1957年版，第213页。

③ 阚红柳：《庄氏史狱与清初私家修史》，《辽宁大学学报》2007年第3期。

文而名声大噪，53 岁考中举人，57 岁考中进士，为翰林院编修。他很早就以修明史为己任，自称："余夙昔之志，于明史有深痛焉，辄好问当世事，而身所与士大夫接甚少，士大夫亦无有以此为念者，又足迹未尝至四方，以故见闻颇寡，然而此志未尝不时时存也。"又称："终明之事，三百年无史，金匮石室之藏，恐终沦散放失，而世所流布诸书，缺略不详，毁誉失实。嗟乎！世无子长、孟坚，不可聊且命笔。鄙人无状，窃有志焉。"① 因此立下了"欲上下古今，贯穿驰骋，以成一家之言"② 的宏大愿望。为此他广游燕赵、齐鲁、河洛并江苏、浙江、福建等地，访问故老，考证野史，搜求明代逸事，不遗余力。自称："生平尤留意先朝文献，二十年来，搜求遗编，讨论掌故，胸中觉有百卷书，怪怪奇奇，滔滔汩汩，欲触喉而出。而仆以为此古今大事，不敢聊且为之，将欲入名山中，洗涤心神，餐吸沆瀣，息虑屏气，久之乃敢发凡起例，次第命笔。"③ 但终因"书籍无从广购，又困于饥寒，衣食日不暇给"④ 而未能如愿。今见于其文集中有人物传记、墓志铭 60 余篇，有《孑遗录》记明末清初桐城遭受兵燹的始末。有《崇祯癸未榆林城守纪略》《崇祯甲申保定城守纪略》《弘光乙酉扬州城守纪略》和《弘光朝伪东宫伪后及党祸纪略》四篇等。

康熙四十一年（1702），戴名世的弟子尤云鹗把自己所藏钞戴氏古文百余篇刊刻行世。由于戴氏宅居里中南山岗，遂命名为《南山集偶抄》，即《南山集》。戴氏对收入集中的文章并不十分满意，他说："今吾所为文随笔直写，未经锻炼，箧中所存皆草稿而已。吾方欲买山深隐，细加择别更定，而后敢出以问世。"⑤ 正因为集中文章"未经锻炼"，也未"细加择别更定"，因此埋下了隐患。对此戴氏是有警惕和预感的。他在所作《朱铭德传》中记载："康熙初，乌程庄氏有《明史》之役，引述旧文，语有触忌讳，坐死者数千人。铭德亦与分纂，而卷不列姓名，以

①　戴名世著，王树民编校：《戴名世集》卷 1《与余生书》，中华书局 1986 年版，第 2—3 页。

②　《戴名世集》卷 3《初集原序》，第 59 页。

③　《戴名世集》卷 1《与刘大山书》，第 11 页。

④　《戴名世集》卷 1《与余生书》，第 2 页。

⑤　《戴名世集》附录《南山集尤云鹗跋》，第 453 页。

故独得免。”[①] 说明他对庄史案的惨烈记忆犹新。他在给刘大山信中称：“今年冬，有金陵门人欲锓仆古文于板，仆古文多愤世嫉俗之作，不敢示世人，恐以言语获罪。”[②] 然而，他对尤云鹗刊刻其文采取了听之任之的态度，因此集中有许多所谓的“狂悖之语”，触犯了清朝统治者的禁忌。如集中“与余生书”云：“昔者宋之亡也，区区海岛一隅如弹丸黑子，不踰时而又已灭亡，而史犹得以备书其事。今以弘光之帝南京，隆武之帝闽越，永历之帝两粤、帝滇黔，地方数千里，首尾十七八年，揆以春秋之义，岂遽不如昭烈之在蜀，帝昺之在崖州，而其事渐以灭没?”直接写出了南明政权弘光、隆武、永历三朝年号，又将南明小王朝与三国时期偏居蜀中的蜀汉、南宋末年退守崖州的宋帝昺相提并论。又如集中《郭烈妇传》中称：“嗟乎！海岱之间，自明时多公卿贵人，冠盖相望，及易代之际，左公箩石而外，卖国叛故主者多矣。”[③] 在《吴江两节妇传》中称：“吾尝读《顺治实录》，知大兵之初入关也，淄川人孙之獬即上表归诚，且言其家妇女俱已效国装。之獬在明时官列于九卿，而江淮之间，一介之士，里巷之氓，以不肯效国装死者，头颅僵仆，相望于道，而不悔也。”[④] 在《画网巾先生传》中记载：“顺治二年，既定江东南，而明唐王即皇帝位于福州。其泉国公郑芝龙阴受大清督师洪承畴旨，弃关撤守备，七闽皆没，而新令薙发更衣冠，不从者死。于是士民以违令死者不可胜数。”[⑤] 直截了当地揭露了清朝在东南地区推行薙发更衣令的残酷。这些言论毫无疑问触动了清朝统治者敏感的政治神经。集中还采录方孝标《滇黔纪闻》所记事，《滇黔纪闻》为方氏晚年追录宦游滇黔的所见所闻，多记滇黔风景，兼及桂王时事，书中采用永历等年号。

《南山集》一经问世，即风行江南各省。正是这本书，使戴名世招致杀身大祸。康熙五十年（1711）十月，都察院左都御史赵申乔据《南山集》奏参：“乃有翰林院编修戴名世，妄窃文名，恃才放荡。前为诸生时，私刻文集，肆口游谈，倒置是非，语多狂悖。逞一时之私见，为不经之乱道。……今名世身膺异数，叨列巍科，犹不追悔前非，焚削书版，

---

① 《戴名世集》卷7《朱铭德传》，第209页。
② 《戴名世集》卷1《与刘大山书》，第11页。
③ 《戴名世集》卷8《郭烈妇传》，第223页。
④ 《戴名世集》卷8《吴江两节妇传》，第226页。
⑤ 《戴名世集》卷6《画网巾先生传》，第168页。

似此狂诞之徒，岂容滥厕清华！……仰祈敕部严加议处，以为狂妄不谨之戒。"① 康熙帝闻奏命刑部"严察审明具奏"。② 结果是戴名世被处斩，妻子赦免为奴，当隶旗籍。方孝标已死被戮尸，其子登峄、云旅，孙世樵从宽免死，与妻子充发黑龙江。曾为《南山集》作序的方苞先被判了死刑，后被赦免，并以布衣身份入值南书房。还有一批官员受到惩处。《南山集》案的惩处力度显然比庄氏史案要宽松得多。一是因为此时清朝的统治较庄案发生时已十分牢固，不必再通过株连滥杀以树威和示警。二是康熙帝对处理此案采取宽大、审慎的态度。雍正帝当时在潜邸为雍亲王时洞悉此案情形，认为"《滇黔纪闻》中尊崇弘光、隆武、永历年号，《南山集·与余生书》中有'弘光之帝南京'数句，虽皆非臣子之所宜言，实无悖逆之语，当时刑部覆旨，亦未谓此外更有违碍之词"。③ 故于雍正元年下诏凡此案牵连隶旗籍者，尽得释归。

清廷对于《南山集》案的惩处尽管比较宽松，但其对私修明史者的警示和威慑作用仍然是强烈的。全祖望在《萧山毛检讨别传》和《书毛检讨忠臣不死节辨后》揭露了毛奇龄一件丑闻。萧山教官卢镇远有恩于毛奇龄，曾与之讨论作《续表忠记》，毛奇龄并为该书作序。"已而京师有戴名世之祸，检讨惧甚，以手札属镇远之子曰：'吾师所表章诸忠臣，有干犯令甲（即法令）者，急收其书，弗出也。'其子奉其训惟谨。乃检讨惧未止，急作此辨，而终之曰：'近有作《续表忠记》者，猥以长平之卒，滥充国殇，而假托予序。恐世之人不知，将谓不识名义自我辈始，故不可无辨。"全祖望痛斥毛奇龄说："检讨不过避祸，遂尽忘平日感恩知己之旧，斯苟稍有人心，必不肯为。而由此昌言古今忠臣原不死节。夫负君弃国，与夫背师卖友，本出一致。"④ 由此可见惨烈的文字之祸，使一些学者望而生畏，致使毛奇龄忘恩负义、公然否定自己为《续表忠记》作序。学者戴廷杰指出："文祸方震天下，股慄畏陷阱，伤义以避

---

① 无名氏：《记桐城方戴两家书案》附注，参见《戴名世集》附录，中华书局1986年版，第483页。

② 《清圣祖实录》康熙五十年十月丁卯条，中华书局1988年版。

③ 《戴名世集》附录《记桐城方戴两家书案》，第482页。

④ 全祖望：《鲒埼亭集外编》卷33《书毛检讨忠臣不死节辨后》，参见朱铸禹《全祖望集汇校汇注》，上海古籍出版社2000年版，第1432页。

网，岂独毛奇龄一人而已哉?"①

有人称自《南山集》案后，私修明史告止。实际上与庄氏史案一样，《南山集》案的爆发也带有偶然性，并非清廷的故意罗织并借此以打压私修明史者，因此它的负面影响仅限于一时。以后纂修明史，尤其是纂修南明史的仍不绝如缕。如处于康乾之间的全祖望不惧文字之祸，为明末清初的历史人物撰写了大量墓志传状，真实、生动地记载了明末社会各阶层抗清斗争的悲壮情景，表彰了如孙嘉绩、钱肃乐、张煌言、史可法、黄宗羲、顾炎武等一大批抗清忠烈之士的事迹。无情地揭露、鞭挞了谢三宾、毛奇龄等人丧失士节的丑恶行为。同时记载了如黄宗羲、顾炎武、李颙、何焯、查慎行、傅山、万斯同、刘献廷、李绂等在学术上有突出贡献的学者的事迹。对此，刘光汉作过这样的评价:"祖望性伉直，负气忤俗，彰善绝恶，有明末节士遗风。"又说:"雍、乾以降，文网森严，偶表前明，即膺显戮，致朝多佞臣，野无信史，其有直言无隐者，仅祖望一人。直笔昭垂，争光日月，可谓步南、董之后尘者矣。"② 再如李天根于乾隆十二年至十三年辑有《爝火录》载甲申以后南明福、潞、唐、桂、鲁诸王事迹等。

总而言之，康熙朝前期和后期兴起的两次史狱的惨烈事实对私家修史者心灵上的冲击是剧烈的，它在一定程度上遏制了私家修史者的热情，客观上造成一些修史计划的中止，并导致一些史料和已经修成的史书的毁灭。当然，它并没有从根本上阻遏史家对明史，尤其是南明史编修的进程。

---

① ［法］戴廷杰:《戴名世先生年谱》康熙五十一年条，中华书局2004年版，第923页。

② 刘光汉:《全祖望传》，参见朱铸禹《全祖望集汇校集注》附录，上海古籍出版社2000年版，第2727页。

第三章　明末军事史的编纂

引　言

　　自明朝建立以来，就面临着北部残元势力和东南沿海地区倭寇的困扰。明朝中后期，在东北地区，女真建州部的崛起成为困扰明朝北部边疆稳定的一个大问题；在南部，倭寇的侵扰，西方葡萄牙、西班牙、荷兰等殖民势力的东来，更加剧了明朝的边疆危机。尤其是明末农民大起义从根本上动摇了明王朝的统治。面对内忧外患，从嘉靖以来，一些官员和学者纷纷把研究的目光对准与时务密切相关的军事史地的编纂和研究上。据《中国兵书总目》（国防大学出版社 1996 年版）所载，明代著录的兵书达 1165 部，现存 748 部。这些军事著作，有的是对明朝之前兵书的注释、批注、点评，如刘寅《七书直解》《集古兵法》、吴从周《兵法汇编》、郑璧《古今兵鉴》等；有的是总结古代军事斗争经验，结合自身的实践经验而撰写的军事理论著作，如戚继光《纪效新书》、茅元仪《武备志》、郑若曾《筹海图编》、王在晋《海防纂要》等；有的是专记某一时期军事斗争或某一重大军事行动的著作，如瞿九思《万历武功录》、茅瑞征《万历三大征考》、李化龙《平播全书》、徐宗鲁《松寇纪略》、赵汝谦《平黔三记》等。向燕南又据王庸《中国地理图籍丛考》（商务印书馆 1940 年版）做过统计，该书正、附录所著录的有关南北边防图籍著作达 388 种之多。此外，还有大量兵书没有著录，因此他认为："若将所有的这些著作全部考虑进去，那么明代有关边防史地的图籍著作在整个史部中显然已经构成一个'泱泱大国'。"并指出："其中绝大多数的著作是撰述于嘉靖、万历或稍后边防形势日益严峻的时期。"① 这些军事著作的撰写或着眼于以古鉴今，或记录当代军事斗争的历史和总结经验教训，或颂扬明朝的文治武功，以达到振奋人心，拯救危局的目的，体现了鲜明的以史经世的思想。

早在嘉靖三年（1524）郑晓任兵部主事时，"就省中罗九朝故牍阅之，凡天下阨塞、士马虚实强弱之教，尽考覆而得其故。大司马金公素重公，属之曰：'子好学，幸为我著《九边图》。'公于是属稿，为撰次《图志》三十卷"。② 由此开了明代边防史地研究的先河。可惜该书未及刊印，原稿毁于火。以后又陆续出现许论《九边图论》、魏焕《九边考》、尹耕《塞语》、高拱《边略》、刘效祖《四镇三关志》等著述以及郑若曾《筹海图编》和《郑开阳杂著》、吴时来《江防考》、邓钟《筹海重编》等海防军事史著述。

万历以来，明朝面临的内忧外患更为严重。正如翰林院修撰王家屏于万历十八年上书所言："迩年以来，天鸣地震，星陨风霾，川竭河涸，加以旱潦蝗螟，疫疠札瘥，调爕之难莫甚今日。况套贼跳梁于陕右，土蛮猖獗于辽西，贡市属国复鸱张虎视于宣、大。虚内事外，内已竭而外患未休；剥民供军，民已穷而军食未裕。"③ 吕坤在万历二十五年五月给皇帝上书中也云："今天下之势，乱象已形，而乱势未动。天下之人，乱心已萌，而乱人未倡。今日之政，皆播乱机使之动，助乱人使之倡者也。"④ 面对异常严峻的形势，一些官员和学者继承了前人编纂军事史的传统，企图通过明朝军事史的编纂和总结古代军事斗争的经验教训，起到颂扬武功，振奋人心，以古训今的作用，为当下消弭内忧、抵御外患提供经验教训。这些作者中不少是以文臣担任武职的，或做过兵部尚书、兵部各司主事、兵部郎中，或做过总兵、经略使等。也有一些举人、秀才。他们有的凭借得天独厚的条件接触大量与军事相关的诏诰、章奏和文件、档案，利用公务之余，将之编纂成书。有的亲身经历战事，将之记录下来。有的虽与军事无缘，但出于忧国忧民的强烈意识，广搜博采，

---

① 向燕南：《明代边防史地撰述的勃兴》，《北京师范大学学报》2000 年第 1 期。
② 张萱：《西园闻见录》卷八《著述》，（台北）华文书局 1940 年版，第 795 页。
③ 《明史》卷 217《王家屏传》，中华书局 1997 年版，第 5728 页。
④ 《明史》卷 226《吕坤传》，第 5937 页。

编纂军事史著作，以达到强兵御敌的目的。他们编纂的军事史著作，依据史料大都真实可信，对野史中的相关记载，有的作者还进行了必要的考证。因此具有重要的史料价值。

迄今关于明末清初军事史编纂的研究尚未引起学界的足够重视。杨艳秋在《明代史学探研》第六章"明代史学有关问题综述"第四节"经济史、军事史著述简述"中，以较短的篇幅简介了《皇明驭倭录》《武备志》等军事著作，失之过略。个案研究中，孟凡云《〈万历武功录〉研究》（中央民族大学出版社 2008 年版）、赵娜《〈武备志〉研究》（博士学位论文，华中师范大学，2013 年）是比较系统而深入的研究成果。而其他军事史著作，多无人涉猎，即使偶有几篇论文涉及，也多缺乏深度。因此有必要进行深入研究。

第一节 "广朝士之见，正野史之谬"
——王士骐撰《皇明驭倭录》

王士骐（1554—?），字冏伯，明太仓（今江苏苏州太仓）人，王世贞之子。万历十年（1582）举乡试第一，万历十七年（1589）进士，历任兵部车驾司主事、吏部员外郎。万历三十一年（1603）冬，京城暗行传布《续忧危竑议》，其中言及万历帝欲易太子事，后被称为"妖书"。"此时仇隙互讦，疑鬼盈车，上下惊猜。"① 士骐受此株连，削去官职，被捕入狱。出狱后，虽经人屡次举荐，但终究没有复起。一生勤于著述，先后撰有《晋史》《四侯传》《醉花庵诗》《皇明驭倭录》（以下简称《驭倭录》）等。

《驭倭录》虽没有明确说明作于何时，但从其"小序"署名"兵部车驾清吏司主事王士骐谨序"可知应始作于其任兵部车驾司主事期间。此前他目睹了家乡苏州太仓等地屡遭倭寇侵扰祸害的经过，因此"尝戒心于倭矣，毁家享士，勃然有乘风破浪之思"，后来"倭氛弥炽"，遂"独闭门却扫而成是书"。② 平日里他阅读了薛俊的《日本国考略》及王

---

① 刘若愚：《酌中志》卷2《忧危竑议后纪第二》，北京古籍出版社1980年版，第15页。
② 王锡爵：《皇明驭倭录》"序"，《四库全书存目丛书》《史部》53，第3页。

文光的《日本国考略补遗》、郑若曾的《筹海图编》。一方面"叹其用意之勤",另一方面又"恨事略者百不得一,而且失真。士大夫不考于先朝之故事,而动以野史为证,则所误多矣"。① 于是采集与明代倭寇事迹相关的"列圣之诏旨,诸臣之章奏,公私创革之始末,中外战守之机宜"编纂成书,认为:"可以酌祖训,可以定庙谟,可以广朝士之见,可以正野史之谬。"②

王士骐在该书"小序"中称:"虽胪列故事,而或与今日东征事机颇相发明。"③ 所谓"东征事机"应指万历二十年至二十五年(1592—1597)的援朝抗日之战。王士骐认为,总结明朝抗倭斗争的历史,可以为当下的东征援朝和抗倭斗争提供经验教训。其经世之用意是明显的。由此可见,《驭倭录》虽然编纂于万历十七八年,但是,从该书记事迄于万历二十四年(1596)可知,该书应成书于援朝抗日之战后,即万历二十五年后。王锡爵在该书"序"中也称:"余病免归,而廷议益哗,主款主战,各坚其说,卒汗漫不可收拾,以至于今。余窃两疑焉。会驾部冏伯王子手辑一编示余,曰《皇明驭倭录》。"④ 今查《明神宗实录》,万历二十二年(1594)庚子王锡爵"乞休"获准,在这之后方才见到此书。从编书到出示这数年中王士骐可能在不断地补充、修改和完善。

《驭倭录》编年记事,共 9 卷,附录 3 卷,是一部明朝抗倭斗争史。起自洪武二年,迄于万历二十四年。详细载录了历朝君臣关于对日关系、防倭、驭倭的相关诏谕和奏疏,记载了历次抗倭斗争的经过。书后附录可分为三部分:一是辑录《后汉书》《三国志》以来历代正史中关于日本历史的记载;二是辑录唐代李白、王维、赵骅、徐巘等相关中日交往的诗歌以及《癸辛杂识》《清波余记》《双槐岁钞》等笔记中有关日本的记载;三是辑录《日本考略》《筹海图编》中所记录的日语词汇及汉语注音。

王士骐在编纂《驭倭录》过程中,不是简单地将相关资料罗列起来,而是对一些史料进行考证。这是该书最具特色之处。在这一点上,他显

---

① 王士骐:《皇明驭倭录》"小序",《四库全书存目丛书》《史部》53,第 4 页。
② 同上书。
③ 同上书。
④ 王锡爵:《皇明驭倭录》"序",《四库全书存目丛书》《史部》53,第 2 页。

然受到其父王世贞所倡导的史贵实、修史贵据事直书思想的影响。王世贞曾指出："国史之失职，未有甚于我朝者也。"本着"史失求诸野"的精神，可以据野史而弥补国史之阙，但野史不可尽信。他认为，野史有"挟郄而多诬""轻听而多舛""好怪而多诞"的弊病。① 王士骐对所引用的野史的材料也是持十分慎重的态度。比如，在《驭倭录》卷1中对所引《殊域周咨录》《筹海图编》中关于胡惟庸指使林贤勾结倭寇密谋叛逆，日本僧人如瑶"来献巨烛，中藏火药兵具，意在图乱"之类的记载是持怀疑态度的。他指出："按两书所载小有异同，而《筹海图编》更为谬，且以左丞相（胡惟庸）为枢密使，野哉若此，何以征后。"又认为："时年（洪武十三年）正月诛胡惟庸，廷臣讯辞第云使林贤下海招倭军，约期来会而已。不至如野史所载。亦不见有绝倭之诏。本年日本两贡无表，又其将军奉丞相书，辞意踞慢，故诏谕中云前年浮辞生衅，今年人来匪诚，不及胡惟庸事，何耶？近年勘严世蕃亦云交通倭虏，潜谋叛逆。国史谓寻端杀之，非正法也。胡惟庸之通倭，恐也此。"②

又如《筹海图编》云："永乐二年上命太监郑和统督楼船水军十万，招谕海外诸番。日本首先纳款，擒献犯边倭贼二十余人，即命治以彼国之法，尽蒸杀之。""永乐九年遣三宝太监王进奉使日本收买奇货。"王士骐指出："按《实录》永乐元年遣使，而二年无郑和，三年遣使有鸿胪寺少卿潘赐、内官王进等，而九年无王进，日本国王献所获倭寇尝为边害者，乃三年中事，而野史误以为二年。四年遣使封其国之山曰寿安镇国之山，立碑其地，而野史亦误以为二年。凡称历年遣使入贡者，考之《实录》十无一合。野史之不足据若此。"至于所云郑和率楼船水军下海迫使日本求和一事，王士骐认为这是无稽之谈。他说："太监郑和之下海，既在日本通贡之后，和亦未尝至日本。详见《星槎胜览》及《太仓州志》。"③

再如《筹海图编》记浙江倭变云："嘉靖十九年，贼首李光头、许栋引倭聚双屿港为巢。二十七年四月都御史朱公纨遣都指挥卢镗、副使魏恭等捣双屿港，贼巢平之，贼首李光头就擒。"而《实录》云："纨奏海

① 王世贞：《弇山堂别集》卷20《史乘考误一》，中华书局2006年版，第361页。
② 王士骐：《皇明驭倭录》卷1，《四库全书存目丛书》《史部》52，第14页。
③ 王士骐：《皇明驭倭录》卷2，《四库全书存目丛书》《史部》53，第33页。

夷弗朗机国人行劫，至漳州界，官军迎击之于走马溪，生擒得贼首李光头等九十六人。"对此，王士骐指出："一李光头也，纵谓擒于闽之走马溪，而《筹海图编》以为擒于浙之双屿港。纵谓弗朗机国人行劫，而《筹海图编》直以为倭党，以柯乔为魏恭，借闽事为浙事。事在嘉靖二十七年，耳目较近而谬悠若此，野史可信乎？"① 而《续吴先贤赞》对此则作这样记载："纵命督将锃、按察柯乔于闽偕出洋中，迹贼至诏安之灵宫澳，合诸军设覆山上下，千舸具进，贼徒兵伏败之，趋船者疾力鏖之，覆溺杀者甚众。擒夷王三人，白番十有六，黑番四十六，皆狞恶异状可骇。贼首贵等一百十二人，妇二十九，斩级三十余。"王士骐指出："按野史载此事大都过情，《续吴先贤赞》为尤甚。盖是诔墓中语，误信而采之耳。耳目所及已尚如此，况千百年事哉。甚哉，执笔之难也。"②

同时他认为，即就《明实录》也存在记载缺漏等问题，可以野史记载相补充。比如对出使日本等国使臣姓名，《实录》"或载或不载"，与野史相比互有缺失，所谓"楚既失之，齐亦未为得也。"③ 他指出："《宪章录》云：永乐二年命通政赵居任使日本，令十年一贡。今按元年十月，日本国王遣使圭密奉表贡物，命礼部宴之，仍命遣使同圭密往赐日本，或他使，或即赵居任，或以元年奉使，而二年还朝受赐。俱不得而知也。至于三年金都御使俞士吉使日本封王，亦载《宪章录》。《实录》遂无可考。"他认为，假若薛俊《日本考略》言之有据："异日修国史者，似宜增入。"④

四库馆臣在评价该书时指出：由于《日本考略》《筹海图编》等"多取野史为证，往往失真"，故该书所录"皆就国史中拈出，然当时奏报亦多掩败为功，欺蔽蒙饰，国史所载，正未必尽为实录也"。⑤ 实际上，王士骐已经注意到《明实录》的不可尽信，他在考证野史记载真伪的同时，对《明实录》的记载也多有怀疑。但对《明实录》所载各种奏报中的"掩败为功，欺蔽蒙饰"现象缺乏深入考证，这不能不说是一个缺憾。

---

① 王士骐：《皇明驭倭录》卷5，《四库全书存目丛书》《史部》53，第57页。

② 同上书，第59—60页。

③ 王士骐：《皇明驭倭录》卷2，《四库全书存目丛书》《史部》53，第33页。

④ 同上。

⑤ 《四库全书总目提要》卷54《史部》10 杂史类存目三《驭倭录》，海南出版社1999年版，第307页。

第二节 寓讽谏于歌功颂德之中
——瞿九思与《万历武功录》

瞿九思（1547—1617）①，字睿夫，又字有道，号慕川，湖北黄梅人。出身于官宦之家，其父瞿晟为嘉靖三十二年（1553）进士，曾以户部主事的身份到江西吉安任职，后任广平知府、太仆寺卿等职。九思 10 岁从父宦吉安，师事于王门江右弟子、著名地理学家罗洪先。15 岁针对严嵩为政，作《定志论》："言权奸柄国，贞良被害。"被称为："指类极广，陈义甚高。"② 指斥朝政。后又师从著名学者耿定向，学业日益长进。曾先后主讲白鹿洞书院、濂溪书院、岳麓书院、石鼓书院等。万历元年（1573）考中举人。次年，黄梅县令张维翰违制摊派苛捐杂税，被百姓聚殴。张维翰诬陷瞿九思倡乱，因此被捕入武昌狱三年。万历五年（1577）又被流放居庸关下，得亲友门人馈赠 200 金，买一妾姚氏并携子北行。途经京师，击登闻鼓并上书鸣冤。恰值京师戒严，恐为逻卒逮捕，于是抵达距京城西百余里的窦德城，寄居在高姓人家。一住就是五年。其间燕蓟学子闻讯前来受学，公卿路过也多"下车见访"。③ 九思在此边讲学，边到京师诉冤。此间，其子瞿甲年十三，"为书数千言，历抵公卿讼父冤"，次子瞿罕也"伏阙上书求宥"。④ 著名学者屠隆专作《讼瞿生书》，遍告朝内外。冯梦祯也将九思冤情告知楚中官员。尤其是得到内阁首辅张居正的援手，九思于万历十年（1582）得以获释。回归乡里后，"凡十八年不与外事"，"闭关著述"。⑤ 瞿九思十分博学，史称："其学原本六经，至古史传记、山经地志、天文图籍、律历算数、稗官野乘，无不搜

---

① 钱茂伟：《明代史学编年考》"瞿九思《万历武功录》"条目称其生卒年为 1545—1615 年，而在同书嘉靖二十六年（1547）下依据瞿罕《聘君始末》标注瞿九思生。在万历四十四年（1616）下标注瞿九思卒。前后不一。孟凡云《〈万历武功录〉研究》经过考证，认为其生卒年应是 1547—1617 年。

② 章学诚：《章氏遗书》卷 25《瞿九思郝敬传》，文物出版社 1985 年版，第 259 页。

③ 瞿九思：《万历武功录》"自序"，《四库禁毁书丛刊》《史部》35，第 391 页。

④ 《明史》卷 228《文苑》四《瞿九思传》，中华书局 1997 年版，第 7391 页。

⑤ 章学诚：《章氏遗书》卷 25《瞿九思郝敬传》，文物出版社 1985 年版，第 259 页。

罗。而本朝国史，时政兴革，利弊尤悉，可适实用，才最敏赡。"① 据《明史·艺文志》所载，九思著有《书经以俟录》6 卷、《诗经以俟录》6 卷、《孔庙礼乐考》5 卷、《万历武功录》14 卷、《瞿九思文集》75 卷等。又据《章氏遗书》所载，其平生所著有 20 余种。目前，流传下来的有《万历武功录》《六经以俟录》中的三部，《仁统实用编》《蓄艾编》《拟幽赞录》等。② 万历三十七年（1609）湖北巡按御史史学迁上疏推荐他，朝廷任命他为翰林院添注待诏，九思作《陈情书》"力辞不受"，皇帝诏令每年"给米六十石，终其身"。③ 后主持江汉书院。卒年七十一。

早在万历五年（1577）瞿九思被流放居庸关下，寓居京西窦德城期间，他就产生了撰写《万历武功录》的念头。他一方面继续向朝廷鸣冤，另一方面则把主要精力用在收集资料、筹划著书立说上。他曾改姓陈氏，"往往骑一驴，或附载大车中，微服入京师"。"日走礼部前正阳门外双塔寺演象所左右，从康、王、陈、李诸书肆穷搜索，每三日为一至，至即移日，甚或至夜分乃去。诸书贾殊厌苦之。"④ 并收买官宦缙绅之家收藏的有关边事的书籍。还通过朋友抄录六科保存的"日纪载纶音簿籍"，并与抄报所报章相核对，使其无缺遗。经过七八年的搜罗，基本搜罗齐备。同时向任职边地的友人询问"羌虏倭蛮名籍事状"。可惜的是，万历十六年（1588）冬所得"羌若倭朝保事状"毁于火灾。⑤

在《万历武功录》"自序"中，作者所署时间为"万历岁在壬子（即万历四十年）夏五月二十有五日"，《自序》又云："盖三阅岁，乃幸就次。"可知《万历武功录》始撰于万历三十七年（1609）。这一年，九思力辞朝廷任命，专心著述。在撰写该书前，他刻意仿效司马迁、班固笔法，自称："乃市买班、马书以数十，亲点窜至十余"，"无不字模句拟，方缪敢操笔札"。⑥ 经过三年的努力，最终成书。书成后，他本人并不太满意。他说："既就矣，余取自披读，大愧死：'此何者语，乃敢曰

---

① 章学诚：《章氏遗书》卷 25《瞿九思郝敬传》，文物出版社 1985 年版，第 259 页。
② 孟凡云：《〈万历武功录〉研究》第二章"瞿九思及其史学"，博士学位论文，中央民族大学，2005 年，第 30 页。
③ 《明史》卷 288《文苑》四《瞿九思传》，第 7390 页。
④ 瞿九思：《万历武功录》"自序"，《四库禁毁书丛刊》《史部》35，第 392 页。
⑤ 同上书，第 393 页。
⑥ 同上。

列传？'当亟尽投畀烈燧中！"①

瞿九思作此书的最初动机他没有明说，但他身处逆境，欲学司马迁发愤著史之精神，撰写一部传世史著以求文采彰显于后世，可能是其最初的动机。书写成后与其自我期待相差甚远，转而注重其针对现实、讽谏君上、以史为鉴的社会功能。他自称："复自念，方今水旱属频仍，闾阎空竭，有司一不戒，诸群不逞若楚刘汝国、吴罗朝广、越丁仕卿、闽柯守岳……缅甸、夜郎安国亨等率往往陆梁鼓噪，如猬毛而起。"② 他显然看到了社会危机，希望《万历武功录》能"给最高统治阶层敲敲警钟"。③ 因此他借神宗五十大寿之际，献上此书，表面上是为了颂扬万历朝的"武功"，以换取"皇上灵宠"，借此使该书刊刻并广泛流传。正如孟凡云所云："在开始时作者是力图创作一部学术功能和社会功能兼具的传世之作，但在初稿完成后，发现其学术功能无法实现，转而注重其社会功能，希望给当政者以警示和讽谏：为了使讽谏、警示顺利上达，而不致引起统治者的反感，作者打起了歌功颂德、换取皇帝灵宠的旗号，以'献媚'的外衣，包裹了讽谏的真实内容。"④

《万历武功录》共 14 卷，其中卷 1 至卷 6 记载了北直隶、山东、山西、宣大、河南、陕西、南直隶、浙江、江西、湖广、福建、广东、广西、四川、贵州、云南等地农民、矿工、饥民、士兵、白莲教徒及少数民族的"叛乱"经过及主要人物的事迹。卷 7 至卷 14，记载中三边、东三边、西三边少数民族的"叛乱"经过，尤其详于鞑靼、瓦剌、女真首领的事迹。大部分传记记事上起万历初，下讫万历二十八年（1600），有些传记为了追述史事，往往延伸至远古、三代、汉唐、元及明万历前。

《万历武功录》记事具有如下几个特点。

（1）该书主要采用纪传体，同时兼用纪事本末体、编年史体。每篇均以"列传"命名，有些篇目以记载历史人物的事迹为主，如卷 1《叛僧王铎如灯王善列传》《叛民王志孝列传》《哱拜、哱承恩列传》，卷 2

① 瞿九思：《万历武功录》"自序"，《四库禁毁书丛刊》《史部》35，第 393 页。

② 同上书，第 394 页。

③ 钱茂伟：《明代史学编年考》"瞿九思《万历武功录》"，中国文联出版社 2000 年版，第 291 页。

④ 孟凡云：《〈万历武功录〉研究》第一章"《万历武功录》概述"第二节"关于《万历武功录》一书"，博士学位论文，中央民族大学，2005 年，第 10 页。

《李七列传》《流贼杨儒列传》等。有些篇目虽然也以"列传"命名，但带有明显的编年体记事的特点。如卷7、卷8中的《俺答列传》开头追溯了从三代到元朝蒙古族兴起、发展历史，继而从明太祖即位，逐元顺帝始，至万历十一年（1583）止，逐年记载了蒙古右翼三大部——土默特部、鄂尔多斯部、永谢布部的历史。而有的篇目如《缅甸列传》是对缅甸历史的综合论述，《平播州杨应龙列传》则是对杨应龙家族的历史进行综合论述，然后叙述杨应龙在万历年间发动叛乱的始末。这些传记明显带有纪事本末体的特点。

（2）在传末仿《史记》"太史公曰"的形式，作"赞"语，以表明作者对人物、事件的观点和态度，以期对统治者起到劝谏的作用。比如卷1《罗道教侯表列传》"赞"语称："北方独多罗道教乎？然其教与白莲相为上下。久之，遂至为不轨，乱矣。语曰：'献为三群'，而况群数千众，杀牲鼓舞，日务神鬼，安在其不乱也。方是之时，南方尤尚白莲教哉？《孟子》曰：'我亦欲正人心，息邪说，距诐行，放淫辞。'岂谓此与？"[1] 针对罗道教和白莲教鼓动徒众作乱，呼吁统治者要注意端正人心，消灭邪说，反对偏激的行为，驳斥荒唐的言论。再如同卷《饥民王汉臣列传》"赞"云："余尝过三晋，其下山广川狭，民贫土瘠，赋役颇繁，假令岁比丰稔，民犹难之，而况有如水旱，国胡以相恤也？当是时，三晋尤苦虏骑哉。"[2] 直截了当地指出，山西百姓在自然条件如此恶劣的情况下，还要面对政府沉重的赋役和戎狄的侵扰，苦不堪言。卷2《饥民胡佩三列传》"赞"语则云："《春秋》称：'丰年补败，三年耕，余一年之食，九年耕，余三年之食'，凡为国亦当如此。"主张丰年要广积贮，以备荒年。

（3）入传的主要是社会的下层人物和少数民族首领，大部分史料具有独有性。瞿氏撰写《万历武功录》将目标锁定在社会的下层人物和少数民族首领身上。入传的多是矿盗、茶盗、妖僧、叛民、叛兵、饥民、海贼、流贼和蒙古、女真等少数民族首领。而这些人物在正史中大多事迹阙如，或记载简略。尤其是有关蒙古和女真的史料尤显珍贵。如《万

---

① 瞿九思：《万历武功录》卷1《罗道教侯表列传》，《四库禁毁书丛刊》《史部》35，第405页。

② 同上书，第418页。

历武功录》"中三边"各传中详细记载了蒙古各部发展的情况及俺答、扯力克先后为顺义王时率领多部联合西行的路线、过程、明朝的对策以及俺答封贡后明蒙间冲突的情况。再如《万历武功录》"东三边"各传中，记载了辽东地区蒙古左翼各部首领的事迹以及女真族在努尔哈赤兴起前发展的历史。①

《万历武功录》也存在不足，比如在文字的表述上，刻意仿古。使用的地名、职官不用本朝之名，而用汉、宋名称。如称大同为"云中"，称宣府为"上谷"。陈乃乾在《万历武功录》1962 年影印本跋语中指出："《明史》说他的'文章不雅驯'，就这本《万历武功录》看来，他的文章实在不太高明，为了文章古奥，甚至把许多具体的事物给写成抽象的了。……结果把明代总督、巡抚等的官称一律改为宋代的制置使，使读者弄不清到底讲的是什么时代的事情。"此外，还存在"年代讹误，时序颠倒，前后重复和相互矛盾"② 等问题。

虽然该书存在一些不足，但其史料价值却是弥足珍贵的。正如谢国桢先生所云：该书"为研究明万历以来之农民起义及各族事迹最足参考之书，不能因为其文字驳杂而遽忽之"。③

第三节　"言言有据，字字匪诬"
——王在晋及其军事著述编纂

王在晋（1564—1643）④，字明初，今江苏太仓人。万历二十年（1592）进士，初授中书舍人。后历任江西布政使，浙江、福建提刑按察使，浙江右参政，河道总督，山东巡抚兼右副都御史等职。申用懋称："盖公之为大臣，其官自郎署、守长、藩臬几十政无所不周，历其地，自畿辅、河洛、齐鲁、楚越几万里，无所不驰驱。其宦迹自簿领、钱谷、

---

①　参见孟凡云《〈万历武功录〉研究》第五章"《万历武功录》蒙古、女真部分的史料价值"，博士学位论文，中央民族大学，2005 年。

②　达力扎布：《〈万历武功录〉有关卜赤汗记事浅析》，《内蒙古社会科学》2002 年第 4 期。

③　谢国桢：《晚明史籍考》卷 2，华东师范大学出版社 2011 年版，第 81 页。

④　此据钱茂伟《中国历史大词典史学试卷再订补》，《中国历史大词典通讯》1989 年第 4 期。

河渠、法律、艺文、军旅之事，几百试无所不瞻。"① 泰昌元年（1620）先任总理户兵工三部，后改任兵部左侍郎。天启二年（1622）辽东经略熊廷弼、广宁巡抚王化贞丢失广宁（今辽宁北镇）后，朝廷大震，诛杀熊廷弼、王化贞。任命王在晋任兵部尚书兼右副都御史，经略辽东、蓟镇、天津、登莱等处。后来，王氏在回顾当时情形时说："忆当年始事之艰，直堪泪下。熊王入关，辽兵溃，人众挤轧，关门不得阖者四昼夜。此时已无关矣。廷推经略，何人敢任？晋为国心殷，单车就道，守前屯、宁远等处。"② 又称："国家养士二百五十年，无人肯赴国难，不几辱朝廷而羞当世乎？愿以身殉。举朝壮之，尽人怜之。"③ 真可谓受任于败军之际，奉命于危难之间。任此职期间，他自称："招集散亡，整修废堞，收复关前之弃地，联属海外之孤军，救负固之氓以保前屯，置更番之卒以守宁远，运海岛之储糈，饱我士伍，市辽西之窖粟，济我边民。"④ 兵部尚书张鹤鸣在视师辽东复命时说："自辽患以来，经略死难系狱，累累匪一。……今日经略，难于前日之经略万倍矣。王在晋铁骨赤心，雄才远略，识见如照烛观火，肩重如迎刃理经，但秉正不阿，人醉独醒，独臣与在晋两人耳。"⑤ 对王推崇备至。此间，大学士孙承宗自请巡边，亲赴山海关，他与在晋在如何防守山海关及关外之地等问题上发生严重分歧，故返京后"面奏在晋不足任，乃改南京兵部尚书"。⑥ 而王氏认为，自己被解职，并非孙承宗之故，孙在行边复命疏中评价自己"沉雄博人之才，用其端谨精详之虑"，被"诳官误国者"谬称为"经臣王在晋精劲有余，而沉雄博大之未能"。⑦ 因此被罢职。据茅元仪《督师纪略》载，孙承宗在返京面陈边事时对在晋确实有"精勤有余，而笔舌更自迅利，然沉雄博大之未能"⑧ 的评价。这大概是两人关于守关意见分歧，孙出于一时激愤之评价。后由孙举荐的辽东巡抚阎鸣泰继任不久就被后金军打败，孙对王的看法发生了变化。他说："经略王在晋清办严明，公忠详慎，意在

① 申用懋：《〈三朝辽事实录〉序》，《四库禁毁书丛刊》《史部》70，第346页。
② 王在晋：《三朝辽事实录》卷17，《四库禁毁书丛刊》《史部》70，第755页。
③ 《三朝辽事实录》卷8，《四库禁毁书丛刊》《史部》70，第566页。
④ 《三朝辽事实录》"序"，《四库禁毁书丛刊》《史部》70，第348页。
⑤ 《三朝辽事实录》卷9，《四库禁毁书丛刊》《史部》70，第568页。
⑥ 《明史》卷250《孙承宗传》，中华书局1997年版，第6468页。
⑦ 《三朝辽事实录》卷10，《四库禁毁书丛刊》《史部》70，第602—603页。
⑧ 茅元仪：《督师纪略》卷2，《四库禁毁书丛刊》《史部》36，第326页。

守关。自是满朝定论，业蒙皇上召还矣，然而代者实难其人。"① 又在上"叙防疏"称："原任经略王在晋心量确切，综画精密，当举世缩足而抵，阁（鸣泰，任辽东巡抚）于奔溃之余，才甫欲行，时未及展，乃其确然必不可拔之气，自是名卿。自当及时起用。"② 当时，由于朝中阉党擅政、门户林立，王氏为人正直，"独行而寡援"③，故很久不能复职。天启五年（1625）吏部会推兵部尚书，其中会推名单中有王在晋、王永光、张鹤鸣等，而钦点王永光为兵部尚书。为此，王永光上疏云："中枢居中调度，厥任惟难，自非久历边陲，晓畅兵事者，不与此选。惟兹爪牙喉舌之司，宜得纬武经文之佐。如王在晋之英敏，识力十倍于臣，辄敢循例疏举以代。"但朝廷最终没有采纳王永光意见。对此，在晋感叹道："在晋见忤于魏珰，频推不用。……其受抑于珰甚矣。"④ 由此可见，他是一个敢于担当、为人正直、善于谋划，深受大家推重的官员。

王在晋为官敢于直言。如在任山东巡抚期间，于万历四十七年十二月上"减免牛只疏"，指出："今之缓视齐者，犹之抱火厝之积薪之下而寝其上，火未及然，故谓之安，而不知火之将及也。自辽受侵而齐之迫如救焚，纷如治丝，有一不与辽同患者乎？无兵而以为有兵，兵之赴调者数无饷，而以为有饷，饷之转运者繁，无财而以为有财，财之搜刮者尽且请兵，而留无饷之兵。加赋而科而田之赋，齐事之难若此。筹国者亦怜而少宽矣。奈之何而有一万二千牛只之加派于东兖也。夫东省从四十三年大馑，人类相残，天亲不保，米粟尽而烹头畜，头畜尽而剥草根，树皮、草木尽而啗及人。……岂民间尚有牛只乃舍牛，而舍人之肉耶？"⑤ 直述齐地百姓之苦，朝廷加派无当及局势之危。又如他在担任辽东经略时曾上书天启帝建言防夷之策，被天启帝称为："具见深虑渊猷"，特赐蟒衣玉带和尚方宝剑而勉励。⑥

天启五年（1625），在晋调任南京兵部尚书，后改任南京吏部尚书。

---

① 《三朝辽事实录》卷10，《四库禁毁书丛刊》《史部》70，第604页。

② 同上书，第602—603页。

③ 《三朝辽事实录》"赘言"，《四库禁毁书丛刊》《史部》70，第350页。

④ 《三朝辽事实录》卷15，《四库禁毁书丛刊》《史部》70，第702页。

⑤ 《三朝辽事实录》卷2，《四库禁毁书丛刊》《史部》70，第392页。

⑥ 《明熹宗实录》卷20《天启二年》，（台北）"中研院"历史语言研究所1962年版，第1023页。

崇祯元年（1628）任刑部尚书，六月，崇祯帝在平台召见内阁大臣、院部、科道等官，各大臣向崇祯帝面荐在晋。崇祯帝专门下旨称："朕昨平台召对内阁、府部、科道等官、辅臣鸿训，面荐本兵王在晋，清操素著，复谙韬钤，况曾经略辽东，久练边务，匈奴部落，历历指掌，一切军机，悉堪倚任，若果能居中调度，悉力运筹，殄灭奴虏，恢复旧疆，封拜爵赏，朕决无吝惜。"① 很快又转任兵部尚书。但由于其"平台激谏，极陈时事，史臣注记，语至数千百言，触讳招尤，为时局所忌"。故被"异己合谋"者，借任命惠安伯张庆臻提督京营敕书被内阁辅臣刘鸿训篡改一事陷害他，最终被革职。对此在晋耿耿于怀，他说："晋任中枢，黜虏十余万攻围大同沿边州县、卫所、城堡，共五百九十八处，并无失陷，比年患虏岌岌乎不能支矣，老臣衰暮，犬马无报主之时，而独抱杞忧，惊心宵旦，痛念十余年辽事坏于门户之分歧，用人一脉胚胎，不可转移，肺肠自是各别。庙战戈矛机锋盛炽，涂毒生灵祸移于国。"②

王在晋为官战绩显赫，为人廉正，时人称其："名王、黜虏，前后俘馘不可胜计，其降附诸戎合几千部，九塞称元臣名将业无与均。顾其成功所自，乃得之廉与公，惟廉故士卒乐为之死，惟公故上下乐为之用。"又称："公生平古正不阿，靖白自守，无偷心，无怼色，一腔忠赤，秉志不渝。"③ 在抗倭之战中，著名的漳泉之战、东椗之捷是由他亲自指挥的。当然，他在山海关防守问题上，也出现过失误。比如，主张在八里铺建重城，一味强调被动防守而不主动出击，面对关外"十三山难民十余万，久困不能出"，而不能及时援救，导致"众遂没，脱归者近六千人"④ 的严重后果。

由于王在晋久任武职，并亲历战事，因此，他十分热心于总结抗倭和辽东与后金之战的经验教训。先后纂有《海防纂要》13 卷，附图 1 卷，《三朝辽事实录》17 卷，总略 1 卷。此外，他还著有《兰江集》《越镌集》《历代山陵考》《通漕类编》《岱史》《辽记附述》《辽评纪要》《评辽续记》等。

———

《海防纂要》成书于万历四十一年（1613）。此时，王在晋任浙江等

---

① 《三朝辽事实录》篇首附录，《四库禁毁书丛刊》《史部》70，第 343 页。
② 同上书，第 345 页。
③ 申用懋：《三朝辽事实录》"序"，《四库禁毁书丛刊》《史部》70，第 346 页。
④ 《明史》卷 259《袁崇焕传》，中华书局 1997 年版，第 6468 页。

处提刑按察使，与其上司浙江巡抚高举志同道合，两人均有把亲身经历撰写成书的打算。高举称："雅思以目所睹，记身所历，涉手一编，以须后来。"他十分看重在晋，称其："盖怀龙虎韬者，常饬戎漳海、东椗之役，夷实大创，无片帆得还。"两人曾经在胥江上"相对计，未雨而思绸缪"。① 共商撰写《海防纂要》的计划，决定由王氏执笔，编纂成书。高举称："公因取令甲（法令）章奏、筹海名言及所自著兰江、越镌诸集，已又取余所摘条款规议，择其要如干，题曰《海防纂要》。"② 王氏也自称："顷者于役于浙，大中丞淄川高公时进小子晋抵掌以谈军旅，会城水陆军民兵十六营屯哨队，时奉军令，指麾调度，筹画机宜，间常窃取载籍，旁搜统括，并述中丞公所为诹咨计议，有关海务紧要者，汇为一书，分十有三帙，名曰《海防纂要》。"③

《海防纂要》的编纂主要着眼于防治倭患。明代倭患始起于洪武，至嘉靖中叶后，沿海倭患大增，嘉靖末，大规模的倭寇侵扰虽然得到遏制，但其活动仍然不止。直至万历末，闽浙沿海仍有倭寇出没。面对这个严峻的现实，王在晋编纂《海防纂要》显然具有明确的针对性和重要的现实意义。他指出："昔之防倭，防其倘然，而今之防倭，防其必然；昔之防倭，防其外蚀，今之防倭，防其内蚀；昔所虞者，零星摽略之倭，而今所虞者，大举入寇之倭；昔之倭为边幅四肢之患，今之倭为神京肘腋之患。……当事者不得不以倭为外惧。"又称："余惟东南所穷急者，无逾防海之一筹。环海生齿，日益蕃庶，而年来民不知兵，习于燕安窳惰，而武备多所阔略。"④ 面对东南沿海民不知兵、习于安逸、武备松弛等现状，他觉得很有必要总结历史上的防倭经验教训，以警示当下及后世，并提供借鉴。

王氏之前，关于防倭的著述，已有郑若曾《筹海图编》、邓钟《筹海重编》、范涞《海防类考》等。王氏认为，这些书"谟略具载，而近事或有所遗佚，又其书溢漫，间出于书生之腹笥，而未亲质于矢石锋镝之场。"⑤ 因此，他编纂《海防纂要》意在补充三书考略未详者。他称：

---

① 高举：《海防纂要》"序"，《四库禁毁书丛刊》《史部》17，第 446 页。
② 同上书，第 447 页。
③ 王在晋：《海防纂要》"序"，《四库禁毁书丛刊》《史部》17，第 450 页。
④ 同上书，第 449 页。
⑤ 同上书，第 450 页。

"凡御侮机宜有成书之可按矣。然其间冗而非要者存之旧编，以备考略。而未详者收之新刻，以补遗是编也。合三书而寓目焉，海防要务庶可穷其梗概矣。"① 王氏作此书还参考了《皇明祖训》《大明令》《大明会典》《皇明通鉴》《吾学编》《嘉隆见闻记》《兵部新颁禁例》《续文献通考》《武经总要》等文献及作者本人的《兰江集》《越镌集》等。

《筹海图编》《海防类考》颇为注意登载山川险要及战船器械图。而《海防纂要》与之不同的是："只择《舆地全图》及环海直隶各省、东南海夷、外国总图，存其大部以备检阅。东北诸夷亦载者，为其近朝鲜也。船器等图可省。"② 今见于该书正文之前刊载的有《舆地全图》《镇戎总图》《广福浙直山东总图》《山东沿海之图》《辽东连朝鲜图》《东北诸夷图》《东南滨海诸夷图》《东南海夷图》《日本国图》《周天各国图四分之一》《日本岛夷入寇之图》等。书中《太仓使往日本针路》显示钓鱼屿、黄麻屿、黄尾屿、赤屿在明朝就归于中国版图。

《海防纂要》凡 13 卷，卷 1 至卷 2 主要论述广东、福建、浙江、南直隶、山东、辽东等沿海各地的防御问题。其中《辽东事宜》中涉及明朝与日本、朝鲜、琉球的交往。卷 3 至卷 4 主要论述日本概况及其与明朝的朝贡关系，兼及朝鲜复国经略。卷 5 至卷 8 详细记载各种御倭方略，兼及水战、车战的运用，将才、守令的选拔，精兵的操练，保甲的推行，通贡道、开互市等具体措施。卷 9 至卷 10 记载历次御倭、海防大捷的情况。卷 11 记载营规、军法、军令等。卷 12 记载功赏、下海通蕃禁例、祭祷、医药等。卷 13 记载岁月吉凶、占验等。其中，内容多为引录官员奏疏及前人论述，也兼及作者本人奏疏及论述。不仅反映了王在晋的海防思想，而且也总结了明代抗倭的历史、策略、方法等。概括起来，主要有以下两个方面值得重视。

（一）作者结合本人经历，阐述防倭、抗倭的意见与主张

比如，他认为，在防倭的同时，尤其要重视防内叛之寇。他说："故语防海于今日，防外至之寇易，防内叛之寇难，防窥衅作难之倭易，防输情勾引之倭难。"③ 他认为，倭寇之所以造成大的危害，主要因为有内

① 王在晋：《海防纂要》《凡例》，《四库禁毁书丛刊》《史部》17，第 454 页。
② 同上书。
③ 王在晋：《海防纂要》"序"，《四库禁毁书丛刊》《史部》17，第 451—452 页。

地奸人的接济。他指出："往年倭寇拥众而来，动以千万计，非能自至也，由福建内地奸人接济之也。济以米水，然后敢久延，济以货物，然后敢贸易，济以向导，然后敢深入。海洋有接济，犹北陲之有奸细也。奸细除，而后北虏可驱，接济严而后倭夷可清。"①

因此主张对沿海渔民出海捕鱼，一要严查其"船式"，只准许其使用平底单桅船，发现双桅重底一律毁掉，严防其"通蕃"。二要查其"装载"，看其有无违禁器物和贩载"蕃货"。三要严"保甲连坐之法"。同时主张对沿海居民要开放海禁，所谓"驰其禁而重其税，严其勾引之罪"。他赞同万历初年福建巡抚庞尚鹏"开海禁，准其纳饷过洋"的主张，认为这样做，"既裕足食之计，实寓弭盗之术。盖市禁则商转而为寇，市通则寇转而为商，理固然也"。②

此外，他还具体谈到了沿海各地的防御重点和薄弱之处。比如，关于广东的防御，王氏认为，南澳地处闽、广交界，为要害之地。"虽在大海之中，与内地仅隔一水，商舶海贾往来必经，吾漳、泉粮食仰给海运，若南澳失守，是隔闽、粤之肩臂，而塞漳、泉之咽喉也。"③ 此地又是倭寇巢穴所在。"倭泊于此互市，广捕急则奔闽，闽捕急则奔广，而海盗许朝光、吴平之徒，相继巢穴于此，诚盗贼渊薮也。"万历三年在此设副总兵"弹压之外，以夺海寇之巢，内以绝接济之路，左以伸闽之臂指，右以固粤之门户"。因此，"漳、潮无亡矢遗镞之费"。④ 他还认为："惠、潮二府亦当敌要冲，向被倭寇残扰为甚。今惠、潮各有参戎，柘林、碣石有备总，亦上游之藩蔽也。"⑤ 这显然非纸上谈兵。

在论及浙江海防事宜时，王氏指出："两浙形胜，太半负海，岛夷之来，最为切近。日本旧时贡道在焉。论列郡之海口，则温州之飞云、横阳、馆头，台州之松门、海门，宁波之定海、太涭湖、头渡，绍兴之三江、沙门。杭州之赭山、龛山，嘉兴之乍浦、澉浦，皆候寇窥犯之地，

---

① 《海防纂要》卷1《福建事宜》《海禁》条，《四库禁毁书丛刊》《史部》17，第477页。
② 同上书，第476页。
③ 《海防纂要》卷1《福建事宜》《寨游要害》条，《四库禁毁书丛刊》《史部》17，第476页。
④ 《海防纂要》卷1《广东事宜》《东路》条，《四库禁毁书丛刊》《史部》17，第472页。
⑤ 同上。

列郡之门户也。守门户则堂奥自安矣。"① 但是，他认为，人们对嘉兴的防御尚不重视，"顾今议及浙海辄以宁、绍、台、温为上游，而嘉区为稍缓。不知嘉区，西浙之门户也。财赋重于各区，生齿繁于各区，民间之盖藏厚于各区。倭中向导悉知各路之虚实，万一内犯，嘉区必为垂涎之地。今该区之兵，额不及温区二之一，不及宁、绍三之一。隐然分轻重缓急之势，不知两浙如人之一身，头目手足，俱关紧要。善养身者，必不令其有受病之处。若谓嘉区可缓，则南直不必筹海陈兵矣"。王氏经过亲身"巡行海上，目击险要，耳拾听闻"，提出十二条意见或建议。内容包括议添兵、议战船、议兵饷、议军储、抽余丁、重海防、慎用人、议城守、惩破冒、严招募、饱墩军、禁杂差等。②

（二）总结明朝抗倭的策略、方法和历史

在该书卷5至卷8中，作者汇集了明代历朝官员关于御倭的奏疏及论述，对抗倭的策略和方法进行了总结。比如，在《御倭方略》条目中，他引用南京太仆寺卿章焕"上海防四事条陈"所提出的"筑城堡""预军需""练士兵""收奸豪"的主张，引用南京御史屠仲律"上御倭五事条陈"所提出的"绝乱源""防海口""责守令""议调发""作勇敢"的建议等③，实寓集思广益之意。在此基础上，他针对浙江防倭的现实，提出《防海七事》：一曰"固根本"。主要针对当时钱塘江入海口"未闻设备"，而嘉靖三十二年"贼由鳖子门（位于钱塘江入海口）突入抢掠"，三十四年"贼由塘栖（杭州北）犯北关，杭城震动"，而杭州为"省会重地，两浙根本之区，而百万生齿聚焉"，因此建议整顿修复城堡等防御工事，"可为江城仓卒捍蔽之资矣"。二曰"禁渔船"。他认为："防倭者无不议禁渔船，而不知渔船之不能尽禁也。渔有船税、鱼税、盐税、旗税，官取给于渔，渔能不取偿于海乎？海者，渔之田也，非渔而沙民无以聊生矣。"因此建议出海渔船要悬挂"印旗"，官兵以此"辨明色号"，同时要禁止福建渔船进入浙区。三曰"议折冲"。认为"兵惟贵精，强不系众，严号令，明上发，勤简阅，谨哨探"，"小敌则分，大敌

① 《海防纂要》卷1《浙江事宜》《论要害》条，《四库禁毁书丛刊》《史部》17，第482页。

② 《海防纂要》卷1《嘉区防守事宜》，《四库禁毁书丛刊》《史部》17，第487—491页。

③ 《海防纂要》卷5《御倭方略》，《四库禁毁书丛刊》《史部》17，第546页。

则合，首动尾随，彼攻此应，进可战，退可守，守兵之不足，非其患矣"。四曰"议战舰"。认为福船、闽船过于高大，"不便行使，置之无用"，"海上击贼，莫便于鸟船，鸟船为主，唬船为辅，行走如飞，驾御便捷"。五曰"练卫军"。认为"今沿海布列军营，挑选精壮，以时简练，概用防守，未尝乏军"。六曰"议要害"。认为"倭有来路，防倭者虞其必至。若钱塘、若象山、若牛栏基、坛头、台州等处越海称要害焉"。"严守要害，贼安能舍此飞渡"。七曰"时兵饷"。指出："地方以兵为卫，兵以食为天，兵所最急者饷，而郡邑辄缓视之。给发非时，则转相称贷。"认为地方官要"齐心征发期会，务给领于发哨之先，则三军之众享实惠而无嗷嗷待哺之苦矣"。①

该书卷5和卷6还收录了《团练军民兵哨守议》《防险三说》《靖海岛以绝衅端议》《防御机宜五议》《防倭标本说》等奏议和试策。如万历壬子年浙江武试策《防倭标本说》认为"防倭有标有本"。"标"有四：一曰"密防汛"。即密切关注大小汛期和敌情，做到"密侦番防"。二曰"严策应"。预备战船"分布各隘，烽燧一举，众艘麇集，并力而犄角之，蔑不济矣"。三曰"议战阵"。认为"倭不长水战而长陆战，倭不长弓矛而长刀锐，以吾所短攻其所长，百不当一，以吾所长攻其所短，一可当十"。四曰"毖城守"。主张沿海城邑要坚壁清野，使来犯倭寇无法获得必要物资，"才数日且枵腹困不鸟兽散乎？"所谓"本"也有四：一曰"精训练"。认为"集兵不难练兵难，不谙坐作，不习夷情，不挟长技，犹之驱市人战耳"，应当选拔"上者知司马法，次习夷情，次骁勇善骑射击刺"的教官来操练士兵。二曰"修器械"。由于数年无战事，许多兵器失修，"一旦有警，咄嗟难办，能徒手搏乎？"因此要"时时查覈，缺者补，衅者修，无故而缺衅者必问"。三曰"足粮饷"。为了解决军队粮饷问题，建议对沿海旷地实行"屯田"，"变斥卤为良亩，化招募为土著，振罢敝为精勇"。四曰"明赏罚"。针对当时海上汛哨"有掠钓艇杀平民以邀利觊赏者"而"上下支吾欺给"的现象，提出"一切军法从事，无赦"。② 这个试策显然具有很强的针对性。

卷7至卷8则摘录了《东海筹略》《筹海图编》《经济类编》《肃皇

---

① 《海防纂要》卷5《防海七事》，《四库禁毁书丛刊》《史部》17，第551页。
② 《海防纂要》卷6《防倭标本说》，《四库禁毁书丛刊》《史部》17，第565—566页。

大漠》《备倭纪略》及在晋本人的《兰江集》《越镌集》中载录的奏议或
建议，其中有"叙寇原""除内贼""择将才""实军伍""恤军属""精
教练""足兵饷""清屯种""汰冗食""集众谋""公赏罚""禁忘杀"
"御海洋""固海岸""谨瞭探""慎招抚""散贼党""择守令""用间
谍""筑城堡""习铳炮""宽剿除""恤阵亡""行保甲"等，荟萃了历
朝有识之士关于抗倭的真知灼见。

卷9至卷10为《纪捷》，记载了从永乐到万历年间40多场抗倭战斗
的胜利。

如永乐十七年的"望海埚之捷"，记倭寇数千人入侵王家山岛，总督
刘江出奇兵设伏，斩首742人，捕获857人，"自是倭大创，迄今不敢犯
辽东"。[①] 又如嘉靖三十四年四月的"王江泾之捷"记浙江巡按御史胡宗
宪巧妙设计，以毒酒诱倭，毒杀倭寇酋长，在王江泾"斩倭首二千余级，
溺水死者不可胜校"。经此一战，"嘉兴、杭人始安枕"。[②] 再如万历二十
九年的"漳泉大捷"，由于此战是王在晋亲自参与指挥的，故记载得更为
真实、生动。时王氏任福建按察副使，负责巡守漳南道。时"倭掠渔船，
挟渔人，扶橹猝抢岛屿间，纵横亡敌"，而"官军缩朒，百兵不能当十
贼"，"追风逐影，夸诩以称劳苦，而实退却不前"。于是王在晋"择其尤
者一二，以按军律，而将与卒知有进生退死之法"，将士勇气倍增。进攻
倭船，能"冲其尾，犁其舵，焚其樯，火铳、火箭、火桶乘风纵发，一
中贼船，无得全者"。此役共"沉犁倭船九只，夺获贼船并兵渔船十六
只，生擒倭贼四十二名，斩首八十六颗，获从贼者十五名，救回被掳一
百六十四名，夺获器仗一千二百九十三件"。[③]

总而言之，《海防纂要》是一部系统总结明朝抗倭斗争的历史，总结
抗倭的经验教训、方式方法的著述。王氏编纂该书具有明确的经世致用
目的和重要的现实意义。

二

王在晋还著有《三朝辽事实录》17卷。该书写成于崇祯十一年
（1638）。据其自序云："余从奴孽初起，躬历艰难，宵旦拮据，遇事援

---

① 《海防纂要》卷9《纪捷》之"望海埚之捷"，《四库禁毁书丛刊》《史部》17，第618页。
② 《海防纂要》卷9《纪捷》之"王江泾之捷"，《四库禁毁书丛刊》《史部》17，第619页。
③ 《海防纂要》卷10《纪捷》之"漳泉大捷"，《四库禁毁书丛刊》《史部》17，第644—646页。

毫，循年覈实，言言有据，字字匪诬，解组以来，如范粲登车，多年偃息。间尝思小丑披猖，至尊惊惕，海内辽事不可不传。非亲炙则疑于道听，民间杜撰新编，久之窜入正史，而虞有鲁鱼之浊也。燕居之暇，一一叙述，如手缉纷丝，错综叁伍，广控群议，衰以管窥，纂就一家之冗编。"① 可见，该书是王氏被革职后居家所编纂。编纂的目的很明确，担心民间凭道听途说编纂辽事，久之混入正史。他说："国史非书生所能述，仕未登朝，总为途说，躬未亲阅，类多耳食。今时之杂编，无当肯荣，有假此索贿、市恩、求容于津要者，且多倚傍门户，毁誉失真。非信史之必传，直付渔樵之论可也。"于是将自己亲身经历、平时记录，按年代先后编纂，以做到"言言有据，字字匪诬。"②

该书的内容主要可分为以下几个方面。

（1）介绍辽东山川、关隘、险阻及诸夷概况，追述辽事的起因和经过：该书"总略"部分，首先介绍辽东的地理沿革、辽东诸夷及主要边隘的情况。重点介绍了建州卫情况和建夷的历史。其次追溯辽事之起因和经过。在"建夷"一节中，从"国初女真悉众乘附"，朝廷"选其酋长授官爵"记起，依次记嘉靖间，建州右卫都指挥使王杲"数犯边，杀戮甚众，诱杀我裨将裴承祖等"，督府张学颜、总兵李成梁"鼓行而前，乘胜直捣红力寨，斩首一千一百有奇"。记万历三年春俘获王杲，磔死。记万历十一年，王杲子阿台纠众深入沈阳城南浑河，李成梁出兵直捣古勒寨，"用火攻，射阿台死。连破阿海寨，诛海"。"是役得二千二百二十二级……杲子孙靡遗，东夷震慑。"再记努尔哈赤的崛起。③

（2）真实地记载了历次辽军抗击后金的经过：按照时代先后次序，从万历四十六年努尔哈赤计袭抚顺始，而止于天启七年的"宁锦大捷"。如万历四十七年的"萨尔浒之战"，明辽东经略杨镐率四路之师进攻后金，其中一路由山海总兵杜松率领，二月二十八日，"从沈阳起行，翌午抵抚顺，星夜统兵出，日驰百余里，进克二寨。前锋半渡浑河，车营五百阻水，松乘醉呼内丁乱搏，原任参将龚念遂同诸军填委壑中，水为之不流，河平，松与众渡。贼以全塞设伏松营，开十余阵，自午至酉，被

① 王在晋：《三朝辽事实录》"序"，《四库禁毁书丛刊》《史部》70，第347页。
② 《三朝辽事实录》"杂录引凡例"，《四库禁毁书丛刊》《史部》70，第351页。
③ 《三朝辽事实录》"总略"、"建夷"，《四库禁毁书丛刊》《史部》70，第359—363页。

创陷围中，欲周聚山头冲杀贼，从河畔林莽中起复对垒，鏖战良久，抵昏，松落马。彼此混杀，王宣、赵梦麟皆力战而死，师大溃"。可见，这一路的失败，因为杜松在战前渡浑河时，已自损将士，渡河后又遭敌伏击。总兵马林所领一路，突与后金军遭遇，"被贼掩袭，部伍遂乱"，马林带军逃奔张家楼。总兵刘铤所领一路"深入三百余里，克十余寨，斩获甚众，杀死奴壻火狐狸、金白二酋"，但由于"偏师深入，拨探不通，救援旦绝……贼诡汉卒装，诱堕重围，铤脸中刃，胸中矢，（守备）刘招孙见主将堕马，突入围中，杀贼数十，寻尸，身被多创，并没于战场矣"。唯有总兵李如栢所领一路尚未与敌接触，得令全师而退。① 据王在晋称："杨镐三路败衄，所丧军丁四万五千八百七十余名。"② 这些记载较之《明史》更为详尽。

再如记天启六年六月的宁远守城之战，载录了宁前兵备袁崇焕在战前发布的文告称："本道身在前冲，奋其智力，自料可以当奴，然事变不可知，且奴之蓄锐三年，其图我必深，万一不测，本道定与此城为存亡。"表明袁崇焕守城的坚定决心。又通过兵部奏本，详记战斗经过："二十三日，大营鞑子俱到宁远，扎营一百，至二十四日攻打西南城角，用火炮打死无数，贼复攻南，推板桌遮盖，凿城数处"，守城将士采用火攻，将其打退。"又选健丁五十名从城上系下，用棉花、火药等物，将贼战车尽行烧毁"。③ 又载礼科给事中李恒茂题奏称："奴攻宁远两昼夜不下，环城挖掘六七十处，城根脚俱大石竖砌入地，深五尺许。城外矢尽粮绝，城上火炮齐发，钓梯战车尽行烧毁，红巾裹尸，哭声震地。"④ 把宁远守卫战描述得十分生动、真切。

（3）详载辽事战死将官姓名，以示表彰。王氏指出："籍非身在个中，鉴览独晰，谁秉董狐之笔，而定千秋之公案哉。惟辽土沉沦，英雄丧气，或长算偶昧乎几光，或履错竟罹于偾事，或否臧而死法，或捐躯而死敌，浩劫所临，十不存一，而秉忠殉国文臣武士，正副以及偏裨，动至千百。当事者掩罪盖愆廊庙之上，又讳言失律，名姓未彰，草木同

---

① 《三朝辽事实录》卷1，《四库禁毁书丛刊》《史部》70，第366—367页。
② 《三朝辽事实录》卷15，《四库禁毁书丛刊》《史部》70，第698页。
③ 同上书，第713—714页。
④ 《三朝辽事实录》卷15，《四库禁毁书丛刊》《史部》70，第719页。

朽，白沙黄壤，怨鬼长号，赤莽青磷，游鬼莫返。夷陵之土成灰，苌弘之血化碧，而简史不知其人。"他称："余之为是编也，急公死义之士，必存其名。"① 又称："史书专为奖劝忠义，若死事不专，无为贵史矣。此编必穷搜博载，有宦者书其官以旌其殉国之节。"②

（4）载录自己关于辽事的奏疏，借以表明对辽事的主张和建议。他称："庚辰已后，多纪余之奏疏，似觉其烦，然所纪皆切要事也。"③ 如天启二年（1622）他上疏陈述形势，认为"东事离披，一坏于清、抚，再坏于开、铁，三坏于辽、沈，四坏于广宁。初坏为危局，再坏为败局，三坏为残局，至于四坏，捐弃全辽，则无局之可布矣！逐步退缩之于山海，此后再无一步可退"。④ 并认为："我国家奠鼎北平，辽东左辅，所依为险者也。辽沈没，退而守河西，则险失矣。乃河西又失，退而守山海。山海一关，不过防军民之出入，稽商旅之往来。……彼辽沈、开铁、广宁皆东方之重镇，且望风瓦解，岂一关所能独御哉。"主张从都城到山海关"凡可屯兵结阵者，俱当默察其形势，辟之居室者，然由藩篱以及堂奥层层节节俱有关键，以后盗贼无生心也。"⑤ 同时提出六条建议：① "防内患"。即严加挑选士兵，"赌棍酒徒悉行汰斥，一兵为横，一伍并坐，凡暴戾凶恶之人，无容混入，以致败群"。② 诘内奸。认为"奴自清抚、开铁以及河东西之陷，何者不由奸细之潜伏。其用计最诡，用财最广，用人最密，故破奴之法，莫要于查奸细"。并称"一家容奸，即将本家财产尽给获奸之人，知情者并斩，保甲容隐者连坐。臣于山海、蓟、昌等处即以此法行之，无敢纵矣"。③ "饬内备"。即："积柴米，运砖灰，买煤炭。凡油蜡、铜铁、竹木、皮革等铺遇警即搬移入城。凡仓库、牢狱、僧房、水户等处，遇警即谨严稽察。凡弓箭、火药、铳炮等件遇警即检查整顿。"④ 严内卫。即加强皇宫警卫，"可杜萧墙之衅矣"。⑤ 节内供。即："内廷供应、服御、颁赏之类，俱从简缩，以佐军兴。"⑥ "急内应"。即要求朝廷户、工二部要及时提供军需。⑥

---

① 《三朝辽事实录·序》，《四库禁毁书丛刊》《史部》70，第348—349页。
② 《三朝辽事实录》"杂引凡例"，《四库禁毁书丛刊》《史部》70，第351页。
③ 同上书，第352页。
④ 《三朝辽事实录》卷8，《四库禁毁书丛刊》《史部》70，第532页。
⑤ 同上书，第533页。
⑥ 同上书，第530—531页。

面对西虏（即蒙古各部落）和后金的侵扰，王在晋主张要安抚"西虏"，集中精力对付后金。他认为："国家财力东西支应，万分无措，典兵者不恤司农之苦，司农不得已，必不恤百姓之苦，向来用二、用三，今且加编加役，邦本日瘁，国势难支。"① 同时认为，两面受敌是戍守山海关面临的最大难题。他说："夫山海之防亦难矣。奴之煽祸，攻无坚城，战无劲敌，声势甚嚣，而又集之以西虏也，来不来，往不往，款非款，寇非寇，予之而靡厌，其欲拒之，而恐失其欢。一心以防奴，又一心以防虏，可不谓难乎。"② 他认为："西虏一动，隘口可人者甚多，我防护不暇，敢言恢复？故今日东事惟抚赏西虏为第一紧要着数。"而西虏"部落虽多，其势不连，亦利我抚赏，属我羁縻"。③ 他自称："经臣王在晋初受事，虏情轻重，抚赏厚薄，明于指掌，诸虏相传胥为倾服。"④ 经过安抚，西虏态度大变："有为中国搬铜送大炮以索赏者，有探知奴情蓦地来报者。""诸虏搬运粮食与山海之人贸易，匹布易米数斗，居人利之。掘地得军器，皆徐徐运来讨赏，贼劫我之马，各夷获贼，并马送还，且请正法。"⑤ 但主张对西虏仍然要保持警惕，他说："今各虏俱上马带兵，万余人裹粮住帐口外，名为拒奴，实为挟赏。"又称："臣等非不知虏不可恃，款不可常，然不如此则目前有闯关劫掠之事。"⑥

此外，王在晋还就赈济辽民、兴屯田以安置流民、删冗整贪、严防奸细等发表了意见。

（5）载录与辽事相关的邸钞、奏疏，"以为当年兵书疆事之征"。⑦ 王氏认为："近事莫大于辽，十载间功罪得失，议论是非，俱当备载。"而当时关于辽事的文编："述者皆浮蔓之条陈，及嚣争之笔舌，不知榆关何以得守，弃地何以得复。至于丧师败绩，不复深言。护彼之短，正以掩他人之长，此皆山人流棍占风望气，逐臭附膻，用意之深，为将来浑淆正史之地。"客观地载录各种邸钞、奏疏"必为邪诐偏党者之所忌，然

---

① 《三朝辽事实录》卷11，《四库禁毁书丛刊》《史部》70，第619页。
② 《三朝辽事实录》卷8，《四库禁毁书丛刊》《史部》70，第555页。
③ 同上书，第539页。
④ 同上。
⑤ 同上书，第540页。
⑥ 同上。
⑦ 《三朝辽事实录》"序"，《四库禁毁书丛刊》《史部》70，第349页。

而原疏其在，明旨昭然，与诸大夫、国人共质之可也。"① 显然，王氏希望给后人判断辽事功罪得失、是非曲直提供最客观、最真实的材料。

综上所述可知，王在晋是明末杰出的军事家和军事理论家，他不仅有长期与倭寇及后金作战的丰富实践经验和突出的战绩，而且注意总结经验教训，并将之理论化。尽管他在御边问题上也有一些失误，但以偏概全，笼统地称其为"既无远略，又无胆识，既无兵略，又无智慧"，②显然不是客观公正的。

第四节　"胸有武库，虏在目中"
——茅瑞征与军事史、军事地理著作的编纂

茅瑞征（1577—?），字伯符，号五芝、浣花居士、清远居士。又因人称其"炙手不知炎，下石不知险，脂膏不知润，且并轩冕不知荣，胸无机械，意无好丑，此殆天下至愚之人"③，故别号苕上愚公。归安（今浙江吴兴）人。是著名散文家茅坤的孙子，儒将茅元仪堂弟。自幼酷爱读书，自称："自先世事力穑，而公独酷嗜书，当其坐拥残帙，伊吾自喜，辄私谓天壤间，虽有他乐，吾不以易也。"④ 万历二十九年（1601）进士，历任泗水、黄冈知县，擢兵部职方主事，升郎中。职方郎中主要职掌天下地图及镇戍、堡寨、烽候及沿边少数民族内附事务。在兵部任职期间"留意阸塞险要，陈诸指掌，诸所擘画动中机宜"。后因"浮言侵之，竟拂衣苕水上，阖户著书"。⑤ 自称："每为通人所不乐，公亦罢去不顾，归返被服，读书伊吾，与儿曹声相互答，或劝公仕，抱膝长啸不为对。"又称："愚公闲居，每好著书，然多杂以兵事。以所历官，似是马曹，尝留心擘画，综理其间。虽已归卧，而宿业不辍，齿及辄津津有味

---

① 《三朝辽事实录》"杂引凡例"，《四库禁毁书丛刊》《史部》70，第351页。
② 阎崇年：《袁崇焕传》第二部分"奏告首辅"，中华书局2005年版，第43页。
③ 茅瑞征：《苕上愚公自传》，《四库禁毁书丛刊补编》第17册，第529页。
④ 同上。
⑤ 东园老人：《万历三大征考》"叙"，《万历三大征考》，第2页，《续修四库全书》《史部》杂史类。

乎。"① 可见，他是一位鄙弃名利、酷嗜读书，尤喜研军事的通达之士。他的代表作主要有《万历三大征考》《皇明象胥录》《东夷考略》等。

由上可见，茅氏撰写《万历三大征考》的起意和相关资料的收集，大约始于其任职兵部期间，主要撰写于辞官回乡后。从东园老人"叙"所署"天启改元"，作者"自序"所署"天启辛酉"看，该书成于天启元年（1621）。作者编纂此书主要依据兵部所收藏之档案、文书以及万历帝之诏旨等，正如东园老人所言："伯符止据幕府之上功与睿旨之报可者，次第其语，不诡不亢，以成一家言。"② 他作此书的目的，是"奉扬先帝鸿猷"。③ 他说："神宗皇帝在宥四十有八载，武功维竞，而哱、播、朝鲜三大役特著，霆激电煜，于今为烈矣。"④ 可见，作者撰写此书，一是出于宣扬万历帝之武功和韬略之动机。二是为当时的军事斗争提供借鉴，鼓舞士气。所谓"藉厘正功罪，稍鼓行间之气"。⑤ 也如东园老人所指出："夫以显皇帝挞伐四夷，赫然无敌，而今小丑陆梁，侵入内地，若蹈无人之境。彼虽桀骛，不当汉一大郡。至厪东顾之忧连年不解。""此书行且进御，上益明习事，旋见施行，当必有系酋奴之颈献之阙下者。"⑥ 可见，撰写此书具有明显的经世致用的目的。

《万历三大征考》共分为哱氏、倭（上、下）、播三部分，分别记载万历二十年（1592）宁夏哱拜之乱及李如松平乱之经过，万历二十年至二十六年（1592—1598）李如松、麻贵抗击日本丰臣秀吉政权入侵的朝鲜之役，万历十八年至二十八年（1590—1600）李化龙平定苗疆土司杨应龙叛变的播州之役。万历年间发生的三大战役最终结果虽然都获得胜利，但耗费巨大人力、物力，严重损伤了明王朝的元气，成为导致明朝走向衰败的重要原因。书后附录宁夏总图、日本总图、日本岛夷入寇图、播州总图。友人邹维琏评价该书称："叙事点情，皆从案牍抄移中拔出肯

---

① 茅瑞征：《茖上愚公自传》，《四库禁毁书丛刊补编》第 17 册，第 529 页。

② 东园老人：《万历三大征考》"叙"，《万历三大征考》，第 2 页，《续修四库全书》《史部》杂史类。

③ 茅瑞征：《三大征考叙》，《万历三大征考》，第 3 页，《续修四库全书》《史部》杂史类。

④ 同上。

⑤ 同上。

⑥ 东园老人：《万历三大征考》"叙"，《万历三大征考》，第 1 页，《续修四库全书》《史部》杂史类。

絜示人，无异熔矿而为金者。"称其"为一代良史"。①

该书是以纪事本末体记载万历三大征的。因此具有"每事自为起讫""每篇各编年月，自为首尾""前后始末，一览了然"②的特点。比如卷1"哱氏"篇开头就详细交代了哱拜的身世和为明朝官员的经历："哱拜，胡人也。嘉靖中，亡抵朔方，骁勇，屡立功。隆庆二年八月，击虏山后大青山，斩其酋。……总督侍郎王崇古叙赐金。明年，捣虏花马池，升历都指挥使。万历五年，以游击统标下二营家丁千余，请得专勑钤敕。总督侍郎石茂华、巡抚都御使罗凤翔以闻，报可。于是拜始擅一军。十年，授参将，一切标兵隶拜麾下矣。……后三年己丑，巡抚梁问孟请加拜副总兵，休致，子承恩袭，益剽悍，沿边慴伏之。"③接着叙述哱氏反叛的直接原因，"壬辰二月，镇戍请冬衣布花及月粮，未给。拜、承恩遂乘间激众作乱。推军锋刘东旸为会长"。④继而叙述作乱之经过："十八日，东旸纠党晨入帅府白事，（总兵）（张）维忠惊悸，不能弹压，众遂露刃，突执河西副使石继芳，拥焚军门。都御使（党）馨急匿水洞。大索，竟劫至书院，同继芳戮之。益合许朝、何应时等遂纵焚公署，收印符，释囚，略城中。"⑤然后叙述朝廷派兵平叛的过程。最后交代结局，"李如松等急提兵围哱拜家。时拜方与牛秉忠饭，闻（哱）承恩擒，秉忠趋出，（哱）拜众欲拒敌，如松给箭，令卸甲。拜仓皇缢，阖室自焚。李如樟部卒李世恩从火中斩拜首，生得拜中子承宠、义子哱洪大、文秀弟土文德及何应时、陈雷、白鸾、陈继武。……宁夏平，捷奏"。⑥如此把宁夏之役的前因后果交代得清清楚楚。

此外，该书还具有记事详明的特点。如"倭上"篇，记载平壤大捷时，作了这样的描述："（明将军李如柏）属游击吴惟忠攻牡丹峰，阴取西南，以倭易丽兵，令祖承训等伪效装（扮成高丽兵）潜伏，八日黎明，鼓行抵城下。倭炮矢如雨，军稍却。李将军手戮一人，我师气齐奋，声

---

① 邹维琏：《皇明象胥录》"序"，《四库禁毁书丛刊》《史部》10，第555页。

② 纪昀：《四库全书总目提要》卷49《史部》5《通鉴纪事本末》，海南出版社1999年版，第279页。

③ 茅瑞征：《万历三大征考》，《续修四库全书》《史部》杂史类，第6页。

④ 同上。

⑤ 同上。

⑥ 同上书，第12页。

震天。倭方轻南面为丽兵，承训等乃卸装，露明盔甲，倭急分兵拒堵。李将军已督杨元等从小西门先登，李如栢等遂从大西门入。火药并发，毒烟蔽空，方战酣时，吴惟忠中铅洞胸，血殷踵，犹奋呼督战，而李将军坐骑毙于炮，易马驰，堕堑，鼻端出火，麾兵愈进。我师无不一当百，前队贸首，后劲已踵。突舞于堞，倭遂气夺宵遁。凡得级千二百八十五，歼酋宗逸、平秀忠、平镇信，余死毒火及从东城跳溺无算，腥闻十里。真奇捷也。"① 生动地记载了明军善于使诈，将帅身先士卒，奋不顾身，英勇杀敌的感人事迹。

该书在每篇结尾部分，还以"外史氏曰"的形式对所载人物、事件发表评论。如评论哱氏父子称："甚矣，哱氏父子之狡也。初发难，诡刘（东旸）、许（朝）以为名，事成而居之，事不成，则二千夷丁，亦足制刘、许死命，不失仇钺之功（案：仇钺，明将，正德五年，安顺王朱寘镭等反叛，仇钺原住城外玉泉营，闻此带兵入城，解甲拜见朱寘镭，佯作归顺，而暗中派人出城联络守备保勋里应外合，诱杀叛将，生擒朱寘镭。后论功升都督金事，宁夏总兵官)，此实其本谋。"② 揭露哱拜父子阴险狡猾的嘴脸，他们假借刘东旸、许朝名义起兵反叛，一旦起事成功，便可居功称帝，一旦失败，也可借手下兵丁，杀死刘、许二人，向朝廷邀功。

《万历三大征考》成书之前有瞿九思《万历武功录》和诸葛元生《两朝平攘录》等记载相关事件。但瞿书主要记载万历年间各地农民、矿工、饥民、白莲教及各少数民族的起义，涉及面广。其中，虽然设有《哱拜、哱承恩列传》《平播州杨应龙列传》，记载宁夏之役和平播之役较为详尽，但援朝抗日之役阙略。正如茅瑞征所云："已得瞿待诏（九思）《武功录》读之，所述哱、播情事似属详尽，而铺张间涉厄蔓，不无忤合。朝鲜一案直缩手，祖龙遗焰缺焉不备。"③ 而诸葛元生《两朝平攘录》记事"颇类稗乘小说，摭拾多不雅驯"。④ 茅氏《万历三大征考》是在参阅瞿氏和诸葛氏两书的基础上撰写而成，显然，对两书中存在的缺

---

① 茅瑞征：《万历三大征考》，《续修四库全书》《史部》杂史类，第 15 页。
② 同上书，第 13 页。
③ 茅瑞征：《三大征考叙》，《万历三大征考》第 3 页，《续修四库全书》《史部》杂史类。
④ 同上。

漏进行了弥补，对其中记载的失误进行了订正，无疑是一部所据史料翔实，记事详明，具有重要的史料价值的军事史著作。

《皇明象胥录》8 卷和《东夷考略》均作于其任职兵部职方郎中期间。《皇明象胥录》也名《四夷考》，该书是在郑晓《吾学编》"四夷考"基础上加工而成。为区别于郑晓《四夷考》，故命名为《皇明象胥录》。所谓"象胥"，据《周礼·秋官·象胥》条称："掌蛮、夷、闽、貉、戎、狄之国使，掌传王之言而谕悦焉，以和亲之。""象胥"原指翻译人员，在此泛指周边少数民族及国家。茅氏称郑晓《四夷考》"精核简严，居然良史，而根据多略，且编辑亦止于世庙（按：指嘉靖帝）。余往在职方，间按历代史牒及耳目近事，稍为增定以讫万历纪年。如弗朗机、鲁迷诸国，前考所缺者，并捃拾订入，庶几展卷可暂本末，蛮陬夷落如指诸掌矣。"① 该书的编纂主要着眼于防御"外患"。茅氏称："曾几何时，而南交弃，河套失，哈密亦不守，寖遝而辽左蹙为异域矣。虽云外夷逆顺譬同癣疥，而未尝不视中朝生向背。内治修，则鳞介可化为衣裳；边备弛，则藩篱将荐为豺虎。深维往辙固强，徵得失之林也。岛夷出没鲸波，西戎远在天末，从古不能与中国争衡，而通番之舶不禁，则勾引转滋，贾胡之来日众，则窥伺渐启。至闽浙之海盗内讧，而关陕之流贼飙发。"② 显然，茅瑞征看到了外患与内忧的关系，为了拯救明王朝衰败的命运，他认为，应当更多地熟悉、了解"四夷"的历史、风土民情及其与明朝交往的历史。做到"胸有武库，虏在目中""重内治，谨边备"③，才有可能转危为安。该书分别记载朝鲜、琉球、日本、安南、东南亚各国、西域哈密、吐鲁番及天竺等国家和民族的沿革本末及与明朝通朝贡等交往的历史。友人吴光义称该书"证引宏博，诸如山川道里之近遥，境俗性智之优薄，产载物类之区品，气候凉燠之异宜，无不备写像形，审求根实，而覈夷情之终始，镜失得于累朝，察叛服之所繇，为涤镞之收纵。……盖安攘远略具载，是录洵可称经国大业，不朽盛事已然"。④

《东夷考略》的撰写是为了弥补《皇明象胥录》记载的缺漏。吴光义

---

① 茅瑞征：《皇明象胥录》"序"，《四库禁毁书丛刊》《史部》10，第 558 页。

② 同上书，第 558—559 页。

③ 邹维琏：《皇明象胥录》"序"，《四库禁毁书丛刊》《史部》10，第 557 页。

④ 吴光义：《皇明象胥录》"序"，《四库禁毁书丛刊》《史部》10，第 553 页。

在《皇明象胥录》"序"中云："吾独私怪录中所叙北狄仅及兀良哈种落，而鞑靼、女真、金元遗孽尚缺焉不及。"认为《象胥录》缺记鞑靼、女真和金元遗孽是一缺憾，并感叹："嗟乎，大宁徙而左臂单寒，开平移而烽火日逼。朔方东胜豺虎纵横，朵颜、福余犬羊反覆。朝鲜我东藩折于奴，我不能救也。卜素我款房，逐于插，我不敢问也。玄菟、乐浪我版图，沦没于奴儿干，我不能窥寸土也。"① 茅瑞征显然知道《皇明象胥录》存在不足，他在《皇明象胥录》"序"中说："因搜录成书，貂续端简（郑晓）题曰象胥以志国家宾师之略。他如北房、女真及西南溪峒诸蛮夷，别有裒集。"② 《东夷考略》就是其另外纂辑的更具有现实意义的军事地理学著作。

该书分为"女真通考""海西女真考""建州女真考"三部分，另卷首附有辽东全图，开、铁图，开原控带外夷图，沈阳图，辽阳图，广宁图，海运饷道图及"东事问答"。显然是针对辽东女真对明朝的不断侵扰、东北边疆出现严重危机而作。他自称："考原自有东寇，主忧臣瘁，而议同筑舍局筭弈棋。爰鉴往以察来，庶惩噎而改辙，故考东夷。"又称："古亦有谈兵于聚米，或画地以成图，量彼此情形，多筭乃胜。"③ 在《女真通考》中，他不仅回顾了女真的历史，记载了明朝与女真之间的战争，而且注意总结成败得失。他指出："凡兵莫神于间，莫巧于颠倒饥饱劳逸以为用。而我早漏师期，深入重险，弃辎重窖粟以资敌，敌兼此数者，势始日张，因并夺我三军之胆，胆破而智勇并困。辽沈之不为开、铁续，幸也。善师者，鼓之以胆，而运之以略，敌锐能挫之，敌骄能忍之，转敌之权，而阴握其全胜。"④

如果说茅瑞征作《万历三大征考》是为了宣扬万历帝之武功和韬略，起到振奋人心、提供借鉴历史的作用，那么他作《皇明象胥录》和《东夷考略》则是为了让国人了解和熟悉明朝周边的民族和国家，为加强与其友好往来，更好地抵御外侮提供参考。

---

① 吴光义：《皇明象胥录》"序"，《四库禁毁书丛刊》《史部》10，第 553—555 页。
② 茅瑞征：《皇明象胥录》"序"，《四库禁毁书丛刊》《史部》10，第 558 页。
③ 茅瑞征：《东夷考略》"序"，《四库禁毁书丛刊补编》第 17 册，第 527—528 页。
④ 茅瑞征：《东夷考略》"女真"，《续修四库全书》《史部》杂史类，第 51 页。

第五节　"补国漏，治国病，鼓士气，固人心"
——颜季亨与军事史编纂

颜季亨（1581—?），字会通，号补漏居士。明镇江府丹阳延陵镇（今江苏镇江丹阳延陵镇）人。①万历九年（1581）出身于书香门第。②其父颜与治"少好学，能文章"③，家富有藏书。④然屡试不第。后弃举业改而学医，"以医奕游越、闽"，"居家好施予，乐与贤豪长者游，堂中座客常满，捐百金济人急难者，不一而足。……自设局施药，所全活人无数"。⑤季亨自称："六岁学句读，十一明经学，十三习制举义，十五旁通鉴史，十七游胶庠，而□得纵观经传子史。"⑥时人称其"博学兼工古文辞"。⑦但久困场屋。居家孝敬长辈，曾因"割股"煮汤药救父，被地方官举为孝子加以旌表。受其父影响，季亨也曾一度从事寻道问药、研制药方的工作，希望以"方术救世"。而面对万历、天启间"外侮内讧，剥喙无已"⑧的局面，他感到忧心如焚。尤其对东北的局势十分担忧。为此他在《拟奏闻圣主疏》中指出："初以空虚无备而□王师衄，则举朝为之动色，而迨后则已怡然。先年又以轻出寡谋，而开铁破，两帅死（指天启二年辽东经略熊廷弼、广宁巡抚王化贞丢失广宁而被杀），则复为动色，而事稍缓则又怡然。今春竟以关门迎敌，而辽左没，叛将降，则无不为之动色。而今者见□之偃甲休戈，按兵未举，则似又不免于怡然矣。夫动色者三，则已宜知所备，怡然者又三，则亦宜知所戒，而莫为之备，

---

① 按：张国祥《经世急切时务叙》言："颜公字会通，吴产也。"而不言其具体为吴何地人士。据颜季亨在《九十九筹》各卷中自称"延陵颜季亨会通著"，可知为延陵人。延陵，为古邑，汉代称毗陵。北宋熙宁五年省延陵县为镇，直至清归丹阳县管辖。

② 此据颜季亨《国朝武功纪胜通考》"征倭前案"（《四库禁毁书丛刊》《史部》70，第281页）颜氏自云："岁丁酉（万历二十五年），愚生年十七，甫入胶庠。"推其生年当为万历九年。

③ 颜季亨：《自述生平》，《四库禁毁书丛刊》《史部》70，第305页。

④ 颜季亨：《书剑臆说》云："先父最好读异书，无所不有。"参见《四库禁毁书丛刊》《史部》70，第304页。

⑤ 颜季亨：《自述生平》，《四库禁毁书丛刊》《史部》70，第305页。

⑥ 同上。

⑦ 朱之蕃：《国朝武功纪胜通考》"序"，《四库禁毁书丛刊》《史部》70，第3页。

⑧ 同上书，第4页。

莫为之戒者，如寝厝火之上而不去其薪，载漏舟之中，而不塞其隙。"①
认为朝廷面临后金的不断入侵，却不知戒备，反而怡然自安，这好比
"寝厝火之上而不去其薪，载漏舟之中，而不塞其隙"，必将导致更大的
失败。面对国家危难，朝廷昏庸，颜氏从为人治病转而从事军事史的编
纂，以达到补国之缺漏、为国治病的目的。正如朱之蕃所云："但谈道用
药之余，孔亟转念前事之不忘，后世之师也。遂遍搜集我国朝征讨成案，
汇为《武功通考》一编。"②据《千顷堂书目》云："万历四十年八月神
宗圣诞，九思以原授翰林院侍讲诏进是书及圣诞五帙乐章二十五篇。"③
可见，此书曾进献给万历皇帝。后来，他又编成《经世急切时务九十九
筹》。颜氏希望通过总结明朝军事斗争的历史和经世时务的相关经验，以
求达到拯救时弊、振兴国家之目的。

一

《国朝武功纪胜通考》（以下简称《武功通考》）8 卷，成书于天启元
年，是一部明朝军事斗争史。该书从宏观上看是按照时代的顺序，依次
记载从洪武到万历时期历次重要军事斗争的情况，具有编年体性质。其
中记洪武九征、永乐三征、宣德一征、正统三征、景泰二征、天顺二征、
成化六征、弘治三征、正德五征、嘉靖七征、隆庆一征、万历三征，凡
45 次征战的情况。而从具体篇目内容看，每篇各自标目，叙事详其始末，
又具有纪事本末体特征。如记朱元璋与群雄之战，列有"征伪汉案""征
伪吴案""征伪陈案""征伪夏案"等，记载了元末明初征战陈友谅、张
士诚、方国珍、陈友定、明玉珍的始末。记靖难之役，列有"靖难"上
中下三案，详载靖难之役的起因、经过及最后结局。记倭患和征倭之战
有"征海倭案"，记载了俞大猷、戚继光、胡宗宪抗倭事迹，同时记载了
望海埚大捷、王江泾大捷等著名抗倭战役的情况。而"征倭前案"和
"征倭后案"，则侧重记载援朝抗日的经过。记镇压民众起义的有"征闽
寇案""征广寇案""征流逋案""征群寇案""征江盗案"等。记镇压诸
王造反的有"征汉王案""征宁王案"。记征剿残元及周边少数民族的有
"征沙漠案""征洞蛮案""征交趾案""征北虏案""征瓦剌案""征孛

① 颜季亨：《拟奏闻圣主疏》，《四库禁毁书丛刊》《史部》70，第 294 页。
② 朱之蕃：《国朝武功纪胜通考》"序"，《四库禁毁书丛刊》《史部》70，第 6 页。
③ 黄虞稷：《千顷堂书目》卷 5《别史类》，上海古籍出版社 2001 年版。

来案""征套虏案""征建夷案""征土鲁案""征哈密案""征安南案"等。

有人认为，颜氏编纂《武功通考》，是为明朝统治者歌功颂德。如朱之蕃在该书序中就指出："斯编颜生所著述也。上昭圣祖圣宗之令德，下显名臣、名将之忠猷。……予读而叹曰：'但有是哉，我祖宗东攻西讨，南征北伐，举无不克，动辄全胜，一览昭然。'"① 实际上，朱氏的观点并不准确。书中虽有歌功颂德的内容，但作者并不限于此，而是企图通过总结本朝军事斗争的历史，为当时及后世提供经验教训。正如颜氏所云："余书生，睹国难纷纭，殊愤激，遂企慕高不危……愿披肝裂胆，矢陈□得，悉灭囚虏而甘心焉。以故乘间翻阅史书，尝揣摩用兵之道。"② 当友人劝其"应皇榜之招，效死边境"时，他说："吾年已四十，而发苍苍"，"吾手不能挽半担弓，身不能仗五尺剑，日虽习兵书，而不知所用"。③ 因此不能以身补国之漏，只能以写史补国之漏。他还具体说明了怎样补国之漏："今天下人人谈将，将不可得。吾所以言将，敢言人之所不肯言，此可以补将之漏矣。人人谈兵，兵不可用，吾所言兵，又言人之所从未及言，此可以补兵之漏矣。人人谈饷，饷不可聚，吾所言饷，又皆言人之所不能言，此可以补饷之漏矣。是谓可以补国漏者三。"④ 由此可见，作为一介书生，颜氏面临国家危难，其以史经世的心情是多么的迫切。

二

出于以上的写史动机，颜氏在《武功通考》中，并不是单纯地颂扬朝廷的武功，而是注意总结历次战争的起因及胜败得失，发表自己的见解。总结起来，有以下几点值得注意。

（1）客观、真实地反映社会矛盾和统治阶级内部矛盾。颜氏在《武功通考》中能以客观公正的态度真实地反映历次战争的背景和起因，揭露社会矛盾和统治阶级内部矛盾。他认为，往往是因为朝廷内部出现宦官擅权，武备松弛，而各级官吏对百姓横征暴敛，而激起民变、军变或导致外敌入侵的。他认为："有内治，自可必其无外忧也。"⑤ 他指出：

---

① 朱之蕃：《国朝武功纪胜通考》"序"，《四库禁毁书丛刊》《史部》70，第2—6页。
② 颜季亨：《国朝武功纪胜通考》"靖难中案"，《四库禁毁书丛刊》《史部》70，第67页。
③ 寿光大：《补漏问答》，《四库禁毁书丛刊》《史部》70，第293页。
④ 同上。
⑤ 颜季亨：《国朝武功纪胜通考》"征闽寇案"，《四库禁毁书丛刊》《史部》70，第99页。

"英宗以幼冲嗣位，王振终于擅权，自此倚恃承平，纪纲百度浸以变易怠弛矣，自此委顿武备，胡虏跳梁，而边患日作矣。"① 又称："武宗朝，政在宦官，多苛暴，饥民乘间为盗，四方闻风蜂起，大费征剿，殊无宁刻。"② 再如在"征军变案"中指出："世宗朝，兵骄卒悍，仿效成风，类以月粮不时藉口，动辄揭竿鼓噪，群起称乱者，在在而是。"③

（2）规劝统治者要居安思危，采取措施，缓解矛盾，善于用人，加强军备。如在"征流逋案"中，记载了成化年间从陕西至荆、襄间流民聚集山林，因官府处置失当，激起民变的情况。颜氏认为，对这些流民，"若听其近诸县者附籍，远诸县者设□县以抚之。置官吏，编里甲，宽徭役，使安生理，则流民皆齐民矣，何至蜂起蚁聚，而甘自绝于盛世，以倡为乱也"。④ 他指出："荆襄迤西，多长山大谷，土壤腴沃，物产富穰，寒者易以为衣，饥者易以为食。此天地自然之利也。利之所在，民争趋之。往岁流民潜聚，去而复来，固其所也。为政者奈何捐利还天地而拂民之性乎？"⑤ 直斥"为政者"对流民疏于管理，不因势利导，最终导致不可收拾的局面。他赞扬孝宗"在位，尚德缓刑，不勤远略耶。如西番、北虏，不得已而用兵，亦仅以薄伐为威，从未有大举深入、劳师匮财、残民辱国之覆辙，一时外安内宁，与民休息"。尽管此时"百官奉职，筐篚岁至，至太仓有红腐之粟，武库之兵朽而不用，又无方百里水旱之灾也"。然而仍有"哨聚杀人，劫县烧村，剽掠妇女日相闻也"。他建议："宜趁此急选良有司，恤饥赈寒，以安民心。又密令整饬城池、军马，以俟缓急之变。夫安不忘危，霸者之略；有备无患，圣王之政。况今承平日久，民不知兵，万一有意外之警，有如平原、睢阳之伦乎？"⑥ 面对边患，有人建议，调京营军出征。颜氏指出："即拣选京营军出征，多虚伍不能满数，且什三少器械，什七少鞍马。将不习军，军不识将。抢掠则贪财如虎，临阵则窜避如鼠，徒张虚声，枉耗实费，是又不及边兵远矣。"因此建议："即就沿边境地选取民兵，如成周制兵良法，可以前日

① 《国朝武功纪胜通考》"征北虏案"，《四库禁毁书丛刊》《史部》70，第94页。
② 《国朝武功纪胜通考》"征流贼案"，《四库禁毁书丛刊》《史部》70，第168页。
③ 《国朝武功纪胜通考》"征军变案"，第231页。
④ 《国朝武功纪胜通考》"征流逋案"，第139页。
⑤ 同上书，第141—142页。
⑥ 《国朝武功纪胜通考》"征群寇案"，第162、166页。

之农，即为今日之兵。……自耕而自食，无廪给之费而食自饱。制兵之善，信无踰此。"同时指出："第当事者以此举为惊世忤俗，多畏而不言，言而不行，行而不终。大为可惜。"① 他认为，"国家安危，全系用人"，一旦用非所人，国家必将陷入混乱。他以正统初为例，英宗幼年即位，"三杨"为辅弼，"朝廷大事，皆由处分，数年政治清明，为本朝之极盛"。后杨荣去世、杨士奇因子罪而闭门不出，杨溥年迈势孤，"内阁之柄，悉为王振所持，生杀予夺，尽在其手，因之朝政既淆，边衅悉起"。②

（3）表彰忠烈，颂扬名臣和英雄人物。如在"靖难下案"中，详细记载了靖难之役中许多忠烈之士的事迹。如沛县令颜伯玮誓死守城，后自经而死。献县令向朴"以忠义鼓激民心"，后力不足而死。又记靖难后方孝孺、练子宁等不屈而死的事迹。篇后又以"颜季亨曰"的形式，补充了不少忠烈之士的事迹。如记刑部侍郎王良于靖难后，不为永乐帝所用，其妻先投池而死，而后王良"举火阖室自焚死"。记翰林院修撰王艮于靖难后，"闭门涕泣不已，服毒死"等。他称："独建文时殉节诸名臣似各以死为安乐窝……一种慷慨激烈之气究竟莫可磨灭。余诚殚精竭思，详为叙列云。"③ 在"征胡元案"中，又记平民徐允让面对贼寇欲杀其父的危急时刻"捐身救父"，其妻潘氏"全节殉夫"的事迹。他认为，之所以旌表他们，是因为"褒死所以劝生，奖往所以劝来"。④

在一些篇目中，颜氏还特别注意记载名臣事迹，如在"征瓦剌案"中，他详细记载了于谦的事迹，并称："其功信亿万斯年所不可诬也。当时后世谁不知肃愍有社稷功而乃蒙冤以死。"⑤ 在"征广寇案"中，又补记于谦事迹，称其为官"身无长物""两袖清风"，称其："盖平日有视死如归之志，故临难有义不反顾之勇。"同篇还记载了宣德间名将山云"屡征蛮夷，深入贼境，身先士卒，大有战功，不怕死固也，而且不要钱"的事迹。⑥ 在"征江盗案"中，针对时人对王守仁的各种诽谤之词，颜氏指出："夫道高毁来，功多谤兴。"他评价说："王新建功名昭揭，莫

---

① 《国朝武功纪胜通考》"征火筛案"，第 161 页。
② 《国朝武功纪胜通考》"征闽寇案"，《四库禁毁书丛刊》《史部》70，第 100 页。
③ 《国朝武功纪胜通考》"靖难下案"，第 77 页。
④ 《国朝武功纪胜通考》"征胡元案"，第 39 页。
⑤ 《国朝武功纪胜通考》"征瓦剌案"，第 111 页。
⑥ 《国朝武功纪胜通考》"征广寇案"，第 112 页。

可盖覆。至夫不踰句朔力缚宁王，人尤多其功，佥谓千古不可磨灭。"又称其："英敏天成，机权莫测，智计超绝，用兵神秘。"① 在"征海倭案"中，评价抗倭名将俞大猷，称其在吴越间"杀贼万计"战功显赫，"为将有容善忍，遇部将以罪被逮，请保任不效甘同罪，妻子窘，辄周其急。偶有遗以数百金者，即立与之"。② 充分肯定其"有容善忍"，体恤部下，为人廉洁的高贵品质。

三

天启初年，颜季亨还编纂了另一部军事理论著作《经世急切时务九十九筹》（简称《九十九筹》）。他自称："今东夷不啻负隅，西寇尚余噍类，国病剧矣。谁不食履，谁无血气，敢袖手高枕，不得已以臆说进。"又说："今辽广沦陷，九边震恐，蓟镇、山海徒拥疲兵残卒，而莫适于用。……湘汉多旷土，江淮多游民，河渠未必无徼，而中州不登于岁，楚中半没于水，三吴有赋重役繁之累。"③ 面对如此危急的局面，颜氏忧国忧民，编纂此书，希望能"为鼓士气，搜英雄，固人心"等发挥作用。并准备献给"司国计者以转奏闻"，希望"皇上斧断而亟行之"。④

该书凡10卷，主要从治标和治本两个方面论述治军、御敌、消弭内患的经验、方法和教训。他自称："若夫辽事之胜败、功罪，参军之三式八阵，九边之城堡情形，京省之都邑要害，将之舟车步骑，世职科目，兵之土著征募，饷之屯马钱盐，居官之责守任议，草泽之隐侠豪杰，用兵之贯七书六经，俱一一分列辨析。"⑤

颜氏作此书时，正值后金已相继攻陷沈阳、辽阳，渡辽河，广宁降。辽东经略熊廷弼、广宁巡抚王化贞被杀。他称："读书伊吾，一闻奴患，间出所余实力觅邸报阅之，局累累败未有甚于今日者。"⑥ 又称："今天下谈及王文鼎之见杀，毛文龙之不赏，高邦佐之焚尸，无不人人扼腕血泪数行下。盖谓铁岭不守，王文鼎到任才一日，熊经略（廷弼）何以杀之？镇江（今丹东）孤悬海外，陆沉异域，毛文龙率死士二百，一鼓奏捷以

---

① 《国朝武功纪胜通考》"征江盗案"，第191、194页。
② 《国朝武功纪胜通考》"征海倭案"，第263页。
③ 颜季亨：《九十九筹》卷1《计治标本》，《四库禁毁书丛刊》《史部》51，第204页。
④ 颜季亨：《拟奏闻圣主疏》，《四库禁毁书丛刊》《史部》70，第294页。
⑤ 《九十九筹》卷1《计治标本》，《四库禁毁书丛刊》《史部》51，第206页。
⑥ 《九十九筹》卷1《早翻前局》，第207页。

擒叛献俘，真空谷之足音也。熊经略何以不为救援，反加生事挑衅之罪罪之。广宁弃城被陷，道将兵民尽逃，独高邦佐以渺渺一身殉节自缢，出血书嘱使者收尸葬父穴旁，可称忠孝两全矣。熊经略何以反恨其为国死难，形己之短，立命掷弃其尸，而纵火焚之。"认为这是"宜赏而罚，摧忠直之气。"① 在如此激愤的情况下，他首先从辽事入手，在卷1"穷究奴酋""参透奴情""觑破奴地""旁叙海西""推原女真""伤今辽患"诸篇中，回顾了女真的历史和努尔哈赤崛起的原因、辽患形成的原因和历史，并分析了建州卫的地理形势等。继而从宏观上分析东北和西北的边防形势，指出："国家建都燕京，三面邻虏。……东则蓟州为左辅，极之而至于辽东。西则宣府为右肩，极之而至于大同、榆林、固原、宁夏、甘肃。北则以黄花镇为后门，极之而至于古北口、潮河川，此大略也。"如今"自大宁都司之内徙，而左臂单寒。自辽阳旧城之外弃而守望劳费，今且不守广宁而守山海关。开平移而上谷之烽火益逼。东胜废而三关之设备愈严。今且不守偏头而守宁武矣。河套驻牧，镇远缺防，而朔方之形势亏矣。哈密折入吐鲁番，而河西之孤悬益甚矣。"② 因此，提出要"戒备蓟辽""申饬宣大""固守关阙""抚援延宁""远联甘固""加防套虏"（以上各篇见该书卷3）等。故其友人沈演称："夜不能寐，篝灯展玩间，辽事之得失功过，奴情之端委颠末，影影目中。"③

颜氏的视野并不仅限于东北、西北的边防，他还就"抚宁云贵""防御川湖""安顿齐鲁""保辑秦晋""慎备闽浙""镇定两广""预防海倭"（以上各篇见该书卷5）等发表评论，就全国攘外安内的局势提出意见和建议。

他在对全国形势分析的基础上，重点就守边人才和将领的选拔和赏罚、军队的操练和管理、士气的激励和培养、边患及内乱的消弭以及涉及军队的后勤保障相关问题，如屯田、马政、钱法、盐政、漕运、治河等发表意见，提出了不少有益的建议。如在卷4"选择将帅"中批评"国家任将之权太轻，用将之路太狭"，主张广开选将之路：一是从勋臣后裔中选，认为"今两京各省勋臣后裔如雨如林，岂无象贤步武，肯出

---

① 《九十九筹》卷2《立决赏罚》，第227—229页。
② 《九十九筹》卷2《合说边防》，《四库禁毁书丛刊》《史部》51，第243页。
③ 沈演：《经世急切时务叙》，《四库禁毁书丛刊》《史部》51，第191页。

死力灭奴酋者?"二是从死事后裔中选,"仿羽林孤儿遗意,倍加优恤,量授若职"。三是通过科举选拔。四是"广搜草泽英雄"。① 又如在《内弭寇盗》中分析民变之原因,指出:"彼民之好生恶死,其性也,赋苛半菽难堪心肉之剜,室有九空谁怜釜中之泣,等死耳,独不思曰:'与其命陨饥寒,孰若饱暖肥甘,暂作怡堂之燕;与其身填沟壑,孰若恣情淫佚,希为漏网之鱼',是以穷而不已则肜,肜而不已则怨,怨而不已则乱,此盗之所由起也。"他认为,对内乱"一意于抚,则同骄于之止啼",而"一意于剿,则同困兽之死斗",应当"奸厥渠魁,胁从罔治,使自新者有更生之路"。更应该从根本上"课农桑,勤抚字。关税可捐,莫边银貂之虎食;催科可缓,毋容蝮吏之茧抽"。如此可以使"黄巾化为赤子""绿林归作苍生""腹心无恙,癣疥自消,内顺治而外威严"。②

作者自称:"今此书出,死帅知之,忠魂慰矣","当事者见之,中国决不至无备,叛将闻而战悚矣","孺子辈挟之有以请缨,不负生平之铜肝铁胆矣"。③

时人评价该书,称其:"语语玉笋,字字金针。"④ 这显然有夸饰的成分。实际上其中也记载了不少荒诞无稽之说。如称:"抚顺初破,天心示儆。正阳门外河水三里余赤如溃血,京师震恐。又广宁民妇生一猴二角四齿。开原败,家庄堡桅杆起火。"再如记万历四十七年杨镐率四路之师攻后金,言"海州遛见白虹贯日,如日并出者三,白气直罩城上,三路丧师,全军覆没。已先为之兆矣。先是刘铤出师,日五星斗于东方,杜松垂发,牙旗折为二,大清堡军库灾,火器尽毁。白气竟天三匝"。⑤ 另有"考占天象""转旋太乙""综合奇门""传换六壬"等篇,宣扬古代所谓太乙神数、奇门遁甲和六壬神课等阴阳五行占卜吉凶的术数。这些实为该书之糟粕。

总而言之,颜季亨身为一介草民,他自觉编纂军事史著作,一不为升官,二不为讨赏,主要为存史、补国之缺漏,为当事者提供借鉴而为之。他的这种"位卑未敢忘忧国"的精神值得后人景仰和学习。

---

① 《九十九筹》卷4《选择将帅》,《四库禁毁书丛刊》《史部》51,第252—253页。
② 《九十九筹》卷6《内弭寇盗》,《四库禁毁书丛刊》《史部》51,第282页。
③ 寿光大:《补漏问答》,《四库禁毁书丛刊》《史部》70,第292页。
④ 同上。
⑤ 《九十九筹》卷2《早翻前局》,《四库禁毁书丛刊》《史部》51,第207页。

第六节　"备富强之策，尽草莽孤忠"
——茅元仪与《武备志》

　　茅元仪（1594—1640），字止生，号石民，又署东海波臣、梦阁主人、半石址山公。出生于归安（今浙江吴兴）书香门第和官宦之家，祖父茅坤是明代著名文学家、藏书家，嘉靖十七年（1538）进士，任广西兵备佥事、按察副使，"自命有文武才，好谈兵事"①，父亲茅国缙万历朝任工部郎中。其叔父茅维、堂兄茅瑞征均为名士。

　　元仪11岁学为制举文，13岁为诸生，学为古文词，卒业太学。天启元年（1621）27岁参加科举，不能如意。他在给天启帝上疏时称："虽不中有司之格，未得为陛下宣力四方，然国恩深厚，窃怀捐糜之报。见东事起，群臣莫究兵法，尽辑平生私学，以为《武备志》二百四十卷。……窃以身虽不用而人或用其言，亦人臣随地自效之小忠。"② 又云："臣本书生，躬耕诵读，东夷发难，著《冒言》十八篇，《武备志》二百四十卷，以备富强之策，聊尽草莽孤忠耳。廷臣遂以知兵交荐。"③ 显然是因为《武备志》的影响，人们才以为他知兵而举荐其担任武职。先是蓟辽总督王象乾欲推荐他为赞画、为大将，后中外大臣交相举荐，他以"臣本书生，不谙帷幄之谋，俱力辞不赴"。天启二年（1622）适逢山东白莲教起义军四十万从丰沛渡河，举朝震惊，朝廷议论出师，人有畏色，元仪"愤激于衷，请当先锋"④，于是接受兵部任命，担任副将。不久因丁母忧而归乡守丧。天启五年（1625）经兵部尚书孙承宗举荐，任副总兵，戍守觉华岛。后升任赞画，奉命到江南招募水兵，筹集楼船，以加强辽东水师，并制作正偏厢车千辆，高丽牌弓弩、铁竹炮各万计，屡受天启帝的褒扬。后孙承宗举荐其任翰林院待诏，因阉党阻挠而未能如愿。天启六年（1626），由于阉党的排挤，孙承宗被革职，茅元仪也因"伉直

---

① 钱谦益：《列朝诗集小传》丁集上"茅副使坤"，上海古籍出版社1983年版，第404页。
② 茅元仪：《石民四十集》卷1《辞召用疏》，《四库禁毁书丛刊》《集部》109，第11页。
③ 茅元仪：《石民四十集》卷1《环召谢恩疏》，第13页。
④ 茅元仪：《石民四十集》卷1《辞召用疏》，《四库禁毁书丛刊》《集部》109，第12页。

违时，坚贞忤世，致被逆珰魏忠贤矫旨削籍"。① 崇祯元年（1628），魏忠贤被杀，阉党势力大挫。茅元仪冤情得以昭雪，官复原职，并奉旨将《武备志》呈上以备御览，被擢为翰林院待诏。不久遭权臣中伤，被放逐于定兴（今属河北）江村。崇祯二年（1629）冬，后金兵临京畿，孙承宗再度受命督师，茅元仪也东山再起，入守通州，恢复四城，歼敌六千余，解了北京之危。崇祯三年（1630）授大将军印，又以翰林院待诏之职督觉华岛水师。后辽东兵哗变，被蓟辽总督梁廷栋以"贪横激变"为名，将其逮捕入狱，谪戍漳浦（今属福建）。后辽事紧急，请募死士勤王，被奸臣所阻。崇祯十二年（1639），因长期郁闷，"蚤夜呼愤，纵酒而卒"。②

茅元仪一生著述宏富，有《武备志》《督师纪略》《复辽砭语》《石民四十集》《石民未出集》《暇老斋杂记》《野航史话》《石民赏心集》《谕水集》《江村集》《横塘集》等 60 多种，数百万言。但因屡遭禁毁，散佚较多，对后世影响最为深远者，当首推《武备志》。

一

茅元仪"好谭兵，通知古今用兵方略，及九边阨塞要害。口陈手画，历历如指掌"。③ 显然受其祖父茅坤的影响。史载，茅坤"雅好谈兵"，任广西兵备佥事期间曾受两广总督应槚之邀，剿灭诸瑶之乱，他采用"雕剿"（即"倏而入，倏而出，如雕之搏兔然"）之法，"连破十七砦"，因此官升二级，升任大名兵备副使。嘉靖末，应胡宗宪之邀担任其幕僚，与其筹划兵事。④ 著有《徐海本末》《海防事宜》《武备制胜》等相关军事著作。他一生喜藏书，其白华楼藏书富甲天下。茅元仪将其藏书编为《白华楼书目》，分为九学十部，九学包括经学、史学、文学、说学、小学、兵学、类学、数学和外学，加之世学为十部。其中兵学类藏书为元仪编纂《武备志》提供了丰富的资料，所以元仪在给崇祯帝上疏言《武备志》撰写起因、经过时称："臣以东事忽起，士大夫不乏忠愤之心，每苦兵家为绝学，臣窃以不然也，故因辑臣祖先臣副使坤、臣父先臣郎中

---

① 茅元仪：《石民四十集》卷 1《遵旨进书并辞都督疏》，第 14 页。
② 钱谦益：《列朝诗集小传》丁集下"茅待诏元仪传"，上海古籍出版社 1983 年版，第 591 页。
③ 同上。
④ 《明史》卷 287《文苑传》三《茅坤传》，中华书局 1997 年版，第 7374 页。

国缙遗书，并平生所学削成此书。"① 茅元仪在《武备志》"自序"中称："国家自受命以来，承平者二百五十载，士大夫无所寄其精神，杂出于理学、声歌、工文、博物之场，而布衣在下不得显于时，亦就士大夫之所喜而为之，不如此，则不得附青云而声施也。至介弁之流亦舍其所当业而学士大夫之步……故朝野之间莫或知兵。……故干戈一日起，士大夫相顾惶骇。"认为国家承平日久，士大夫致力于理学等科目的学习和研究，平民为了出人头地也效法士大夫之喜好，甚至连军人也舍弃自己应当学习的兵学而去学士大夫之所学，乃至朝野之间无人知兵，战争一起，大家惊慌失措。他进而指出："士大夫既不习天官之言，又不讲阨塞之势，一朝领中权，视术士之纷纭而不知折衷，抚天下之形势而不知缓急，欲悍然为之而违天背地，必不能也。"② 可见，茅氏编纂《武备志》主要是为了纠正时弊，改变士大夫中重文而轻武的积习，未雨绸缪，为未来的战争做准备。

《武备志》是一部军事理论史料集。由《兵诀评》《战略考》《阵练制》《军资乘》和《占度载》五部分组成。《兵诀评》18 卷，收录了先秦兵书《孙子》《吴子》《司马法》《六韬》《三略》《尉缭子》凡六部。茅氏指出："自古谈兵者，必首《孙武子》。……要之学兵诀者，学《孙子》焉可矣。"他认为，"先秦之言兵者六家，前《孙子》者，《孙子》不遗，后《孙子》者，不能遗《孙子》。谓五家为《孙子》注疏可也"。③ 六家后选录唐宋兵书《李卫公问对》、李筌《太白阴经》、许洞《虎钤经》，认为："以其言皆所以申明六家，犹《易》之有京、焦，《春秋》之有三传也。"④ 茅氏不是简单地收录古代兵书，而是"为疏其滞，而又删旧注之烦，标其要，而又明旧注之误。"⑤ 即对收录的兵书阐发其隐晦之处，删除旧注之烦冗，订正旧注之失误，并标注其要旨。

《战略考》33 卷，选录了从春秋至元朝历代有参考价值的战例。茅氏认为："古今之事，异形而同情，情同则法可通，古今之人异情而同事，

---

① 茅元仪：《石民四十集》卷 1《遵旨进书并辞都督疏》，《四库禁毁书丛刊》《集部》109，第 15 页。

② 茅元仪：《武备志》"自序"，《四库禁毁书丛刊》《子部》23，第 3 页。

③ 《武备志》卷 1《兵诀评序》，《四库禁毁书丛刊》《子部》23，第 31 页。

④ 同上。

⑤ 《武备志》"自序"，第 4 页。

事同则意可祖。故我列著之以为今之资。"他选录的标准是"略则非略弗录也，略弗奇弗录也。每举一事而足益人意志，虽言之竟日而弗倦，试之万变而不穷。"① 他列举了如春秋时期齐鲁长勺之战，晋楚城濮之战，战国时期的齐魏马陵之战，秦汉之际的楚汉相争，西汉武帝的出击匈奴，三国时期的官渡之战、赤壁之战，东晋前秦的淝水之战，唐初的虎牢之战，安史之乱中的睢阳保卫战，北宋与辽夏之争，南宋与金、元之战等600 多战例，重在介绍古人用兵的谋略和原则。可称为一部中国古代战争战例汇编或古代战争简史。

《阵练制》41 卷，分为阵和练两个部分，茅氏认为："兵之有阵，天之垂象也。兵之有练，圣人之六艺也。阵而不练，则土偶之须眉耳，练而不阵，犹驱虎豹入市，徒以走众，使三人同心，乘势而捽，则立毙矣。"② 在"阵"的部分，他载录了从西周到明代的各种阵法，并配以319 幅阵图，如"伏羲师卦图""风后握奇阵图""孙武子乘之阵图""韩信垓下五军阵图""诸葛亮方阵、圆阵、曲阵、直阵、锐阵图""李筌演诸葛亮方阵等图""宋神宗阵战法图"等。他说："古之阵图散在方册，举而合之，而又陈异同之说，使明者之自索其进退赏罚之法。"③ 在"练"的部分，从唐、宋、明有关军队的律令中选录选士、编伍、悬令赏罚、教旗、教艺凡五方面内容。

《军资乘》55 卷，分为营、战、攻、守、水、火、饷、马八类。主要论述后勤方略。下设 65 项细目，内容涉及行军设营、作战布阵、旌旗号令、攻守城池、配制火药、河海运输、屯田开矿、粮饷供应、人马医护等多方面内容。茅氏称："并罗其法，使用者无缺，则疲卒可以当锐师矣。"④ 其中收录了攻守器具、战船、战车及其撞车、炮车、火枪等各种兵器图。

《占度载》93 卷，载录与军事有关的天气预测和边海防相关的军事地理资料。分占和度两个部分。"占"，记载日、月、星、云、风、雨、雷、电、五行等占验。其中多载录诸如"阳门二星，黄主边塞险要，动摇移

---

① 《武备志》卷 19《战略考序》，第 191 页。
② 《武备志》卷 52《阵练制序》，第 490 页。
③ 《武备志》"自序"，第 5 页。
④ 同上。

徙则边地有警，客星出，夷犯边"①，"白雾四面围城，雾不入城，城不可攻，雾入城，其城必亡"② 之类荒诞无稽的说法，这是全书的糟粕所在。"度"主要记载兵要地志，分方舆、镇戍、海防、江防、四夷、航海六类。茅氏指出："一曰方舆，详内地也；二曰镇戍，详边疆也；三曰海防，详海也；四曰江防，详江也；五曰四夷，详属国也；六曰航海，详声教也。六者皆兵力之所可及也。"③ 图文并茂地叙述了明朝两直隶和十三布政司地理形势、关塞险要、海陆敌情、督抚监司、将领兵额、周边少数民族和相邻国家的情况等。尤其重要的是，该部分还载录了"自宝船厂开船从龙江关出水直抵外国诸番图"，即郑和下西洋航海图，这是迄今保存最为完善的我国古代航海图，其中绘有百余条航线，用"针路"标注方位，列有地名500多个，3/5为外国地名。

《武备志》全书240卷，约200万字，无疑是迄今保存篇幅最大的一部百科全书式的兵书。编者参考了历朝2000多种兵书，从中选取史料并分门别类加以编纂和议论，同时载录了大量阵图、兵器图、地图等，为古代军事史研究提供了丰富、直观的资料。

二

《武备志》虽为历代军事理论史料的汇编，具有图文并茂、编排合理等特点，但更为重要的特点是，编者力图通过该书的编纂，为拯救明王朝衰败的命运提供历史的经验教训以及切实可行的军事行动指南。正如李维桢所云："其《武备志》目百八十有奇，有图有说，天时地利人和无不审谛翔实，可裨缓急。"又称："是志也，亡羊补牢，犹未为晚也。"④出于经世致用的目的，茅氏特别重视对当代军事史料的编纂和对当代军事经验教训的总结。比如，在《占度载》"镇戍"中，他指出："天下之大患在于西北，故皇祖有训，胡戎与西北边境互相密迩，累世战争，必选将练兵，时谨备之。大哉王言！凡主中华者，所不可忘也。故列诸镇之图，次将领，次城堡，次兵马，次粮饷，而以职方考及兵略所载，

① 《武备志》《占度载》《占星二》，第297页。
② 《武备志》《占度载》《占蒙雾》，第439页。
③ 《武备志》卷189《占度载》《度序》，《四库禁毁书丛刊》《子部》26，第30页。
④ 李维桢：《武备志》"序"，（台北）华世出版社1984年版，第3页。

□□部落列于图之首，以便考近事焉。"① 因此，他重点介绍蓟州、辽东、宣府、大同、山西、延绥、宁夏、固原、甘肃"九边重镇"的地理形势、军队驻扎、兵马粮饷等。

在海防上，他认为："海之有防，自本朝始也。海之严于防，自肃庙时始。……嘉靖之际，举措失方，以天下钱谷之本，供其渔猎，国几不支，苟非纠纠虎臣，批根荡窟，则中原九寨，乘间而发，岂能有百岁之安哉。而其要在拒之于海。"② 为此，他选录了胡宗宪、郑若曾、唐顺之等关于海防和开互市的论述。并配以"日本入犯图""广东沿海总图""福建沿海总图""浙江沿海总图""南直隶沿海总图""山东沿海总图""辽阳沿海总图"等地图，加之于沿海各地的"兵险考""事宜"等，详尽地介绍了沿海各省的地理形势、军队驻扎以及海岸设备、海港守备、海中设备、海外设备、陆路设备等。茅氏还十分重视江防，他说："边与海皆与寇为邻，江则似稍缓焉。然迫海而亘中区，外溃则为门户，内讧则为腹心，故江之要与边、海均。"③ 为此，他选录唐顺之、郑若曾、王鸣鹤关于江防的论述，配之于江防图、太湖图等，以示江防之重要。

在军队的排列布阵上，他载录了当朝军事家赵本学"分阵队第一势图"至"回军转战第十八势图"凡十八幅势图以及赵本学"论阵法正宗"和其弟子俞大猷"赵本学阵法发微四章"，阐述了赵氏阵法对前人阵法的继承，指出其"临机制敌，变化无常，奇也为正之正，正也为奇之奇，奇正之变，如循环之无端"④ 的特点。同时还选录了俞大猷"驻阵圆形图、方形图""战阵三叠势图"等和戚继光"鸳鸯阵图""鸳鸯阵左右分变二五之图"等。引俞大猷所论说明："学者用功，须先将古人已成之制玩而求之，有得于此焉，然后随机应变，因时立宜，举古人可用之法，按而行之可也。或不用古人之法，自我作始亦可也。"⑤ 又载录曾铣逐"套虏"各图："遇虏驻战图""前锋车战图""骑兵逐战图""步兵搏战图"等。

---

① 《武备志》卷204《占度载》度十六，镇戍一，《四库禁毁书丛刊》《子部》26，第247页。
② 《武备志》卷209《占度载》度十一，海防一，第308页。
③ 《武备志》卷219《占度载》度，江防一，第444页。
④ 《武备志》卷64《阵练制》阵十三，第642页。
⑤ 《武备志》卷65《阵练制》阵十四，第646页。

在军队的操练上，他认为："练不可易言也。士不练，则不可以阵，不可以攻，不可以守，不可营，不可战，不可以专水火之利，有马而不可驰，有饷而徒以饱，天时地利不能以先人。为略为法，不可以强施。然则言武备者，练为最要矣。"① 练兵之前首要的任务是"选士"，而选士要注意"去取"和"分别"。他说："选士而无去取，是驱市人而战也，有去取而无分别，则车辕舟桨，违用而不可致远，参苓乌附，误投而可以陨生。"② 他引用戚继光《纪效新书》云："兵之贵选尚矣，而时有不同，选难拘一。……今天下一家，边腹无虞，将有章程，兵有额数，饷有限给，其法惟在精。第一不可用城市油滑之人，但看面目光白，形动伶便者是也。第二不可用奸巧之人，神色不定，见官府藐然无忌者是也。第一可用只是乡野老实之人。所谓乡野老实之人者，黑大粗壮辛苦，手而皮肉坚实，有土作之色是也。第二可用乃惯战之人。"③ 此为"去取"。而所谓"分别"则指"士有老少勇怯、强弱材伎、贵贱仁义、乡俗之性不同，用之各有所长。"④ 茅氏还引用戚继光《纪效新书》中关于步兵、骑兵、车兵、水兵的编制、操练等论述。并列举《纪效新书》关于练将吏之胆22条，即公赏罚、信口耳、明号令、戒漏泄、禁妖妄、稽士情、禁劳役、重身率、定军礼、禁蓦越、明责成、稽骑什、补军限、禁差滥、稽功过、视病期、稽逃故、分军饷、定捕掷、明勾摄。⑤ 此外还引用戚继光《练兵实记》中"战约"24条和《纪效新书》中"操令"20条等，作为选士、练兵的指南。这些对当时明军在选兵、练兵、用兵中存在的各种弊端具有明显的针对性。

总而言之，茅元仪编纂《武备志》并不是简单地搜罗和汇集古今军事史料，而是具有明显的经世目的。他希望通过编纂此书，改变明朝士大夫中普遍存在的重文轻武的倾向，纠正明朝在军队建设和使用等方面存在的各种弊病，通过强兵以达到拯救明王朝衰败的命运。

---

① 《武备志》卷68《阵练制》《练》，《四库禁毁书丛刊》《子部》24，第2页。
② 同上。
③ 《武备志》卷68《阵练制》《练》《选士》，第3页。
④ 同上书，第4页。
⑤ 《武备志》卷72《阵练制》《练》《选士》，第44—48页。

第七节 "仿率旧章，可以为治"
——方孔炤编纂《全边略记》

　　方孔炤（1590—1655），字潜夫，号仁植。安徽桐城人。出生于官宦之家，其父方大镇为万历十七年（1589）进士，官大理寺少卿，著有《易意》四卷。孔炤为万历四十四年（1616）进士，授嘉定州知州。天启初任职方员外郎，因违忤阉党崔呈秀被革职。崇祯元年（1628）崇祯帝即位后，诛魏忠贤等，恢复孔炤官职，又升任尚宝司卿。崇祯二年（1629），孔炤因父丧回乡。此间，因平定桐城民变有功，服丧期满，即到京复职。崇祯十一年（1638）升任右佥都御史、湖广巡抚。在承天府（治今湖北钟祥市）打败农民起义军李万庆、马光玉、罗汝才所部，八战八捷。时总督熊文灿招降张献忠，让其屯守谷城。方孔炤上八议条陈，力陈招抚之误。并秣马厉兵以备战守。果然如孔炤所料，崇祯十二年（1639）五月，张献忠再起，势如破竹，熊文灿因此次抚局失败而被捕入狱，次年被斩。惠王常润称："孔炤遏献忠，有来家河、神通堡之捷，射中贼魁马光玉，陵寝得无虞。"[①] 时朝廷派杨嗣昌代替熊文灿为总兵，传令楚、川、沅三路会师夹攻张献忠。献忠于夜间拔营逃走。孔炤料他"狡诈"，下令原地驻防，不可移动。但其部将杨世恩、罗安邦奉杨嗣昌令，汇合川、沅兵围剿竹山，行至香油坪，中计，遭围攻溃败。嗣昌在命令军队进击的同时，令孔炤进驻襄阳。襄阳距香油坪800里，当听到军队被围消息，孔炤约沅、川两军赴援，两军又被嗣昌调往他处，只得率部1000余人兼程往救，赶至竹山，官军已在6天前溃败。由于孤军深入，被张献忠围攻受创。本来杨嗣昌与熊文灿都主抚，只有孔炤与其意见分歧，这次孔炤战败，实由杨嗣昌调度失宜所致，但杨嗣昌反借此弹劾孔炤贻误军机，将其逮捕下狱。由于孔炤长子方以智伏阙讼父冤，才得以从轻处理，减死谪戍绍兴。过了很久，孔炤才因他人荐举复职，命他以右佥都御史屯田山东。没及履职，李自成已攻陷北京，崇祯帝自缢。孔炤南逃，因南明弘光政权朝政昏暗，遂归隐桐城十余年而终。死后，门

人私谥贞述先生。著有《周易时论》《全边略记》等。

《全边略记》成书于崇祯元年（1628）。从书中编者发表评论时称"职方氏曰"可知，该书是其担任兵部职方员外郎时所撰。职方司为明朝兵部四司之一，掌理各省之舆图（地图）、武职官之叙功、核过、赏罚、抚恤及军旅之检阅、考验等事。方氏前后分别于天启初和崇祯初担任此职。或云："因第二次赴任时间很短便丁忧归里，《全边略记》的著撰当在其第一次任职兵部时"①，实则不然。在《全边略记》"自序"中，编者自称："牛马走两待罪，视草缙云，天启之季幸而褫（革职），崇祯之初幸而赐环（召还复职），重有感于一彼一此之故，恐人负官非官负人也。时情所竞铨台省，散及粉署，更冀陟铨，而牛马走比箓三刀例，多不予清要，叨此署已逾分，旅进旅退，窃愧于衷。搜部中所云典故，惟堂稿而已，多轶蚀。即诸边筹塞语充栋，要领几何？而历朝实录秘府莫由遍诵，于是据所管窥，恒苦固陋，略约其文，仰见庙算渊谟有严有翼，其中荩臣哲士殚厥精白，声施灿然，所为开中、屯垦、驹牧、戍班、车骑、戈铤、火制、烽燧、版筑、挽飞之法，概见大义。"② 从文中所称天启末年被革职，至崇祯之初官复原职，"重有感于一彼一此之故，恐人负官非官负人"。又称："叨此署已逾分，旅进旅退，窃愧于衷。"在此情况下，才收集兵部所收藏的"堂稿"而编纂此书。显然，方氏是在崇祯元年复职后着手此事的。此前也许已经留意相关史料的收集。从崇祯元年复职到崇祯二年丁忧归里，其间编纂此书是完全可能的。否则他不会在"自序"最后称："崇祯元年……司马尚书郎皖桐方孔炤谨述于职方司之澄清堂。"③

《全边略记》是方氏出于"仿率旧章，可以为治"④ 的目的而编纂的。他认为古代职方氏"掌天下之图，辨其邦国、都鄙、四夷、八蛮、七闽、五戎、六狄之人民，周知其利害，包括纮缅"⑤。而自己担任兵部职方员外郎，理应将周边舆图、明朝与周边各民族的关系、边地及腹里

---

① 方孔炤著，王雄点校：《全边略记》"前言"，引自《明代蒙古汉籍史料汇编》第三辑，内蒙古大学出版社 2006 年版，第 2 页。

② 方孔炤：《全边略记》"自序"，引自《明代蒙古汉籍史料汇编》第三辑，第 2 页。

③ 同上。

④ 同上。

⑤ 同上。

的防御等相关材料整理出来，如此"表图毕具，而久安长治之道睹矣"。①
方氏编纂此书还具有明确的针对性。他说："宣、正以来，世胄日替，骄
婪不习，佩将军印专阃辄罔功，而建牙之权更始文大吏。援枹矢石，重
骄后先，而簿书太芜，内所以娱相者弥亲，外所以役将者弥敖。良家弟
子员试帖括不就，弃而逃之于兜鍪。夫文以气节胜，而武以血气胜，养
之炙之者谁乎？文与武浸爽其实，则苟且筐筐不媒自孚，夺其骏骨，眩
其皮相，夫夫也一旦推之轂，赐之尚方剑，何以令一军皆惊邪！"② 他认
为，从宣德、正统以来，世家子弟骄横、贪婪，不谙军事，佩将军印专
权而欺世盗名，后军权改由文官掌管，他们援枹击鼓指挥战斗，较之武
官更加骄横，治理军队搞太多的清规戒律，内部亲疏有别，对外役使将
领更加倨慢。而社会上一些年轻人科举不成，就弃文从军。其结果是文
人不懂军事而掌握军权，军人应由习武之人担任，而多由文士充任。一
旦朝廷赐之掌军大权，这些人靠什么去统帅军队呢？因此，平时培养文
人的气节、武人的血气就显得十分重要。他编纂此书显然也有改变世风
的用意。

《全边略记》凡12卷，卷1至卷6分别为《蓟门略》《大同略》《宣
府略》《延绥（固原）略》《甘肃略》《宁夏略》，卷10《辽东略》，记载
西北、东北所谓"九边"的戍边史，其中涉及明代历朝边防的建置与举
措、与境内外民族交往的政策和策略等。卷7《蜀、滇、黔略》、卷8
《两广略》（湖广土司在内），记载明朝对西南、东南等少数民族地区的统
治情况，其中涉及少数民族的起义、明朝出兵镇压，明朝对少数民族的
政策等。卷9《海略》（广东、福建、浙江、南直、山东、北直），主要
记载明朝沿海各主要省份的海防建设、海禁政策、倭寇的侵扰、朝廷与
地方的抵御等。卷11《腹里略》（北京、南京、湖广、浙江、江西、福
建、广东、广西、云南、贵州、四川、河南、山东、山西、陕西）主要
记载发生在内地各省的农民起义及朝廷对他们的镇压过程。卷12《师中
表》是明朝边防、海防、平定少数民族起义、镇压农民起义的军事大事
年表。从洪武元年徐达攻克大都，常遇春破虏于漠北、廖永忠征广东记
起，讫于天启七年毛文龙会安堡之捷和袁崇焕宁远大捷。《神势图》由

---

① 《全边略记》篇首"职方氏曰"，引自《明代蒙古汉籍史料汇编》第三辑，第2页。
② 《全边略记》"自序"，第2页。

"两京十三布政使司图""海防图""九边图""明全图"组成。图中标识各地的地名方位、山川形势和军事建置。全书记、表、图、论结合，较为全面地展示了明朝边海防的历史、军事安置、御敌的方式方法、各地的山川形势等，是研究明代边海防史重要的史料来源。

《全边略记》记事具有以下几个特点。

（1）以地区分类，按编年的形式记述明朝边防、海防的重要事件。如《蓟门略》，从洪武元年（1368）命大将军徐达等议取大都记起，洪武朝主要记载徐达、常遇春攻克通州，擒获元梁王孛罗、斩其监国帖木儿不花、丞相庆童、平章迭儿等。元顺帝逃往上都。沐英出古北口，攻克嵩州、高州诸部。蓝玉、王弼破北元主于捕鱼儿湖，设置兀良哈三卫。燕王和傅友德等出古北口说降乃尔不花部。永乐朝则主要记载永乐帝北征（按：永乐帝第一次北征是永乐八年，此书误记为永乐二年）。宣德朝主要记宣宗亲历诸关，率兵击败兀良哈部，获得大胜。……天启朝则主要涉及面对西虏和东夷的侵扰，各将帅关于安抚西虏、专心抵御东夷的主张及后果等。

再如《海略》，从洪武元年汤和造海船，漕运北征军饷记起，依次记载倭患的兴起、倭寇对沿海地区的侵扰及朝廷及各地的应对措施。并分别记载诸如永乐十七年（1419）辽东总兵刘江在望海埚（今辽宁金县东北）大败倭寇，"生获百三十人，斩首千余级"的胜利。嘉靖三十二年（1553）汪直纠合倭寇侵犯沿海，数千里同时告警，参将俞大猷率舟师攻之，倭警始解。嘉靖三十四年（1555）直隶总督张经于王江泾大破倭寇。嘉靖三十五年（1556）胡宗宪招降徐海，徐海缚献陈东等。嘉靖四十三年（1564）至四十五年（1566）谭纶、戚继光、俞大猷先后击败倭寇，万历二十年（1592）日本丰臣秀吉入侵朝鲜，明朝出兵援助朝鲜等。将明朝近二百六十年抗倭及援朝斗争简史基本勾勒出来。

（2）载入文臣武将的奏疏，以显示其关于边海防建设及御敌的意见和建议。如在《蓟门略》中，载录都督戚继光上疏论蓟镇兵虽多亦少之原有七云："蓟兵不习戎事而好末技，壮者役于将门，弱者仅以充伍，一也。边关逶迤，既鲜驿递，使者络绎，将士逢迎，是参游为驿使，而营堡皆传舍，二也。贼至则调遣无法，远道赴期，卒毙马僵，不救于事，三也。达军、边军之戍边者散漫无统，约束不明，行伍不整，四也。临阵马军不用马而反用步，五也。家丁盛而军心离，六也。乘障卒不择冲

缓，备多而力分，七也。"① 以上所列七条及其所云"不练之失有六"，
"虽练无益之弊有四"，均一针见血地指出驻扎蓟镇的军队所存在的各种
弊病。戚继光还指出："蓟之地有三：平易交冲，内地百里以南之形也；
半险半易，近边之形也；山谷仄隘，林薄蓊翳，边外之形也。虏入平原，
利于车战；虏在近边，利于骑战；虏在边外，利于步战。三者迭用，乃
可制胜。乃边兵惟习马耳，未闲山战、谷战、林战之道，惟浙兵能之。"
主张要"因地而制胜"。②

又如嘉靖七年，大学士杨一清针对陕西"粮储匮乏，士有饥色，马
多瘦骨""谷价腾踊，日异月殊"的现状指出："本土所需，非兴屯不可，
广屯非补丁不可。其故何也？正军充伍，余丁拨屯，例也。但其中有有
军无余者，有有军余而无力不能布种者，故屯地多侵没于将领豪右之家，
以致屯军终岁赔粮，有贫丁以田假佃于人者，有田隔远硗瘠，无人愿假，
不得已，终岁佣身以输粮而不足者。"因此建议："宜令清军官查理各卫
军户，应解者俱选解健丁，仍加带军余一人，户大族众者二人，与俱诣
边，以补屯卒。使来则有亲属以为侣，至则有田业以为家，庶生理相依，
而逃亡者鲜矣。不然，亦可仿古募兵实塞之意，招募陇右、关西之民以
屯塞下，授地之外，任其开垦，俟三稔乃征其租，一切徭役皆复之。"③
即清查各卫军户，军户中有未出男丁服役的，应选健壮男丁到边地服役，
另加带一名军余（候补兵丁），大户人家可加带两人，与正军一起到边
地，军余补充屯卒。或招募陇右、关西百姓到边塞屯田，政府给予优惠
政策，以此来补充军饷。

再如嘉靖二十五年（1546）陕西三边总督曾铣建言："臣尝审度机
宜，较量彼我，当秋高马肥，弓矢劲利，纠合丑类，长驱深入，彼聚而
攻，我分而守，此虏利而中国诎之时也。及冬深水枯，分帐散牧，马无
宿藁，日渐羸瘠，比及春深，贼势益弱，我则淬砺戈矛，备其火器，练
兵秣马，乘便而出，此中国利而虏诎之时也。今御边者不乘虏之诎而用
我之利，常使得因其利而制吾之所诎，是以有败无胜。为今之计，宜用
练卒六万人，益以山东枪手二千，多备矢石，没于春夏之交，携五十日

---

① 《全边略记》卷1《蓟门略》，第23页。
② 同上。
③ 《全边略记》卷4《陕西延绥略》，第156页。

之饷，水陆并进，乘其无备，直捣巢穴，材官骈发，炮火雷激，则虏不能支矣。岁岁为之，每出益厉，虏势必折，将遁而出套之恐后矣。俟其远去，然后因祖宗之故疆，并河为塞，修筑墩台，建置卫所，处分戍卒，讲求屯政，以省全陕之转输，壮中国之形势。此中兴大烈也。"① 此外，曾铣还上疏陈边务十八事，即恢复河套、修筑边垣、选择将才、选练将士、买补马骡、进兵机宜、转运粮饷、申明赏罚、兼备舟车、多备火器、招降用间、审时度势、防守河套、营田储饷、明职守、息讹言、宽文法、处孳蓄。可惜的是，曾铣的这些建议尚未被采纳，就因受仇鸾、严嵩的陷害，被朝廷以"结交近侍，妄起衅边"罪名杀害。方氏对此感慨不已，称："识者冤之。呜呼！时乎时乎不再来矣。"②

（3）辑录保存了一些珍贵史料。由于方氏主要依据兵部簿籍堂稿、档案等成书，因此保存了许多其他书籍所未记载的资料。比如，明朝在边疆少数民族地区的行政机构、官员设置等记载得十分详细。如在《蜀滇黔略》中具体记载了洪武四年（1371）四川布政司下属：播州宣慰司一，永州、龙州宣抚司二，草塘、黄平、黎州安抚司三，泥溪、平夷等处十二长官司。都指挥使司下设：石砫、酉阳宣抚司二，天全六番招讨司一，八郎阿角寨、麻匝儿、芒儿者等安抚司四，木头、靖州等处设二十四长官司。四川土官共设二十五，具体包括乌撒、芒部、乌蒙、东川知府四人，同知一人。龙州判官一人，龙州宣府知事一人，马湖把事一人，信宁等地巡简八人，溪龙等地驿丞七人，马湖改流知府一人。行都司所属卫六：建昌、建昌前、宁番、越巂、盐井、会川。属所七、关七、堡五十四，总为里六十七。此外，还详记了洪武十五年（1382）云南布政司所领宣慰司七、宣抚司三、长官司二十。都司领安抚司三、长官司三等具体管辖地区及土官一百五十一设置的地区、职位等。又记洪武二十二年（1389）贵州布政司所领宣慰司一、安抚司一、长官司五十二、蛮夷长官司二十。都司领长官司十二等管辖地区及土官十五设置的地区、职位。在《海略》中详尽地记载了南起广东乐会县，历福建、浙江、南直隶、山东、辽东，止于鸭绿江朝鲜界明朝万里海疆的区划、山川、港口等，以及沿海各地海防的建置、设施等。《腹里略》则详记了永乐十九

---

① 《全边略记》卷4《陕西延绥略》，第161页。
② 同上书，第162页。

年（1421）北京、南京、湖广、浙江、江西、福建、河南、陕西、山东、山西、四川、广东、广西、贵州各地都司卫所的设置及各地屯田的具体数目。此外，在《辽东略》中详细记载了经略杨镐出击后金三路死难者314人的姓名，熊廷弼经略辽东征调制辽将领江应诏等96人名单。孙承宗督师辽东察汰将吏和取用营官的名单。同时记载了蒙古各部在辽东活动的情况，较之后来成书的王在晋的《三朝辽事实录》记载得更为详尽。这些资料均取自兵部所存档案簿册，是十分珍贵的。

（4）编者以"职方氏曰"的形式对相关史事发表议论，表明自己的态度。比如，针对朱棣放弃大宁（今内蒙古宁远县）而将大宁都司（北平行都司）南迁一事，方氏评论说："我明据北边而建万国，龙旗御于大漠者四矣。光被重华，几及钦！将取姑与，岂虑割大宁者，竟折大宁也。开国以前治外边，靖难之后治内边。夫边不日舒则日缩。蓟之缩也，以辽为吭，以上谷为肱，以卢龙而背。徙都司，改兴、营，三十年而有土木之衅，则三卫乃狙伏乘其墟。"[1] 他认为，朱棣放弃大宁，使明朝北部边防南移，是严重失误，这个举措最终导致土木之变和兀良哈三卫的南侵，给北部边防造成严重后患。他同时批评朝廷对北虏的妥协政策，指出："延至中叶，则曰虏匹马不入为首功也。将吏相要约，捕虏者抵于杀人之罪。《采薇》之薄伐不足讽乎！今辽聚天下军实，似可芘赖蓟、宣间，而殷忧孔遑。"他建议："当申百里住牧之禁，曰凡入吾圉百里内者捣巢勿论，阳尊其名，曰抚如故，阴破其惰，而倡边人之敢心，庶几其有起色。"他认为关键是要"力祛京营之敝，亿人勿亿心，其一心，虽君子六千，横草左贤王可也。奚虑神州肘腋间矣。"[2]

又如在《两广略》中，他认为，万历末年，"援辽命将，遍及夷官（指湖广土官）"以达到"用夷制夷"之目的，但对夷官的封赏过滥，"或加文资，至于藩臬，或晋武秩，予以都督同知"，而一旦对其"裁抑"则"前赏化仇"，"实祸薮也"。因此建议"文旌止于太守之衔，武表极于副帅之例"，即对夷人文官的封官最高为太守，对夷人武官的封官最高为副帅。而夷将一旦被任命为流官，要"勿使楚居楚地，蜀辖蜀藩，必

---

① 《全边略记》卷1《蓟门略》，第35页。
② 同上书，第36页。

远陟边鄙，疏其党助"。①

再如在《海略》中，他指出："治海之寇者，病以邻国为壑。广之交闽，闽之交越，越之交吴，吴之交齐，齐之交辽，细大不相关，掌股不互运，如是而海病矣。"因此主张要统筹各地防御事务。比如各地船只性能不一，"广船便里海，福苍船便外洋，浙唬船便岛屿之间，吴沙船便滩洲之察"。不能任意调动，否则"易水而驾，未有不胶而覆者也"。②

方氏还通过"职方氏曰"的形式，直接抨击朝政之弊。在《腹里略》中，他指出："盖至靖难师起，鼎革诛夷，而后转东南之漕，浚惠通之河，红朽陈殷，屯营隐寄，蹉引变更，年例溢额。漕折之外，铺及民运，节荄荐增，阉尹侵贵。金花之储，榷矿之采，既已惟王无会矣，备官冗食，债帅攫金，文武交偷，于是乎朘腹以腴边，而江防、湖防、河防、银坑、铁冶、香课、盐场皆非百年无事之区也。"③ 直斥永乐朝及以后不断加大对百姓的盘剥，吏治腐败，贪渎成风，致使边海河防空虚，内部矛盾激化，天下从此不得安宁。又指斥武宗"快骏马之游，集豹房之乐。逆藩蓄异，剧盗如蜂。累卵厝火，奚足以喻其危?"指斥万历末年"聚敛之臣褒其豫大，闽有高寀，楚有杜茂，陕有梁永，江西有谢凤，滇有潘荣，湖口有李道，粤有阮鼎、丛神、桑痈，未能宣上德意，而鸿雁硕鼠之歌苦焉"。认为："夫治天下者以民心为本，本固邦宁，分乎抚虐。民穷则变，剥上反下。"④ 表现了方氏敢于直言的处世风格。

《全边略记》在记事的过程中也存在不少疏忽，比如在《蓟门略》中，洪武三年（1370）元顺帝病死于应昌（今内蒙古克什克腾旗西），李文忠攻克应昌，元昭宗北逃均无记载。洪武三年至十四年之间相关史事阙如。再如《海略》中竟将王在晋于万历二十九年（1601）指挥的"漳泉大捷"漏记。诸如此类，不一而足。说明方氏在编纂该书时，仅据所见资料而编，没有顾及史事的完整性。

---

① 《全边略记》卷 8《两广略》，第 315 页。
② 《全边略记》卷 9《海略》，第 357 页。
③ 《全边略记》卷 11《腹里略》，第 455 页。
④ 同上。

第八节 "有志当世，以天下为己任"

——涂日久与军事史的编纂

徐日久（1574—1627）①，字子卿，又字鲁人，号率真，浙江衢州人。《明史》没有为之立传，生平事迹不详。据其自称："职自乙未（万历二十三年）至乙酉（万历三十七年）十五年间，俱独处深山，不与人事。"② 又称："年二十有二始出门问业，至丙午（万历三十四年）侥幸始与世接。自后三年亦仍在武林山中，今三十有七矣，家事、人事概未能晓。春博一第，自分出望外甚多。"③ 由此可知，他大约出生于万历元年（1573），22 岁之前，一直在杭州武林山中读书，22 岁之后，出门求师问业。37 岁科举中第。他自称："职于兑军一事知上海"④，"自三十八年十一月到任，未及周岁，旋以漕军事得过，罚俸一年，未几又议改调职"。⑤ 可知他于次年担任上海知县，任职不到一年，以交兑漕粮不及时及"克减"漕粮等罪名被罚俸一年。不久调任江夏县令。三四年后调任工部都水司。天启初改任兵部职方主事。天启帝在授其为承德郎敕书中称其"器缊开明，风规简直，两为邑令，廉辨有闻；中更浮沉，志气不挠。擢于起部，再历夏曹。当羽书旁午之时，兼戎事颓拖之日。才猷日老，挥斥于槃根阅历之余；储偫滋深，兼综夫衿要阨塞之故。师荐惟允，受事方新。乃以覃恩授具阶。於戏！用兵如用药，以疗病为成功；择将如择医，以知人为能事。知兵而后可与谋国，知将而后可与知兵，此朕所以拊髀而叹也。尔其勉之，朕将以辽事畀汝。"⑥ 天启五年（1625）兵

---

① 钱茂伟据其《真率先生学谱》确定其生年为万历二年（1574），卒年为崇祯四年（1627），参见《国家、科举与社会：以明代为中心的考察》，北京图书出版社 2004 年版，第 276 页。

② 徐日久：《徐子卿近集》启事卷 1《复叶寅阳》，《四库禁毁书丛刊补编》73 册，第 319 页。

③ 《徐子卿近集》启事卷 1《启张太府》，第 319 页。

④ 《徐子卿近集》启事卷 1《李道尊》，第 328 页。

⑤ 《徐子卿近集》启事卷 2《启抚按请代》，第 343 页。

⑥ 钱谦益：《牧斋初学集》卷 95《兵部职方清吏司主事徐日久授承德郎》，上海古籍出版社 2009 年版，第 1992 页。

部尚书高第经略蓟、辽，徐日久任其赞画。此间上疏攻击都督佥事、三屯营总兵官马世龙庸才误事，马暗中勾结魏忠贤，将其革职。① 崇祯元年（1628）兵科给事中彭祖寿上疏举荐徐日久、杨嗣昌等，称其"俱宏才硕画，均有成绩"，建议"速与起用"。② 遂起复，任福建巡海使。时人称其："为人真诚坦荡，负雄略而有小心，视我海师鲸鲵蛟鼍之窟，无不周历，足迹所经，石画随起。又善鼓舞吏士，下及龙户马人莫不感服，愿为之死，故所至奏功。数年瘰痹决裂几不可治之闽海，公与中丞熊公收之于谈笑间。"③ 后官至山东按察使。

徐日久一生勤于编纂，热衷于边防史的编纂，时人称其："有志当世，做秀才时便当以天下为己任。"④ 又称其："每在官，以真实心为干济手，而又以先民之实理实事为世元龟。一生学问不屑以月露风霞，而资以经纶康定。譬养蜂者採花酿蜜，非耽花色，意在随房割蜜，以供食谱之须。"⑤ 著有《五边典则》24 卷，《骂言》18 卷，《江夏纪事》《巡海实录》等。

《五边典则》是明朝边海防史中重要的一部。大约编纂于天启初徐日久任兵部职方主事时，成书于崇祯年间。⑥ 此时，随着明朝统治的日益衰落，内地人民起义连绵不断，明朝周边也出现严重危机。正如时人所指出的："边将弗饬，而强虏始跳梁，抚绥失宜，而土司始携志，奸民贪利勾引，始潜与倭奴通。东西南北眷眷多事，我防所在失利。"⑦ 面对严重的边疆危机，任职于兵部的徐日久怀着"忧世之深心""毅然直以天下为己任""辑是编为救世先资"。⑧

《五边典则》的史料基本取自《明实录》和兵部所保存的堂稿。所谓

---

① 《明史》卷 270《马世龙传》，中华书局 1997 年版，第 6934 页。
② 汪楫编：《崇祯长编》崇祯元年二月，上海书店出版社 1982 年版，第 287 页。
③ 董应举：《骂言序稿》，《四库禁毁书丛刊》《史部》23，第 3 页。
④ 施邦曜：《五边典则序》，《四库禁毁书丛刊》《史部》25，第 454 页。
⑤ 张燮：《徐观察骂言序》，《四库禁毁书丛刊》《史部》23，第 10 页。
⑥ 据张燮所云："或谓万历以后五十余年间，东荡西讨，赫濯可寻……何不竟志之？乃仅从穆庙（隆庆帝）止耶。不知公之弨笔正在神庙（万历帝）临驭之年，故揽撷止于先朝（隆庆帝），而目前尚为有待行应续之耳。"（张燮《五边典则序》，《四库禁毁书丛刊》《史部》25，第 458—459 页）按此处所云："公之弨笔正在神庙临驭之年"，是指徐氏记事止笔于万历元年前。而非指《五边典则》成书之时。因作者万历元年方才出生。
⑦ 施邦曜：《五边典则序》，《四库禁毁书丛刊》《史部》25，第 455 页。
⑧ 同上书，第 456 页。

"凡玉斧之所敷陈，紫宸之所商略，廷臣之所集议，言路之所纠弹"。① 包括皇帝对边事下达的谕旨、大臣筹边的奏疏和集议、言官对戍边相关人或事的纠弹。它辑录了从明太祖到穆宗（洪武至隆庆）历朝实录及兵部档案中有关边防方面的政治、经济、军事方面的史料。"间以己意阐释之。"② 全书分为五个部分：一为"蓟辽"（1—4 卷），二为"宣大"（5—10 卷），三为"陕西"（11—18 卷），四为"西南"（19—23 卷），五为"倭"（24 卷）。这里所说的"五边"，泛指明朝东北、北、西北、西南、东南沿海明朝的四境。实际上，其中的"蓟辽"、"宣大"、"陕西"三边已经包括明朝北方九个重要边镇：蓟州、辽东、宣府、大同、山西、固原、延绥、宁夏、甘肃。这三边面临残元、女真及西北各少数民族的侵扰。"西南"则泛指滇、黔、蜀各少数民族地区。"倭"则泛指屡遭倭患的东南沿海地区。其所收录内容包括："凡戈甲之或战或守，款市之或绝或通，机权之或弛或张，征戍之或久或近，刍辇之时盈时诎，壁垒之时废时兴。"③ 具体涉及战与守、互市的绝与通，权变的弛与张，征戍的久与近，后勤保障的盈与诎，壁垒的废与兴等。

全书以编年记事，同时兼有纪事本末体的性质。记事始于洪武，迄于隆庆。比如卷 1 至卷 4 "蓟辽"篇，从洪武十二年六月敕告辽东守将潘敬等始，迄于隆庆六年三月东虏侵犯长胜堡、清河堡被打败。其中涉及兀良哈、朵颜三卫、泰宁三卫、建州卫等对明朝的侵扰及明朝的应对措施。较为全面地反映了明朝北部和东北部边境地区面临的边患及边防建设的情况。又如 24 卷"倭"篇，从洪武十五年四月浙江都指挥使言发舟师出海防御倭夷始，迄于隆庆六年闰二月广东倭寇入犯新宁、高雷等处，被官兵斩获二百余人。其中辑录历朝倭寇侵扰的史事及朝廷应对的措施，同时介绍了胡宗宪、俞大猷、谭纶、戚继光等抗倭的举措及成就。较为全面地反映了东南沿海地区的倭患及明朝的海防建设情况。

该书的编纂，其主要目的在于总结历朝御边的历史，以图弘扬列祖列宗的文治武功，将历朝皇帝御边的诏旨、大臣关于御边的筹划等作为后世的典则，加强边备，以拯救明王朝面临的边疆危机，带有明显的经

---

① 张燮：《五边典则》"序"，《四库禁毁书丛刊》《史部》25，第 457—458 页。
② 施邦曜：《五边典则》"序"，《四库禁毁书丛刊》《史部》25，第 454 页。
③ 张燮：《五边典则》"序"，《四库禁毁书丛刊》《史部》25，第 454 页。

世致用意图。故张燮对此书给予很高的评价："每一开卷，犁然列眉，真庙算之烛燎而箸筹之南车也。……逢世多故，脱一旦推毂而遣之，胸无宿料，奈何未操刀而强割耶。故与其明习朝家旧事也，胜于学孙、吴。习孙、吴如画地作饼，未遽可噉，习国故如持镜顾影，差足导迷。世间大知识若覆局，而按之步步不爽，可无举棋不定之弊矣。"①

徐日久还撰写了另一部具有经世致用的军事理论著作《骘言》。所谓"骘言"，徐氏"以陶弘景阴骘之虑名其编"。②"阴骘"一词出于《尚书·洪范》："惟天阴骘下民。"传曰："骘，定也，天不言而默定下民。"可见书名含有安定天下之言的意思。

施邦曜称："徐公方当以伊、周之业弘济天下，有全局焉。而是编之作偏于武事致详，何也？此时务也。自建酋匪茹，插虏陆梁，黔蜀江闽，圉吏弗饬，今秦又见告矣。当斯时也，将虞帝不徂征而殷王不拔武耶？故曰此时务也。"③该书成书于天启三年（1623）作者在兵部职方主事任上。张燮称："方公之为曹郎，曹务甫毕，辄掌录舌学，意有所得，遇境辄书，阅自汉唐以来，讫于昭代，有一事既有一事之处分，影现自在，积而成帙。居恒锐意筹边，故谈戎索独详，其他营综无不毕具，名曰《骘言》。"④董应举也云："鲁人徐公为驾部时所条次国事、边事、古事、今事缃缃乎、娓娓乎，条分款列，钩挈情形如指诸掌。"⑤

该书主要侧重于总结汉唐以来尤其是当代关于治理天下，尤其是御边、武备之经验，以为当下和后世提供借鉴。施邦曜称："盖公救世之热肠，济世之伟略，与夫持世之劲骨，俱见于此。所引据多昭代列圣事，而宋事三五之，唐、汉一二之，以切时务。"⑥全书分为《庙略》《政本》《本兵》《督抚》《监司》《有司》《边帅》《边备》《军机》《经制》《处兵》《措饷》《赏罚》《军政》《屯政》《马政》《本领》《远虑》凡18卷，每卷再分为若干则。如卷8《边备》中又分为择边吏、勤阅示、备重险、慎险要、通饬边防、慎间道、树藩篱、察地利、修墩堡、御虏塞上、谨

① 张燮：《五边典则》"序"，《四库禁毁书丛刊》《史部》25，第458页。
② 施邦曜：《骘言序》，《四库禁毁书丛刊》《史部》23，第7页。
③ 同上书，第6页。
④ 张燮：《徐观察〈骘言〉序》，《四库禁毁书丛刊》《史部》23，第8页。
⑤ 董应举：《〈骘言〉序稿》，《四库禁毁书丛刊》《史部》23，第3页。
⑥ 施邦曜：《〈骘言〉序》，《四库禁毁书丛刊》《史部》23，第6页。

斥候、验因革、慎移镇等 33 则。全书总共分为 286 则。

该书主要论兵事而又不仅限于兵事，徐氏目光所及，凡与军事相关的吏治、民政、财政等也多有涉及。正如董应举所云："大率深心救世者，不于子而于母，不于兵而于民。……公言兵事而及监司守令，其识远矣。"① 他特别重视基层政权的建设。在卷 5《重监司》条中，他指出："按天下治乱在郡县，得人与否而机括由于抚按之举劾。抚按既体尊养重，所与郡县相亲而能体察其梗概者，惟监司耳。今监司止于坐镇陪巡，穷乡下邑绝无有至其地而询其情状者。如此，则郡县能否何繇得知？势不得不假于窝访巨奸，以就其格套。"他以开化一清廉县令因府差下县求索不遂而被"劣转而去"为例，感叹道："以动摇山岳之势，世道安危之本，乃使二三狡猾握定转关，此非监司之责，谁任哉？"② 在此他认为，郡县官吏用人是否得当，关键在于巡按的举荐或弹劾。而巡按对郡县官员的了解是通过监司间接了解的。然而监司"绝无有至其地而询其情状者"，往往是"假于窝访巨奸"，以致黑白是非颠倒。因此在基层政权建设中要充分发挥监司的作用。他还主张在基层继续采用宋以来实行的保甲制度。在卷 6《保甲》条中，他指出："再三筹度则莫如团结保甲"，他认为采用"保甲法""不但无军旅之费，且使官府并无保甲之扰，顺俗因情，取财量力"。其中有"五利"："习艺既闲，加以室庐、坟墓之恋心，父子兄弟之相顾，以攻占则不足，以守御则有余。此皆国家之土地人民，国家无甚费而予民自守，其利一也。在城保甲，有事可代城守，则见在之兵可尽作冲锋应援之用，其利二也。虏如闯入散掠郊原，营伍之兵势必不可零星分应，惟各村各堡自能拒守。伺便即互相邀截，遍地皆兵，虏不能测，其利三也。地方材勇之士，嘿为联络，有恩义以结其心，有爵赏以鼓其劝，不至游荡无归，生心不逞，其利四也。什伍相保，声息相通，行之既久，互为觉察，则秘事阴谋理无不发，是不但可以御盗，而兼可以弭盗，其利五也。"③

徐氏还十分注意揭露时弊。比如在卷 5《厘宿弊》条中，他一方面指出嘉靖时西北"不材将官""罔利营私，军储半入其家。如报纳粮草，则

---

① 董应举：《〈觺言〉序稿》，第 4—5 页。
② 徐日久：《觺言》卷 5《重监司》，《四库禁毁书丛刊》《史部》23，第 59—60 页。
③ 《觺言》卷 6《保甲》，第 63 页。

占窝转卖，而令贫卒包贩，开支帑藏则任意侵渔，而以空文出纳，召商中盐则通同克扣，而斗库官攒得以上下其手。甚而逃卒之口粮，死马之草料，皆寄名见在之籍，而乾没入已。边政大坏不可救药"。另一方面又指出："今则如散粮之克减，募兵之虚数，家丁之冗滥，将校之钻营，上下相蒙，无法可治。"① 又如在卷 1《戒蒙蔽》条中，先记宣宗时朔州卫指挥王英"私役军卒出烟墩十里，为虏所执，又掠去马骡。卒逸归白于千户谷胜。胜与英等匿不以闻"。继而指出："边事之坏，全在蒙蔽。若督抚不加觉察，入将士格中，久之必不免自为蒙蔽，而议论纷挐，功罪参错，微细事体，纠缠不得。不以将士之利害为身之利害，与国事不暇计矣。"②

徐氏在揭露各种时弊的同时，还结合古今的史实，提出不少有关治国、治兵、加强边备的真知灼见。比如针对当时朝廷对边事的处理"有会议数日而不决者"，办事拖沓，乃至坐失良机。徐氏指出："自今边事大关节处，应特召大臣并台谏示以原奏，导之使言，不能卒定，或日中再议，或姑俟明日讲求至当，称制临决，即日行之。其余一支一节，宜听方司斟酌行止。"③ 又如针对军中存在的冗员滥员的问题，他指出："员外为冗，员内为滥。边腹之费，惟是耗蠹为甚。军不多加而官增数倍，俸增巨万。以故各边军有逃亡而粮无附余者，皆此辈蚀之也。"因此建议："凡官有不必设，又有名去而实存者，人有不堪用，又有有名而无实者，振刷清查，不遗余力，措枉举直，咸服其心。则得一官，即收一官之益，汰一官，即除一官之害。费省而食足，军和而国安。"④ 再如他建议在边将中实行"久任之法"。他指出："夫边方久任之法，人人言之而竟不能行者，何也？盖边方危苦，与内地异。若徒持久任之说而不有以处之，使才能之士积忧劳而不得迁，在内地者反得优游宴安，计资俸以跻要显，则不惟见任者心有不平，而后选者且将以材能为讳矣。"因此希望朝廷敕令吏兵二部，"今后推用各边总督、镇巡，务极抡选，既命从事，各听其展布，勿为遥制。宽其文法，勿使掣肘，需以岁月，积以年

---

① 《嚼言》卷 5《厘宿弊》，第 59 页。
② 《嚼言》卷 1《戒蒙蔽》，第 26 页。
③ 《嚼言》卷 1《庙略》《敏听断》，第 21 页。
④ 《嚼言》卷 12《措饷》《裁冗滥》条，第 160 页。

劳"。对那些犯有"小过"及"虽犯罪而情有可原、才有可用"者，建议"勿轻参劾""或降秩俸，或革职衔，各仍令在任管事，立功自赎"。认为这样做"可免于数易骤迁，而亦无独贤之叹，久任之法行矣。"① 诸如此类，不胜枚举。

时人董应举称赞徐日久"如秦越人洞见五藏，欲手针石而从之。此公经济之实学，国家起死回生之丹诀也。"② 张燮也称其"兹悬是编于国门，乃信真能经国者已。"③ 足见该书切于时务之价值。

总之，徐日久试图通过编纂《五边典则》和《鹭言》，对明初以来边海防建设及相关军事斗争进行反思，总结当朝御边的历史和历代王朝用兵的经验，以图拯救明王朝面临的边疆危机，振兴明朝日益衰落的统治。

第九节　酌今昔利病，寻国家治安之良方
——张燧与《经世挈要》

一

张燧（？—1640）④，字和仲，明代湖广湘潭县（今湖南湘潭市）人。《明史》无其传。王重民先生由光绪十五年刊刻的《湘潭县志》卷39《张嘉言传》中查索到有关张燧的信息：其父张嘉言为万历二十年（1592）进士，官至工部郎中，后辞官从商而致富。张燧"兄弟皆生富贵，好治生产业，而燧独务友朋，耽书史，不为苟同。肄业国子监。还，构香海居，周匝清流古木，中系以舟。寒暑晨起，即手一卷。命仆载纸笔自随，有省辄识之，虽藩溷不释"。⑤ 可见，张燧出身于儒商之家，做过国子监的监生。他与其兄弟不同处在于不"好治生产业"，而喜欢读书

---

① 《鹭言》卷1《庙略》《处久任》，第30页。

② 董应举：《〈鹭言〉序稿》，《四库禁毁书丛刊》《史部》23，第4页。

③ 张燮：《徐观察〈鹭言〉序》，《四库禁毁书丛刊》《史部》23，第10—11页。

④ 朱志先：《晚明湘潭学者张燧东渡日本驳议》（《船山学刊》2012年第4期），据郭金台《石村文集》"张和仲小传"（《四库禁毁书丛刊》《集部》84）称："时未乱，以疾卒于家。"认为"时未乱"至少可界定到李自成攻陷北京前，又据《石村文集》的序、跋的落款时间最早的为崇祯庚辰（1640）、崇祯壬午（1642）和张燧《经世挈要》"纪事"落款为崇祯六年（1633）十一月十一日）推断其1633年还健在，因病卒于1640年前后。

⑤ 王闿运：《湘潭县志》卷39《张嘉言传》，光绪十五年刊本。

治学。县志称张燧："崇祯末，以疾卒于家。"钱茂伟认为，这是一个错误。他依据孙点《千百年眼跋》所载："时当明末，天下汹汹，不可以朝夕居，浮海东游，藉以避世。"①　认为明朝末年后，张燧避难，东渡到了日本，投奔了酒井藩主，和朱舜水等一样，以教学、传播中国文化为主，清初卒于日本。②　而朱志先则依据张燧同乡郭金台所撰《张和仲小传》（参见《石村文集》）所云："时未乱，以疾卒于家。"认为因病卒于家的可能性更大。③

　　张燧的代表作主要有两部：其一是《千百年眼》，这是一部读史札记。刊行于万历四十二年（1614），内容涉及史事考辨、史事评论、历史现象的归纳等。其二是《经世挈要》22 卷，该书刊行于崇祯六年（1633）十一月，是一部以研究军事为主的编著。前者侧重于学术性，后者侧重于实用性。两部书的刊行相差不到 20 年，但反映了作者治学方向的变化。造成这种变化的原因：一是与当时时局的变化有着非常密切的联系。明朝后期，政治黑暗、党争激烈、阉党把持朝政，激化了社会矛盾。尤其是从万历二十四年始，派遣宦官分赴畿内、山东、山西、浙江、陕西、天津等地充任矿监、税使等，对地方和百姓敲诈勒索，不断激起民变和兵变，一些有识之士对此感到深深的忧虑。凤阳巡抚李三才曾接连上疏，指责神宗"溺志货财"，警告说："一旦众衅土崩，小民皆为敌国，风驰尘骛，乱众麻起。"④　万历四十六年（1618），后金努尔哈赤兴兵反明，几年中先后攻占抚顺、开原、铁岭、沈阳、辽阳等地，对明朝的统治构成严重威胁。崇祯三年（1630）陕西各地农民纷纷起义，声势浩大。此为内忧。外患则包括从明初以来东南沿海地区不断的倭患以及葡萄牙、荷兰等殖民主义者侵占台湾、澎湖等。面对内忧外患，张燧开始改变纯学术研究的治学之路。二是受嘉、万年间兴起的经世思潮的影响。这一时期出现大量有关军事和时务方面的论著或编著，如采朱德《倭变事略》、王士骐《皇明驭倭录》、瞿九思《万历武功录》、万表《皇明经济文录》、冯应京《皇明经世实用编》等。这一类以探讨军事和政治、经济

　　①　张燧：《重校本千百年眼》，上海史学社 1905 年版。
　　②　钱茂伟：《明代史学的历程》第十六章第一节"张燧《千百年眼》：晚明史学的杰作"，社会科学文献出版社 2003 年版，第 361 页。
　　③　朱志先：《晚明湘潭学者张燧东渡日本驳议》，《船山学刊》2012 年第 4 期。
　　④　《明史》卷 232《李三才传》，中华书局 1974 年版，第 6062 页。

等内容的论著，无不紧扣时务。在这种以史经世思想的影响下，张燧转而研究有关抵御外侮、加强边海防，富国强兵的方法。为此他开始撰写《经世挈要》。

二

《经世挈要》撰写于何时，已无从查考。据张燧在《经世挈要纪事》中记载："书甫脱稿，而金阊叶茂之至。茂之为余友叶素元年侄，介元兄来晤，力索是编，授之梨枣。……崇祯六年十一月十一日湘潭张燧顿首识于香海之稽古堂中。"可知此书约刊刻于崇祯六年。此书原为22卷。今流传于世的主要有两种版本，其一是收藏于山东大学图书馆的崇祯六年傅辰昌刻本，该版本缺最后两卷，其中第21卷仅存有《倭奴形势》《倭人寇之路》《倭人犯之时》《御倭水陆二策》《防倭在占风远哨》《歼倭全凭船力》《靖倭须严禁通贩》《备倭方略》《制倭奴事宜》《倭奴狡计》细目，而第22卷连细目也没有保存。该版本收入《四库禁毁书丛刊》。其一保存在中国社会科学院历史研究所图书馆，据钱茂伟在《明代史学历程》一书中交代，该版本为一足本。"最后2卷内容是关于女真、日本问题的。"[1] 笔者在撰写此文前曾到中国社会科学院历史研究所图书馆查找该书，可惜只有录而无书。由于没有看到该书的足本，因此后两卷的内容无从分析研究，实在遗憾。该书在流传的过程中之所以残缺最后2卷，想必是涉及清朝最为敏感的女真、后金与明朝的关系等问题，因此被删削。今传崇祯六年20卷本中凡涉及"虏""建虏"等字样的均被涂抹，可见，集中论述"女真"问题的最后一卷被删削也就不足为怪了。

张燧在《经世挈要纪事》中交代了他编纂《经世挈要》的宗旨："总期实用，毋庸袭故也。他如屯田、盐政、马政则酌今昔利病而订以实录诸书，漕海、水利、河工则衡之畴曩废兴而参以钜工硕画。大方可一目而知也。下至奴插以暨倭夷，或事求近案，即辑轩之论牒，罔遣戴牒溯远猷。"[2] 可见。他撰写此书的主要目的是"实用"。书中涉及的防守、

---

① 钱茂伟：《明代史学的历程》第十六章第一节"张燧《千百年眼》：晚明史学的杰作"，第360页。

② 张燧：《经世挈要》卷首《经世挈要纪事》，《四库禁毁书丛刊》《史部》75，第382—383页。

用兵、屯田、盐政、马政、漕海、水利、河工等时务问题，主要是为了"酌今昔利病"，探讨"畴曩废兴"的原因，寻找富国强兵、保家卫国的良方。书中纂辑的内容及其表述的观点并不尽是张燧本人的，但绝大部分观点是张燧认可或赞同的。

全书采用的条目体例，每一卷有不等的条目。编纂内容的顺序，如张燧本人所云："兹编先京师以及九边，次金陵以及东南江防、海防、贼、流、矿诸寇，俱拣时局之最须铭论之恰当者，队录于左。……十卷以后，录选将、录练兵、乡兵，以及军中器具，则为近来交讧，备御宜先。倘议不足，以供藉筹，则选宁严于滥竽，以故阵法惟录更休节制之方，车战止取轻车。"① 在各卷卷头往往录有小评，"或偶标大义，以便疏观，或间效管窥，以资印证"。②

全书的内容大体可分为以下几个部分：一是论述京师及相关各省的地理形势及用兵设防的措施和策略。全书前 9 卷主要论述京畿地区、辽东、山西、宁夏、陕西、河北、甘肃、金陵、广东等地地理形势、驻军、练兵、兵饷、边防、海防等问题。该部分所占篇幅几乎接近全书的 1/2，足见作者对当时内外形势的担忧和重视。二是论述强兵、用兵的方法。从卷 10 到卷 13 主要论述将才的选拔和任用、练兵、营制、武器、阵法、车战、舟战等。三是论述发展经济、理财的方法和措施。从卷 14 到卷 20 主要论述屯田、漕运、海运、河渠、水利、马政、盐政、钱法、赋役等。四是最后两卷主要论述的是有关女真和倭寇的问题。

三

《经世挈要》所论述的内容大都是有关国家军事、经济建设"最需铭论"的"实用"之术，作者在论述相关问题时，并不仅限于就事论事，而往往注意探究问题的成因，并提出解决问题的方法，发表自己的政治见解和主张。其经世思想和价值主要表现在以下几个方面。

（一）重视探索京师、内地战略要地的防御及边防、江防、海防等方面的问题，以图达到拯弊救亡之目的

张燧认为："今国家定都燕蓟，势若金瓯，然而密迩虏人，咫尺胡

---

① 张燧：《经世挈要》卷首《经世挈要纪事》，《四库禁毁书丛刊》《史部》75，第 382—383 页。

② 张燧：《经世挈要》卷首《经世挈要再疏》，第 384 页。

马，萧墙床第，不无可虞。……要使南北并重，保障固而咽喉常通，则今日之根本事也。"① 因此，他首先分析了京辅的形势，指出："自秦汉备边，所急在西北，上谷、北平为缓。我朝所急在东北，甘肃、宁夏为缓。……神京以辽东为左臂、宣大为右臂，古北口、永宁、居庸脑后。辽东限以山海，宣大隔之居庸，惟大宁沦失，而天寿与异域为邻，宣府以辽东隔绝，脑后之防，盖甚疏矣。"② 显然，作者已经看到了后金的威胁，把防备后金的入侵当作是国家最急迫的要务。鉴于嘉靖二十九年（1550）鞑靼俺答部南下攻大同、宣府，转侵蓟镇，毁边墙而逼京师的教训，他认为："今先以尊京师为主，尊京师必古北、石塘为急，当议守。其次守马兰，其次守黄花、居庸、横岭、镇边，其次守喜峰、冷口，其次守金水、马水、紫荆、倒马。……今日备御，惟严喜峰入贡之路，加谨黄花拥护之冲，增兵补其实，覈饷汰其虚，庶蓟镇可安乎？"③ 同时认为，昌平为皇帝陵寝所在，通湾为运送粮饷重要通道，"两镇宜屯大将、重兵，以备非常"。京城西北的巩华城和京城东的大坝"各以精兵五千一营将居守"作为京师的后援。④ 并主张沟通畿内各重要河流以成"天险"，达到阻滞入侵之敌的目的。⑤

张燧还重点分析了山海关、昌平、蓟门等拱卫京师重地的形势。他认为："山海关，天险哉，但建逆多智善算，必不直攻此处。"而重点防御应放在关隘要害之地，"计其要害之处有四：以冷水口为一路，自山海关抵太平寨，而以建昌营为适中之地；以古北口为一路，自马兰谷抵石岭塘，而以密云为适中之地；以昌平为一路，自渤海头抵镇边城，即以昌平为适中之地；以紫荆、倒马二关为一路，自沿河口抵故关，而以易州为适中之地。顾此关隘，均为要害，而古北口尤为要紧"。⑥

作者不仅着眼于京师的防御，更以广阔的视野论及辽东、山西、河北、宁夏、甘肃、金陵等地的地理形势及防御的特点。还重点论述了边

---

① 张燧著，贺新天校点：《千百年眼》卷 12《金陵形势》，河北人民出版社 1987 年版，第 202 页。
② 《经世挈要》卷 1《京辅形势》，第 405—406 页。
③ 《经世挈要》卷 1《京辅扼要备御》，第 406 页。
④ 《经世挈要》卷 1《京陬应援》，第 406 页。
⑤ 《经世挈要》卷 1《畿辅因水设险》，第 407—408 页。
⑥ 《经世挈要》卷 1《山海诸关形势》，第 413 页。

防、江防、海防等方面的问题。如论江防曰："今之论江防者，孰不曰营前沙者，大江之第一关键也。靖江、江阴其第二也。瓜仪、京口其第三也。守此三者则海寇不能飞越而窥留都。是殊不然。京口虽系江南诸郡咽喉，从古寇犯金陵，未有由此而进者。以沿江南岸叠嶂如屏，而润州、秣陵之间夹岗险陂，无港可达故也。如从通、泰登陆，循江北内地而行，屯兵六合，分师渡芜湖、采石，走太平而北，岂非地势之至要者欤？故保留都须严江防，严江防须重江北。贼计狡猾，常避实而击虚，不可但以江中之关键为恃，而为贼所诒也。"① 此论高超之处在于论长江之防御，并不仅仅局限于沿江设防，而是提出"严江防须重江北"的主张。

在《备倭四要》中，他认为，防备倭寇之侵扰，关键在漳州、泉州地区一是"严保甲"而清"盗源"；二是"会艘远游"，"复会南北诸标游，各自戒备，错据外岛，互相牵制"。即汇集舟师远巡大海，联合南北各海防兵力，凭借海岛，互相牵制倭寇，以达到"绝内勾，散外援"之目的；三是"分镇南北"，建议"泉南游击，宜出镇中左，以料理泉南舟师；漳南副总，宜移镇海澄，以料理漳南舟师。贼或乘风北向，则南镇之舟师可为声援；贼或乘风南向，则北镇之舟师可为后劲；贼或乘东风分迫二镇，则势分力寡歼之必矣"；四是"严禁台湾之勾引"，认为"台湾之勾引不绝，则海上之寇盗难除"。②

（二）揭露社会矛盾，主张采取措施缓解矛盾

比如，在《京师防御》中，他并没有局限于就防御而谈防御，而是从根本上探寻京师防御存在的关键问题是社会矛盾激化。他认为造成社会矛盾激化的主要原因有三点。

其一是"赋役不均"。他指出："辇毂之下，土著有商役之累焉，凡宫中府中之用，一以需之，貂珰又逞其血吻焉，胥吏又巧其科掊焉。故中富之家，不岁而鬻男析产者累相若也。近郭之县，公侯戚畹之庄田在焉，或豪民投献，或凭恃吞渔，地归大族，赋则民偿，故穷檐有无地一陇而赔纳及累世者，民何繇聊生也？"为了满足皇宫和朝廷各衙署的需要，太监和胥吏对京城商户巧取豪夺，近郊之地土地兼并严重，民不聊生。

---

① 《经世挈要》卷7《江防要论》，第503—504页。
② 《经世挈要》卷8《备倭四要》，第512—513页。

其二是"防害无策"。他指出:"郊邑之害有三:曰浑河、曰响马、曰马政。浑河古所谓桑干,其改徙固无定矣。然囚其势,导其流,预为堤堰以防之,祸犹不烈。当事者漠然视之,及秋涛一作,邑井为波,而修筑之费,又置不敢问也。响马成群,公行城市,与虚言捕缉,何如平居而严行保甲之法。至于马政,固有定制矣,然马一落平民之手,倒死日闻,而追赔之令,无日不下。内郡有司,莫若约其丁税所出而归之于官,官为之择地,立郡长以牧之,法关、陕监苑之制,民困不少苏乎?"桑干河泛滥,危害一方,而当事者漠然视之。群盗横行,保甲法废弛。马政弊端日显。作者因此建议治理桑干河,"囚其势,导其流,预为堤堰以防之","严行保甲之法"并从丁口税中抽出一定费用集中择地设立专职官员养马。

其三是"兴利不实"。他指出:"今畿辅之县,无处不有抛荒之田。东南一带,诸淀勾连,会于直沽,如武清有三角淀,宝坻有七里海,足以浸灌数千顷。今皆弃为污池。诚师虞集海田之议,用脱脱营田之规,处处核实,处处开垦,岁可得粟百万斛,一以省京储,一以归游惰,赋不必加派,而自足矣。今者日讲兴屯,足不履其地,手不画一规,千言缕缕,何裨实用耶?"① 一方面指出畿辅之地抛荒严重,水利荒废,批评朝廷官员日讲屯田,却不见行动;另一方面主张兴修水利,开垦荒地,以达到减赋自足的目的。

(三)分析治军之弊,主张精兵强兵

在《营军宿弊》中,他引用万历间巡视御史上疏云:"臣巡视四卫勇士营,但见茂草弥望,平时人迹已稀。营官踉跄,本日行伍不整。臣点阅各队伍,仅得十之七,而此十之七者,皆系临时雇觅。唐突手不执器械,腰不悬牌面,东西奔驰,彼此狼疾。问其年貌、疤痣,则与原册不对。"② 四卫勇士营本为戍卫京师的主力,却如此衰败,由此可见明中叶以后军队战斗力之低下。造成营军战斗力低下的原因很多,张燧认为,主要是因为朝廷对京畿宿军"驭之无制,稽之无法,训之无方。或占役于私家,或藉工于公府,或买闲而输月钱,或随役而备役使。其听操练

---

① 《经世挈要》卷1《京师防御》,第404—405页。
② 《经世挈要》卷1《营军宿弊》,第409页。

者，大率老弱不胜甲胄者也。且马多羸瘠，器非犀利"。① 他尖锐指出：
"今日营制屡更，兵日分而愈弱，军日选而愈弊。官多则占役者众，而军
士疲于奔走，营分则稽查为难，而军士易于隐蔽。殷实者出钱包班而其
名徒存，贫难者饥寒困苦而其形徒在。每遇警变，欲拨一二万兵，未免
各营通行挑选，再欲选拨一二万，恒以不足数为虑。"② 针对京营现状，
他认为，首先要精兵："近日睹营政之废弛，士伍之冒滥，则急议汰，夫
汰兵在汰冗食之兵，故饷足；练兵在汰老弱之兵，故兵精"。并主张"定
期告示：某卫汰去老弱，缺伍若干，某日补军"，会同相关官员定期公开
选补。③ 针对军中虚冒现象，他指出："军士虚冒，如嘉靖初，京营军月
支米八万石，今倍三矣。兵不加多，米数转添，以此推诸镇宿兵六十万，
关内外十二万，江东十五万，其饷亦复如是。然按之册籍则森然，覆之
行伍则索然。财力有几，能堪若辈之乾没乎？此虚冒所当严也。"除冒领
军饷外，更为严重的是冒功取赏。他说："至其临敌之后，或割残卒以邀
功，或拾毙虏以图赏，改头易面，妄冀雍齿之封，或尾其去而回首扬旌，
或潜为归而假作唱凯，捏鬼拟神，谬作之反之状，此等弊习已入膏肓，
可不严为之防乎？"④

在《军中求将》中，他引用了欧阳修、苏轼、范仲淹、张居正等前
人关于军中选将的论述。如引用苏轼所云："欲观将帅之才否，莫如治
兵，今夫新募之兵骄而难令，勇悍而不知战。此真足以观天下之才也。
观其颜色和易，则足以见其气；约束坚明，则足以见其威；坐作进退，
各得其所，则足以见其能。凡此者，皆不可强也。"并称"坡公此论，可
谓透尽关捩。"⑤ 在《储将宜广录豪杰精选兵部》中，他引用兵部尚书胡
世宁的观点"自古国家用兵常乏将才，民间盗起，多是豪杰，莫若即此
辈而收之"。主张从"盗"中选拔将才。还引用御史张椿所云："为将需
有胆有略，有量有德，杀人如刈草，从善如转环，用财如挥沙，保民如
恤子。"张燧认为，"四者缺一不可"。⑥

① 《经世挈要》卷1《京师防御》，第404—405页。
② 《经世挈要》卷1《营军宿弊》，第408—409页。
③ 《经世挈要》卷1《营军练兵》，第410页。
④ 《经世挈要》卷11《虚冒之弊》，第554页。
⑤ 《经世挈要》卷10《军中求将》，第532页。
⑥ 《经世挈要》卷10《储将宜广录豪杰精选兵部》，第535页。

在《练兵》中，他收录了戚继光"练兵事宜疏"，并引用李湘洲"请戚总理祠额疏略"，高度评价戚继光的练兵之法："戚继光始发迹于南也，其为营垒队伍，皆仿之古人，为教练器伎，皆中乎实用，为调发分合，时出以新意，为赏罚号令，无择于水火。……当时歼狡倭如拉朽，而闽直江浙之间，倚为长城，洵古之名将矣。"① 他还设有"练战兵""练灶丁""练边兵""练禁兵"等条目，分别论述操练各类兵种及灶丁的特点、方法及重要性。同时在"军中器具"条目中论及弓弩特点及用法、腰刀造法、御倭刀法，火枪、神炮特点及用法等。在"车战""舟师"等条目中，论述了车战、水战的特点及各类舟船的特点及用法。

（四）重视发展经济、倡导强国富民

张燧十分重视发展经济，重视理财，他曾指出："桑弘羊、孔仅、宇文融、杨炎，此数子者，非世所称以其法乱天下者乎？乃后争用其法不置。我国朝六典，建官纯用周制，今司农所日夜讲求，百执司所昕夕图维者，岂一一在维正之供哉？如昔桑、孔辈所云盐铁、舟车、缗钱、酒酤、间架、保马、保甲、免役诸弊法，及入粟拜爵之事，有能振刷而力行之，未必非今日匡时治国、济边保民之第一议矣！而安在高声大骂桑、孔、融、炎辈也。"② 认为应该效法古代理财家的理财诸法，以达到匡时治国、济边保民之目的。

在发展经济的各种措施中，他尤其重视屯田。在"屯政"条目中，他除论述屯田的重要性外，还分别论述了如凤阳、扬州、南京、浙江、宣府、大同、贵州、广西等内地、边地、沿海、沿江的屯田等相关问题，并提出了"屯田酬各卫军并抵卫官俸""屯租就做官军月粮""不许以屯田军守城""不得以备倭废屯军"等主张。他指出："古人所以行屯田之令，乃藏兵于农之意，三时务农，一时讲武，使士卒入无遗力，出有余粮，所谓兵起而胜敌，按兵而国富也。"③ 认为"屯田是兵农并妙之法"，是"富国强边"④ 的重要举措。他指出："战国时，秦孝公以亟耕力战，遂强其国，莫有与抗者。今以天下之大，反不如战国一隅之君，此其故

---

① 《经世挈要》卷10《戚总理练兵事宜疏》，第539页。
② 张燧：《千百年眼》卷12《理财急务》，第224页。
③ 《经世挈要》卷18《招募疏垦良法》，第648页。
④ 《经世挈要》卷14《各省直屯田》，第594页。

何哉？古之地利尽，而今之地利不足也。古之兵皆自食其力，而今之兵悉仰给于官也。"因此他认为，"屯田可以强边"。① 关于沿海沿江的"屯田"，他指出："今防海诸兵既不可减，而不行屯田，非计也。盖募民为兵，是驱良民为强暴，教兵屯田，是化强暴为良农。今沿海沿江所涨升科涂田，多被豪占，合遣官丈量，分兵屯种，或豪民占业已久，不容军屯，即每亩起科给兵充饷。"② 而对边地的屯田，他建议："修车战，繁林木，列伏兵，以为之屏卫捍御，然后田者有所恃而不恐。宜从诸将中选其有智勇谋略者数人，每将以东西五百里为制，随其远近高下，分屯所领卫兵，斟酌损益。率五百里一将，彼此相望，首尾相应，耕作以时，训练有法，遇敌则战，寇去则耕，此长久安边之策也。"③ 他认为，内地各省屯田要因地制宜。比如，凤阳地区"其高阜处，如定远、灵璧诸地，岁若旱灾，而大店、任桥、洪塘湖一带卜隰，又患水沴"。"在高阜者多浚池塘，下隰者广为沟洫"，"山塘蓄水永无旱魃之虞，原隰导流，自免商羊之患"。④ 他主张政府要让利于盐商和屯卒，他说："屯田之兴也，官不起科，屯卒有利而无害，况盐商纳粟于边，每引止二斗五升，商之利厚矣。是以屯卒始焉赖商人以便牛种之需，既焉赖商人以护贸粟之利。农商相利，此屯田所以日广也。使屯粮积于西北，则东南之西运不可以少缓乎？"⑤

在"漕运"条目中，他除介绍漕法的沿革外，特别关注运河沿岸济宁、临清等关键之地的防御，他指出："济宁居腹里之地而多有旁出之途，临清乃会通河之极处，漕路之要害也。东控青齐，北临燕赵，且去边关不远，疾驰之骑不浃旬可到。为国家深长之思者，请跨河为城，两际各为水门，以通舟楫，而包园巨闸在于其中，设官以司启闭，屯兵以为防守，亦思患预防之一事也。"⑥ 他还分析了漕运中的种种积弊，呼吁"漕卒之苦宜恤"，他指出："唐宋之漕卒人有番休，今则岁岁不易矣。漕法便易而回船又有载盐之利，今之漕卒其劳百倍，一岁之间，大半在途，

---

① 《经世挈要》卷 14《屯田可以强边论》，第 591 页。
② 《经世挈要》卷 14《屯田总论》，第 591 页。
③ 《经世挈要》卷 14《屯田可以强边论》，第 591 页。
④ 《经世挈要》卷 14《凤阳屯》，第 593—594 页。
⑤ 《经世挈要》卷 20《盐利弊相须办》，第 686—698 页。
⑥ 《经世挈要》卷 15《漕河扼要防御》，第 609 页。

洪闸之停留，舳舻之冲击，阴雨则虑湿漏，浅涩则费时推移，沿途有将领之科索，上仓苦官损之留难。及其回家之日，席未及暖而文移又催以兑粮矣。漕卒艰苦如此。"①

他认为，漕运是国家的生命线，然而这条生命线已经处于岌岌可危的境地。他指出："国初漕河之外，别开海运，犹咽之有双穴。然今既只矣，而又哽焉。太仓无隔岁之储，京边有待哺之急，不幸而会通一线旱魃为虐，且徐兖之间，绿林啸聚，能无意外之虞？即不然，而漕艘之冻阻为常，运军之骨髓已竭，可不为寒心哉。"② 他在列举漕运种种积弊后，认为恢复海运有"五利"，即"省内河千艘之壅塞""免卫所千家之赔累""清明后乘东南风开洋，月余可抵津门，足应京师缓急""滨海卫所冻阻迟缓之船即为疏通，则自江以南之漕粮举无过年交纳者""海道既熟，万一江淮有阻，能于咽喉之外，别济生命"。③ 在"海运"条目中，他辑录王宗沐《请复海运疏》、毛希秉《海运议》等奏疏，借此表明希望恢复明初从刘家港至直沽的海运通道，以防河运壅塞之弊。

在"马政"条目中，他论述了关门市马等有关马政的问题，分析了马政的积弊，提出了"种马之制宜急复""市马须牝牡并用"等主张。他主张开关门市马；同时又主张"盖贩马不如养马，养马不如严法，一兵给马，随以食给兵，兵不饱马转以饱己。且无事而驰骋，日游市路之中，夜甘槽枥之馁。必责在营将与千把总，倘有倒死，本军究治，营将、千把总赔偿，督责严，则马自壮"。④

在"盐政"条目中，他论述了两淮、两浙、山西、福建、广东等地区盐法、各地盐政的利弊以及盐官的任用及职掌等。他主张严禁私人煮盐。他说："两浙地斥卤，盐醝用饶，滨海数百里，铲土沥煮，其利不下于淮，但多为无籍私贩霸占，诚严禁之。官为招铲，则乡民无不乐于从事。且旧有灶户人丁，今为水没八九，即以召集者补其名目，制为常业，将岁增数十万金，盐利在浙者，可兴也。"⑤ 同时又主张"私盐不必深禁"，"官抽其半而给照许赏，则公私盐利皆归国用，而边储可足矣。夫

---

① 《经世挈要》卷15《漕卒之苦宜恤》，第609—610页。
② 《经世挈要》卷15《漕运积弊议》，第610页。
③ 同上书，第614页
④ 《经世挈要》卷19《马政积弊》，第663页。
⑤ 《经世挈要》卷20《两浙盐利》，第675页。

私盐不禁，则巡逻之卒可减，而盐徒意外之祸可弭，盐广鬻而壮丁益劝于煎，军民得易于食。其为上下之利，盖不一而足也"。①

关于货币的铸造和管理，他主张要严禁私自铸钱。他说："钱法之弊繇于私铸者多，万历钱每文重一钱二分，今新铸钱重止八九分"，而奸商利用"官私（钱）杂行"之机从中牟利，"有时行，则私钱得与官钱并价，此钱在铺户者多，而欲出也；有时不行，则私钱二三文折官钱一文，此钱在铺户者少，而欲入也。此辈操其利权，小民因而受害，宜严加申饬"。②

此外，在"河工"条目中，他分析了河道形势的利弊，提出了治理黄河、会通河、洳河、卫河、骆马河等河流湖泊的具体建议。在"水利"条目中，他分别论述了桑乾、西北、东南等区域的水利开发和利用。

总之，张燧在《经世挈要》中，注重从国家的安全、经济的发展等各方面分析研究了当时面临的各种社会问题，在总结前人相关论述的基础上，提出了自己的主张和见解，以达到拯弊救亡、扶危定倾的目的。在明代大多数学者崇尚"空谈心性"、"空言义理"，学风普遍空疏浮泛的情况下，张燧能做到不随波逐流，以务实的态度去研究时政问题，无疑是具有重要意义的。

第十节 "颂扬当代武功，筹划御敌长策"
——范景文与军事史的编纂

范景文（1587—1644），字梦章，号思仁，别号质公，河间府吴桥县（今属河北省）人。其父范永年，曾任南宁知府，为德于乡，有"佛子"之称。景文为诸生时，便以天下为己任。万历四十一年（1613）考中进士，授东昌推官。题字于门曰"不受嘱，不受馈"，被人称为"不二公"。时值大饥，"躬自赈恤，全活以亿万计"。③万历四十七年（1619）擢吏

---

① 《经世挈要》卷 20《私盐不必深禁》，第 687 页。
② 《经世挈要》卷 20《钱法弊于私铸》，第 691 页。
③ 计六奇：《明季北略》卷 21 上《殉难文臣》《范景文传》，中华书局 2010 年版，第 503页。

部稽勋主事，历任吏部文选员外郎，验封郎中、文选郎中。天启初年，魏忠贤及其党羽魏广微擅政，景文与之同乡，但从不登其门，魏广微以同乡故，欲拉拢他，但终不如其愿。针对阉党窃权，他上疏请清仕路，称："天地人才，当为天地惜之。朝廷名器，当为朝廷守之。天下万世是非公论，当与天下万世共之。"时以为名言。① 后称疾辞官，"杜门却扫，视世荣一切淡如"。② 崇祯初，召为太常少卿。不久擢右佥都御史，巡抚河南。崇祯二年（1629）后金军攻至京师城下，景文主动率所部八千人勤王。明年三月，擢兵部添注左侍郎，练兵通州。崇祯七年（1634）冬，先后任南京右都御史、兵部尚书、刑部尚书、工部尚书。崇祯十七年（1644），任东阁大学士，入参机务。李自成攻陷北京时，景文大书曰："身为大臣，不能灭贼雪耻，死有余恨。"③ 先自缢于妻陆氏陵前，为家人解救，后至演象所拜辞阙墓，赴双塔寺旁古井死。景文死后，南明弘光政权赠其太傅，谥文贞，清朝赐谥文忠。后人评价称："公才略过人，晓畅兵法……向使久任公以军事，或早命公为相，抱负经济，坦行而恢复，庶几可揩大厦之倾乎？"④ 范景文留给世人的军事著作有两部：一是当代军事史《昭代武功编》；二是历代军事理论的史料汇编《战守全书》。

《昭代武功编》成书于崇祯十一年（1638），共 10 卷，分为"亲征"和"勋绩"两个部分。以纪事本末体分别记载从元末到万历年间历次重大军事斗争的情况。其中，"亲征"部分分别记载朱元璋削平陈友谅、永乐帝三次出击残元、宣德帝亲征汉王朱高煦、宣德帝亲征兀良哈的经过。"勋绩"部分则按照高皇帝、永乐、正统、成化、正德、嘉靖、万历的时代顺序，分别记载勋臣、武将在历次军事斗争中的战功。如记徐达攻克元都，永乐时张辅、沐晟平定交趾，正统时张楷镇压邓茂七起义，成化间韩雍镇压广西少数民族起义，正德间仇钺平定安化郡王朱寘鐇反叛，嘉靖间张岳平定湖、广、黔苗族起义，万历间李成梁征建州王杲等。每篇后设有"赞"语，对所载人物、事迹进行评价。

此书的编纂，作者主要着眼于以下几个方面。

---

① 《明史》卷 265《范景文传》，中华书局 1997 年版，第 6834 页。
② 《明季北略》卷 21 上《殉难文臣》《范景文传》，第 503 页。
③ 《明史》卷 265《范景文传》，第 6834 页。
④ 范景文：《范文忠公文集》"序"，中华书局 1985 年版。

（1）颂扬祖宗之武功，总结其用兵安民之法。正如作者在"自序"中所云："前代之言武功者，必称汉武、唐宗，然而庭空漠北，贻悔轮台，谏咈征东，哭残辽水。……惟我高皇帝迅扫龙荒，手辟函夏，自尧以下振古无两。文皇帝继之，荡征绝地，千古华夷之防，凛焉再植。其所以解倒悬而出水火者。宁直我武维烈也哉。列圣缵承，益弘令绪，虽有小丑，旋即荡平，所谓正一统之图，雪百王之耻者，惟昭代有之。"① 在卷2《诸将定东南》中，记朱元璋欲夺取浙东诸郡，乃召集诸将"申戒以戢兵安民，凡下城邑，不得妄杀，反复数百言，词极恳切"。作者加批语称："圣祖注意安民，谆谆屡诫将帅如此。"② 在同卷"徐中山常开平削平伪吴"中记朱元璋戒饬将士"毋肆掳掠，毋妄杀戮，毋发丘垅，毋毁庐舍"，作者加批语曰："仁厚大度，前代所不及。"③ 在记载永乐帝帅师出击阿鲁台时，"每日暮犹未食，大官请御膳，上曰：'军士未食，朕何忍先饱。'还次开平，宴劳将士，上曰：'朕自出塞久素食，非乏肉也，念士卒艰食，朕食肉岂能甘味？'"④ 赞扬永乐帝体恤军士、与士卒同甘共苦的精神。记宣德帝亲征兀良哈告谕诸将说："朕深居九重，岂不自乐，但朝夕思念保民，故为此行。今日渡河，道路所经，皆水潦之后，秋田无获，朕念民艰，悯焉于心，尔将士敢有一毫侵扰民者，必杀不赦。"⑤ 作者颂扬先帝在战争中诫妄杀，重安民、体恤民情的作为，实际上也反映了作者所具有的民本思想。

（2）表彰勋臣武将的功绩。在"勋绩"部分，作者不仅历述了徐达、常遇春、汤和、廖永德、傅友德、沐英等开国勋臣的卓越战功。而且还详细记载了历朝军事斗争中建立战功的文臣武将的事迹，并对他们取得的战功给予充分肯定和赞扬。如颂扬徐达、常遇春称："王命中山（徐达），进克毗陵，乃徇故郡，爰有泰兴。继以开平（常遇春），澄江组练，兵截太湖，眈据荆汉，计定淮东，因取浙东，旋伐伪吴，降兵六万，尹山之捷，侦绝事孤，遂拔平江。王师返斾，奠此墺区，万年苞系。"⑥ 在

---

① 范景文：《昭代武功编》"自序"，《续修四库全书》第389册，《史部》纪事本末类。
② 《昭代武功编》卷2《诸将定东南》，第453页。
③ 同上书，第467页。
④ 《昭代武功编》卷1《文皇帝三犁虏庭》，第440页。
⑤ 《昭代武功编》卷1《章皇帝亲征兀良哈》，第448页。
⑥ 《昭代武功编》卷2《徐中山常开平削平伪吴》，第469页。

卷2《诸将定东南》中，记胡大海在浙东，"威名大振，恩义素孚于民，尝自言己虽不读书，其行军惟知有三事：不杀人，不掳人妇女，不焚庐舍。故人多附之"。范氏为此加批语曰："深读书不过如此。"① 在卷6《王文成再平江以西寇》中，作者在篇头加批语曰："此纪文成（王守仁）破横水、左溪、桶冈、浰头贼凡三大功，看其前后布置一一如券。"在篇中每每有"决策甚善"、"调度各兵如臂指"、"如入无人之境"、"高见"等之类的批语②对王守仁镇压南赣农民起义善于用兵倍加赞赏。在卷7《胡襄懋平倭寇》中，对胡宗宪采用"以贼攻贼"、善于"用间"的方法给予肯定，在篇后"赞"语中称："吴越吻海，易结倭患，民不知兵，毒肆蹂躏。襄懋（胡宗宪）临戎，设策定便，水陆征师，如江如汉。兵道尚阴，妙在用间，九地九天，风云变幻，卒以翦覆，夷众自乱。懋赏允宜，东南永奠。"③

（3）总结历次战争的经验教训，为当时的军事斗争服务。作者指出："方今圣明在御，锐意太平，克广德心，庶几在位，方将矢其文德，洽此四国，宁独武功之为兢兢。然而逆奴一小丑蹂躏九塞，萑苻猰㺄，尚缓天诛。抚今思昔，如《诗》所载有闻无声、尔犹式固之义，宜三致意矣。"针对当时守边将领"揣揣救罪不皇，如置弈棋无定着"，范氏分析说："人心畏罪之余，趋功之意浅，文法日烦，则骛于诡饰，议论太杂，则习于弥缝。"他主张："夫惟庙堂之上一乃心力，资之以谋，定之以断，震之以气，推之以诚，推毂务通于众志，刑赏不逾于须臾，而肤功不奏者未之前闻也。"为了总结历史的经验教训，于是作者在"磨盾之余，因取武功最著者，撮其大端，录之于篇"。"匪徒觌光扬烈，宣昭无竞之鸿庥，亦使后之揽者实惟尔公允师（继承前人之成法）云尔。"④

范氏认为，在治国、理军方面，内治和攘外，文教与武功关系十分密切，不可偏废。他说："舍内治而言攘外，弛文教而侈武功，亦何异适燕而南其辕，问渡而谋之毂也。"⑤ 一味地偏重武功，而忽视内治和文教，往往使国家凋敝，人民受难，因此他特别推崇重视内治和文教的武将。

---

① 《昭代武功编》卷2《诸将定东南》，《续修四库全书》第389册，第454页。
② 《昭代武功编》卷6《王文成再平江以西寇》，第572—573页。
③ 《昭代武功编》卷7《胡襄懋平倭寇》，第609页。
④ 《昭代武功编》"自序"。
⑤ 同上。

如在卷2《徐中山常开平削平伪吴》中，记载江阴守将吴良"在镇十年，始终戒严，夜尝宿城楼，枕戈达旦。暇日延经术士，讲明经史兵法，训勑将校，御胥吏不少假藉，人莫敢欺。敦崇教化，兴举学校，修理屯田，预足军饷，境内帖然"。朱元璋称其"汝非昔之吴起乎？"范氏对吴良身为武将，却能"延经术士，讲明经史兵法"、"敦崇教化，兴举学校"极表赞赏，加批语称："此非武将所能。"①

在用兵方面，范氏也十分注意以古训今。在卷1《文皇帝三犁虏庭》中，记载永乐帝告诫将士曰："毋失机，毋轻犯虏，毋为虏所绐。一举未捷，俟再举。尔等慎之。"范氏加上这样的批语："辽疆三路之败（指万历四十七年杨镐率四路之师攻后金，后金在萨尔浒伏歼杜松所率西路军，再回师击溃北路军马林、东路军刘铤，仅南路军李如柏全师退还），独未闻此。"② 认为此次出征失败在于轻敌而被其欺骗。在卷4《蒋廷瓒勘平贵州》中，记思州宣慰使田仁智子田琛与思南宣慰使田茂安子田宗鼎之间因"争沙坑故"展开仇杀。永乐帝密遣校士数人潜入其境，抓获田琛和田宗鼎，押送京师斩首。对此范氏发出这样的感慨："执二酋如反掌，祖宗朝天威神速如此。近岁安奢之乱（指天启初四川永宁宣抚司奢崇明和贵州水西宣抚司安位叔父安邦彦的叛乱，前后持续九年）劳兵动众，迟延岁月，始克底定。兵力自此耗败矣。"③ 对旷日持久、劳兵动众的平定安奢之乱表示不满。在卷4《张中丞平福寇》中，记载官兵在沙县围剿邓茂七、福成起义军，反被打败。御史丁宣于此时遣使招谕义军"令解散得免死"，遭到邓茂七嗤笑。对此范氏加批语说："兵败议抚，抚何可成？"④ 认为，招抚是建立在战胜基础上的。在卷6《陆司马平河北响马贼》中，记载"时承平久，戎政废弛，京营兵出讨贼，皆市井惰游，素未当矢石"。范氏加批语曰："今坐此病。"在记载义军"不过千人，其掳掠胁从者众，仍号百万"时，加批语曰："近日贼情类是。"在记载官兵镇压义军时称："杨一清欲重赏格，制许斩贼三级升一官，故官兵率多杀良民冒功，贼过，兵遇平民亦杀之。大同游击江彬杀冀州民一家二十三

---

① 《昭代武功编》卷2《徐中山常开平削平伪吴》，第466页。
② 《昭代武功编》卷1《文皇帝三犁虏庭》，第438页。
③ 《昭代武功编》卷4《蒋廷瓒勘平贵州》，第515页。
④ 《昭代武功编》卷4《张中丞平福寇》，第521页。

人"时，范氏加批语称："杀良冒功"，"大弊"。① 在卷8《李宁远破土蛮》中，载万历帝诏令曰："今后各总督镇巡官，居平当亟图战守，日夕戒备，厚遣间谍，刺探虏情。有警却宜持重、安详，视以整暇。不许沿习旧套，虏未至而虚张贼势以避罪，虏已退而虚称斩获以要功。有这等的，国法不宥。"范氏加批语曰："古今备御长策，无逾此数言。"②

《战守全书》编纂于范氏担任南京兵部尚书期间，成书于崇祯十一年（1638）。该书"自序"云："余自承乏南枢，愤天骄之匪茹伤，流氛之未靖，日进将士而整率之，特辑此书，人授一册，军中大端无过战守，能战可以制人，能守不为人所制，合度应机，自可立于不败之地。"③"自序"后署"崇祯戊寅岁吴桥范景文书于南枢之静远堂"。

该书是一部军事理论史料汇编，凡 18 卷，分为战部 8 卷和守部 10 卷。它的编纂具有两个方面的特点。

一方面是力求"全"。该书取材于《尉缭子》《六韬》《孙子》《诸葛亮兵要》《李靖兵法》《武经总要》《虎钤经》《筹海图编》《武备志》等历代军事理论著作以及本朝王守仁、戚继光、吕坤等人的军事学说。范氏在编纂过程中，着眼于战和守的方方面面，力求做到细致入微、全而不漏。比如卷 1 所辑内容，主要着眼于军队出征前的准备工作，除军祭、军誓外，首先要求做到"禁喧"，引戚继光所云："凡军中要紧，只第一件，不许喧哗说话。凡遇动止进退，自有旗帜金鼓，若无令许说话，但开口者，着实重处，夜间尤是切禁。"其次是"整备衣甲器械"，"给配马匹"，并要求"专官管马"。又次是"赍粮"，范氏认为："夫千里馈粮，士有饥色，樵苏后爨，师不宿饱，况深入敌境，飞輓不通。袭师及寇，益资拟备，虽云因粮于敌，亦虞清野以待。"并就行军途中兵士口粮的分配、保证粮道畅通等分别引用当朝兵部主事唐枢、兵部尚书王守仁以及《孙子》《通典》中相关论述。再次要求"将士不得带家小"，行军要"戒预洩""清路""察地利"，使用"向导"。他引《孙子》云："不用向导者，不能得地利。"并举南汉交州将皎公羡杀安南节度使杨延艺而代之，杨氏故将吴雄举兵攻皎公羡。南汉高祖刘龑欲乘乱取之，以子弘操

---

① 《昭代武功编》卷 6《陆司马平河北响马贼》，第 563、567 页。
② 《昭代武功编》卷 8《李宁远破土蛮》，第 614 页。
③ 范景文：《战守全书》"自序"，《四库禁毁书丛刊》《子部》36，第 198 页。

为交王救公羡。萧益建言弘操多用向导，弘操不听，导致大败为例说明使用向导的重要性。再其次要求出兵要"审时"，认为"遇天地晦冥昏雾，风飘沙翳，旌旗难辨，金鼓不闻者，不可出兵"。"遇风雨，天地晦冥，昏雾四塞者，不可进兵，不可行营。""遇大雨、大风、大寒、大暑大雾，不可发兵攻讨。""军行遇大风逆来，吹扬灰沙，扑人面目者，不可进兵，宜择地下营，以仿不虞。""遇大雪飘翳，百步之内不见人马者，其西北戎虏，多设奇伏于险隘处，攻我不意。"最后是"启行"，要求"各哨先令马军一半在前，一半殿后，各队步兵依次随行"，"左哨行左路，右哨行右路，前哨行中路之先，中军行中路之中，后哨行中路之末。每对相去一百五十步。如过山路窄狭，不能并行者，前哨三队先行，左哨三队次之，右哨三队又次之，如此轮流"。当军队数路并发时，"务要会定计号，如贼界相逢，不分昼夜，各即驻队，互举原定计号，以辨真伪"。①

又如卷5主要辑录军队扎营等相关材料。在"行军须知"条中，范氏指出："详诸兵书安营之法，相视地形，各有所宜。今大河之北，至于古北口千余里，三关南北，幽燕恩冀之间，地平如掌，顿军置营，方员自取其便。惟深沟高垒，大车为固。今西北银、夏、麟府、鄜、延、环庆、泾原、秦凤地接陇蜀，南北数千里，地无百里之平，置营多在广原大陇高坂之地。……今两广之地，自荆、湖之南，越桂岭至邕广之地，山水重复，虽有平原，尽为水田，少有平陆，江山虽固，安营亦多占高原平旷之地，可以固守。"从宏观上分析了全国各战略要地的地形、地貌的差异及扎营的特点，并同时列举十八条扎营不宜之地。在"扎野营说"条中，他指出："野外屯扎，对垒列营，画地以守于前，樵采以继于后，夜仿警袭，昼给行阵。其役也劳，其事也险，，使吾气常锐，战守兼举，吁！岂易易哉。"为此他引用戚继光关于"谨营壁""慎启放""禁断""屠沽贩卖人"等论述。此外，还就行军选择"水泉"，入山寻找"山泉"，入敌境取水要"防毒"，"水草"处要差人监管，"勿令浊乱"，扎营后"牧放""樵采市易"，甚至就兵士如何抉厕和使用厕所都一一辑录相关论述。②

---

① 《战守全书》卷1《战部》，《四库禁毁书丛刊》《子部》36，第215—228页。
② 《战守全书》卷5，第293—306页。

书中还绘制了大量列阵图、扎营图、城堡图式及弗朗机、神飞炮、地雷、砲车、鸟铳等兵器图以及绳梯、绞车、撞车等攻守城器具图，有的还详记其构造及部件尺寸，真可谓细致入微。

另一方面是着眼于现实军事斗争。范氏认为："将贵尚谋，兵尚气势。训齐繇乎纪律，制胜在乎机权。非临事而猝办之也。谋成于暇，师成乎壮。自非心目所习，考验已事，敬戒夙备，从枕席过师，以隩鞠教士卒，遇变事方来，鸟兽骇矣。乌睹盘错之用，折冲之略乎？"① 他认为，那些"文弱平流"之士，遇战事虽"请缨伏剑""叱咤自雄"，"而器非素具，事不熟娴，问渡无楫，夫何能济？"他指出："今者卿大夫抱四郊多垒之耻矣，一张一弛，为虎为鼠在习与不习之间，亦可谓文士所当尽心云尔。"同时，批评一些将领"循涂执法，罔识变通，鐭舟守辙，不知时势，如病者考古验方，己意偶合，辄取为上药，而不知更益其膏肓也。"② 他认为："古来登坛名将，胸中磨厉莫不取衷韬略，操纵变化，用兵若神。岂无所本而以冥冥决哉。"为此，他编纂此书，目的是"使夫横槊执殳者人人晓畅，事事博习，猝遇不虞，按图决策，运用孙吴，取之帐中有余裕矣"。③

在《战守全书》中，范氏辑录的相关论述多与现实军事斗争密切相关。如卷9《角台》中引沈弘之《武事全书》云："天启六年，建夷努尔哈赤攻辽之宁远城，宁前道袁崇焕以西洋大炮，及从月城及角台上横击之，虏不敢近城身，乃攻角台，以牌倒倚墙上，人从牌下凿墙，铳炮不能及。顷刻而城凿穴如城门大。非通判金启倧用'万人敌'以烧之，则城崩矣。乃知角台当斜出而长，长则可以顾城身斜，则城身可以护角台。"④ 在卷10《悬眼》中，又引沈弘之云："城垛眼皆直出，宁前道袁崇焕筑山海关外八城，垛眼皆令斜出，如八字样，取其斜，则箭不能直入也。然天启六年建夷努尔哈赤攻宁远，虏矢从斜眼中，竟射死千总王胜，此虏之神射，乃箭多如雨，从隙穴中乱飞，亦能杀人也。"⑤ 在卷10《卫城铳击法》中，引天启元年六月二十五日少卿李之藻、沈弘之所言，

① 《战守全书》"自序"，第198页。
② 同上。
③ 同上。
④ 《战守全书》卷9，第378—379页。
⑤ 《战守全书》卷10，第393页。

详记吕宋大炮之威力，并记万历三十二、三十三年我国人伍继彩及李姓父子回国后"上书于兵部各衙门，自负有绝艺异铳，可以破虏，复河套、大宁旧辽阳不难也"。结果被"目为狂生而叱之去"。唯徐光启"奇其人而识之已"，万历四十七年招伍继彩及李姓父子"欲铸大铳"而未成。天启二年后山海关赞画孙元化虽铸成大铳，修成炮台，但结果是"台城遂不守"。李、沈二人为此感叹道："则知器固不可不精，又不可徒恃夫器也。所谓器以人用耳。第一以得人心为本，众心成城，宁锦之守可见矣。"① 针对当时的"清野"之弊，范氏引参军王孝孙所云："百姓蔽在城内，饥馑之日久。方春之月，野採自资，一入堡聚，饿死立至，民知必死，何可制耶。"又引沈弘之所云："小民田庐树畜皆安居于野，传令之人一至，则布粟鸡豚，皆为所取。一入城则如井中，多所不便，况虏又未必至。而轻移徙则散失，而小民之家废矣，故甚苦之。"又云："崇祯三年，虏入犯都下，辽东道臣督令军各入城，多兴怨嗟。予问其故，则曰小民非不畏死，但虏未至而先入城，携一囊粟，城门人取一升，担一肩薪，城门人取一束。僦人檐下、墙间，炊不得，卧不得。居十日、半月而虏无消息，未免出视其故庐。农时至矣，未免出为农作，出则携粟与薪，城门人又以严令骇而夺之。妇女不敢出，则丈夫进，进则城门人又取其有，此所以宁死于虏而畏城如陷阱耳。呜呼！此不察民情之弊，而徒滋扰耳。"②

需要指出的是，范氏在编纂《战守全书》时也收录了不少糟粕，比如卷1《军祭》部分，收录了诸如"祭风伯雨师文""祭山川神""祭毗沙门天王文""祭黄帝文""祭蚩尤文""祭八神文""祭当境神文"等。卷17《占验部》收录了诸如"出军日食，军败国危，食尽军尽""有气抱日，形如半月，随攻敌必克""红虹贯日，将军必死"之类荒诞不稽的说辞。

总之，范景文面对明王朝即将败亡的颓势，始终不忘"前事不忘，后事之师"的训诫，企图通过编纂《昭代武功编》，宣扬明朝的先帝武功，表彰勋臣武将的功绩，总结历次战争的经验教训，达到振奋人心、提高斗志的作用。而编纂《战守全书》则是通过总结历史上军事斗争的

① 《战守全书》卷10，第408—410页。
② 《战守全书》卷11，《四库禁毁书丛刊》《子部》36，第422页。

经验，为当时的军事斗争提供借鉴。

小 结

明末私家编纂军事史，主要以记载当朝军事斗争史为主。内容涉及防倭驭倭、援朝抗日、平定反叛与兵变、抵御残元、后金侵扰、镇压少数民族起义和农民起义等，真实全面地反映了明朝军事斗争的历史。而私家编纂的军事理论史料集则注意总结历代军事斗争的经验教训，以为当下的军事斗争提供借鉴。这些军事著述具有以下几个特点。

（1）体例丰富多样。有的采用编年体，如《驭倭录》《全边略记》；有的采用纪事本末体，如《万历三大征》《昭代武功编》；有的采用条目体例，如《经世挈要》；有的采用综合史体，比如瞿九思《万历武功录》采用纪传体兼编年体、纪事本末体。颜季亨《武功通考》、徐日久《五边典则》则采用编年体兼纪事本末体。综合史体的采用，显然受明末当代史编纂过程中一书杂糅多种史体的影响。而《九十九筹》《武备志》《鹭言》《战守全书》等侧重于从军事理论的角度编纂古往今来的战例、治军、用兵的原则、策略、选将练兵、车战与舟战、兵器的制作、扎营与阵法等，大都具有图文并茂的特点，有的具有军事百科全书的性质。

（2）呈现鲜明的以史经世的目的。尽管作者记述历史的角度和动机不一，或假颂扬当朝武功的幌子，以行讽谏之实；或记载亲身经历，直斥当朝用兵的失误，陈述本人意见；或总结自古以来的军事斗争经验，以古训今，但都具有明确的以史经世的目的。尽管他们身份不同，或身为朝廷戎官，亲自参与军事斗争，或出身寒微，为一介草民，但他们都心系国家，希冀通过军事史的编纂和总结军事斗争经验，为拯救衰败的国运，振兴国家而贡献力量。

（3）客观真实地载录大量有关军事斗争方面的谕旨、奏疏、论说等。如《驭倭录》载录了历朝君臣关于对日关系、防倭、驭倭的相关诏谕和奏疏。《万历武功录》载录六科保存的"日纪载纶音簿籍"。《海防纂要》收录"令甲（法令）章奏、筹海名言"。《三朝辽事实录》除收录王在晋本人关于辽事的奏疏外，还载录与辽事相关的邸钞、奏疏，"以为当年兵书疆事之征"。茅瑞征撰写《万历三大征考》主要依据兵部所收藏之档案、文书以及万历帝之诏旨。茅元仪编纂《武备志》多选录当代军事家如唐顺之、郑若曾、王鸣鹤等的论说和赵本学、俞大猷、戚继光等关于选将、练兵、列阵、扎营、防守、进攻等学说。《全边略记》则收录不少文臣武将的奏疏，以显示其关于边海防建设及御敌的意见和建议。同时辑录保存了兵部簿籍堂稿、档案等一些珍贵史料。《五边典则》辑录了洪武至隆庆间兵部档案中有关边防方面的政治、经济、军事方面的史料。《战守全书》则多引自当代军事家如唐枢、王守仁、戚继光、吕坤、沈弘之等的军事学说。一些军事著述中载录的材料具有独特的史料价值，是研究明代军事史不可或缺的。

（4）在记述军事斗争史的同时，注意揭露社会深层次的矛盾，为统治者敲响警钟。这些军事史的作者大都认识到，造成明中后期内忧外患的主要原因不仅限于朝廷治军、用兵的各种弊政，更重要的原因是国家内政千疮百孔，土地兼并、贪腐成风，频繁用兵，加重百姓负担，加之天灾不断，民不聊生，导致兵变、民变连绵不绝。因此，他们在客观地记载军事斗争史的过程中，始终不忘揭露社会矛盾，分析造成社会矛盾激化的原因，为统治者敲响警钟。正如董应举所云："大率深心救世者，不于子而于母，不于兵而于民。"[1] 在一些军事著作中，多涉及屯田、漕运、马政、钱法、盐政等相关内容，强调发展经济，倡导富国强兵，企图从根本上缓解社会矛盾，消弭各种隐患，以达到国家长治久安的目的。

总之，明末军事史的编撰是明末私家修史的重要组成部分。军事史编纂的繁荣突出地反映了史家面对内忧外患所表现出的急切的以史经世的态度。由此可见，过去笼统地把明代的学风说成是"空疏浮泛"、"束书不观，游谈无根"，显然是站不住脚的。

---

① 董应举：《〈眢言〉序稿》，《四库禁毁书丛刊》《史部》23，第4—5页。

第四章 明末清初私家对旧史的纂修、改编和续写

第一节 明初以来私家纂修、改编和续写旧史概说

明初以来，一些史家致力于纂修、改编和续写旧史，主要出于以下原因和动机：一是旧史存在诸如繁芜、陋劣、体例不纯等问题，需要改编，以删除芜杂，订正错误，弥补不足。二是在旧史编纂中存在正闰纷争，需要用新的正闰观对旧史进行改造，以体现尊夏而外夷的封建正统观。三是在旧史编纂过程中出于正闰之争，对被视为僭伪或偏霸的政权事迹，要么故意忽略，要么虽然提及，却语焉不详，需要加以编纂，以弥补史之缺漏。四是通过旧史的改编，总结历史经验，以达到以史经世的目的。五是续接旧史，或以新的体例改编旧史。六是从旧史和其他典籍中搜集人物事迹、典章制度等重新编纂，以达到褒贬人物，惩恶劝善或存史、补史的作用。万历中叶以来，仍然有不少史家热衷于此，他们继承了前人的修史精神和修史宗旨，纂修、改编和续写了大量史书，成为明末清初私家修史的重要组成部分。以下分为几个方面简介明初以来对旧史纂修、改编和续写的经过，对万历中叶以前所作的史书略作简介，以示明末清初私家改造或续编旧史是前有所承的。重点介绍万历中叶以来所修的史书。一些影响较大的史书则设专节介绍。

明初以来私家纂修、改编和续写旧史主要做了以下工作。

一 对宋元史的纂修、改编和续写

《宋史》的编修从元顺帝至正三年（1343）三月下诏，由脱脱主持，欧阳玄统修，五年（1345）十月全书告成，前后仅用两年半时间。成书

之快，一是由于史料丰富；二是当时元政权已处于风雨飘摇之中，编写工作也不允许旷日持久。因此造成了《宋史》难以弥补的弊病。由于《宋史》的繁芜和《辽》《金》二史的缺略，所以早在元至正十年（1350），陈桱就撰成《通鉴续编》24卷，开了后来明人改修《宋史》的先河。元末，周以立也有重修三史的打算。洪武三年（1370），梁寅应征赴京师编纂礼书。据《明史·艺文志》记载，他曾撰写《宋史略》4卷，现仅存其《宋史略序》一篇，保存在梁梦龙《史要编》中。据该序所云，他认为："（陈均）《宋编年备要》书辽金事悉用汉世书匈奴之例，亦非垂后一定之书也。"他赞同揭傒斯关于宋辽金三史"各尊其所尊"的主张。① 至明正统间，周以立曾孙周叙继承先祖遗志，得到朝廷的允许，着手重修三史，但未及成书而卒。据吴漫统计，有明一代先后产生了宋史著作123种，多达2000多卷。现今可考的有62种。在123种宋史著述中，兼及元史的有17种，纯粹针对宋代史事而撰述者有106种。②

　　成书于嘉靖年间的柯维骐的《宋史新编》和王洙《宋史质》是两部有影响的宋史。前者以《宋史》"义例欠精，编次失当，而宋辽金三史并列，尤失《春秋》之义"为由，乃"远绍博稽，厘复订讹，举偏补漏"。③ 在体例上，以宋为正统，辽金列于外国；把南宋末瀛国公、景炎、祥兴二王列入本纪；正亡国诸叛臣之名，以明伦；提《道学》于《循吏》前，以重道。针对《宋史》存在的讹误、缺漏、失实等情况，《宋史新编》"纠缪补遗，颇有所考订"。④ 后者取《宋史》删繁存简，本着"辟夷狄，尊中华"⑤ 的宗旨，以宋为正统，以明继宋，将辽金附于外国之列，把元朝视为宋朝之"闰位"。

　　万历中叶以后，改编和续补《宋史》热情未减，仍有不少史著问世。如陈邦瞻《宋史纪事本末》、王惟俭《宋史记》、钱士升《南宋书》等。吴漫认为，这些史著"在体例、内容和思想上，都是对宋史研究的再一

---

　　① 梁寅：《〈宋史略〉序》，参见梁梦龙《史要编》卷9，《四库全书存目丛书》《史部》138，第543—544页。

　　② 吴漫：《明代宋史学研究》第二章"明代宋史研究的阶段性发展"，人民出版社2012年版，第43页。

　　③ 康大和：《〈宋史新编〉后序》，《四库全书存目丛书》《史部》22，第811页。

　　④ 《四库全书总目提要》卷50别史类存目《宋史新编》，海南出版社1999年版，第289页。

　　⑤ 王洙：《宋史质》卷末"自序"，（台北）大化书局1977年版。

次补充和总结"。①

对于《元史》存在的问题，钱谦益曾指出："《元史》……自开局以至削稿，皆不过五六月而已。国初禁网促数，多所忌讳，而又限之以条例，要之以时日，焚膏宿火，励而成书。……然仅可称稿草而已。"② 钱大昕也称："古今史成之速，未有如《元史》者，而文之陋劣亦无如《元史》者。……开国功臣，首称四杰，而赤老温无传。尚主世胄，不过数家，而悻国亦无传。丞相见于表者，五十有九人，而立传者不及其半。太祖诸弟，止传其一，诸子亦传其一。太宗以后，皇子无一人立传者。本纪或一事而再书，列传或一人而两传。《宰相表》或有姓无名，《诸王表》或有封号无人名。此义例之显然者，且纰缪若此。"③ 明初徐一夔致书王祎时也指出："至若顺帝三十六年之事，既无实录可据，又无参稽之书，惟凭采访以足成之，窃恐事未必覈也，言未必驯也，首尾未必穿贯也。"④ 顾炎武则指出："《元史》列传八卷速不台，九卷雪不台，一人作两传。十八卷完者都，十九卷完者拔都，亦一人作两传。盖其成书不出于一人之手。"⑤

出于各种原因，从洪武年间伊始，一些史家开始致力于对《元史》的增删与续补。洪武十七年（1384），张九韶撰成《元史节要》14 卷。该书"仿曾先《十八史略》例，节其要为一书。其编年系事，则仍用《通鉴》之体。"⑥ 其后梁寅编有《元史略》4 卷，其中也有续补的成分。永乐元年（1403），胡粹中撰成《元史续编》16 卷，续陈桱《通鉴续编》，起自元世祖至元十三年，终于元顺帝至正二十八年，仿纲目体。胡氏在《元史续编》"自序"中说："终篇又惜其详于世祖以前攻战之事，于成宗而下治国之迹，略而靡悉。顺帝之时，史官失职，纪载缺然，不能有所增益，要亦未得为一代之完书。于是取其所详，详其所略，凡可

① 吴漫：《明代后期宋史研究的成就与特点》，《中州学刊》2012 年第 9 期。

② 钱谦益：《牧斋初学集》卷 90《制科》三"第三问"，上海古籍出版社 2009 年版，第 1872 页。

③ 钱大昕：《十驾斋养新录》卷 9《元史》，上海书店出版社 1983 年版，第 195 页。

④ 《明史》卷 285《徐一夔传》，中华书局 1974 年版，第 7323 页。

⑤ 顾炎武：《日知录》卷 26《元史》，引自黄汝成《日知录集释》，岳麓书社 1996 年版，第 917 页。

⑥ 《四库全书总目提要》卷 65 史钞类存目《〈元史节要〉提要》，海南出版社 1999 年版。第 361 页。

以备一朝之制作者，则弗之敢遗。"① 显然，该书着眼于补充《元史》记载的不足。

此外，据《千顷堂书目》所载尚有朱右《元史补遗》12 卷、权衡《庚辰外史》2 卷、陈济《元史举要》、谢铎《元史本末》、尤义《元史辑要》、吕光洵《元史正举》、刘实《元史略》、张延登《元史略》2 卷、叶夔《元史提纲》、王光鲁《元史备忘录》1 卷等。其中，或补充《元史》缺漏，订正《元史》讹误，尚有一定史料价值。而那些刻意仿效宋儒"纲目"体，改编《元史》，或节抄《元史》，则几无史料价值可言。而陈邦瞻的《元史纪事本末》则属于改编者中的佼佼者。

另有接续《通鉴》，续写宋辽金元史的。胡应麟曾指出："自司马之为《通鉴》也，汉、唐而上昭昭焉；自《通鉴》之止司马也，宋、元以下泯泯焉，间有续者数家而弗能详也。"② 因此续写《通鉴》成为明代史家重要的工作之一。

万历之前成熟的主要有薛应旂《宋元通鉴》和王宗沐《续资治通鉴》（后人改称为《宋元资治通鉴》），前者删取宋元二史纪传以附益之，于志、表则置之不问。后者在记载宋元两朝历史的同时，还兼及辽、金、夏三朝的史实。另有刘剡等所撰《资治通鉴节要续编》，节选宋辽金元四史所载君臣行事功迹，以宋为统，辽金分书之，元则直续宋统。万历中叶以后续修《通鉴》的工作慢慢降低了热度。

明人为何热衷于宋史、元史的纂修、改编和续写？除了想纠正《宋史》《元史》本身存在"繁芜"和"陋劣"等弊病外，主要还有以下两个方面原因。

（一）尊夏而外夷，维护封建正统观

早在正统年间，周叙就主张："以（宋辽金）三史书，因其旧文，重加编纂。以宋为正史，附辽金于后。定名而正统，尊夏而外夷，伸前代未惬之论，垂万世史笔之公。"③ 后来，作史者也多遵其旨意。如柯维骐

---

① 胡粹中：《元史续编》"自序"，参见梁梦龙《史要编》卷 6，《四库全书存目丛书》《史部》138，第 515 页。

② 胡应麟：《少室山房笔丛》卷 13《史书佔毕》一，上海书店出版社 2001 年版，第 136 页。

③ 周叙：《修正〈宋史〉书》，参见黄宗羲《明文海》卷 174，中华书局 1987 年版。

撰写《宋史新编》的目的是"会通三史，以宋为正。删其繁猥，厘其错乱。"① 王洙作《史质》"大旨欲以明继宋，非惟辽金两朝皆列于外国，即元一代年号亦尽削之。"② 改编的主要宗旨是："辟夷狄，尊中国，发挥祖宗及我皇上治政休明，卓绝千古，罩绥万方。"③ 该书在记载宋、辽、金历史时，以宋为正统，将辽金附于外国之列，称正纪。在记载涉及元朝历史时，去元纪年，以明继宋，以朱元璋的祖先虚接年月，称闰纪。他极力贬低元朝，称："世至胡元，兹何时哉！曰天地则反覆，曰山川则渤埋，曰人物则鬼魅，曰冠裳则左衽。"④ 又称："胡元者，赵宋之闰位，昭代之驱除也，皆天命也。"⑤ 而薛应旂《宋元通鉴》和王宗沐《宋元资治通鉴》在记载宋元两朝历史的同时，均承认元朝的正统地位，这较之王洙有所进步。

（二）以史经世思潮的影响

明朝中后期以来，面对内忧外患，一些史家把编纂和研究宋元史作为总结历史经验，汲取教训的重要手段。宋元史对于明人来说，实际上是他们的近代史。正如薛应旂所云："回视宋元，世代不远，人情物态，大都相类。《书》曰：'我不可不监于有夏，亦不可不监于有殷。'宋、元固今之夏、殷也。所宜为鉴者，盖莫切于此矣。"⑥ 陈邦瞻也指出："今国家之制，民间之俗，官司之所行，儒者之所守，有一不与宋近者乎？"既然两朝有很多相近之处，总结宋朝兴衰治乱的原因，自然可以为当朝的统治提供借鉴。他认为："大抵宋三百年间，其家法严，故吕、武之变不生于肘腋；其国体顺，故莽、卓之祸不作于朝廷；吏以仁为治而苍鹰乳虎之暴无所施于郡国，人以法相守而椎埋结驷之侠无所容于闾巷，其制世定俗，盖有汉、唐之所不能臻者。独其弱势宜矫而烦议当黜，事权恶其过夺而文法恶其太拘，要以矫枉而得于正则善矣。"⑦

---

① 黄佐：《〈宋史新编〉序》，《四库全书存目丛书》《史部》20，第464页。

② 《四库全书总目提要》卷50《〈宋史质〉提要》，海南出版社1999年版，第289页。

③ 王洙：《宋史质》卷末"自序"，（台北）大化书局1977年版。

④ 王洙：《史质》卷末《道统后叙》，（台北）大化书局1977年版，第469页。

⑤ 王洙：《宋史质》卷首《史质叙略》，（台北）大化书局1977年版。

⑥ 薛应旂：《〈宋元通鉴〉序》，参见《宋元通鉴》，《四库全书存目丛书》《史部》9，第687页。

⑦ 陈邦瞻：《〈宋史纪事本末〉叙》，参见《宋史纪事本末》篇后附录，中华书局1977年版，第1192页。

　　这些史家或从夷夏之防的角度，或从强调礼教、明道明伦的角度提供政治借鉴。有的则通过总结宋元治乱兴衰的历史原因为明朝统治者提供借鉴。以史经世的思想在从事宋元史编纂和研究的史家身上表现得尤为突出。对此，吴漫曾得出这样的结论："明代颇具规模的宋史研究就是一场由正统之辩而兴起的史学活动，在中国传统史学发展史上尤为凸显。这场由正统争辩而兴起的史学活动大致可以厘分出两条线索。一是不满元修《宋史》之冗而无法，为明正统而进行旧史重修；二是在史学戒鉴、垂训等致用思想感召下，为保证宋史不被湮没，而致力于宋史研究并结撰宋史著述，以期从史实中汲取治国安邦之训。两条线索相辅相成，并驾而行。"① 这个结论无疑是正确的。

　　二　对朱熹《通鉴纲目》的续作或阐发其旨意

　　自宋末元初以来，逐步确立了程朱理学的官学地位，朱熹的史学思想影响日益扩大。明人谢铎给明宪宗上书时就曾指出："《通鉴纲目》一书，帝王龟鉴。"② 明宪宗评价说："惟宋儒朱子因司马氏《资治通鉴》，著为《通鉴纲目》，权度精切，笔削谨严，自周威烈王至五季，治乱之迹，了然如视诸掌，盖深有得于孔子《春秋》之心法者也。"③ 胡应麟指出："纪传之史创于司马氏而成于班氏也，编年之史备于司马氏而精于朱氏也。司马氏、班氏出而汉以后之为纪传者靡也，司马氏、朱氏出而宋以前之为编年者废也。"④ 可见，《通鉴纲目》在明代学者心目中的地位。因此，续修或阐发《通鉴纲目》微言大义蔚然成风。

　　成化九年（1473），朝廷下令编纂《宋元资治通鉴纲目》（后改名为《续资治通鉴纲目》）。无疑鼓励和推动了私家续修或阐发《通鉴纲目》旨意等工作。

　　弘治、嘉靖年间成书的有张时泰的《续通鉴纲目广义》，重在阐发《续资治通鉴纲目》的微言大义。周礼《续通鉴纲目发明》，重在"探赜

---

①　吴漫：《明代宋史学研究》第一章"明代宋研究的社会背景与学术因缘"，人民出版社2012年版，第30页。

②　《明史》卷163《谢铎传》，中华书局1974年版，第4431页。

③　《明宪宗实录》卷159，成化九年二月丁丑，（台北）中研院历史语言研究所1982年版，第2910页。

④　胡应麟：《少室山房笔丛》卷13《史书佔毕》一，上海书店出版社2001年版，第135页。

其义，详订其文，遵类例而有予有夺，定字义而或贬或褒。"① 许诰《通鉴纲目前编》是因不满意元朝金履祥《通鉴前编》而作，他认为，金氏之书"虽尝补继断缺，第书法未立，劝诫不明。岁时间有错误，统系亦未详列，观者病焉。"于是"稽考参酌史传，编纂成书。"② 此书记事起自周敬王四十二年，讫于周威烈王二十三年。南轩《通鉴纲目前编》仿效《通鉴纲目》和金履祥《通鉴前编》体例，分为统系、名号、即位、崩葬、篡贼、祭祀、行幸、朝会、分封、征伐、废罢、灾祥等。记事起于伏羲氏，讫于周威烈王二十三年。

随着对《通鉴》和《通鉴纲目》的推崇，至万历年间，涌现大量纲鉴体著述，如王世贞《镌王凤洲先生会纂纲鉴历朝正史全编》、焦竑《新锲国朝三元品节标题纲鉴大观纂要》、陈忠《纲鉴要编》、冯梦龙《纲鉴统一》、袁黄《历史纲鉴补》等，诸如此类，不下百种。其中，有的为书坊所作，有的作者是托名的。纲鉴性质的史书以简明为主，其书往往起到"便蒙"之用。因此，后世对其评价不高。如四库馆臣所云：《纲鉴正史》之类，"于历代故实粗存梗概，盖乡塾课蒙之本。至纲鉴之名，于《通鉴纲目》《通鉴》各摘一字称之，又颠倒二书之世次，尤沿坊刻陋习也。"③

三 其他旧史的修纂和改编

（一）对通史的修纂和改编

明人对通史的修纂和改编，大多为抄录旧史，或仿效《春秋》笔法和《通鉴纲目》的旨意，强化封建的正统观；或仿效《史记》《通志》《文献通考》的史体而有所变通；或借记载历史人物的事迹而发表评论等。除个别续修前史的史著外，史料价值多不高，有的则是出于牟利而编纂的通俗读物。

成书于万历中叶以前的主要有：金㷭《历代诸史会编》112 卷，记事上起太古，下讫元末，是一部纲目体通史。邵经邦《弘简录》254 卷，续接郑樵《通志》而缺"二十略"，是一部记载唐、五代、宋、辽、金等王

---

① 周礼：《进续〈通鉴纲目〉发明表》，参见梁梦龙《史要编》卷 5，《四库全书存目丛书》《史部》138，第 510 页。

② 许诰：《通鉴纲目前编》"自序"，《四库全书存目丛书》《史部》6，第 637 页。

③ 《四库全书总目提要》卷 48《史部》4《纲鉴正史》，海南出版社 1999 年版，第 279页。

朝史事的通史。唐顺之《左编》142 卷，取历代诸史，纂其有关国家治乱的内容，分为若干类，如帝纪，详于开创之君，略于守成之君；记国相，有开创之相、中兴之相、守成之相、被难之相之分；记名臣，分为节义、正直、刑赋、循良、能吏等。此外，他还撰有《右编》40 卷，收录历代名臣议事之文可资法戒者，分为二十一门，九十子目。魏显国《历代史书大全》512 卷，是一部上起传说中的盘古、下迄元朝末年的编年兼纪传体通史著作。体例上仿《史记》，有本纪、列传，书法仿效《春秋》、《通鉴纲目》，将历代王朝分为正统、变统、无统、篡逆四个不同的名分。全书分为帝纪、列传和封建、职官、司天、舆地四考。邓元锡《函史》103 卷，仿郑樵《通志》，上编记事上起洪荒，下迄元代。以古初至商为表，自周以下，正统谓之纪，偏霸列国谓之志，后妃谓之内纪，宰相谓之谟，儒者谓之述，大儒谓之训，总名曰列传。下编相当于"二十略"，自上古迄明万历初，记典章制度。李贽《藏书》68 卷①，仿纪传体，分世纪和列传两部分，载录了战国至元亡的历史人物约 800 人。世纪主要收录君主事迹，但将陈涉称为"匹夫首创"，项羽称为"英雄草创"，收入世纪中。列传中则分为大臣、名臣、儒臣、文学、武臣、贼臣、亲臣、近臣、外臣等传。该书偏重于对历史人物的评论。作者打破千百年来"咸以孔子是非为是非"的评判标准，"一切断以己意，不必合于儒者相沿之是非"。② 往往能是前人所未能是，敢非前人所未敢非。四库馆臣称其："贽书皆狂悖乖谬，非圣无法。惟此书排击孔子，别立褒贬，凡千古相传之善恶无不颠倒易位，尤为罪不容诛。"③

万历中叶之后，对旧史的修纂和改编的热情不减。一些史家出于各种不同的原因，从不同的视角对前朝通史进行改编和重修。

如吴士奇的《史裁》："其体主于纪事，其事多主遇变而能权，又主以经而合道。盖古今得失之林，而事词之薮，会诸史之权衡也。"④ 这里

---

① 据其《焚书》卷 1《答焦漪园》所云："承谕，《李氏藏书》。谨抄录一遍，专人呈览。年来有书三种，惟此一种系千百年是非，人更八百简帙亦繁，计不止二千页也。"引自《焚书》，中华书局 2009 年版，第 7 页。按：此为万历十六年李贽写给焦竑的信，说明《藏书》应成书于万历十六年之前。

② 梅国桢：《藏书叙》，引自李贽《藏书》，《四库全书存目丛书》《史部》23，第 271 页。

③ 《四库全书总目提要》卷 50《史部》六别史类存目《藏书》，海南出版社 1999 年版，第 289 页。

④ 陈邦瞻：《〈史裁〉序》，《四库全书存目丛书》《史部》144。

所说的"经","指至当不移的道理,权即达变,亦即衡量是非轻重,以国事制宜"。① 可见,它侧重记载历史上权变史事。记事始自春秋,讫于元朝。于编年之中仿纪传之体,使一人一事自为本末。史论大都出自前人,间以己意发之。既录有"英君谊辟(英明之君)所以创业持世反乱为治"之史事,又录有"谋臣之略,策士之辨,良将之勋",并"伐能吏之干局"。② "淹贯古今,鉴历朝得失之由,衡往事是非之苑"。③ 该书主要是"论事也,非论理也。故有名言绵绵而泛陈义理如天人三策亦不载,取夫事中权而有济于用者也。故有忠义凛如而一死无补如苟息事亦不载。又权变而不拂于正者也,故有狙诈乱经不可为训如曹沫、聂政事亦不载。"④ 其目的是:"明文武靡两途,申经权为一致,表圣智圆神之用,豁庸迂胶滞之观,欲临事者毋泥经,俾当机者宜达变。"⑤

如李纯卿、李槃等撰《世史类编》,本着"史文贵约而该,约则览易遍,该则事不遗"的精神,对从太初至元朝的历史进行"删繁补阙"的加工,对"天下混一"的正统政权,则"大书纪年",对非正统政权则"分注细书之",对那些虽为正统,"而君非正系,或女主,或夷狄,亦细书焉"。⑥ 书中还强调"华夷之辨",如在卷 45《元顺帝纪》中引李临淄话称:"夷狄之当绝也。中国圣人之教,有人伦,夷狄无之,不异禽兽。"⑦ 又以"史臣曰"形式发表评论称:"自有天地以来,中国未尝一日而无统也。虽五胡乱华,而晋祚犹存。辽金僭号,而宋系不断,未有中国之统尽绝而皆夷狄之归如元世者也。三纲既沦,九法亦斁,天地于是乎易位,日月于是乎晦冥。……不有圣君者出,乘天心之所厌,驱其类而荡涤之,中国尚得为中国乎哉?"⑧ 认为元朝虽为"天下混一"的政权,但因为是夷狄入主中原,因此算不得正统政权。从书中称之为"便蒙类编举业理学正史全书"、"世史便蒙集"等称谓看,该书是一部通俗历史读物。编者编辑此书用意是:"以授二三子,使为真实举业中正有用

---

① 钱茂伟:《晚明史家吴士奇史学述略》,《安徽史学》1993 年第 4 期。

② 陈邦瞻:《〈史裁〉序》,《四库全书存目丛书》《史部》144。

③ 张曼倩:《〈史裁〉后序》,《四库全书存目丛书》《史部》144,第 422 页。

④ 吴勉学:《〈史裁〉叙》,《四库全书存目丛书》《史部》144,第 4 页。

⑤ 张曼倩:《〈史裁〉后序》,《四库全书存目丛书》《史部》144,第 422 页。

⑥ 李纯卿、李槃:《世史类编》"条例",《四库禁毁书丛刊》《史部》54,第 37 页。

⑦ 李纯卿、李槃:《世史类编》卷 45《元顺帝纪》,第 358 页。

⑧ 同上书,第 357 页。

之学，而不为谈空谈玄饾饤奇诡之学。"① 当然，也不排除以书牟利之意。正如其弟子曹于汴所云："何啻士人受益，即书商受赐亦无算也。今经史编行，朝发户庭，夕遍海隅，苟志于学，谁能舍之？岂止几千百万哉？所谓义利两得。人己俱便，阴积淑世之功德，阳享兼人之富厚者，此编此刻也已。"②

又如程元初所撰《历代二十一传》，采用综合史体改编旧史，记事始于东周，讫于元朝。体例采用纪传、编年兼纪事本末体、纲目体，所谓"通正史、编年为一体，正史散者合，复者删，而编年之遗者收，略者备焉"。③"每代各为一传，纪年叙事，必有总纲，因朱夫子。"④"纲中提掇一事，必详其始终，或见于本文前后，后见于本文，下有原委，庶不突然。"⑤ 书中"备载前代善恶，为后世法戒"，有关诏令奏疏、议论启札，"或直掇其全，或略裁烦冗，与纪事错综并列"。对"名臣巨卿之经国政事""儒术之废兴""忠臣之刚烈""清士之节义"，"虽名位不显，而所关实大，类多汇入"。⑥

再如姚允明所撰《史书》是一部简明古代编年史，所谓"独以约造功，便人稽览"。⑦ 是其编纂的特点。记事上自三皇，下迄元朝。周锺称其："体乃涑水（指司马光《通鉴》）而缀事属文，删繁就约，间寓论断，折中诸家，书不盈尺，而往古兴亡治乱之迹以及典章制度之沿革，君子小人之进退，要义毕陈，实史家之创体也。"⑧ 吴应箕也称："其言约，其义该，其包络辽邈，使居今者巡复其意而可以措之为用，非具良史才，又久积岁覃精、行坚志特者乌睹有是哉？"⑨

还有一些出于正闰之争而编纂的史书，如徐奋鹏所撰《古今治统》体例上仿郑樵《通志》，主要记载从三皇五帝到元朝的帝王事迹。作者把

---

① 周之锦：《〈圣纪世史便蒙类编〉后跋》，《四库禁毁书丛刊》《史部》54，第 366 页。
② 曹于汴：《李师〈五经世史便蒙〉引》，《四库禁毁书丛刊》《史部》54，第 4 页。
③ 陈邦瞻：《〈历年二十一传〉序》，《四库全书存目丛书》《史部》18，第 529 页。
④ 程元初：《〈历年二十一传〉序》，《四库全书存目丛书》《史部》18，第 531 页。
⑤ 程元初：《历年二十一传》《凡例》，《四库全书存目丛书》《史部》18，第 537 页。
⑥ 同上。
⑦ 张溥：《〈史书〉序》，参见姚允明《史书》，《四库全书存目丛书》《史部》150，第 1—2 页。
⑧ 周锺：《〈史书〉序》，《四库全书存目丛书》《史部》150，第 6—7 页。
⑨ 吴应箕：《姚伯子〈史书〉叙》，《四库全书存目丛书》《史部》150，第 5 页。

历代王朝分为正统、变统、闰统、篡统、散统、易统等。强调道统高于治统，用道统的观点研究古代帝王的治统。又如郑郊所撰《史统》，叙洪荒开辟之事，始于唐尧，终于元朝。该书治统部分将历代王朝分为正统、正而不统、统而不正、不正不统、正统之变五类。道统部分分为师统、儒统、诸子统。另有隐逸、方技、附记。

此外尚有接续旧史的。如王圻《续文献通考》；沈朝阳《通鉴纪事本末前编》记事则上起盘古，下讫周威烈王；补袁枢《通鉴纪事本末》之前的史事。

（二）对断代史的纂修、改编

明人对断代史的纂修或改编动机不一。或出于弥补旧史记载的缺失，或出于正闰之争，或删节旧史取其有资劝诫的内容等。其中有的史书确实起到了订正讹误、弥补缺漏的功用。

万历中叶之后撰成了几部有影响的史书，除上面所云有关《宋史》的改编外，还有谢陛《季汉书》、姚士粦《后梁春秋》、孙愨《唐纪》、吴任臣《十国春秋》、董说《七国考》、蒋之翘《删补晋书》等。

如姚士粦撰《后梁春秋》2 卷，专记后梁的史事。后梁是梁朝宗室萧詧在西魏扶持下建立的小朝廷，都江陵，先后是西魏、北周和隋的附庸，传三世，历三十三年，灭于隋。由于"《北史》及《周》《隋》二史载记颇略，故作此书。欲以督续梁正统，用编年之法，采取史传，旁摭文集，因时表事，因事附人，排比具详。"[1] 濮阳春对此评论称："后梁以附庸见于《北史》《周》《隋》二书，所载三十年之间兴灭事迹不过数帧而尽，乃姚君博考载籍，准经书事，因事附人，旁引曲证，拓演成一代规模。……诚编年小史中之荀（荀悦《汉纪》）、袁（袁宏《后汉纪》）也。"[2] 四库馆臣则认为："（萧詧）为昭明第三子，原非必应得国之人。其立也，又非受国于武帝，值是时弟兄构衅，同气相屠，藉魏朝兵力获奉宗祧，仅区区守江陵三百里之地，身为附庸，北面事人，其事迹无可称。士粦此书与以南唐为正统者同一偏僻。"[3] 此外，姚氏还作有《西魏

① 《四库全书总目提要》卷 66《史部》22 载记类存目《后梁春秋》，海南出版社 1999 年版，第 369 页。

② 濮阳春：《〈后梁春秋〉序》，《四库全书存目丛书》《史部》163，第 332 页。

③ 《四库全书总目提要》卷 66《史部》22 载记类存目《后梁春秋》，第 369 页。

春秋》，以补魏收《魏书》之不足，今不传。

又如孙岩所撰《唐纪》55 卷，主要针对新旧《唐书》中存在诸多问题而作。孙岩认为："旧《书》成于石晋刘昫、卢多逊辈，区区一隅，仓皇戎马之间，掇拾余烬，而责其尽善不亦苛乎？新《书》成于宋庆历，本纪、表、志出欧阳，列传出大宋（指宋祁），未相商也。"因此存在不少问题。比如"旧《书》杨朝晟一人骈立二传。新《书》武氏一后既为纪，又设传。旧《书》措僧怀义于《外戚》，新《书》厕张昌宗于《行成》（按：指卷 104《张行成传》），亦谬甚矣。其尤舛驳者，旧《书》于元和四年、麟德元年皆缺不书。穆宗即位之年书安南都护桂仲武诛贼首杨清，收复安南者凡再见，一为六月，一为八月。又《李光弼传》书擒史思明将周挚者亦数行内再见。领舞观兵时从郭子仪收两京者李光弼弟光进也。与李光颜之兄光进何与？而旧《书》误入其传。"① 该书所载史事主要采自新旧《唐书》，而折中以《通鉴》，但也参考了大量"稗官野乘，诗话、诗注及古今史论、文集"② 等。其体例参取于编年、纪传之间。诸臣《列传》分附于《本纪》之后，盖仿前代《实录》附载诸臣《列传》之例。删《宰相世系表》，唯存《宰相》《方镇》《公主》三表。删除诸《志》，而云欲通汉、唐、宋合为一《志》。

董说所撰《七国考》，主要记载战国时期秦、齐、楚、赵、韩、魏、燕七国典章制度。全书分为职官、食货、都邑、宫室、国名、群礼、音乐、器服、杂祀、丧制、兵制、刑法、灾异、琐征凡十四门类。作者广征博引，以《史记》《战国策》为本，而以诸子杂史补其缺漏。所引典籍有百余种，同时也引用了明朝学者如杨慎、焦竑等人的论述。董说钩沉梳理大量文献，并对一些史料进行了考证，为系统整理战国各国典章制度做出了重要贡献。正如钱熙祚所云："战国二百余年之事，赖《史记》《国策》二书，略存梗概，而典章制度，百不存一。董氏博稽载籍，类聚群分，皆以旁见侧出之文，参伍而得其端绪，实创从来所未有。"③ 但其中也存在不少问题，如四库馆臣所指出的："其所援引，如刘向《列仙传》、张华《感应类从志》《子华子》《符子》、王嘉《拾遗记》之类，或

① 孙岩：《〈唐纪〉序》，《四库全书存目丛书》《史部》33，第 3 页。
② 孙岩：《〈唐纪〉序》，第 2 页。
③ 钱熙祚：《七国考》"跋"，中华书局 1956 年版，第 412 页。

文士之寓言，或小说之杂记，皆据为典要。"① 钱熙祚也指出，其"采摭既广，疵谬亦多"。"且书名《七国》，而征引春秋时事，几十之三。""天文仅载《灾异》、地理仅载《都邑》《关塞》，余皆阙如。"②

再如蒋之翘针对《晋书》的"芜杂"，"参以当时诸籍相雠，正以其诬罔者，汰冗长者，节乱杂者，湔颠错者，整脱落者，补疑而不可了了者，阙间复为评、为注，以明其得失，助其未逮"。③ 一方面对《晋书》中"繁冗者、琐杂者、傅会者、重复者、传讹者、矛盾者，以至浮词、伪套、禨祥，则删节之"。另一方面对"其阙事而不成章，阙句而不成义"的，依据各家晋书及文集、笔记、类书等，"务为弥缝，用使无阙而已"。同时对其"前后颠错，以虚为实，以甲为乙，以一为二，甚有只字之讹，世代变易，片言之失，生死相殊，建置纰缪，日月不合者，今悉正之"。④ 于崇祯十二年（1639）成《删补晋书》130 卷。

（三）取材历代史书而编纂的人物传记

该类人物传记的编纂主要出于"寓教于史"的目的，所谓"表著其廉，所以扬清风，惩败类，使夷、跖分途，治乱征象泾渭画然"。⑤ 明初以来，此类著述甚多，如周璟《昭忠录》、解缙《古今列女传》、胡广《文丞相传》、贾斌《忠义集》、尹直《名相赞》等多达几十种近 2000 卷，多是为了宣扬忠孝节义、弘扬正气、贬斥奸邪，达到劝善惩恶的目的。

万历中叶以后，此类人物传记的编纂之风仍然盛行，出现大量相关史书。

有的史书主要着眼于警示当代及后世的官吏们"见贤而思齐，见不贤而内省。"⑥ 如魏显国撰《历代相臣传》168 卷。他认为："人主欲致太平，莫先置相。相道得则事治而功成，是以位最崇，任最巨。"⑦ 为此，他辑录了自上古到元朝 465 位相臣事迹。该书编写的宗旨如《历代相臣

---

① 《四库全书总目提要》卷 81《史部》37《七国考》，海南出版社 1999 年版，第 430 页。

② 钱熙祚：《七国考》"跋"，中华书局 1956 年版，第 412 页。

③ 蒋之翘：《删补晋书》"序"，《四库全书存目丛书》《史部》31，第 552 页。

④ 蒋之翘：《删补晋书》"释例"，第 553—555 页。

⑤ 黄汝亨：《廉吏传》"自序"，《四库全书存目丛书》《史部》108，第 240 页。

⑥ 邓以诰：《〈刻历代守令传〉跋》，参见魏显国《历代守令传》，《四库全书存目丛书》《史部》97，第 366 页。

⑦ 魏显国：《历代相臣传》"历代相臣总论"，《四库全书存目丛书》《史部》96，第 6 页。

总论》所说："睹治乱而知宰相，考宰相而占善败，如观火然。"① 魏氏还著有《历代守令传》24 卷，由《历代酷吏传》3 卷与《历代循吏传》21 卷组成，在摘录旧史原文基础上有所损益。袁一骥称："一展卷而数百载人物之臧否，政治之美恶，晓然如在目前。"②

又如李廷机所撰《汉唐宋名臣录》5 卷，选录"自宰执以下至守令若干人言行事迹"，"诸所录取，或德操，或政事，或谋略，或议论，即有瑕疵亦并存之"。③ 收录诸如西汉曹参、魏相，晋山涛、谢安，唐狄仁杰、徐有功，宋沈义伦、李昉等凡 60 人，编纂此书的目的是使后人"择善而从，见愿而修，莫不有益"。④ "使凡在事诸臣得诵其书，论其世，奉之为楷模。"⑤ 编者认为："古今事恒相类，事如病症，处事如医方，平时熟得方书与某医案及至治疗，按某方用其意，乃可奏功。"阅读此书："可以开廓胸襟，增长识力，浚发谋略，坚定节操，经济天下，建树勋业。"⑥

再如黄汝亨所撰《廉吏传》15 卷，记载从春秋到宋元的廉吏事迹。先此宋蜀郡费枢编有《廉吏传》，记载从春秋至五代 112 位廉吏的事迹。黄氏得到此书"喜其旌廉醒贪，足垂世训"⑦，于是更"搜集正史，考其行事，核其情性，究其归宿"⑧，增入 133 人。并续接宋元廉吏 64 人，凡309 人。黄氏将廉吏分为上中下三等，所谓"廉而有用于天下国家者为上；义不苟禄，仁不遗亲者次之；节凛呼蹴，义形笾豆者又次之"。⑨ 他认为，士人"一旦担爵食禄，备冠绅之列，处膏润之地，见欲则乱，见利则昏，乃迁素毁质，与汩俱没。内浊志意，外涵鄙俗，甚者荧惑主心，浚削黔首，流秽扇毒，贻宗社之祸，遗臭千载。"⑩ 为此他将那些"小廉大害，似廉真蠹，为世教戮辱者"⑪ 以"廉蠹"一编附见于篇后，分别

---

① 魏显国：《历代相臣传》"历代相臣总论"，《四库全书存目丛书》《史部》96，第 6 页。
② 袁一骥：《刻〈历代守令传〉序》，《四库全书存目丛书》《史部》97，第 366 页。
③ 李廷机：《〈汉唐宋名臣录〉序》，《四库全书存目丛书》《史部》99，第 514 页。
④ 同上。
⑤ 黄吉士：《〈汉唐宋名臣录〉序》，《四库全书存目丛书》《史部》99，第 512 页。
⑥ 李廷机：《〈汉唐宋名臣录〉序》，《四库全书存目丛书》《史部》99，第 514 页。
⑦ 焦竑：《〈廉吏传〉序》，《四库全书存目丛书》《史部》108，第 239 页
⑧ 黄汝亨：《〈廉吏传〉序》，《四库全书存目丛书》《史部》108，第 240 页。
⑨ 焦竑：《〈廉吏传〉序》，《四库全书存目丛书》《史部》108，第 239 页
⑩ 黄汝亨：《〈廉吏传〉序》，《四库全书存目丛书》《史部》108，第 239 页
⑪ 黄汝亨：《〈廉吏传〉序》，第 240 页。

记载郅都、张汤、尹齐等十人事迹。并在每个人姓名之上署以酷、谲、陋、忍、贼、奸等字，以与廉吏作比。

有的史书主要着眼于弘扬正气，宣扬忠孝节义。如张岱于崇祯元年（1628）撰成《古今义烈传》8 卷。该书分两个阶段写成。第一阶段为甲申之前，收录近四百人。第二阶段为甲申之后对原书的续补，所收人数增加到五百多人。卷首"凡例"称："凡慷慨赴义，必于仓皇急遽之交，生死呼吸之际，感触时事，卒然迸裂，如电光江涛不可遏止。虽生平未通半面，遽欲与臧洪同日死者，此为第一。其余受人恩结，有为而死，如荆轲、聂政之流不在此列。"① 将荆轲、聂政之类受人之恩，为之献身者排除在外，说明张岱心目中的"义烈"之士，是非功利性的。在每篇传记之后，作者所作的"论赞"，或总结义士的思想，或补充史实，或抒发己见。

再如郭正中所撰《孝友传》24 卷，采集自商至元末孝义事迹按代编次。另撰有《皇明孝友传》8 卷，记载明朝 429 人事迹。作者认为："人生在世，不可一日无孝悌，犹之不可一日无布帛菽粟也。"② 他编纂此书主要是针对"世衰道微，人以声利为学，不复知有根本之业。"意欲"为人伦树轨、圣贤立心者"。③

总而言之，明人编纂、改写或续补旧史客观上为续接历史、保存史料、补正旧史记载的缺失，提供历史的借鉴，发挥史学的教化功能产生了一定的影响。

以下则按照史书所载史事的前后时序，分节分析介绍一些重要史家和史籍。其中有的史家和史著虽前人已有论述，但本书论述角度和研究的深度与之有所不同。而如谢陛和《季汉书》、王惟俭和《宋史记》、钱士升和《南宋书》等则是前人虽有涉猎，但论述多不深入和系统。

---

① 张岱：《古今义烈传》卷首《凡例》，浙江图书馆藏崇祯刻本。
② 郭正中：《〈孝友传〉自序》，《四库全书存目丛书》《史部》116，第 688 页。
③ 吴太冲：《〈孝友传〉后序》，《四库全书存目丛书》《史部》116，第 489 页。

第二节　"纪事则详其颠末，纪人则备其始终"
——马骕与先秦史的编纂

马骕（1621—1673），字聰御，一字宛斯，山东邹平人。出身于中小地主家庭。顺治三年（1646）考中举人，顺治十六年（1659）中进士，谒选居京师，举为顺天乡试同考官。后担任淮安府推官、灵璧知县。为官"号廉能"①，"有善政"。②在淮安府任上仅三个月，就平反冤狱数起。任灵璧知县时，"蠲荒灾，除陋弊，刻石县门。岁省民力无算，流亡复业者数千家"。③康熙十二年（1673年），因积劳成疾，卒于灵璧知县任上。灵璧士民皆感念其恩德，于"名宦祠"立位奉祀。

马骕自幼便涉猎经史，施闰章称其："少孤，颖敏强记，涉目经史，辄仿古为图画，考制度，殚精研榷"，"勤学好问，著书满家"。④为政之余更是手不释卷，笔耕不止。著有《左传事纬》《绎史》《邹平县志》《十三代玮书》等。

马骕仿效袁枢作《通鉴纪事本末》，致力于将编年体的《左传》改编为纪事本末体，缘于他对《左传》的喜爱，他说："今观《左氏》一书，条例文辞，无不灿然明备，而《公》、《谷》穿凿，往往自生牴牾，优劣昭然。"⑤施闰章称其"研榷上下群籍，于《左氏春秋》为尤癖。"⑥王士禛称其"博雅嗜古，尤精《春秋》左氏学"。⑦《左传事纬》把《左传》所记史事分列为108个篇目，如"郑叔段之乱""齐桓霸业""宋襄图霸""晋文建霸"等，每事各详起讫，自为首尾。对《左传》材料的处

---

① 施闰章：《灵璧县知县马公骕墓志铭》，《碑传集》碑传九十一，上海古籍出版社1987年版，第23页。

② 江藩：《国朝汉学师承记》卷1《马骕》，生活·读书·新知三联书店1998年版，第23页。

③ 施闰章：《灵璧县知县马公墓志铭》，参见钱仪吉《碑传集》碑传九十一，（台北）文海出版社1973年版，第4286页。

④ 施闰章：《灵璧县知县马公墓志铭》，《碑传集》碑传九十一，第23页。

⑤ 马骕：《小传》，《左传事纬》篇首，齐鲁书社1986年版，第4286页。

⑥ 施闰章：《灵璧县知县马公墓志铭》，《碑传集》碑传九十一，第4286—4287页。

⑦ 王士禛：《池北偶谈》卷9《谈献五》《马骕》，中华书局1997年版，第212页。

理，马氏本着"虽传中片语只字，稍涉某事，因以附入，以无遗古史之文"①的原则，尽量不遗漏原文，书中很少征引其他文献。全书正文凡12 卷，加之书前附《事纬前书》8 卷：晋杜预、唐孔颖达序论，自作丘明小传 1 卷，辩例 3 卷，图表 1 卷，览左随笔 1 卷，名氏谱 1 卷，左传字奇 1 卷，合为 20 卷。

较之《通鉴纪事本末》仅抄《通鉴》原文和司马光的"论"，马骕则在各篇后加上"史论"，所谓"旁集诸家，杂采传记，无庸附会僻说，折中一归于正大，期于发明经传而止"。②这些"史论"或对所载事件、人物发表评论，或发明经传之义，反映了马骕的政治见解和历史观。比如关于"春秋五霸"的看法，他认为："春秋止有两霸耳，未可云五也。秦穆受甘言以纵郑国，违黄发而败殽师，诛贤臣百里奚，而以子车氏为殉，《黄鸟》之诗，是以作刺。宋襄不度德量力，慕虚名而得实祸，身死国辱，以为天下笑。楚庄僭号凌上，凭威恃强，观兵而窥周鼎，倚怒而残宋郊，易子析骸，厥祸亦巨。此三君者，皆无翼戴天子之功，岂能与桓公比烈哉！……其后惟晋文犹能继之。"③又如他评价晋楚城濮之战意义时认为，当时中原诸国势力衰微，楚国"蚕食中国，凌虐诸姬"，"晋若不起，中国之势必至大溃，区区宋、齐而可与抗乎？""城濮一捷，诸侯景赴，于是鷩冕上赐，牛耳独执，中国日以睦，楚人乃不敢北视矣。"④再如关于所谓"赵盾弑君"之说，他认为，尽管是赵穿杀了晋灵公，但赵盾身为晋国执政大夫负有不可推卸的责任。他说："盾秉国政，霸业以衰。楚人曰北方可图，郑人曰晋不足与，非盾罪乎？族子得兵，先树党与，君既不仁，臣又不逊，至祸成伏甲。"针对《左传》引述孔子之言，称赵盾"良大夫也，为法受恶。惜哉，越竟乃免"。马氏认为："此必非孔子之言也。夫盾若与闻乎弑，即至海外，犹将罪之，讵以越竟免哉？"他认为，所谓董狐直书"赵盾弑君"，"必无其事"，"而赵盾弑其君，断为孔子书法也"。⑤其中有些观点确能发前人之所未发。但不可否认，马氏在"史论"中也多宣扬"尊王攘夷""华夷之大防"等封建历史观以

---

① 马骕著，徐连城点校：《左传事纬》"例略"，齐鲁书社 1992 年版，第 4 页。
② 同上。
③ 《左传事纬》卷 2《齐桓霸业》，第 57 页。
④ 《左传事纬》卷 3《晋文建霸》，第 105—106 页。
⑤ 《左传事纬》卷 4《晋灵之弑》，第 145 页。

及"天人感应"等唯心主义天人观。

四库馆臣评价称："骕於《左氏》实能融会贯通，故所论具有条理，其图表亦皆考证精详。可以知专门之学与涉猎者相去远矣。"①

《左传事纬》成书后，马骕"复推而广之，取三代以来诸书，汇集周秦已上事，撰为《绎史》"。②《绎史》共分为五部：一曰太古，记三皇五帝事迹，计10篇；二曰三代，记夏、商、西周历史，计20篇；三曰春秋，主要记载鲁国十二公时事，计70篇；四曰战国，记春秋以后至秦亡，计50篇；五曰外录，记天官、地志、名物制度，计10篇。共160篇，每篇一卷。

《绎史》的编纂具有以下几个特点。

一　博引古籍，排比史料

《绎史》实为一部大型先秦和秦史资料汇编。作者本意是将先秦和秦史史料作一系统之收集、爬梳，以达到以史料来客观显示史事的作用。他称："原夫载籍浩博，贵约束以刈其烦；群言异同，宜胪陈以观其备。"③ 他取材的范围很广，"除列在学官四子书不录，经传子史文献攸存者靡不必载"。④ 即使如《神农本草》《黄帝素问》等"传疑而文极高古者亦复弗遗"。而对诸如《鬼谷子》《尉缭子》等"真赝错杂者，取其强半"，对诸如《三坟》《六韬》等"附讬全伪者"，"仅存要略"，对汉魏以来各种典籍"称述古事"的，则"兼为采缀，以观异同"。此外，还从各种笺注、类书中收集资料，甚至连谶纬之书中有用的资料也不放过。据不完全统计，马骕著《绎史》，收集各种资料多达300多种。所引资料皆注明出处，一改前人著述征引资料不注出处的弊病。

马氏本着将事同文异的各种资料并陈共列的原则，对收集到的资料进行条理和排比。比如，在卷5《黄帝纪》中，作者收集到了30多种文献中关于黄帝事迹的记载，基本按照黄帝的出身、成长、黄帝与炎帝、蚩尤之间的战争、黄帝建立的各种制度、黄帝的发明创造、黄帝的医术、

① 《四库全书总目提要》卷29《经部》二十九春秋类四《左传事纬》，海南出版社1999年版，第160页。

② 马骕：《绎史》"征言"，齐鲁书社1992年版。按：清末周中孚在《郑堂读书记》卷11中以为《左传事纬》是由《绎史》中抄撮《左传》事迹而成，这显然是本末倒置。

③ 马骕：《绎史》"征言"，第1页。

④ 同上书，第3页。

黄帝的后代、黄帝之死的线索来排列史料。当然，其中有不少记载是不可信的，作者是本着"疑则传疑，广见闻"①的宗旨而为之。对引用资料中存在的"异同讹舛，以及依托附会者"，往往"于条下疏通辨证"。②

二　体例的创新

《绎史》的编纂基本是按照纪事本末体来编排史料的，但在编纂的过程中，作者又吸收了纪传体、学案体、典志体的元素，使纪事本末体记载的内容、范围有了很大的拓展。如卷 1 至卷 10 中的《太皞纪》《炎帝纪》《黄帝纪》等，卷 11 至卷 30 中的《夏禹受禅》《少康中兴》《宣王中兴》等多是记人又记事的篇目，具有纪事本末体兼有纪传体的明显特点。正如马骕所云："纪事则详其颠末，纪人则备其始终。"③再如卷 23《周官之制》、卷 24《周礼之制》以及"外录"部分收录的《天官书》《律吕通考》《月令》《洪范五行》《地理志》《食货志》《考工记》等则明显具有典志体的特点。又如卷 83《老子道教》、卷 86《孔子类记》、卷 95《孔子诸子言行》、卷 103《杨朱墨翟之言》、卷 112《列庄之学》等则具有学案体特点。

此外，《绎史》还设有"世系图"等。马氏认为："司马子长作《史记》，有表无图。夫图诚不可阙也。"④因此作"帝王传授总图"以及太皞、炎帝、黄帝、少皞、高阳、高辛、陶唐、有虞、夏、殷、周、鲁、齐、晋、宋、卫、郑、秦、楚等世系图。在卷 23《周官之制》前还附有商、周建国图、司徒建国制域图、制田井牧图、沟洫浍川图、受田图等。在卷 86《孔子类记》前附有"先圣年谱"。

总之《绎史》融合了各种史书体裁的编纂方法，改变了传统纪事本末体仅以事件为中心的编纂模式，大胆创新，创建出一种全新的史学体裁。被当时的史学家李清称作是"体制之别创"。⑤四库馆臣也称其："与袁枢所撰，均可谓卓然特创，自为一家之体矣。"⑥

① 马骕：《绎史》"征言"，第 1 页。
② 《四库全书总目提要》卷 49《史部》5 纪事本末类《绎史》，海南出版社 1999 年版，第 283 页。
③ 马骕：《绎史》"征言"，第 1 页。
④ 马骕：《〈绎史〉世系图》，《绎史》篇首，齐鲁书社 1992 年版，第 1 页。
⑤ 李清：《绎史》"序"，《绎史》，齐鲁书社 1992 年版，第 1 页。
⑥ 《四库全书总目提要》卷 49《史部》5 纪事本末类《绎史》，海南出版社 1999 年版，第 283 页。

三　以"史论"表明对所载人物、事件的态度

受编纂《左传事纬》的影响，马氏在《绎史》大部分篇目中也设有"史论"。

这些"史论"有的是对所载史事发表评论。如在卷 27《宣王中兴》中，他评论说："后来国家之兴，必起于忧危。其衰也，常由于逸豫。人主之勤剽多生于患难，而懈怠恒积于晏安。宣承厉王之乱，恐惧克励，所以兴也。迨其后天下安宁，深宫晏起，宣王之志荒矣。于是不藉千亩，料民太原，立鲁侯不以嫡，杀杜伯而非其罪。所为如此，安得而不复衰？幽王继之，不数年而君弑国亡。"① 认为宣王中兴后，安于逸豫，志向荒乱，屡犯错误，最终导致国运衰败。再如关于封建制与郡县制孰优孰劣的问题，他指出："论者徒见周之弱亡以封建故，而不知其所以长世者正以封建故也。骊山之祸，赖秦伯以复存。东迁，晋、郑是依。春秋盟会，以尊王室。迨至七国纷争，周弱极矣，犹以为共主而不敢取。"秦并天下后，"罢侯置守，功臣子孙，尺地蔑有"，最终导致二世而亡。西汉初实行封建制，"大国连数郡"，与中央抗衡，后实行削藩，使三代封建之法"荡然无余"。他认为："如以诸侯为难制，不若郡县之易安也，何三代建国，不闻匹夫横行之祸？秦汉置守，群盗并起，州郡莫有制者。"因此得出结论："郡县不足恃，而封建为可久也。"②

有的是考证史事。如在卷 1《开辟原始》中，他指出，对远古之传说，阳子居、屈原时"已叹古初之莫纪，矧百世以下，遭秦燔灭之余而妄称上世之遗事，岂不亦迂诞哉？"至于"盘古以上谓无君乎？吾不得而知也。天皇以下之君谓尽可指数乎？吾亦弗敢信也。"那么以怎样的标准来判断人类历史的开端呢？他说："舍《诗》《书》六艺之文，而妄信诸子谶纬之杂说，未能悉三代之世及，而远求洪荒以上之氏号，斯好奇者之过也。"他认为，《诗》《书》六艺中所记载的上古之事，是可信的，而诸子、谶纬书中所记上古历史，是不足为据的。当然他把人类历史的开端"断自庖羲氏"也是缺乏依据的。再如在卷 83《老子道教》中，他指出："世之言老子者多神怪不经，谓寿且数百岁，或言生于周初。而神仙家言其先天地生，历三皇五帝，变易名号，神化莫测。孔子适周，过

---

① 马骕：《绎史》卷 27《宣王中兴》，第 754 页。
② 马骕：《绎史》卷 21《周建诸侯》，第 305—306 页。

而问礼，故与弟子言礼，尝以聃为征。聃博通好古，为周守藏史，盖在景、敬之世，前此未闻也。乌有所谓生于太古，寿考无穷者乎？道家称为老氏之书者，多附讬，不具录，录其五千言焉。"显然，他对关于老子的各种传言及冒充老子所著的书是持怀疑态度的，他认为老子应该是周景王、周敬王时代的人，他的著作只有《道德经》是可信的。

有的是阐发经传的旨意。从卷31《鲁隐公摄位》至卷85《晋灭肥鼓》，其中，大部分篇目内容与《左传事纬》相同，其中"史论"多为阐发经传旨意。

四库馆臣评价《绎史》称："虽其疏漏抵牾，间亦不免。而搜罗繁富，词必有征，实非罗泌《路史》、胡宏《皇王大纪》所可及。"① 王士禛称"其书最为精博，时人称为马三代，昆山顾亭林尤服之"。② 江藩称："顾炎武读是书，叹曰：'必传之作也！'"又言康熙四十四年，康熙帝南巡到苏州，"垂问骕所著书，命大学士张玉书物色元板。明年四月，令人赍白金二百两至邹平，购板入内府"。③ 足见《绎史》的影响及在先秦史研究上的地位。钱穆在论及其影响时指出："后此汉学家所为主要工作，如校勘、辨伪、辑逸，宛斯此书均以发其大例。即后此汉学家目光所注，从事整理研讨，以成学名家者，宛斯此书，亦已囊括其十七八。极清儒成绩所至，最要者不过为古史作发明，则宛斯此书，岂不已牢笼范围，而为之大扬榷乎？后大名崔述东壁，为《古史考信录》，亦多有从宛斯所谓'事同文异'，'文同人异'处著眼者，则宛斯此书，影响有清一代经史考订之学，厥功至伟。"④ 此说很有见地。梁启超也称："此书搜罗极富，可算一部好类书。"⑤ 同时也指出："宛斯辈欲知孔子所不敢知，杂引汉代谶纬神话，泛滥及魏晋以后附会之说，益博则愈益其芜秽耳。"⑥

---

① 《四库全书总目提要》卷49《史部》5 纪事本末类《绎史》，第283页。

② 王士禛：《池北偶谈》卷9《谈献》5《马骕》，中华书局1997年版，第212页。

③ 江藩：《国朝汉学师承记》卷1《马骕》，生活·读书·新知三联书店1998年版，第23页。

④ 钱穆：《中国近三百年学术史》第四章"顾亭林附马骕传略"，商务印书馆1997年版，第172—173页。

⑤ 梁启超：《中国近三百年学术史》八《清初史学之建设》，东方出版社1996年版，第118页。

⑥ 梁启超：《中国近三百年学术史》十五《清代学者整理旧学之总成绩》，第339页。

第三节　"征远代而如在目前,阐微言而大放厥旨"
——高士奇与《左传纪事本末》

高士奇（1645—1704），字澹人，号江村，浙江钱塘（今杭州市）人。出身贫寒之家，自幼好学能文。早年因工于书法，被荐举入内廷供奉，授詹事府录事，不久迁为内阁中书。康熙十九年（1680）授为额外翰林院侍讲，充日讲起居注官，迁右庶子，后升为詹事府少詹事、詹事、礼部侍郎。一生深受康熙帝宠爱。曾因"纳贿营私，致屡遭弹劾"，康熙帝"曲予保全"多次赐其榜额，并称："士奇无战阵功，而朕待之厚，以其俾朕学问者大也。"① 死后谥为文恪。著有《春秋地名考略》《左传纪事本末》《清吟堂集》《江村消夏录》《天录识余》《扈从目录》等。其中，《左传纪事本末》是其史学代表作。

高氏之前，南宋章冲曾将《左传》改编为《春秋左氏传事类本末》，以鲁国十二公为序，把春秋各国的事件按照年月顺序，节目相承，首尾完具。清初马骕又作《左传事纬》，以事分类，共分为 108 个子目，高氏继章、马之后，在章冲《左传事类始末》的基础上，扩充其内容，但改变章书以鲁十二公为记的方式："凡列国大事，各从其类，不以时序，而以国序。"② 即按国别分类，因事命题，共标列 53 个标题。

《左传纪事本末》具有以下几个特点。

（一）广征博引

高氏一改袁枢作《通鉴纪事本末》仅据《通鉴》一书之材料，而广泛收录其他书籍中相关材料。所谓"三代秦汉之书，经史诸子杂出，其与《左氏》相表里者，皆博取而附载之"。③ 书中以"补遗""考异""考证""辩误"等形式引用了《谷梁传》《公羊传》《国语》《史记》《韩非子》《列女传》《管子》《说苑》《新序》《吕氏春秋》《韩诗外传》《晏子春秋》《淮南子》《吴越春秋》等书籍，以此补充《春秋》和《左传》记

---

① 《清史稿》卷 271《高士奇传》，中华书局 1996 年版，第 10017 页。
② 高士奇：《左传纪事本末》《凡例》，中华书局 1979 年版，第 5 页。
③ 同上书，第 6 页。

载的不足，或订正其错误。据郑曼柔统计，其中共征引286条史料，遍布经史子集，源于33部文献。①

（二）重视考证

高氏在引用相关史料的过程中，以"辩误""考异""考证"等形式，对《左传》和相关史料进行考证。所谓"辩误"，是指"其有舛驳不伦，传闻失实者，为之厘辩之"。②全书共有九条"辩误"，其中八条考证史实，一条只列史料，没下结论。所谓"考异"，是指"其与左氏异同迥别者，并存其说，以备参伍"。③"考异"中有五条是考证史实的。

如在《齐桓公之伯》中，针对《左传》鲁僖公四年冬所载：许僖公"面缚衔璧，大夫衰绖，士舆榇。楚子问诸逢伯。对曰：'昔武王克殷，微子启如是，武王亲释其缚，受其璧而被之，焚其榇，礼而命之，使复其所。'楚子从之"。高氏据《论语》认为："微子去之，不过行遁而已，未尝奔周也。微子已遁矣，武王克商时，又安得有面缚衔璧之事？故或曰奔周，或曰面缚，皆传之讹也。宋儒王柏谓面缚衔璧之事必属武庚。盖入商之时，纣以自焚，武庚嫡冢，父死子继，则武庚此时已为殷君，力不敌周，故衰绖、舆榇，造军门而听罪，此事理之最确者。"④

再如在《王室庶孽之祸》中，他认为："《韩非子》《说苑》皆言叔向欲杀苌弘，乃馋之于刘氏（刘文公）而诛之。夫叔向，晋之贤臣，安有是事？且此时叔向没已久矣，故当以《传》文为据。若庄子血化为碧之说，庸或有之，后人又附会侈述，以为苌弘乃神仙，则又诬也。"⑤

又如在《晋楚争伯》中，引《史记·滑稽列传》中关于优孟假扮楚相孙叔敖面见楚庄王，以歌讽谏曰："山居耕田苦，难以得食。起而为吏，身贪鄙者余财，不顾耻辱，身死家室富。又恐受赇枉法，为奸触大罪，身死而家灭。贪吏安可为也？念为廉吏，奉法守职，竟死不敢为非。廉吏安可为也？楚相孙叔敖持廉至死，方今妻子穷困，负薪而食，不足为也。"庄王乃招孙叔敖子，封之寝丘四百户。高氏则据东汉延熹三年所立"楚相孙叔敖碑"（今见严可均《全后汉文》卷99）认为："其碑载叔

① 郑曼柔：《略论左传纪事本末的史料价值》，《商丘师范学院学报》2010年第11期。
② 《左传纪事本末》《凡例》，第5页。
③ 同上。
④ 《左传纪事本末》卷18《齐桓公之伯》，第196页。
⑤ 《左传纪事本末》卷4《王室庶孽之祸》，第42页。

敖德业最详，而优孟一歌与《史记》异。所封之田亦不曰寝丘，而曰潘乡。"①

（三）发表评论

高氏往往在史文中夹叙夹议，或在篇后以"臣士奇曰"（以此书曾进呈康熙故称臣）的形式对所载事件和人物发表评论，以表明自己的看法。比如在《桓王伐郑》中，针对周郑交恶，他指出："夫臣子之于君父，信而见疑，忠而被疏，则益负罪引慝，积其忠诚，以翼一旦之悔悟而已。乃上下相要，爱子出质，君臣之分等于敌国，《左氏》直称'周郑'，盖深疾郑伯之不臣也，及虢公柄用，祭仲悍然，称麦禾之戈（按：指鲁隐公三年四月，郑祭足帅师取温之麦；秋，又取成周之禾。）目中尚有天子耶？春秋世，诸侯放恣而用兵王室者，自郑庄始。灭理、犯分，甘举父、祖之勤劳而尽弃之，悖已甚矣。"重申君臣、父子之义，痛斥郑国以臣犯上，为狂悖之举。对郑臣祝聃射中周桓王肩，郑伯又派祭足劳王，他认为："其玩弄王室如股掌，情罪益彰矣。"②又如在《勾践灭吴》中，赞扬越王勾践被吴王夫差打败后，能"含垢忍耻"，"吊死问孤，生聚教训，夏则抱火，冬则握冰，目倦至攻之以蓼。悬胆于户，出入必尝，刻苦淬厉"，为"坚忍志士之所为"。同时，批评夫差"破楚以来，雄心益肆，称兵上国，结衅齐、鲁，战胜攻克骄其中，台池嫔御蛊其外，由是弃忠言而不纳，心腹之疾忽为疥疬矣。"又称其"信宰嚭之馋，争黄池之长，淫侈不道，自取败亡，身死余杭，为天下笑"。③借史论以表达自己的历史见解，总结春秋时期治乱兴衰的经验教训，为现实提供借鉴。

韩菼对高氏及该书曾给予很高评价，称："盖先生经学湛深，雅负史才，在讲筵撰《春秋讲义》，因殚精竭慎，条分橐括。而为是书也。征远代而如在目前，阐微言而大放厥旨。事各还其国，而较《外传》则文省而事详；国各还其时，而较《内传》仍岁会而月计。足补故志，岂是外篇？"④四库馆臣也将高氏之书与章冲《春秋左传事类始末》作比称："然冲书以十二公为纪，此则以国为纪，义例略殊。又冲书门目，太伤繁

---

① 《左传纪事本末》卷26《晋楚争伯》，第351页。
② 《左传纪事本末》卷2《桓王伐郑》，第9页。
③ 《左传纪事本末》卷51《勾践灭吴》，第808—809页。
④ 韩菼：《左传纪事本末》"序"，中华书局1979年版，第2页。

碎，且于《左氏》原文颇多裁损，至有裂句摘字，联合而成者。士奇则大事必书，而略于其细，部居州次，端绪可寻。与冲书相较，虽谓之后来居上可也。"① 可见，此书自有不同于同类著述之特点和价值。

第四节 "其事沿旧，其义则新"
——谢陛的正统观与《季汉书》的编纂

自春秋以来，正闰之争始终贯穿于历史发展的过程中。到了明代，一些学者在继承宋代学者正统说的基础上，作了进一步阐发，并有所发明。同时，在其正统说的指导下，改编旧史。谢陛就是其中代表之一。

谢陛，字少连，歙县人。早年"嗜学于书，无所不睹，而尤淹于史。"② 为诸生时，郡守何氏称其："可方惠（柳下惠）、连（鲁仲连）也。"应京兆试，数不利，遂弃举业，"专攻古文"。喜出游，"远者千里，久者经岁"、"下函关，沿汉涉江"。为人博学，人称其"千古之上，六合之外，如指诸掌"。曾应聘撰写《歙州志》，"直笔无徇，众咻之，卒莫能难，称良史焉"。③ 晚年曾刊定新旧《唐书》著有《季汉书》《闰典》《酒史》《花乘》《品藻》《开黄稿》等书。李维桢称："少连《季汉》《定唐》其词其事沿旧，其义则新，是非不谬于圣人，他著作亦称是。文史兼才，在吾党中寡俦矣。"④ 张养正称其："史部之雄，自负三长，不可一代。"⑤ 陈邦瞻也称其："无论之才之美，足追古良史。"⑥

正统之说，由来已久。欧阳修称："正统之说，肇于谁乎？始于《春秋》之作也。"欧氏关于"正统"的定义是："正者，所以正天下之不正

① 《四库全书总目提要》卷49《史部》5 纪事本末类《左传纪事本末》，海南出版社1999年版，第283页。
② 陈邦瞻：《谢氏季汉书》"序"，《四库全书存目丛书》《史部》30，第7页。
③ 李维桢：《大泌山房集》卷70《谢少连家传》，《四库全书存目丛书》《集部》152册，第127页。
④ 同上。
⑤ 张养正：《〈合刻玄羽外编〉序》，《四库全书存目丛书》《史部》287，第601页。
⑥ 陈邦瞻：《历代二十一传》"序"，《四库全书存目丛书》《史部》18，第530页。

也；统者，所以合天下之不一也。"① 又说："夫居天下之正，合天下于一，斯正统矣。"② 由此观点出发，他评判三国孰为正统时认为："刘备，汉之后裔，以不能一天下而自别称蜀，不得正统，可也。"③ 并以为："魏之取汉，无异汉之取秦而秦之伐周也。夫得正统者，汉也，得汉者，魏也，得魏者，晋也。晋尝统天下矣。推其本末而言之，则魏进而正之，不疑。"④ 到了明代的方孝孺则在正统之外，提出"变统"的观点，他说："天下有正统一，变统三。三代，正统也。如汉如唐如宋，虽不敢几乎三代，然其主皆有恤民之心，则亦圣人之徒也，附之于正统，亦孔子与齐桓、管仲之意欤？"他认为，"变统"有三种情况：一是"取之不以正，如晋、宋、齐、梁之君，使全有天下，亦不可为正矣"。二是"守之不以仁义，戕虐乎生民，如秦如隋，使传数百年，亦不可为正矣"。三是"若夫以女后而据天位，虽革命改物，如伪周之武氏，亦不可继统矣"。⑤ 他将篡臣、暴君、夷狄有一统天下者统统放入"变统"中，以彰显历史道德的裁决意义。谢陛则不完全同意以上二人的观点，他认为："自宋欧阳修以迄明方孝孺诸公，其中甲是乙非，入苍出素，何所适判也。"他主张："古今有有统之世，有无统之世，有分统之世。有统之世，复有全统之世，有偏统之世。"他认为，"周、秦、汉、晋、隋、唐、宋、元，有统之世也。周赧亡后之战国，江南、邺下、关中之三国，五代末赵宋前之十国，无统之世也。南北两朝，分统之世也。周秦八代是即全统之世也。元帝之晋、庄宗之唐、高宗之宋，偏统之世也。"那么三国属于何统呢？他认为三国"盖无统而有统也，无全统而有偏统也。无分统而有正统也。岂不卓然在昭烈（刘备）哉。"⑥ 这种说法与前说显然是自相矛盾的，也是模棱两可的。按照其评判的标准，三国要么算无统，要么算分统，要么算偏统，而他认为三国应该属于有统之世，而正统应归于昭烈。

---

① 欧阳修：《欧阳修全集》"居士外集"卷9《原正统论》，中国书店出版社1994年版，第414页。

② 同上书，第415页。

③ 同上书，第414页。

④ 《欧阳修全集》"居士外集"卷9《魏论》，第417页。

⑤ 方孝孺：《逊志斋集》卷2《释统上》，《四库全书》《集部》别集类，第1235册，第87页。

⑥ 谢陛：《季汉书》篇首"正论"之"正帝统第四"，《四库全书存目丛书》《史部》30，第17页。

针对陈寿"以正统主魏，而以僭国宾汉、吴"的做法，他分析说："岂非以土地之广，甲兵之强，中原之国，又有阙剪群雄、奉戴汉帝之功，以是数者而崇之乎？"他认为，曹操"挟天子令诸侯，岂足言功。即功曷足以赎弑皇后、屠皇子之罪。至于土地、甲兵在所勿论。建都之地，何必中原，东晋、南宋岂以江左而失统乎？"又说："正统舍昭烈而奚适也，为汉裔者乃以寇，而为汉贼者乃以帝，其悖不亦甚哉。"他指出："国家统祚，犹人家本支，不幸求继，则自是近属以递推，疏属同姓尽矣，乃及他姓。"他认为，即使刘备不兴，或刘琮占据荆襄，或刘璋据守益州，能与孙吴成鼎足之势，也当将正统归于刘氏，因为他们和刘备一样，都是"帝胄"。① 谢氏的"正统论"特别强调与前朝帝王的血缘亲疏是判断正闰的最重要因素，较之欧阳修"合天下为一为正统"和方氏以道德判断作为正统的标准均是一种倒退。

基于以上认识，谢陛对陈寿《三国志》和司马光《资治通鉴》尊魏为正统，大为不满。他说："陈寿既嗛诸葛责辱之雠，复阿司马继统之旨，遂夷孝献以帝曹操，历纪五世，贬汉为蜀，从而寇之。涑水（指司马光）只缘先世典午（指司马氏）之后，因循不改。"② 对范晔作《后汉书》"不听陈寿所攘，奉帝历以归孝献"和对习凿齿作《汉晋春秋》视曹操为汉贼，以蜀汉为正统的做法十分赞同，称其为"不倍《春秋》之义"，"此于《春秋》之义深为得之"。③ 同时，对张栻《经世纪年》"直以昭烈（刘备）上接孝献为汉，而列魏、吴于下方"和朱熹《通鉴纲目》"帝昭烈而寇魏、吴"的做法极表赞同，认为："是皆阴刷《国志》之陋，显厘《通鉴》之讹。"④ 为此，他决定遵张栻、朱熹的义例，编纂《季汉书》。为此，他"尝拟西走蜀，南走滇，历览遗踪并及金石残文，或故老口实，庶几采掇一二旧事以补成书阙略。"⑤

《季汉书》的编纂大约始于万历二十年（1592），据谢陛《季汉书自序》所署"万历壬寅年"，可知《季汉书》应成书于万历三十年

---

① 《季汉书》篇首《正论》《正帝统第四》，《四库全书存目丛书》《史部》30，第17—18页。

② 谢陛：《季汉书》"自序"，《四库全书存目丛书》《史部》30，第12页。

③ 同上。

④ 同上。

⑤ 王图：《季汉书》"叙"，《四库全书存目丛书》《史部》30，第5页。

（1602）。谢氏自称："盖十余年于兹，易草者数矣。"① 可知作者前后耗费十余年时间，数次易稿而修成此书。

《季汉书》凡60卷，所称"季汉"，源自于蜀汉大臣杨戏作有《季汉辅臣赞》（参见《三国志》"蜀书"卷45《杨戏传》）和蜀后主刘禅有《谥忠武诏策》言诸葛亮"建殊勋于季汉"。在谢陛看来，季汉应包括从东汉献帝至三国的历史。他认为："三代而下汉得天下为正，卜世历年，强半于周，虽至三国鼎分，而孝献虚位，犹号天王。昭烈偏安，犹称帝胄。若在周季，一则为周之赧（周赧王），一则为鲁之隐（鲁隐公）。彼魏、吴虽强，毋论非鲁，尚非晋、吴，不过秦之惠文，越之勾践而已。藉令夫子而作《汉春秋》，断然以正统予昭烈矣，况忍夺孝献三十年之帝历而亟以予曹操乎？"②

《季汉书》卷首冠《正论》5篇，力辩陈寿"以正统主魏而以僭国宾汉、吴"之非，论及帝历、帝系、帝符、帝统、帝号等问题。次附《答问》22条，就世人所谓曹操有"奉迎天子"之功，曹操夺取天下"取于群雄之手，非取之汉家"，曹丕称帝表明"汉绝魏兴，魏承汉统，昭然明甚"等说法进行一一反驳。同时就刘备、诸葛亮、关羽等的评价及史书的编纂等问题论述自己的观点。另附有《凡例》44条，以阐述作书之体例和旨意。全书有本纪3卷，分别记载汉献帝、昭烈帝（刘备）、后皇帝（刘禅）的事迹，同时附有皇后、太子事迹，所谓"独尊三帝，并尊诸后，附以诸王，称曰本纪"。③ 内传17卷，记刘表、刘焉、王允、孔融、董承、诸葛亮、关羽、张飞等宗亲及汉臣事迹。世家6卷（魏3卷，吴3卷），记曹操、曹丕、孙坚、孙策、孙权等事迹。外传30卷（魏17卷，吴13卷），记曹氏、孙氏夫人、诸子及文武群臣事迹。载记3卷，记袁绍、吕布、陶谦、董卓、袁术等群雄事迹。杂传1卷，记更事数姓与依附董、袁诸人者如田丰、沮授、李傕、郭汜等人事迹。谢氏还另作《兵戎始末》《人物生殁》二表以总括一书之经纬。

谢陛作《季汉书》主要依据《后汉书》《三国志》及裴松之注《晋书》等编纂而成，但不是简单照抄，而是对旧史中相关人物传记进行了

①　谢陛：《季汉书》"自序"，《四库全书存目丛书》《史部》30，第14页。
②　同上书，第12页。
③　《季汉书》《凡例》，《四库全书存目丛书》《史部》30，第37页。

必要的调整和补充。

一 在旧史人物传记基础上补充或增列人物传记

如魏振威将军吴质事迹见于《三国志·魏书》卷 21《王卫二刘傅传》中，仅有 30 余字，谢氏依据裴注所引《魏略》《世说》的记载，补充其事迹至 350 余字，另以注的形式引《吴质别传》数百字。①

凡是《三国志》正文中仅提及其名，涉及其事，裴注中详引其相关资料的，谢氏则单独列传。如王弼，在《三国志·魏书》卷 28《钟会传》中附录其事，仅 30 余字，谢氏则依据裴注引何劭作《王弼传》补作《王弼传》。② 又如魏尚书王经在《三国志》中没有设传，仅在卷四"三少帝纪"中记高贵乡公被弑，皇太后谕旨中被提及。谢氏认为王经"死国大节"应当受到表彰，为此特作《王经传》，合于《陈泰传》中。③ 再如吴赵咨，在《三国志》卷 47《吴主传》中提及吴主遣其使魏，魏文帝与之交谈的过程。谢氏依据裴注引《吴书》单独为之列传。

二 删削裴注中芜杂的记载，对一些可疑资料摒弃不用

谢氏认为："凡裴注在《魏志》中者几与本文相埒，《吴志》则三分之一，《蜀志》则五分之一。论者谓陈氏固为太略，而裴氏又不免大芜，亦似有理。"④ 比如，在《诸葛亮传》中，裴注引郭冲评论诸葛亮"五事"，又逐一驳斥，称"此书举引皆虚"。谢氏称："他如此类甚多，逢其引之而驳者则两削之。"⑤ 针对《文帝纪》裴注中引《献帝传》所载禅代众事，谢氏认为："至若曹丕篡汉时诏策表章，见于禅代众事十数，往返几数千百言，裴氏岂不知其伪而乃尽收之乎，余尽削之不为过也。"⑥ 然而，谢氏对裴注中芜杂之处的删削是很不彻底的。他自称："凡裴注之引而复驳者与夫重出而苦者固皆削之。然其中无大关系而却有可骇可愕如陆氏《异林》，干宝《搜神记》《列异传》《管辂别传》诸书，虽不免怪诞奇衺，而好古好奇之士，则多喜之，一切不削。"⑦ 而对引用其他书中

① 参见《季汉书》外传卷 12《吴质传》，《四库全书存目丛书》《史部》30，第 360 页。
② 参见《季汉书》外传卷 12《王弼传》，第 362—363 页。
③ 参见《季汉书》外传卷 15《陈泰王经等传》，第 389—390 页。
④ 《季汉书》《凡例》，《四库全书存目丛书》《史部》30，第 41—42 页。
⑤ 同上书，第 42 页。
⑥ 同上。
⑦ 同上。

所载材料，他也持较为审慎态度。如《世说新语补》"夙惠部"记有孙策年方十四，在袁术坐，不欲见刘豫州一事。谢氏对此进行了考证。他指出："余谛考之，昭烈涿人，首事踪迹多在徐、沛间，其后淮南与术相攻，亦未相见。建安六年方至荆州，于时术、策先殁。昭烈何缘见之。此事时地皆缪。余今于此不得轻引。"①

三　在改写旧史人物传记时进行调整和补充

比如，其编写《孝献皇帝纪》主要依据《后汉书》卷9《孝献帝纪》，但并非一味地照抄。《后汉书》《孝献帝纪》开头云："（献帝）母王美人，为何皇后所害。"却不言细节。而《季汉书》《献帝纪》则云："母王美人怀帝，畏何皇后，乃服药除之，而胎坚不动，又数梦负日而行，帝始生，后鸩杀美人，而董太后养帝，号曰董侯。"又如同篇范书载"初平元年正春月，山东州郡起兵以讨董卓。"谢书则记："初平元年正春月，后将军袁术、冀州牧韩馥、豫州刺史孔伷、兖州刺史刘岱、河内太守王匡、渤海太守袁绍、陈留太守张邈、东郡太守桥瑁、山阳太守袁遗、济北相鲍信同时俱起兵，众各数万，推绍为盟主。骁骑校尉曹操行奋武将军以讨董卓。"——列举起兵讨卓之人，以见董卓不得人心，讨卓队伍声势浩大。再如同篇范书于初平四年夏六月记"下邳贼阙宣自称天子"，不云阙宣结局。而谢书则云："太仆朱儁为太尉、录尚书事，下邳贼阙宣自称天子，徐州牧陶谦与共举兵寻杀之。"诸如此类，补充甚多。

另有一些人物传记则在旧史基础上删削一些内容。谢氏声称"凡本纪内传文章，如诏令表笺，一切存之。惟谯周《仇国》、却正《释讥》则削不收。二方（指魏、吴）文章，魏如王（肃）、杜（恕）、高堂（隆）之疏，吴如周鲂《七札》、陆凯《二十事》之类，并收罔遗。惟曹植二表，潘勖九锡文已见《文选》，而文且为伪命，故并削之。"②另在《季汉书》内传卷7《仲长统传》则删节范书中所载仲氏《乐志论》、诗二篇、《昌言》"理乱篇""损益篇""法诫篇"等内容。

四　在沿用《三国志》人物传记时，删节各纪传后的"评曰"

他认为："凡评从司马迁来，迁又祖《左氏》'君子曰'体，刘知几不然此体。盖传中叙事美恶并收，褒贬自见，何容复赘。即太史公之论，

---

① 《季汉书》《凡例》，《四库全书存目丛书》《史部》30，第42页。
② 同上书，第39页。

或抽述逸事，或旁及他事，不专立义也。下迨范晔，复于论后作'赞'，愈为蛇足。知幾驳陈寿诸评为懦缓不切，则何足存哉。"① 因此，在沿用《三国志》人物传记时，删削其"评曰"，同时将裴注中所引用的孙盛、习凿齿等人的议论一并删削。

总之，《季汉书》的编纂出发点是为了尊蜀为正统，黜魏、吴为僭伪。针对的是"魏氏父子幽絷其君，后而夺之位，乃自诡于禅让……历五季唐宋，凡窃国之盗皆祖其术"。② 为"立后世以篡为禅之防"。③ 谢陛作《季汉书》之前，余嘉锡先生认为，早在北魏时梁祚已改写《三国志》为《国统》。宋代翁浦改修《三国志》作《蜀汉书》。④ 又有宋代萧寿朋"病陈寿《三国志》帝魏黜蜀，欲为更定，未及成书而卒"，其子萧常继承父愿作《续后汉书》20卷：以昭烈为正统。⑤ 元代郝经也著有《续后汉书》90卷："正陈寿帝魏之谬，即《三国志》旧文，重为改编。"⑥ 另据《宋史·艺文志》，李杞也曾改修《三国志》。沈德符《万历野获编补遗》也称"世之议（谢）陛者谓吴中吴尚俭已曾为此书"。⑦ 可见，谢陛作《季汉书》之前，要么未见前人之书，要么故意隐瞒不说。可见，谢陛作此书是缺乏创意的。该书在体例设置、人物分类上也多有不妥。正如四库馆臣所指出的："义例既繁，创立名目往往失当。如晋之刘、石、苻、姚擅号称尊，各为雄长，自当列之载记。董（卓）、袁（绍）之属，既非其伦。五季更五姓十主，为之臣者不能定以时代，自当编为杂传。董、袁之宾客僚属，亦殊是例。陛乃沿袭旧名，实不免于貌同心异。"认为将董卓、袁绍放入"载记"，将依附董、袁诸人放入"杂传"失去了这两种史体初设的本意。同时还批评该书"其《后汉书》《晋书》已有专传者，陛亦概取而附入之，尤为骈拇枝指，伤于繁复"。⑧ 这些批评都是

① 《季汉书》《凡例》，《四库全书存目丛书》《史部》30，第39—40页。

② 叶向高：《季汉书》"叙"，《四库全书存目丛书》《史部》30，第2页。

③ 于若瀛：《弗告堂集》卷20《〈季汉书〉序》，《四库禁毁书丛刊》《集部》46，第126页。

④ 余嘉锡：《四库提要辨证》卷5《史部》别史类存目，中华书局1980年版，第278页。

⑤ 《四库全书总目提要》卷50《史部》6别史类《续后汉书》，海南出版社1999年版，第287页。

⑥ 同上。

⑦ 沈德符：《万历野获编补遗》卷4《著述》《季汉书》条，中华书局1997年版，第905页。

⑧ 《四库全书总目提要》卷50《史部》6别史类存目《季汉书》，第290页。

很有道理的。由于该书多沿袭旧史，其中除增设的人物传记及纪传中增补的内容具有一定史料价值外，其全书的史料价值自然难以超越旧史。

第五节　"博采诸史，成一家言"
——吴任臣编纂《十国春秋》

吴任臣，字志伊，一字尔器，初字征鸣，号讬园。祖籍福建莆田，寄籍浙江仁和（今浙江杭州）。生于崇祯元年（1628）①，卒于康熙二十八年（1689）。② 康熙十八年（1679）51 岁时以精通天文历算、乐律应博学鸿儒科，授翰林院检讨，充任纂修《明史》官，负责纂修《历志》。为人"志行端悫，强记博闻"。③ "性和厚醇谨，不妄语，笑干谒。"④ 深受顾炎武推重，称其"博闻强记，群书之府，吾不如吴任臣"。⑤ 由于其不愿结交权贵，因此在翰林院十年不得升迁。据《武林藏书录》载，当时词臣奉命校书，多谬误，被诘责，于是请其代校，"迫于情，竭四十昼夜乃终卷，而心疾作"。⑥ 因校书劳累致死，终年 62 岁。

一生勤于著述，著有《周礼大义解》《礼通》《春秋正朔考辨》《山海经广注》《字汇补》《讬园诗文集》《十国春秋》等，并于康熙初年参加了《仁和县志》的修撰工作。但其著作多已亡佚。其史学代表作《十国春秋》最具影响。

《十国春秋》成书于康熙八年（1669）。作为一介书生，吴任臣入仕前一直以读书、藏书为喜好。他将授徒所得多用来购书。丁申《武林藏书录》记载："会兵乱，江南大姓皆窜匿，里中少年载其书入市，以一钱

---

① 刘文英《吴任臣及事迹考》（《史学史研究》2009 年第 3 期）依据乔治忠《清初史家吴任臣及其十国春秋》考证其卒年为康熙二十八年（1689），又据《武林藏书录》"吴讬园先生"条云其"（卒）年六十二"，推断其生年为 1628 年。

② 据乔治忠《清初史家吴任臣及其十国春秋》（《南开大学历史系建系七十五周年纪念文集》，南开大学出版社 1998 年版）考证，吴任臣"卒于康熙二十八年（1689）"。

③ 《清史稿》卷 484《列传》二百七十一《文苑》一，中华书局 1996 年版，第 13349 页。

④ 赵世安：《仁和县志》卷 19《人物·谆行》，康熙二十六年刻本。

⑤ 顾炎武：《亭林诗文集》卷 6《广师》，中华书局 2008 年版，第 134 页。

⑥ 丁申：《武林藏书录》卷下《吴讬园先生》，嘉会堂刊本，第 3 页。

易一帙，诇园罄修脯以为市，于是吴中书悉归之。"① 丰富的藏书，为其撰写《十国春秋》提供了优越的条件。据《十国春秋》《凡例》所称："是编所采古今书籍，无虑数百余种。"《凡例》所列参考诸书，除新旧《唐书》、新旧《五代史》《宋史》《资治通鉴》等史书外，还有《九国志》《五国故事》《十国纪年》、马令《南唐书》、陆游《南唐书》《蜀国春秋》等别史、野史、笔记小说、地方志书以及个人文集等凡156种。② 吴氏自称："卷中偶获琐事谶语，不忍遽弃，时复登载，用资见闻。虽延寿繁猥之讥，知所不免，而心期广搜，珍惜片羽。"③ 故周昂称其"博采诸史，成一家言"。④ 洪亮吉也称："吴任臣撰《十国春秋》，搜採极博。"⑤

在《十国春秋》问世之前，已有不少关于十国历史的记载，但大多限于记载一国、一地区的史实。如马令、陆游的《南唐书》，张唐英《蜀梼杌》等。至北宋真宗时，路振采五代时吴、南唐、吴越、前蜀、后蜀、荆南、南汉、闽、楚九国君臣行事，作世家、列传，撰为《九国志》，书未成而路振卒。据王应麟考证，路振死后，其孙路纶增入荆南（即南平）史事，合为十国（一说末两卷为张唐英所补）。这是有关十国历史的最早整体史书。原书久佚。今传12卷136篇列传是乾隆年间邵晋涵、周梦棠从《永乐大典》中辑佚出来的。《旧五代史》虽记载十国历史，但以中原五代为正统，而将十国历史分别放入《世袭列传》和《僭伪列传》中，《新五代史》则用"世家"体例以记载十国史事，明显含有贬抑之意。

吴任臣在阅读史书的过程中，感觉"古史于正统为特详，至偏霸人物，事实恒略而不备，《晋书》仅列刘、石、慕容等于载记。魏崔彦鸾《十六国春秋》以补之，今虽残阙非全书，而视《晋史》已稍稍加详。若欧阳《五代史》附十国《世家》于末，中间叙事雅称简洁，然颇多遗漏，立传者独孙晟、刘仁赡数人而已。又于十国事时有未覶，如《闽世家》，以闽王昶弟继恭为其子，《楚世家》载彭师暠奉衡山王事不及廖偃，《吴越世家》言自镠世常重敛其民以事奢侈之类，读史者或有所不足焉"。于

---

① 丁申：《武林藏书录》卷下《吴诇园先生》，第2页。
② 吴任臣：《十国春秋》《凡例》，第7—8页。
③ 同上书，第8页。
④ 周昂：《十国春秋》"跋"，《十国春秋》《凡例》后附录，中华书局2010年版，第8页。
⑤ 洪亮吉：《洪亮吉集》第五册《北江诗话》卷1，中华书局2001年版，第2250页。

是"思取十国人物事实而章著之，网罗典籍，爰勒一书，名曰《十国春秋》。"① 实际上，吴氏撰写该书，还包含着总结十国君臣之得失，政治之盛衰，为当下君主提供经验教训，为臣子立借鉴的指导思想。关于这一点，朱仲玉先生论之甚详②，此不赘述。

《十国春秋》是一部纪传体分国史。分为本纪 20、世家 22、列传 1282、表 5，凡 114 卷。其中有吴 14 卷，南唐 20 卷，前蜀 13 卷，后蜀 10 卷，南汉 9 卷，楚 10 卷，吴越 13 卷，闽 10 卷，荆南 4 卷，北汉 5 卷，十国纪元表 1 卷，十国世系表 1 卷，十国地理表 2 卷，十国藩镇表 1 卷，十国百官表 1 卷。吴氏恪守"帝称本纪，王称世家"的原则，凡各国君主称帝建元者均列入本纪，而称王者列入世家。所谓"本国称帝称王者，辞从主人"。书中所记年号，以碑文为准。在记载某国历史时，作者站在该国的立场上，行文上一律称"我"，对别国的入侵称"寇"，本纪、世家中"师曰我师，官曰我某官，皆各就本国而称"。③ 有效地避免了正闰之争，而列传按照后妃、太子、世子、诸王、公主、诸臣、方外的次序排列。王鸣盛认为："此书佳处在表，《地理表》与欧阳氏《职方考》参观，则五代十国全局如见，至十国之官制虽大抵沿唐，而一时增改亦纷冗不可爬梳。任臣为作《百官表》，甚便考览，尤其妙也。"④

关于《十国春秋》的特点，朱仲玉先生曾列举其资料齐全、内容丰富；纠正旧史书偏重军政大事而忽略经济、文化的倾向；在体例上吸收前人史书的优点等特点。⑤ 在此基础上，补论以下几点。

一　精于辨覈

比如，关于吴王杨行密死亡时间，《旧五代史·杨行密传》云"天祐三年卒"，沈颜《武忠王神道碑》、殷文圭《武忠王墓志》、游恭《威王墓志》皆云天祐三年丙寅二月十三日丙申王薨。而史官王振撰《太祖本纪》则记天祐二年十一月庚辰薨。沈、殷、游、王四人皆任职于吴，但记载不同。对此吴任臣指出："考之《墓志》云：十一月，吴王寝疾，付

① 吴任臣：《十国春秋》"序"，中华书局 2010 年版，第 3 页。
② 参见朱仲玉《吴任臣和〈十国春秋〉》，《中国历史文献研究集刊》第四集，岳麓书社 1983 年版。
③ 吴任臣：《十国春秋》《凡例》，第 5 页。
④ 王鸣盛：《十七史商榷》卷 98《十国春秋》，上海书店出版社 2005 年版，第 923 页。
⑤ 参见朱仲玉《吴任臣和〈十国春秋〉》，《中国历史文献研究集刊》第四集《集而非辑》。

长子后事，授淮南使。岂《本纪》误以武忠疾甚之时，遂据为弥留之日邪？抑杨渥幼弱嗣位，不由朝命承袭，或始死未敢发丧，赴以明年二月，（沈）颜等因从而书之，事也未可知也。又按《十国纪年注》、徐铉《吴录》《庄宗功臣列传》《唐烈祖实录》《资治通鉴》诸书，皆与王振所载年月同，而敬翔《梁编遗录》云：天祐三年，颍州获河东谍者，言去年十一月持李克用绢书往淮南，十二月至扬州，方知杨行密且死。欧阳氏《吴世家》亦云天祐二年十一月行密卒。今互证诸说，始以王氏《本纪》为断云。"① 又如关于北汉世祖刘旻（崇）即位之初所统辖的范围，《通鉴》云：刘崇所有者并、汾、忻、代、岚、宪、隆、蔚、沁、辽、麟、石十二州之地。欧阳修《新五代史·职方考》则云：自太原以北十州为东汉（北汉）。而无隆、蔚二州之名。对两书不同的记载，吴氏考辩说："要而论之，晋高祖割山前七州、山后九州以界契丹，而蔚州实在其中，则《通鉴》以蔚州为北汉有者，误也。至隆州乃北汉所置，传载《地理表》中，今列其名，以补欧史之阙。"② 类似于这一类的考辨很多。正如四库馆臣所云："其间于旧说虚诬，多所辩证，如田頵擒孙儒年月，则从吴《录》，而不从薛《史》；吕师周奔湖南年月，则从《通鉴》而不从《九国志》；《南唐烈祖世家》则从刘恕《十国纪年》及欧《史》，而不从《江南野史》、《吴越备史》，皆确有所见。"③

二 以注补史证史

吴任臣在写史过程中，很注意以夹注的形式补充史料和考证史料。比如在《南唐后主本纪》中，记乙亥年（975）金陵失陷后，南唐文臣武将或力战而死，或拒降自杀，或肉袒而降。在此夹注引《江南野史》云："初，后主既拒朝命不行，常谓人曰：'他日王师见讨，孤当躬擐戎服，亲督士卒，背城一战，以存社稷；如其不获，乃聚室自焚，终不作他国之鬼。'太祖闻之，谓左右曰：'此措大儿语耳，徒有其口，必无其志。渠能如是，孙皓、（陈）叔宝不为降卤矣。'至是果然。"④ 以显示李煜徒有大言，而实无抗宋之志，以及宋太祖对其性格的了解。又如记李煜于

① 《十国春秋》卷1《吴太祖世家》，第28—29页。
② 《十国春秋》卷104《北汉世祖本纪》，第1476页。
③ 《四库全书总目提要》卷66《史部》22《十国春秋》，海南出版社1999年版，第367页。
④ 《十国春秋》卷17《南唐后主本纪》，第252页。

太平兴国"三年七月辛卯薨",夹注云:"一云,宋太宗使徐铉见后主于赐第,后主忽吁叹曰:'当时悔杀潘佑、李平。'铉不敢隐,遂有赐后主牵机药之事。盖饵其药则病,前却数十回,头足相就如牵机状也。又后主在赐第,七夕,命故伎作乐,声闻于外。太宗闻之大怒,又传'小楼昨夜又东风',又'一江春水向东流'句,并坐之,遂被祸云。又《南唐拾遗记》云:后主归宋后,郁郁不自聊,常作长短句'帘外雨潺潺'云云,情思悽切,未几下世。"① 补充交代了李煜的死因。

又如《吴睿帝本纪》记顺义三年冬十二月"复遣卢蘋献方物于唐。上唐太后金花、银器、衣段。是时严可求预料唐主之言,教蘋应对;既至,皆如可求所料"。下有夹注引《江表志》云:"严球为相,王慎辞奉使北朝。球在病请告,烈祖授以论答,凡数百事,皆中机务,更就球宅访之,球览毕称美,请更添数事。"吴氏认为:"按《志》所载,即此事之讹也。误以严可求为球,卢蘋为王慎辞。"②

三 以"论曰"的形式发表评论

这些史论多集中在对人物的评价上。如在《吴太祖世家》中对吴王杨行密做这样的评价:"唐末,强藩分据,海内云扰。太祖以三十六英雄,起自草间,歼孙儒,禽赵锽,破杜洪,灭田頵,声罪汴疆,耀兵越徼,江淮南北,以次削平,抑亦可谓非常之杰,不世出者矣。《五代史》言其为人宽仁雅信,能得士心,卒之开国广陵,传世四主,盖有以也夫。"列举杨行密战功,颂扬他为"非常之杰"。赞同欧阳修对其"宽仁雅信,能得士心"③ 的评价。又如评价吴门下侍郎严可求称"善谋而多中,运机莫测,握算若神。"称中书侍郎骆知祥"精心钱谷,一心佐理,得与(严)可求齐称。"④ 再如评价南唐后主李煜称:"后主恂恂大雅,美秀多文,乡使国事无虞,中怀兢业,抑亦守邦之主也。乃运丁百六,晏然自侈,谱曲度僧,略无虚日,遂至京都沦丧,出涕嗟若,斯与长城之'玉树后庭'、卖身佛寺以亡国者,何其前后一辙邪?悲夫!"首先充分肯定李煜的才情,进而指出其偏居一隅却"晏然自侈,谱曲度僧,略

---

① 《十国春秋》卷17《南唐后主本纪》,第254页。
② 《十国春秋》卷3《吴睿帝本纪》,第60页。
③ 《十国春秋》卷1《吴太祖世家》,第29—30页。
④ 《十国春秋》卷10《严可求、骆知祥、陈彦谦列传》,第140页。

无虚日"①，最后导致国亡而身陷囹圄。其结局与陈后主、梁武帝如出一辙。评价南唐重臣宋齐丘称："齐丘任计，数喜机变，故纵横捭阖之士也。乘时干主，化家为国，可不谓有功焉。而躁悖热中，植党自用，迭起迭废，卒以不良死。史谓其狃于要君，阇于知人，其信然哉。"② 由于是对古人的评价，因此多能持正公允。

史论中，也不乏对史事的辩论。如针对《新五代史》言："吴越自武肃王以后，常重敛其民，下至鸡鱼卵鷇，必家至而户取，诸按吏多持簿量为笞数，人不堪其苦。"《顺存录》言："钱氏凡欠一斗者，多至徒罪"等记录，吴氏一方面对此记载"疑或传闻过甚"，另一方面又从吴越为保持偏安局面，竭尽国力进贡宋王朝的角度，为吴越重赋于民作出解释。他说："钱氏据有两浙，几及百年，武肃（钱镠）以来善事中国，保障偏方，厥功巨矣。宋兴后，王益倾资修贡献。……常读宋两朝供奉录，中间称忠懿王（钱俶）入贡，如赭黄犀、龙凤龟鱼、仙人鳌、山宝树等物，及通犀带七十余条，皆希世之宝；而金饰玳瑁器至一千五百余事，水晶玛瑙玉器至四千余事，珊瑚十高三尺五寸，金银饰陶器一十四万余事，金银饰龙凤船航二百艘，银装器械七十万事，白龙脑二百余斤，玉带二十四，紫金狮子带一，金九万五千余两，银一百一十万两，锦绮色绵以万万计，而举朝文武阉寺多所馈遗。竭十三州之物力以供大国，务得中朝心，国以是而渐贫，民亦以是而得安。"③ 这种辩论有理有据，颇能服人。

总而言之，吴氏《十国春秋》系统地把分散在正史、野史、笔记、文集中的相关史料进行了认真的爬梳、汇集和编纂，弥补了前人对十国历史记载和研究的不足。王鸣盛称其："博善整理，诚史学之佳者。"④ 但吴氏受"好奇务博"风气的影响，在书中正文和注文中往往收录一些荒诞无稽的记载。如《南唐烈祖本纪》夹注记李昇"家有赤梨树，结一实，大如升，会邻里共食剖之，有赤蛇在其中，大惊，已而蛇走先主之母榻下，未几孕，生先主"。又记吴太祖杨行密欲将李昇养以为子，但行密诸子不齿为兄弟，于是将其送给大将徐温，改名徐知诰。"温常梦水中黄龙

① 《十国春秋》卷17《唐后主本纪》，第259页。
② 《十国春秋》卷20《宋齐丘列传》，第297页。
③ 《十国春秋》卷82《吴越忠懿王世家下》，第1184页。
④ 王鸣盛：《十七史商榷》卷98《十国春秋》，上海书店出版社2005年版，第923页。

十数，已获一龙而瘠，翌日得知诰。甚喜。"诸如此类，不一而足。在列传之中，还有一些仅列姓名而无事迹之人，甚属无谓。正如《四库全书总目提要》所云："惟无传之人仅记姓名，列诸卷末，虽用陈寿《蜀志》附载无传诸人之例，然寿因杨戏有《季汉辅臣赞》，故系之戏传之末，非自列其名字于虚存标目也。是则貌同心异，不免于自我作古矣。"① 另外，吴氏在引用史料时尚有缺漏，如王鸣盛曾指出，当时有徐铉《骑省文集》30 卷，内中有十国诸多人物碑志，然其中有些人物在《十国春秋》中没有设传，有的虽然设传，但《骑省文集》所叙事迹遗漏者很多。在引用参考书籍时，不注其出处，"自为裁割，缉练成文，读者不能知其某事出某书"。② 故梁启超评论说："吴氏义例，实有薛、欧所不及处。然其书徒捃摭之富，都无别择，其所载故事又不注出处。盖初期学者著述，体例多缺谨严，不独吴氏矣。"③

第六节　"征往而训来，考世而定治"
——陈邦瞻与《宋史纪事本末》《元史纪事本末》

陈邦瞻（1557—1623），字德远，号匡左，江西高安人。万历二十六年（1598）进士，授南京大理寺评事。历任南京吏部郎中、浙江参政、福建按察使、河南布政使、工部右侍郎、兵部左侍郎、总督两广军务兼巡抚广东等职。在河南布政使任上，他曾主持开渠筑堤，开水田数千顷，并亲自传授南方桔槔汲水灌溉之法，为发展当地农业生产做出了重要贡献。同时，他还筹建了滏阳书院，传播文化，培养人才。

陈邦瞻学识渊博，尤精史学。钱谦益称其："留心问学，于经史之学，殊有原本。"④ 在从政之余，致力于宋辽金元史的研究和编纂。陈氏

---

① 《四库全书总目提要》卷 66《史部》22《十国春秋》，海南出版社 1999 年版，第 367 页。

② 王鸣盛：《十七史商榷》卷 98《十国春秋》，第 923 页。

③ 梁启超：《中国近三百年学术史》十五《清代学者整理旧学之总成绩（三）》，东方出版社 1996 年版，第 343 页。

④ 钱谦益：《列朝诗集小传》丁集下《陈侍郎邦瞻》，上海古籍出版社 1983 年版，第 644 页。

之前，翰林院编修、礼部尚书冯琦欲续袁枢《通鉴纪事本末》，编纂《宋史纪事本末》，但"稍为编次，凡例初具"①，未成而卒。其弟子京畿道监察御史刘曰梧得其遗稿若干帙，以示应天府府丞徐申。徐申知故侍御史沈越用同样体裁编纂的有关宋代历史的《事纪》保存在其子沈朝阳之手，该书"删润未备，条贯稍遗"。②万历三十二年（1604）徐申和刘曰梧请陈邦瞻在冯、沈二书的基础上，完成《宋史纪事本末》的编纂，并请沈朝阳佐助陈邦瞻。约历时一年，全书完成。四库馆臣称其："大抵本于琦者十之三，出于邦瞻者十之七。"③却未提及沈越《事纪》，显然有所疏漏。全书共分109目，记述了宋代"兴废治乱之迹"和宋代一些重要事件，除政治事件外，如治河、茶盐、礼乐制度、学校科举制度、学术思想等都有专题叙述。还记载了辽、金和蒙古早期的历史情况。故四库馆臣称："惟是书中纪事既兼及辽、金两朝，当时南北分疆，未能统一，自当称'宋辽金三史'，方与体例无乖，乃专用'宋史'标名，殊涉偏见。"④

该书是第一部以纪事本末体改编纪传体正史的著述，它以《宋史》为基本史料，但同时参考了薛应旂《宋元资治通鉴》、丘浚《续通鉴纲目》、吕中《宋大事记讲义》等其他文献。柴德庚先生认为："《宋史》篇帙太大，又分列事实于纪志表传，欲求一事之始末，必尽阅有关纪志表传，尚须审订年月，排比成书，费力甚大；加之《宋史》又为诸史中最为芜杂者，故编次《宋史纪事本末》，其事犹难。"⑤

该书编纂具有以史经世的明确目的。陈氏在该书"叙"中指出："夫史者征往而训来，考世而定治者也。"他将明朝与宋朝统治作一比较，指出："今国家之制，民间之俗，官司之所行，儒者之所守，有一不与宋近者乎？"既然两朝有很多相近之处，总结宋朝兴衰治乱的原因，自然可以为当朝的统治提供借鉴。他认为："大抵宋三百年间，其家法严，故吕、武之变不生于肘腋；其国体顺，故莽、卓之祸不作于朝廷；吏以仁为治而苍鹰乳虎之暴无所施于郡国，人以法相守而椎埋结驷之侠无所容于间

---

① 刘曰梧：《宋史纪事本末》"序"，中华书局1977年版，第1194页。

② 同上。

③ 《四库全书总目提要》卷49《史部》5《纪事本末类》《宋史纪事本末》，第280页。

④ 同上。

⑤ 柴德庚：《史籍举要》下编《纪事本末类》北京出版社1982年版，第195页。

巷，其制世定俗，盖有汉、唐之所不能臻者。独其弱势宜矫而烦议当黜，事权恶其过夺而文法恶其太拘，要以矫枉而得于正则善矣。"他指出："善因者鉴其所以得与其所以失，有微，有明，有成，有萌，有先，有后，则是编者，夫亦足以观矣。余故不揣而叙之，俾论世之君子有考焉。"① 刘曰梧也指出："明治固号为雍熙，其间也多故矣，姑以宋事证之，若灵州之议，澶渊之策，濮园之辨，洛、蜀之党，盖亦有仿佛于今者，而善败之故，一彼一此，斯也可以备得失之林矣。"②

　　陈邦瞻生活的时代，明朝统治面临内忧外患，大有重蹈宋朝灭亡覆辙的趋势。在《宋史纪事本末》中，陈氏共写有六条论赞，从宋代的政治、军事策略等方面探讨宋代衰亡的原因，总结经验教训，以供当代借鉴。如卷 2《收兵权》篇后，陈邦瞻认为，宋太祖"杯酒释兵权""可谓识时势，善断割，英主之雄略矣"。然南渡后"奸臣仍托前议，罢三大帅（韩世忠、张俊、岳飞）兵，以与仇敌连和，岂太祖、赵普之谋误之耶！"他认为南宋高宗罢三大帅兵权导致"主势强而国势反弱"，而南宋的灭亡，"亦不可谓非其遗孽也"。又如在卷 12《平北汉》篇后，陈氏指出："宋之受制夷狄，由失燕、蓟，其不能取燕、蓟，失在先下太原。"当初王朴和周世宗谋取天下，欲先定南方，其次取燕，最后再攻太原，因为"燕定则太原直置中兔耳"。宋太祖和赵普也秉承王朴遗意。但宋太宗却"忘其本谋"，急于伐汉，攻克北汉后，"师已老矣，复议攻燕，所谓强弩之末，势不能穿鲁缟。一败而没世不振，再举再失利，皆由太宗不知天下之大势，倒行求前，以致颠蹶也"。再如在卷 75《建炎绍兴诸政》篇后，陈氏借李纲之口批评宋高宗关注的只是"簿书期会不切之细务，至于攻讨防守之策，国之大计，皆未尝措意"，认为其"犹欲望其戡大难、成大功，岂不难哉"！陈氏对两宋衰亡原因的探讨，表现出他对宋代历史进程认识的深刻程度。

　　由于陈氏依据的《宋史》本身就存在诸多问题，而《宋史纪事本末》"因仍《宋史》之旧，舛讹疏漏未及订正者，亦所不免"。③ 为此，王树

---

　　①　以上引文均参见陈邦瞻《宋史纪事本末叙》，参见《宋史纪事本末》篇后附录，中华书局 1977 年版，第 1191—1192 页。

　　②　刘曰梧：《刻〈宋史纪事本末〉序》，参见《宋史纪事本末》篇后附录，中华书局 1977 年版，第 1194 页。

　　③　《四库全书总目提要》卷 49《史部》5《纪事本末类》《宋史纪事本末》，第 280 页。

民等在校点该书时曾订正不少错误（参见《宋史纪事本末》，中华书局 1977 年版）。

《宋史纪事本末》刊行后，在徐申的建议下，陈邦瞻开始续编《元史纪事本末》，约用一年时间，于万历三十四年（1606）完稿。全书立 27 目，合为 6 卷，约 10 万字。其中《律令之定》一条下注一"补"字，为臧懋循所增补。

徐申认为：明朝"能黜元统而不能尽废元法，如钦天推步则至元间所授，科举三场则皇庆间所定，四书、《易》《诗》之用朱注，《书》之用蔡注，《春秋》之用《胡传》，则延祐间所表章，文武官级则刘秉忠、许衡所建设，漕渠则张礼孙、郭守敬所疏凿，河防筑堤治埽诸法则贾鲁所经营。大抵开创之始所引用者皆胜国之人，所习见者皆胜国之事，故一时纡画厝注多相沿袭"。① 因此，陈邦瞻在依据《元史》编纂《元史纪事本末》时，"所取内容则多为明代可资借鉴者"②，其中，尤其偏重元朝典章制度的记述。从卷 8 到卷 17，以全书 1/3 的篇幅分别记述了科举学校制度、郊祀礼、庙祀之制、律令、漕运（河渠、海运）、治河、官制、郭守敬与授时历等。显然，元朝的这些典章制度多被明朝加以损益沿用，是值得总结的。故四库馆臣称："特是元代推步之法，科举学校之制，以及漕运河渠诸大政，措置极详，邦瞻于此数端，纪载颇为明晰。"③ 其次侧重记载与周边国家及少数民族的关系，如卷 3《高丽之臣》、卷 4《日本用兵》、卷 5《占城安南用兵》、卷 6《西南夷用兵》等。因为与朝鲜、日本、安南及西南少数民族的关系仍然是明王朝面临的重要问题。此外，还涉及元世祖统一后统治阶级内部的争斗、崇佛害民、学术思想、农民起义等诸方面问题。

由于陈邦瞻编纂《元史纪事本末》本是为了续接《宋史纪事本末》，因此他将南宋灭亡即元世祖至元十六年（1279）以前史事归入宋编，将元末群雄事迹归于明史范围，加之他本着"征往而训来，考世而定治"的宗旨，对元朝的史事是有选择的，致使本书很难全面反映元朝的历史。

① 徐申：《〈元史纪事本末〉叙》，《元史纪事本末》后附录，中华书局 1979 年版，第 223 页。

② 王树民：《〈宋元纪事本末〉的编著和流传》，《元史纪事本末》篇后附录五，中华书局 1979 年版，第 239 页。

③ 《四库全书总目提要》卷 49《史部》5《纪事本末类》《元史纪事本末》，第 280 页。

加之该书主要取材于《元史》和《宋元通鉴》，没有补充新的史料，记事过于简略，因此其史料价值有限。

第七节　"远取子长，近法永叔"
——王惟俭撰《宋史记》

王惟俭（1567—?），字损仲，祥符（今河南开封）人，万历二十三年（1595）进士。初授潍县知县，迁兵部职方主事。万历三十年（1602）春，辽东总兵马林因得罪了朝廷派去的税使高淮而被逮捕，兵部尚书田乐营救，皇帝大怒，田乐被流放，惟俭也被牵连削职归家，家居二十年。钱谦益称其："终神宗之世，二十年不起，以其间尽读经史百家之书，修辞汲古，于斯世泊如也。"① 光宗即位后，复起为光禄寺丞，升为大理少卿。天启三年（1623）擢右佥都御使，山东巡抚。天启五年（1625）擢南京兵部右侍郎，尚未赴任，改任工部右侍郎。因受魏忠贤党羽御史田景新弹劾，落职闲住。张民表称其："自连旨罢归，十年闭门却扫，隐几读书，尽发二酉之藏，正三史之误，他年著述，必有可观。"② 史称："资敏嗜学。肆力经史百家。苦《宋史》繁芜，手删定，自为一书。好书画古玩。万历、天启间，世所称博物君子，王惟俭与董其昌并。"③ 与钱谦益友善。钱氏自称："余所交学士大夫，读书通解，议论有根据者，损仲而外，不可多得也。"④ 钱氏称其："多闻强记。……风流儒雅，竟日谈笑，无一俗语，可谓名士矣。"⑤ 又称其："博极群书，每征一事，送一难，信口酬答，轩渠之意，见于颜面。"⑥ 王士祯称："钱牧斋于万历后文

① 钱谦益：《列朝诗集小传》丁集下《王侍郎惟俭》，上海古籍出版社 1983 年版，第 639 页。

② 张民表：《〈史通训故〉序》，《续修四库全书》《史部》史评类《史通训故》，第 246 页。

③ 《明史》卷 288《文苑》四《王惟俭传》，中华书局 1997 年版，第 7399 页。

④ 钱谦益：《列朝诗集小传》丁集下《王侍郎惟俭》，第 639 页。

⑤ 钱谦益：《牧斋初学集》卷 84《书王损仲诗文后》，上海古籍出版社 2009 年版，第 1768 页。

⑥ 钱谦益：《〈恬致堂集〉序》，《四库禁毁书丛刊》《集部》64，第 2 页。

士，独许祥符王损仲（惟俭）为博雅。"① 友人薛永宁对其甚为推崇，称其："渊雅卓荦，异日著述必将与龙门（指司马迁）、兰台（指班固）分镳共驰。"② 著有《宋史记》250卷，《文心雕龙训故》《史通训故》等。

王惟俭撰写《宋史记》之前，前人已做了不少对《宋史》的改编、续写工作。朱彝尊曾指出："先是揭阳王昂撰《宋史补》，台州王洙撰《宋元史质》，皆略焉不详，至柯氏（按：指柯维骐《宋史新编》）而体稍备。"③ 与王惟俭前后准备改编《宋史》的，还有归有光、汤显祖等。据钱谦益所云："百年以来，有志删修者三家。昆山归熙甫（有光）、临川汤若士（显祖）、祥符王损仲也。熙甫未有成书，别集中有《宋史论赞》一卷。……若士翻阅《宋史》，朱墨涂乙，如老学究兔园册子，某传宜删，某传宜补，某人宜合，某传某某宜附某传，皆注目录之下。州次部居，厘然可观。若士没，次子叙宁曰：'此先人未成之书，须手自刊定'，不肯出，识者恨之。"④ 可见，归有光、汤显祖虽有志改编《宋史》，但均未成书。三人中唯王惟俭留有《宋史记》。

王氏改编《宋史》缘起于对前人改编的不满。正如钱谦益所云："余与损仲商榷史事，横襟相推……。损仲扬眉抵掌，时扪腹自叹，挥斥柯维骐《新编》陈俗腐烂，徒乱人意。"⑤ 他自称撰写该书"远取子长，近法永叔"。⑥ 意即尊奉司马迁和欧阳修修史旨意。

《宋史记》撰修于何时，没有明确记载。据钱谦益所云："天启中损仲起废籍为寺丞，过余邸舍，移日夜分必商《宋史》。是时李九如少卿藏《宋宰辅编年录》及王秘阁偁《东都事略》300卷，损仲怂恿予传写，并约购求李焘《续通鉴长编》以藏。……余既退废不敢轻言载笔，损仲遂援据《事略》诸编，信笔成书。"⑦ 可见，王惟俭于光宗泰昌元年

① 王士禛：《池北偶谈》卷14《谈艺》4《王损仲》，中华书局1997年版，第323页。

② 薛永宁：《跋〈史通训故〉》，《续修四库全书》《史部》史评类《史通训故》后附，第427页。

③ 王惟俭：《宋史记》卷首《钱谦益题识》引朱彝尊《书柯氏〈宋史新编〉》，清漫堂抄本，北京大学图书馆藏。

④ 钱谦益：《牧斋有学集》卷46"跋《东都事略》"，《四库禁毁书丛刊》《集部》116，第337页。

⑤ 同上书，第338页。

⑥ 王保谌编刊：《宋史记凡例》，南京图书馆藏潜德堂丛书本。

⑦ 钱谦益：《牧斋有学集》卷46"跋《东都事略》"，《四库禁毁书丛刊》《集部》116，第337页。

（1620）复起为光禄卿，升为大理少卿时，就与钱谦益共同商定改编《宋史》的体例。又据钱谦益《书东都事略后》云："损仲博闻强记，删定《宋史》，已有成书"，所署时间为天启三年二月。① 可见，《宋史记》至迟在天启三年（1623）已经成书。

《宋史记》较之《宋史》，从篇幅内容上作了大量删削。《宋史》本纪47卷，志162卷，表32卷，传255卷，共496卷，而《宋史记》本纪为15卷，表5卷，列传200卷，志30卷，凡例1卷，共251卷。删削近一半。但王氏改编《宋史》，其意并不仅限于删繁就简，还主要着眼于以下几个方面。

一　增加纪传篇目和内容

元修《宋史》卷47称帝昺为瀛国公，附益王赵昰、广王赵昺于此纪中，埋没赵昰景炎、赵昺祥兴年号。柯维骐《宋史新编》则将度宗、帝显、端宗、帝昺合为一纪。王惟俭遵从柯氏凡例改瀛国公（元封）纪为帝昺纪，并增加瑞宗、帝昺二纪。同时增补了蒙古入犯或败绩之事。

又如《宋史》中仅设《宰辅》《宗室》二表，《宋史新编》又删去《宗室》一表。《宋史记》则增设《南唐诸国年表》《辽年表》《金年表》《夏国宰执年表》凡四篇。

在列传中，仿效《宋史新编》增设《后妃传》，认为："理宗贾贵人，乃似道之所攀附者，启衅勃敌，流毒生民，而宋社之屋，实维兹始。今依《新编》增入。"② 针对《宋史》《外国传》中只列夏国、高丽诸国，而不列金、辽，在《宋史记》《外国传》中，仿《宋史新编》增加辽金两国传，以"昭示内夏外夷之防"。③ 在《宗室传》中增加理宗之父荣王赵希瓐事迹。

针对《宋史》人物传记中"一切表疏，尽加删削，甚至止列项款，并无文辞，遂使读者莫能睹其事之颠末，罔繇识议之妍媸"的情况，王氏遂据其他各史所载"疏奏华缛，国体通达者，全文具录，其过冗长或无关系者，从《宋史》旧例"。④

---

① 钱谦益：《牧斋初学集》卷85《书〈东都事略〉后》，上海古籍出版社2009年版，第1784页。

② 《宋史记凡例》，南京图书馆藏潜德堂丛书本。

③ 同上。

④ 同上。

二 删除《宋史》某些篇目或内容

王惟俭曾作有《史通训故》一书，对刘知幾《史通》某些改造旧史的主张十分赞同。比如对《天文志》，他认为："《天文》一志，诸史皆有，夫元穹苍曜，本历代其如斯，珠斗玉绳，岂经时而有异？此刘子元之所以深有讥也，今宜删之。"①

同时他认为："《五行》一志，即孟坚之书（《汉书》）亦仿《洪范》之旨，彼其乖违已不可言，况在后世，徒事抄撮，聊备篇目，语焉不精，弥益其蚩矣。今亦删之。"② 而有关地震、日月蚀、彗孛之灾、凶荒之变，则放入本纪中，按年直书。而对《艺文志》，他则不完全同意刘知幾"所列书名，唯取当时撰者"③ 的改良主张，更赞同其删削《艺文志》的主张。他说："《艺文》一志亦诸史之必有者，抄四部之目何益劝惩，总《七录》之篇徒增简帙。而即去前代而用本朝如宋孝王之书（指《关东风俗传》'坟籍志'），亦无当也，今宜删之。"④ 对《宋史》中设有《仪卫》《舆服》二志，他认为，其中，"卤簿导从之仪，辂冕旌节之制，皆礼之属也。今宜并入《礼志》"。⑤ 对《宋史》所设《道学传》，他颇不以为然，认为"诸史止有《儒林》，而《宋史》乃列《道学》。夫学以为儒理，本无二况。此名目乃贾同、胡纮诸奸创之，以攻紫阳（朱熹）者，今宜删去，总名《儒林》"。⑥ 对《宋史》所设《外戚传》，他认为："宋室一代外戚，权无梁、窦，衅无霍、阎，列名外戚，仅备篇目云尔。"⑦ 因此删去《外戚传》。

此外，他认为，"帝女列传，班马不尔。虽帝乙归妹曾见于《易》，而王姬下嫁，不关乎史"⑧，因此，赞同柯维骐主张，删节《公主传》。对于《宋史》设立《奸臣传》，他认为："夫为史者，第据事直书，忠奸

---

① 《宋史记凡例》。

② 同上。

③ 刘知幾著，浦起龙释：《史通通释》卷3《书志》，上海古籍出版社1978年版，第62页。

④ 《宋史记凡例》。

⑤ 同上。

⑥ 同上。

⑦ 同上。

⑧ 同上。

不淆，炯戒昭如，何必目之为奸始足惩也。"① 因此不设《奸臣传》。同时也删节"叛臣传"一目。

针对《宋史》的繁芜，如"（真宗）景德一年之事，二千余言，足以当他史之一帝。高宗一朝之事，凡二百纸，足以当他史之全纪，核其所录，乃县丞、医官毕载，召见入对亦书，徒累繙阅，何关成败。今宜力加删削，用存史法"。② 如他主张不必为庸臣立传，如李昌龄、姜遵之等人，只需在他人传末略叙其姓名，或在年表中标明其爵位即可，其他事迹均可删除。《宋史记》还删削了《宋史》中繁冗的宗室谱系。

刘知幾《史通》对史书的《论赞》做过这样的评价："夫每卷立论，其烦已多，而嗣论以赞，为黩弥甚。亦犹文士制碑，序终而续以铭曰；释氏演法，义尽而宣以偈言。苟撰史若斯，难以议夫简要者矣。"③ 受《史通》观点的影响，王惟俭对《宋史》的《论赞》进行了删削。他指出："卷终有论，诸史皆然。独欧阳公《五代史记》于事有关系者始为立论，其余无之。乃《宋史》不惟卷终为论也，一卷之中人至数十，则一论不能毕也，复分其半为二论，此尤可笑者。今宜从《五代》史论。""略具梗概，微为韵语于此书之末。"④

三　调整修改《宋史》某些篇目体例、内容

比如针对《宋史》将降服于宋朝的南唐李煜、西蜀孟昶、吴越钱俶等十国设《南唐》《北汉》等世家，他指出："世家之称，如周末七雄，汉初三杰，或改元即位，或袭爵联珪，以此为世，犹为得之。而孟坚《汉书》已易萧（何）、曹（参）诸人尽从列传，况兹南唐、北汉诸国始乘乱以鸱张，继兴师而麇至，曾几何时，家墟世烬，爵土不纪于册府，子孙亦降为舆台。原无可家，何世之有？今依《汉书》项羽诸人之例，总名列传。"⑤ 他认为，南唐、北汉诸政权子孙后裔早已趋同平民，将其列入世家，已与周末七雄、汉初三杰封王封侯、传之子孙不可同日而语，因此取消世家，并入列传。

在人物传记上，他主张像吕蒙正、吕夷简均为名相，应当单独立传，

① 《宋史记凡例》。
② 同上。
③ 刘知幾著，浦起龙释：《史通通释》卷4《论赞》，第83页。
④ 《宋史记凡例》。
⑤ 同上。

不应依附在他人传中。而认为韩肖胄、韩侂胄兄弟"斯皆贤奸迥别",因此赞同《宋史》将其分别列传,而不以兄弟合传。此外他还主张"一家之中,父子兄弟并为一传",比如梁颢之子梁固附见《宋史》卷296《梁颢传》中,而其另一儿子梁适事迹则见于卷285中。再如赵方事迹见于卷403中,而其子赵范、赵葵传则见于卷417。因此主张:"凡此诸人,皆宜并入。"①

他认为,在为宰辅立传时像韩琦、富弼、李纲、赵鼎以其功勋和声望,理所当然应当立传,至于"乱法之王安石,误国之耿南仲,若此诸人,宜书示戒"。而那些"龌龊庸臣如李昌龄、姜遵之俦,宜依《汉书》陶青、刘舍之例,于他传之末略述姓名,年表之中用具爵位,不必立传"。②

针对《宋史》在为人物立传的过程中,出现人物所处年代失序的情况,比如后周大臣乔维岳的传记(卷307《列传》第66)放置在北宋太宗、仁宗、真宗朝大臣尹洙(卷295《列传》第54)、孔道辅(卷297《列传》第56)之后。特别是南渡诸卷,人物传记年代顺序颠倒尤甚。为此他一一进行改定。

他对《宋史》设《忠义传》将忠义之士分为死节、死事之类,并按其事迹不同"以类附从,定为等差"③的做法不以为然,认为:"忠义诸人,或殒身疆场,或毕命异域,第据事直书,其美自见,而分以死节、死事,第以为上、为次,遂使世代杂糅,翻阅参差。今直按其年时,录其彪炳。其寻常之士靡于敌,师出于不意者,亦所不取。"故取消《忠义传》。④

同时他认为:"两汉诸史《儒林列传》大都无他事迹,总在一卷。其有勋业,不在此例。如董(仲舒)、郑(玄)不名《儒林》。"而《宋史》则将建有功业的杨时、魏了翁、胡安国"概入《儒林》,误矣。今皆改定。"⑤ 实际上,《汉书》《后汉书》在《儒林传》外专为董仲舒、郑玄列传,主要是为了突出董、郑二人的学术地位。如《汉书》称董仲舒"为

---

① 《宋史记凡例》。
② 同上。
③ 《宋史》卷446《忠义一》,中华书局1977年版,第13150页。
④ 《宋史记凡例》。
⑤ 同上。

群儒首"①，《后汉书》称：郑玄"括囊大典，网罗众家，删裁繁诬，刊改漏失。自是学者略知所归"。② 而非因为其建有勋业。《宋史》将杨、魏、胡列入《儒林传》并无不当。

对《宋史》中所载李谷等五代大臣事迹，他认为："《宋史》为传，为宋是及，若李毂诸臣者，或名具欧阳之史，或仕历周、汉之朝，身仅睹乎建隆，勋无关于赵代，止以卒于宋初，便列《宋史》，不亦费乎？今并删之。"③ 此外，对一般武臣如马令琮诸人（参见《宋史》卷271），他认为这些人"虽摧锋陷阵，微有功勋，而乘徼履障，要其常事，非有殊尤绝绩，亦乌足浊简牍乎？今并删之"。④

此外，王惟俭还对《宋史》中的一些篇目内容进行了必要的调整。如他认为宋太祖、南宋孝宗"于惩贪一事，极意尽法，或刺面，或籍产，此亦澄清吏治之美政也。间书一二。"又认为："理、度而后，宋元纷争，（宋）史中于蒙古或入犯，或败绩，全不书及，盖为本国讳也。今查各史，一一必书。"⑤ 再如对《宋史·宦官传》记宦官事迹，"上叙父祖，下逮子孙"的做法感到奇怪。他说："夫乞丐携养，何关父祖？而内谒者监安得有子？即宋有年过三十养子之令，而竟不加一养字，何也？"⑥ 同时他认为，一般负责洒扫庭除的太监不必为之立传。

四 重视《春秋》笔法的劝诫作用

王氏称："宣尼作经，左丘立例，然后世学者亦恐过为揣摩之词。今既不诸事立凡，亦须稍为区别。如侯王曰薨，宰执而封公王者亦曰薨。卿辅曰卒，官卑而直谏、理学者亦曰卒。其奸邪者削官曰死，滥刑者备官曰杀，刑当而有罪者曰伏诛。金、辽、夏、元争战，云掠得其地曰取，而复陷曰入。宰执免罢，原无低昂，而奸回退位，方书罪免。朱紫略分，用存体例。"⑦ 再如针对《续纲目》诸书于辽、金用兵皆曰"入寇"，王氏认为："如此之称，施之于楚昌、齐豫逆命之臣可也。势均敌国，岂宜

---

① 《汉书》卷56《董仲舒传》，中华书局1975年版，第2526页。
② 《后汉书》卷35《郑玄传》，中华书局1982年版，第1213页。
③ 《宋史记凡例》。
④ 同上。
⑤ 同上。
⑥ 同上。
⑦ 同上。

尔乎？今悉曰犯、曰侵，以示与国之义。"① 在此，值得注意的是，王惟俭以平等目光视宋、辽、金为"势均敌国"，一改以往视宋为正统，而将辽金斥为夷敌的做法。

五 以"职方氏曰"等形式，对史事、人物发表评论

王惟俭在删节《宋史》"论赞"的同时，在一些篇目中以"职方氏曰"、"读史论世曰"的形式对人物、史事发表评论，表达自己的见解和看法。如在卷123《黄潜善、汪伯彦、秦桧传》中以"职方氏曰"的形式评论称："宋自二帝北狩，六飞南幸，倾侧颠洞之时，乃以潜善、伯彦相继柄国，今日出李纲，明日谪宗泽，又明日杀岳飞，名流时豪唯恐其不尽，而挟敌自重之奸雄再跻政地，十有九年，诛及于腹诽，侦甚于监谤，而高宗拱手受成，遂忘君父之仇，而敬听其命焉"，"呜呼，予于是知宋之不能中兴也。"② 再如卷150《陈康伯、陈俊卿、虞允文传》中他以"读史论世曰"的形式，评论南宋抗金英雄虞允文于绍兴三十一年指挥的采石之战称："当是之时，允文缓带轻裘，指挥如意，其风度千古而下犹可想见，岂出周公瑾之下哉？邱文公濬有言：'古今水战，动称赤壁、采石，然（周）瑜主将而允文书生也，瑜握重兵而允文空拳也。瑜有武侯为犄角而允文只手也。'诚哉，言乎。而当时犹以为适然耳。甚矣，宋儒之忮也。"③ 在这些评论中，王惟俭指责了奸臣、庸君误国，颂扬了抗金爱国英雄，褒贬态度鲜明。

此外，他还注意订正《宋史》记载的谬误。他认为："《宋史》至理、度之时，疏谬尤甚。如史弥远、史嵩之一代穷奇，李知孝、梁成大相门鹰犬，而二史虚事褒扬，梁、李徒有官簿，此必宋末临元子孙赂改，而旧史不存，无从诛奸。读之但有浩叹。"④ 因此，在《宋史记》相关人物传记中，删节虚美之词。

针对《宋史》中存在文字"鄙俚"的情况，王惟俭还进行了必要的润色。他说："今即不可过于藻缋，以掩本来，亦宜微为润色。"⑤

---

① 《宋史记凡例》。
② 王惟俭：《宋史记》卷123《黄潜善、汪伯彦、秦桧传》，清漫堂抄本，北京大学图书馆馆藏。
③ 《宋史记》卷150《陈康伯、陈俊卿、虞允文传》，清漫堂抄本，北京大学图书馆馆藏。
④ 《宋史记凡例》。
⑤ 同上。

　　总之，王惟俭在改编《宋史》的过程中，能够针对《宋史》自身存在的各种弊病，从体例、内容、文字等多方面进行调整、删削、增补、润色，一改《宋史》"繁芜"之弊。

　　《宋史记》问世后，钱谦益称："吴兴潘昭度抄得副本。今损仲家图籍，尽沉于汴京之水。未知吴兴抄本云何？"① 又称："今闻损仲草稿与临川（汤显祖）《宋史》旧本并在苕上潘昭度家。"② 康熙二十九年（1690），钱谦益亲见潘氏抄本。据王士祯引钱谦益所云："庚午石门吕无党游太学至京师，予见其行笈中有此书。盖即潘本涂乙宛然二百五十卷。首纪，次表，次传，次志。纪十五，表五，列传二百，志三十，通为《宋史记》。"③ 王士祯也云："康熙庚午石门吕葆中无党携以入都，秀水朱竹垞太史藉抄其副，神物护持，不与劫灰俱尽，殆有天意。予仅抄凡例一卷，而识其颠末。"④

　　后潘氏抄本辗转藏于太仓闻少谷家。据晚清著名藏书家季锡畴称："今年（按：咸丰四年）春余与少谷学博同寓昆山北乡斜塘袁氏宅，行箧中携是书出以相赏。余叩以所自，云乾隆中其曾祖书岩公为江宁教授，有某大令罢官归，匮资斧贷三百金，以此书为质。惜已忘其姓氏矣。其书目录上有朱笔涂乙，并别标卷数。盖当时潘氏以汤本相较而附注之书，中有增删者亦依汤本。"⑤ 又据藏书家瞿秉渊所云："汴梁水灾，王氏原稿已亡，幸苕上潘昭度录得其本，展转藏于太仓闻氏，历二百余年而完善无阙。今年（咸丰甲寅）春季季菘耘丈馆余家，向少谷学博假得携以见示。"⑥ 据《中国古籍总目》（中华书局、上海古籍出版社 2009 年版）载，国家图书馆藏有清抄本《宋史记》250 卷，为清宋宾王校并跋，共76 册。北京大学图书馆藏有《宋史记》250 卷，共 40 册，为清漫堂抄本。目录后有注："太仓宋宾王校抄并补志卷，岁在乾隆癸丑（即乾隆五十八年）之清和月（农历四月）。"又据吴丰培介绍，他在北图所见到的一抄本"前后无序跋，首有南昌彭元瑞知圣道斋、文端公遗书及翁同龢

---

① 朱彝尊：《明诗综》卷 58《王惟俭》，中华书局 2007 年版，第 2908 页。
② 钱谦益：《牧斋有学集》卷 46《跋东都事略》，《四库禁毁书丛刊》《集部》115。
③ 王阮亭：《跋〈宋史记〉凡例》，清刊潜德堂丛书本，南京图书馆藏。
④ 同上。
⑤ 季锡畴：《跋〈宋史记〉凡例》，清刊潜德堂丛书本，南京图书馆藏。
⑥ 瞿秉渊：《〈宋史记〉凡例》"识语"，清刊潜德堂丛书本，南京图书馆藏。

藏书记"。"今此钞本对于明末之帝讳校、检诸字不避，而于清之康、雍、乾三朝之讳，如玄、胤、弘、历等字亦均不避，自是顺治时之旧钞。书中有朱笔涂乙，与牧斋所云'潘本涂乙'宛然合，或此抄本即潘本欤。"① 另南京图书馆保存有八千卷楼振绮堂旧藏之小方堂抄本十册，凡31 卷。另有王保谦编刊《宋史记凡例》1 卷。

第八节 "补南宋史事之缺漏，究南宋衰亡之原因"
——钱士升与《南宋书》

钱士升（1575—1652），字抑之，号御冷，又号塞庵，晚自称息园老人。嘉善魏塘镇（今属浙江）人。出生于官宦书香门第，八九岁时"九经三史俱成诵"，后拜东林党领袖顾宪成为师，并常与著名学者陈继儒等"以文章道义相切劘"。时人称其"自少时便已名重三吴，一时贵公巨卿咸推庙堂之器，以为此头头第一者已。"② 万历四十四年（1616）殿试擢一甲第一名，授翰林院修撰。③ 曾分纂《显皇帝实录》。天启五年（1625）魏忠贤兴大狱，逮捕东林党人杨涟、魏大忠等，钱士升"奔走救护，捐金钱为首倡"，"凡被难诸贤皆力营救"。④ 崇祯元年（1628）任南京少詹事、掌南翰林院。后分别任南京詹事、充实录副总裁、南京礼部右侍郎、礼部尚书兼东阁大学士、加太子太保、改文渊阁大学士等职。年七十八卒。门人谈迁私谥其为文贞先生。主要著作有《皇明表忠纪》《逊国逸书》《赐馀堂集》《五子近思录》《周易揆》等。

《南宋书》编纂于钱氏晚年。据其元孙钱佳所云："先公晚年逊荒修《南宋书》。"⑤ 据许重熙《年谱》和《明史》本传载，钱氏于崇祯九年（1636）上"四箴疏"，谏言皇帝要"宽以御众，简以临下，虚以宅心，平以出政"。"其言深中时病，帝虽优旨报闻，意殊不怿也。"不久武生李

① 吴丰培：《旧抄本明王惟俭〈宋史记〉二百五十卷》，《文献》1982 年第 2 期。

② 李陈玉：《赐馀堂集》"原序"，《四库禁毁书丛刊》《集部》10，第 402 页。

③ 许重熙：《（钱士升）年谱》，参见《赐馀堂集》附录，《四库禁毁书丛刊》《集部》10，第 408、410 页。

④ 许重熙：《（钱士升）年谱》，参见《赐馀堂集》附录，第 412 页。

⑤ 钱佳：《〈赐馀堂年谱〉跋》，《四库禁毁书丛刊》《集部》10，第 426 页。

珽请括江南富户，行首实籍没之法，钱士升认为，"此乱本也"，上疏言"或疑此辈乃流寇心腹，倡横议以摇人心"。崇祯帝指斥为"即欲沽名"，"士升惶惧，引罪乞休"。① 自此结束官宦生涯，回到故乡，闭门著述。钱佳所云"晚年逊荒"似应指崇祯九年辞官归隐后。可见，《南宋书》应修于崇祯九年后。此时，明王朝已大厦将倾，岌岌可危。钱氏身居"袁闳土室（按：东汉延熹末，党事将起，袁闳散发绝世，自筑土室以藏身）"，"自一二行脚往来外，至戚亦罕睹其面"，专心从事《南宋书》的纂修。唯有其弟子许重熙至，"一编相对，或泣或歌，有非左右所得知者"。② 《南宋书》每卷"赞"语，均为许重熙为之。故席世臣称重熙"博学有史才，著述甚富。相国为是书，多其赞助之力。"③

《宋史》成书仓促，向来有繁冗之讥。其中记载的南宋史更是存在诸多问题。正如钱大昕所指出的："《宋史》述南渡七朝事，丛冗无法，不如前九朝之完善。宁宗以后四朝，又不如高、孝、光三朝之详。盖由史臣迫于期限，草草收局，未及讨论润色之故。"④ 赵翼也分别指出其"各传回护处""各传附会处""各传错谬处""列传又有遗漏处""排次失当处"等。⑤ 其中，多涉及南宋人物传记。钱士升编纂《南宋书》主要出于对《宋史》的不满，所谓"盖患《宋史》之冗长，故取南渡以后事迹，删繁就简，别成一书"。⑥ 其次是增补《宋史》列传中缺漏的人物事迹，如增补南宋郑思肖等百十余人列传。此外，也不排除钱氏企图通过对南宋史的编纂和对人物的评论，而间接地探讨明朝衰败乃至灭亡的原因。

《南宋书》为纪传体南宋史，全书 68 卷，其中帝纪 7 卷，列传 61 卷，记载了上起宋高宗建炎元年，下迄帝昺祥兴二年凡 153 年的历史。

《南宋书》的编纂具有以下几个特点。

一　对《宋史》中所载南宋人物和史事进行了必要的增删

（一）增删一些人物传记

如在《杜充张孝纯刘豫列传》中，增加了《宋史》中未为列传的张

① 《明史》卷 251《钱士升传》，中华书局 1997 年版，第 6488 页。
② 钱佳：《〈赐馀堂年谱〉跋》，《四库禁毁书丛刊》《集部》10，第 426 页。
③ 席世臣：《南宋书》"叙"，《南宋书》，齐鲁书社 1996 年版，第 136 页。
④ 钱大昕：《十驾斋养新录》卷 7《南渡诸臣传不备》，上海书店出版社 1983 年版，第 149—150 页。
⑤ 赵翼：《廿二史札记》卷 23、卷 24，中华书局 1984 年版。
⑥ 席世臣：《南宋书》"叙"，《南宋书》，齐鲁书社 1996 年版，第 136 页。

孝纯传，补入了郁臻、李成、孔彦舟等传。在《岳韩列传》中补入戚方、胡闳休、张节夫、王大节、何铸等传。在《仇陈郭唐李徐列传》《陈规传》中增入孙逸、寇宏、杨春等人传。在《刘陈杨赵翟李张马列传》中增入《宋史》未为列传的赵樽、李兴、马扩、邵隆传等。再如《宋史·循吏传》"载宋循吏，南渡后遂无一人"，对此钱氏指出："岂其时无表著乎？抑有而不足重乎？"因此采集南宋循吏"名显者"如赵汝仿、许子良等入《循吏传》。① 据杨君统计，《南宋书》补充了《宋史》中没有的人物110余人，包括郑思肖、唐仲友、汪元量、何铸、解潜、马扩等重要人物。② 对一些他认为不该入传的人进行了删削。如在《韩侂胄史弥远等列传》中认为李鸣复、别之杰、金渊"三人皆附（史）嵩之以显，碌碌无可传，故削之。"③

（二）增补史料

如在《后妃纪》后附录蔡鞗《北狩行录》及汪元量《燕中即事诗》，以记载徽、钦二宗被掠金地时的情景，借以批驳《南烬窃愤录》记载的不实。在《杜充张孝纯刘豫传》中补入金兀术渡江事。在《范宗尹传》后补入宋高宗越州航海事。在《汪伯彦传》中附录高宗南奔事。在《张浚传》中附录金兀术自述淮上事等。

（三）删汰《宋史》中所载无稽之谈及繁沓的官阶职衔

对传记中所载宣扬"君权神授"的"吉兆"，如《宋史》卷24《高宗一》记赵构出生时"赤光照室"，卷37《宁宗一》记光宗为恭王时，其妻李氏（慈懿皇后）"梦日坠于庭，以手承之，已而有娠"，后生宁宗赵扩。卷41《理宗一》记理宗赵昀出生前一日其父"梦一紫衣金帽人来谒"，"室中五采灿烂，赤光属天，如日正中"。"幼尝昼寝，人忽见身隐隐如龙鳞。"钱氏统统进行删削。在人物传记中，还删削了繁沓的官阶职衔，使《南宋书》叙事更加简练。

二 按照"以类相从"的原则，大量采用类传

在沿用《宋史》循吏、酷吏、儒林、文苑、隐逸、列女、方技、外戚、宦者、佞幸等类传体例外，在其他人物传记中，也按照人物之间存

---

① 钱士升：《南宋书》卷64《循吏酷吏传》二，齐鲁书社1996年版，第530页。
② 杨君：《钱士升史学思想研究》，硕士学位论文，天津师范大学，2011年。
③ 《南宋书》卷49《韩侂胄史弥远等列传》，第455页。

有某种关联，或事迹相类，进行归类。如卷15《岳飞韩世忠列传》除记载岳飞、韩世忠事迹外，还分别记载了岳云、张宪、牛皋、杨再兴、戚方、张用、韩彦直、解元、呼延通、成闵等20人的事迹。这些人大多是其部将、幕僚，曾参与过抗金斗争，而戚方、张用则是岳飞曾讨伐过的游寇。又如卷49《韩侂胄史弥远等列传》中，韩侂胄传附记了陈自强、许及之、胡纮、何澹等9人的事迹；史弥远传附记余天锡、程珌等6人的事迹。再如卷59《江万里等列传》总共记31人的事迹。其余各传或记10余人，或记20余人，比比皆是。类传的采用，一来可以精简篇目，避免所载内容重复，二来把有关联的人物放在一篇传记中，可以使读者了解彼此的关系及相关人物在当时发挥的作用。

三　以"论"（按："赞"为许重熙所作，在此不论）的形式对所载人物、事件发表议论

首先，作者希望通过史论，表彰忠臣义士，发挥史书"彰善"的作用。如评价丞相赵鼎称其："树人作正士依归，临事收忠言，广益略，虽逊于李纲，而念不忘敌，几实密于张浚。而忠在卫主，为宇宙惜人才，为国家护元气，宁受首鼠之诮，不袭恫喝之能。白首丹心，衷言无愧，山河箕尾，露旌有光。可谓平世之纯臣，衰朝之懿士矣。"① 再如评价抗金名将岳飞称："天生岳飞，以为人表。运谋暗合孙武，将众善等淮阴。义感敌人，忠孚群下。"② 评价吴玠、吴璘称："向若张浚五路之败而使无玠，兀术三次之侵而不有璘，蜀其为金土久矣。兄弟父子出死力，当大敌，为宋保障西北，其世家世臣无忝矣。"③

其次，作者还通过史论，总结了南宋国运衰败乃至覆灭的原因。如在《张邦昌黄汪范权列传》中称："开国承家，小人勿用。高宗蒙难再造，即以汪、黄为腹心，宜中兴之无成也。小人忍于妒功，巧于蔽贤，敢于败国，昧于量己，古今末运，莫不皆然。"④ 又如在《度宗三帝本纪》中称："理宗季年，蒙古亟迫我疆圉，盖权臣贾似道启之衅。度宗昏弱，复拱手听其所为故政愈棼而敌愈迫，溃败之势，岌岌然不可支。比

① 《南宋书》卷9《李纲赵鼎列传》，第215页。
② 《南宋书》卷15《岳飞韩世忠列传》，第250页。
③ 《南宋书》卷16《吴玠吴璘刘光世列传》，第259页。
④ 《南宋书》卷12《张邦昌黄汪范权列传》，第232页。

如病者，始终付于庸医，至沉剧而莫悟也。"①

最后，作者还希望通过史论，驳正人们对人物、事件错误的认识。如在《高宗本纪》中，针对《宋史》将高宗南渡比作光武中兴、晋元帝迁都建邺，钱氏指出："宋高宗南渡，仅可与周平王东迁比。既不能如夏少康一旅克复旧物，又不能如唐肃宗藉兵收复两京。而退守偏隅，称臣敌国，前史拟之光武、晋元，非其伦矣。"② 再如对宇文虚中和王伦的评价，两人都曾出使金国，宇文虚中后仕于金，被金以谋反罪杀害。但长期以来，由于其接受金朝封官，屡受指责。王伦虽力拒金朝封官，以身殉国，但由于胡铨曾上疏斥王伦为"狎邪小人、市井无赖"，因此使其"负诟于千古"。对此钱氏评论说："（宇文）虚中仕于金，乃心宋室，宋人始终怜之。宋人日望和，使者数辈不得，至伦乃成，竟以胡铨一疏，负诟于千古。然伦终能拒金之仕，完宋之节，两人得失，其可以偏词论哉？……大臣奉命专对，苟利国家，死生以之，二子有焉。前史称虚中恃才轻肆，伦市井无行，岂其然乎？"③

此外，钱氏还通过史论，比附个人处境，抒发胸臆。如在《文天祥传》中评论说："天祥屡败不振，一事无成，疑其起事之无用也。败不即死，转转苟延，疑其恋生之太甚也。当时王炎午有生祭天祥文，叹其不早死，而愿其速死。噫！不然矣。夫成败，天也。忍败以希成人臣无已之念也。一息尚存，一息留未亡之忠义，岂必以死为得，生为失哉？楚虽三户，亡秦必楚，天下事未可知，吾怜其志而已。"④ 在《马章陈家传》中，他说："人臣当国事已危之日，力不能为之挽回，虽有忠心，无可如何。迨其亡也，托身隐逃，其志亦可怜矣。身没之日，固故国之纯臣也。"⑤ 显然，这是借评论文天祥、马廷鸾、章鉴、陈宜中等，以表明自己不愿以身殉国、退避山野、志存恢复的志向。

四库馆臣在评价《南宋书》时指出："是编以《宋史》繁冗，故为删剔，然所刊削者不过奏疏及所历官阶而已，别无事增文省之处，亦不见剪裁熔铸之功。"又批评其"去奸臣、叛臣之例，仍列于众人之中"，

---

① 《南宋书》卷6《度宗三帝本纪》，第193页。
② 《南宋书》卷1《高宗本纪》，第162页。
③ 《南宋书》卷29《宇文曹韩王洪朱张列传》，第328页。
④ 《南宋史》卷61《文陆谢张等列传》，第519页。
⑤ 《南宋史》卷62《马章陈家传》，第526页。

"殊失示戒之意"。认为其"惟遵循古例，不以道学、儒林分传，能扫除门户之见，为短中之一长耳。"① 实际上，这个评价是不公允的。如上所述，《南宋书》在依据《宋史》的同时，不仅仅是刊削奏疏及所历官阶，而是对《宋史》中所载南宋人物和史事进行了必要的调整和增删，并在人物纪传中补充了史料。至于对其不分列"奸臣""叛臣"传的指责，显系无中生有。因为历代正史中分列"奸臣""叛臣"传并不是一贯体例，正如四库馆臣自己所云："按：《隋书》以前，奸臣、叛臣本不别传，《新唐书》使另列之。后之作者，多仍其例。"② 为何要强行要求《南宋书》分列"奸臣""叛臣"传呢？且元人修《宋史·奸臣传》，入传者并非都是奸臣，比如赵翼就曾指出："赵良嗣不应入奸臣传。"③ 也有本为奸臣却没列入《奸臣传》的。如宁宗、理宗时权相史弥远，废杀皇储，擅杀韩侂胄，却并没列入《奸臣传》。对于元人编修《宋史》良莠不分，钱士升自然也是心知肚明，因此，他没有分列"奸臣""叛臣"传，但在各传人物归类和卷后的"论"语中体现了鲜明的褒贬善恶的态度。

第九节　"欲于《通考》之外兼擅《通志》之长"
——王圻编撰《续文献通考》

王圻（1530—1615），字元翰，号洪州，上海人。嘉靖四十四年（1565）进士，出任清江知县，调万安知县，后升为御史。先后任福建按察金事、开州知州、陕西布政参议等职。后因不愿依附权臣张居正、高拱而与之有隙，故辞官回乡，"筑室淞江之滨，种梅万树，目曰梅花源。以著书为事，年踰耄耋，犹篝灯帐中，丙夜不辍"。④ 著有《续文献通考》（以下简称《续考》）《洪州类稿》《三才图会》《稗史类编》《海防志》《东吴水利考》等书，其中以《续考》影响最大。四库馆臣评价其著述时指出："圻所著述，如《续文献通考》《三才图会》《稗史类编》

---

①　《四库全书总目提要》卷 50《史部》6 别史类存目《南宋书》，海南出版社 1999 年版，第 290 页。

②　同上。

③　赵翼：《廿二史札记》卷 24《赵良嗣不应入奸臣传》，中华书局 1984 年版，第 517 页。

④　《明史》卷 286《文苑二》《王圻传》，中华书局 1997 年版，第 7358 页。

诸书，皆篇帙浩繁，动至一二百卷。虽庞杂割裂，利钝互陈。其采辑编排，用力亦云勤笃。计其平日，殆无时不考古研今。"①

《续考》正式纂修时间，据向燕南考证，应始于隆庆二年（1568）王圻由万安知县应召西台御史之后。从隆庆二年到温纯作序的万历三十一年（1603）春，计三十四年、三十五年，其间应为王圻纂辑《续通考》的时间。他还依据赵可怀万历二十四年（1596）为其《谥法通考》作"序"所云："（圻）归田后，日杜门著述，辑有《续文献通考》凡若干卷，就其中抽谥法一种另梓。"认为《续通考》至万历二十四年（1596）已基本完成，后则只是修补之。② 这个分析是有道理的。只是把最后成书算至温纯为之作序的万历三十一年，还不精确。今查为《续通考》作序、跋的分别有周家栋"序"、许维新"书续文献通考后"和温纯"序"分别所署"万历壬寅岁（即万历三十年）"和"万历癸卯（即万历三十一年）"，另文中记事多处记至万历三十年，又据《刻续文献通考文移》称："直隶松江府为公务事，万历三十年三月初三日蒙巡按直隶监察御史何宪牌照得王参宪所缉《续文献通考》，典故悉备，有裨经济，可与正书并传不朽，相应刊行，嘉惠宇内。"③ 可知该书最后成书于万历三十年（1602），成书不久就得到松江府及其他官方机构的资金支持得以刊行。如果将其收集、整理资料的前期工作加在一起，耗时更多。温纯"序"称其："益肆力搜罗且四十年，遂成此考。"④ 言不为虚。

《续考》的修纂，缘起于王圻认为："马贵与（端临）所著《通考》绝笔于宋，然自嘉定以后什不得一矣，胡元典故阙焉未备。"加之，"宋真以后辽金事迹十居六七旧考削而不入"。故而"搜辑史乘及名家文集诸书，悉依贵与目录编次成帙"。又以为"国朝礼乐制度"不可"独阙"，因而"尝从台臣之后，凡六曹文牒暨诸先贤奏牍，咸口颂手录，得什一于千百，遂即贵与款以类附入"。⑤ 显然，《续考》是续接《文献通考》，

---

① 《四库全书总目提要》卷178《集部》31别集类存目5《洪州类稿》，第962页。

② 向燕南：《王圻纂著考》，《文献》1991年第4期。

③ 王圻：《续文献通考》卷首附录《刻续文献通考文移》，现代出版社1986年版，第1页。

④ 温纯：《续文献通考》"序"，参见《续文献通考》篇首附，现代出版社1986年版，第2页。

⑤ 王圻：《续文献通考》《凡例》，现代出版社1986年版，第1页。

补续宋宁宗嘉定以后和辽金元明数朝的典章制度的。

《续考》在体例、编纂内容等方面具有以下几个特点。

一　在典志体著作中创设《节义》《道统》《方外》三考

《续考》凡254卷，记事始于宋宁宗嘉定，迄于明神宗万历。在《文献通考》原有二十四考的基础上，增补氏族、谥法、六书、节义、道统、方外六考。其中氏族、谥法、六书三考沿袭了郑樵《通志》"二十略"的体例。节义、道统、方外三考则为王圻创设。

为何设《节义考》？王圻认为："忠孝节义，纲常所关，史家亦往往为立传，而旧考未载，余故别创节义一目，附学校考之后。非止为往者扬其芳，亦欲令来者继其躅忠，止录其处变者死生之际。"① 故《节义考》主要记录一些远古至明代的忠臣、忠隐、忠谏、忠妇、孝子、节妇、义士、义妇等的事迹。

王圻还依据历代正史中《儒林传》《文苑传》的记载，创设《道统考》。他认为："道统有关于世教大矣。前考未载而后有述者，在上则止于尧、舜、禹、汤、文、武，在下则以宋儒直接汉代诸儒，而汉唐以降全无及焉。或为表章于上以兴起斯文，或为讲论于下以驳正同异，则汉唐君臣似亦未可尽泯，余因作《道统考》。"② 又在《道统总论》中指出："先达诸公，尝著《道学传》及《理学名臣录》，庶几备矣，而原委未详，姓氏脱略，观者不能无遗恨，故衷其世次之略，采其统绪之全，别为《道统》一考，附于《帝系》之后，庶治、教二统咸有所证据，而不至泯没无稽云。"③ 在王圻看来，代表思想文化统治的教统（道统）和代表封建专制统治的治统（帝系）是密切相关的体系，正如温纯所云："以《道统》附《帝系》……庶几道统之传于帝系不朽。得其根而枝可茂也，得其渊而流可长也，得其心而迹可宰也。"④ 也正如向燕南所云："以道统（教统）和帝系（治统），为封建专制统治之根、之渊、之心，而'治天下有道因是已'正是王圻《续文献通考》增益《道统考》的意义。"⑤

《方外传》（《仙释考》）主要记载道教与佛教在中国的流传和对历代

① 王圻：《续文献通考》《凡例》，现代出版社1986年版，第1页。

② 同上书，第1—2页。

③ 《续文献通考》卷198《道统总论》，第2971—2972页。

④ 温纯：《续文献通考》"序"，参见《续文献通考》篇首附，第3页。

⑤ 向燕南：《王圻〈续文献通考·道统考〉二题》，《史学史研究》1996年第2期。

社会、政治的影响。

以上三传多记人物事迹，缘起于王圻对"文献"的曲解，他说："文与献皆历朝典章所寄，可缺一也与哉？贵与氏之作《通考》，穷搜典籍，以言乎文则备矣，而上下数千年，忠臣孝子节义之流及理学名儒类者不载，则详于文而献则略。"① 王圻在此把"献"曲解为指"忠臣孝子节义之流及理学名儒类者"，似受东汉经学家郑玄和南宋理学家朱熹关于"文献"诠释的影响，"文献"一词始见于《论语·八佾》，郑玄解释称："献犹贤也。我不以礼成之者，以此二国之君文章贤才不足故也。"② 朱熹则云："文，典籍也；献，贤也。"③ 在此郑、朱两人均把"文"释为文章，把"献"释为贤才。而马端临在《文献通考·自序》中论及史书取材时称："凡叙事则本之经史，而参之以历代会要，以及百家传记之书，信而有证者从之，乖异传疑者不录，所谓文也。凡论事则先取常时臣僚之奏疏，次及近代诸儒之评论，以至名流之燕谈、稗官之纪录，凡一话一言可以订典故之得失，证史传之是非者，则采而录之，所谓献也。"④ 显然，王圻并不赞同马端临的诠释，他为了达到"欲于《通考》之外兼擅《通志》之长"⑤ 的意愿，而将人物传记与典章制度糅为一体。三传的设立虽然体现了王圻对封建伦理纲常、学术思想和宗教文化对巩固封建统治作用的重视。但这三传所载的内容显然超出了典章制度史所应记载的范围，因此遭到清人的批评。四库馆臣指出："圻既兼用郑例，遂收及人物，已为泛滥。"⑥

二 增加关于社会经济文化等子目，扩大记载的范围

如在《田赋考》增加黄河、太湖、三江、河渠四个子目。他认为："水利乃国家大政，而水利之最巨者在北莫如黄河，在南莫如震泽。前考皆未备，今别述黄河、太湖二考附水利田之后，俾在事者得以按迹而图

---

① 王圻：《〈续文献通考〉引》，参见《续文献通考》篇首，第1页。

② 何晏：《〈论语集解〉引》，参见《论语集解义疏》诸子集成本，商务印书馆1937年版，第33页。

③ 朱熹：《四书章句集注》，中华书局1983年版，第63页。

④ 马端临：《文献通考》"自序"，中华书局2011年版，第3页。

⑤ 《四库全书总目提要》卷138《子部》48类书类存目二《续文献通考》，海南出版社1999年版，第706页。

⑥ 同上。

揆。"① 在《黄河考》中，他指出："然前代河决不过坏民田庐而已，我朝河决则虑并妨漕运，而关系国计，故治河视前代为尤急。"② 同时，他也认识到太湖、三江地区是当时经济重心之所在。正如《太湖考》中引吕光洵奏疏云："苏松水利乃国家财赋之源，生民衣食之本。"又引海瑞奏疏云："吴淞江一水，国计所需，民生所赖。"③ 因此他觉得有必要增设《太湖考》和《三江考》。同时，他又认为："其海渎江湖流经各郡县境，或资灌溉，或通漕艇，或作地险，不可漫无纪录，因作《河渠考》以附黄河、太湖考之后。"④

在《学校考》后，他还增设了《书院义学》子目，他认为："书院之制昉自石鼓、岳麓、白鹿、睢阳，皆硕德鸿儒讲道明教之地，世所谓四大书院者是也。厥后书院遍天下，日增月益，星罗而鳞次。"⑤ 宋代以后，书院逐渐成为国家培养人才的重要基地，而"书院义塾原考不载，此乃道学渊源所系，故增附学校考之末"。⑥

由于从元世祖以来，"岁漕东南粟由海道以给京师，始自至元二十年至于天历至顺由四万石以上增而为三百万以上，其所以为国计者大矣"。⑦ 而"旧考止载漕运，而海运一事纪述未详"，因此，王圻在《漕运考》之后附《海运考》，"俾司国计者稽焉，庶足以备不虞"。⑧

嘉靖、万历以来，明朝北部边疆面临残元势力和后金的不断侵扰，王圻目睹北虏对明王朝的严重威胁。为此，他在《舆地考》后增加《边关考》，表达了他的忧患意识和经世思想。比如，在论及蓟镇地理形势时指出："蓟镇自山海抵居庸，延袤辽阔，国初号称腹里。顷缘大宁内徙，宣、辽隔绝，沿边千里，与虏为邻。虽有属夷驻牧，甘心附虏，每犯内地，辄为向导，频年抚赏，劳费不赀。甚至肆为要挟，悖逆极矣。该镇素鲜边警。自古北之溃，烽火始达甘泉，嗣是若太平，若墙岭，若罗汉

---

① 《续文献通考》《凡例》，第1页。
② 《续文献通考》卷8《田赋考》"黄河"，第103页。
③ 《续文献通考》卷10《田赋考》"太湖"，第141页。
④ 《续文献通考》《凡例》，第1页。
⑤ 《续文献通考》卷61《学校考》"书院"，第910页。
⑥ 《续文献通考》《凡例》，第1页。
⑦ 《续文献通考》卷40《国用考》"海运"，第594页。
⑧ 《续文献通考》《凡例》，第1页。

洞相继失守，虏竟得志而去，未一惩创。当轴者是岂可不深长思哉。"① 又如在论述宣府地理形势时指出："宣府自东徂西，边长一千余里，雄处上谷，藩屏陵京，譬则身之肩背，室之门户也。肩背实则腹心安，门户严则堂奥固，其关涉岂细细哉？在昔经略诸臣咸谓彼中山川纷纠，地险而狭，分屯建将，倍于他处，号称易守。自今观之，乃亦有不尽然者。虏越永宁，则南山之迫切可畏，龙门失守，则金马之戒备当先。考之往事，若橦道横岭之驱，疾如风雨，浮图紫荆之溃，祸及郊圻。耳目睹记，历历可鉴，是岂可以易守言哉？"②

三 续补宋辽金元明的史实

王圻在续补《文献通考》的过程中，除补续宋宁宗及以后的史实外，还特别注意补续辽金的史实。他说："宋真宗以后辽金事迹十居六七旧考削而不入，岂贵与乃宋相廷鸾子，故不乐叙其事，抑宋末播迁之际，二国文献不足，故偶缺耶？然舆图之沿革，祥异之昭垂及政事美恶之可为戒法者，恶可尽弃弗录。余故撷其大节补入各目下，事则取之史乘，序则附之宋末。"③ 在此王圻认为，马端临以宋为正统而摒弃辽金两朝史实而不载是不可取的。为此，他在诸考中补续了大量辽金的史实。

为了续补元代史实，王圻"搜辑史乘及名家文集诸书，系依贵与目录编次成帙"。④ 将元代在田赋、钱币、治河、海运、征榷、朝仪等方面制度续补进去。

王圻尤其重视续补明朝典制，他说："国朝礼乐制度，轶唐虞而陋宋元，可独阙乎？金匮石室之藏，虽或不能尽睹，余尝从台臣之后，凡六曹文牒暨诸先贤奏牍，咸口诵手录，得什一于千百。"⑤ 为此，他在《田赋》《钱币》《职官》等诸考中以较长的篇目记载明朝典章制度。如卷3《田赋考》专设《皇明》1卷，详记十二布政司、直隶府州县的田亩、税收的数额及有关田赋的事例。在卷18《钱币考》专记元明两朝钱币制度，而以明代居多。分别记述了洪武初年至万历二十八年钞法、钱法、宝钱、铸造工料等。在《职官考》中，更是详记了从明初至万历三十年职官建

---

① 《续文献通考》卷232《舆地考》"边关上"，第3489页。
② 同上书，第3490页。
③ 《续文献通考》《凡例》，第1页。
④ 同上。
⑤ 同上。

置沿革、官数、职掌、禄秩、品级，从三公记至督邮属吏。有些记载更是具有独特的史料价值。比如在卷 100《职官考》"镇戍关市"后附有明代"驿传事例"和"马快船事例"，记载了从洪武元年设水马站和递运所到嘉靖二十一年明代驿递制度的发展过程，可以弥补其他史书有关驿传制度记载的缺漏。在卷 93《职官考》"内侍省"中，详记从洪武初定内侍诸官至万历二十九年宦官权势的变化，真实地反映了从明初的抑制宦官，逐步发展为重用宦官，最后达到宦官擅政、专权的发展轨迹。可以弥补《明会典》等记载的缺漏。①

总之，王圻在编纂《续考》的过程中，根据他对历史和现实的认识，出于经世的目的，对《文献通考》的体例、内容进行了一定的调整和增益，其中有些内容具有重要的史料价值。但该书确实存在诸多问题，如清人所指出的"援引芜杂""骈枝错出"② 以及四库馆臣所列举的分类不当、内容冗滥、记载缺漏等。③ 又如今人钱茂伟所列举其中的《经籍考》所存在的"目录标名不一""分类不甚科学""同书复见""误题作者姓名"等问题。④ 这从一个侧面反映了明代学者普遍存在的好奇炫博、治学不甚严谨的风气。

小　结

明末清初私家改编、续写、纂修旧史虽各自动机不一，或出于正闰之争，或为了续接和完善旧史的记载，或以新的体裁改造旧史，或为了"寓教于史"。但是，从客观上起到了订正旧史错误、弥补旧史缺漏的学术功用和弘扬正气、鞭挞邪恶的社会功用。这一类的史书具有以下几个特点。

---

① 参见吴娜《史料征引原则与价值透析——王圻续〈文献通考·职官考〉的个案研究》，《晋阳学刊》2006 年第 2 期。

② 《钦定〈续文献通考〉凡例八则》，《续文献通考》篇首，浙江古籍出版社 2000 年版，第 765 页。

③ 参见《四库全书总目提要》卷 138《子部》48 类书类存目二"续文献通考"，第 1169 页。

④ 参见钱茂伟《论马端临〈文献通考〉与王圻〈续文献通考〉》，引自《历史文献研究》第九辑，北京师范大学出版社 1998 年版。

一 体例上力求创新

在旧史的改编和续写过程中，一些史家在史书中杂糅多种史体，以求弥补单种史体自身存在的缺陷。如吴士奇《史裁》于编年之中仿纪传之体，使一人一事自为本末。程元初所撰《历代二十一传》采用纪传、编年兼纪事本末体、纲目体。《绎史》在采用纪事本末体的同时，又吸收了纪传体、学案体、典志体的元素，使纪事本末体记载的内容、范围有了很大的拓展。《续文献通考》在典志体著作中创设《节义》《道统》《方外》三考，将人物传记与典章制度糅为一体，虽显不伦不类，但不失为一种创新的尝试。

二 广征博引，重视考证

在改造旧史的过程中，多数史家十分注意广征博引及对史料的考证。如马骕作《绎史》时本意是将先秦和秦史史料作一系统的搜集、爬梳，以达到以史料来客观显示史事的作用，收集各种资料达300多种。对引用资料中存在的"异同讹舛，以及依托附会者"，往往"于条下疏通辨证"。① 高士奇作《左传纪事本末》一改袁枢作《通鉴纪事本末》仅据《通鉴》一书之材料，而广泛收录其他书籍中相关材料，共征引33部文献286条史料。同时以"辩误""考证"等形式，对《左传》和相关史料进行考证。吴任臣作《十国春秋》征引各种史书156部，并对"旧说虚诬，多所辨证"。②

三 重视对人物、事件的评论

如马骕在《绎史》中设有"史论"，除考证史事、阐发经传旨意外，主要是对史事、人物发表评论。又如高士奇在《左传纪事本末》以"臣士奇曰"的形式，或在史文中夹叙夹议，或在篇后发表评论，借对人物、史事的评论，或宣扬君臣父子伦理道德，或总结兴衰治乱的经验教训，或褒贬人物，借以表明自己的历史见解，以为现实提供借鉴。再如吴任臣在《十国春秋》以"论曰"形式，除对史料进行考辨外，更侧重于对重要人物的历史功过进行比较客观公允的评价。这些评论，集中反映了作者的历史见解，为后人读史、研史提供了有益的借鉴。

---

① 《四库全书总目提要》卷49《史部》5 纪事本末类《绎史》，海南出版社1999年版，第283页。

② 《四库全书总目提要》卷66《史部》22《十国春秋》，第367页。

　　不可否认，在旧史的改造、纂修和续写中，也存在种种缺失。如有些史书因袭旧史，不作旁求，缺少发明；有些史书的编纂只是为了"定名而正统，尊夏而外夷"；一些仿朱熹《纲目》体的著作，或阐发其"微言大义"，或机械地模仿其笔法，是没有多大价值的。更有一些割裂旧史粗制滥造拼凑而成的作品，理应遭到摒弃。

第五章　明末清初学术史及
　　　杂史的编纂综述

第一节　明末清初学术史编纂综述

随着理学的兴起与繁盛，一种记述学者生平言行的著述体裁开始出现，并逐渐流行开来。宋孝宗乾道九年（1173），朱熹所撰《伊洛渊源录》问世。此书详述周、程等人的言行政事，借此探明道学之统绪，其形式与立意都很受欢迎。进入明朝以后，效仿者颇多，如成化时谢铎之《伊洛渊源续录》、弘治时宋端仪之《考亭渊源录初稿》、正德时程曈之《新安学系录》、隆庆时薛应旂之《重编考亭渊源录》等。这种专门梳理理学或者儒学发展脉络的著作，实为近代以降所谓学术史的滥觞。学术史的创立，梁启超认为始于黄宗羲的《明儒学案》。① 刘声木则认为："创立学史，应推刘元卿为创始。"②

刘元卿，字调父，隆庆四年（1570）举人。元卿从学于刘阳、耿定向，宗主王阳明，讲求心学。据传世万历刻本《诸儒学案》可知，是书不分卷，共收录宋儒 12 人：周敦颐、二程、张载、邵雍、谢良佐、杨时、罗从彦、李侗、朱子、陆九渊、杨简，明儒 13 人：薛瑄、胡居仁、陈献章、罗钦顺、王守仁、王艮、邹守益、王畿、欧阳德、罗洪先、胡直、罗汝芳、耿定向，但其中胡居仁、罗钦顺、耿定向 3 人有目无文。《四库全书总目》称该书为八卷本，且收录元儒金履祥、许谦，似乎今传

---

① 参见梁启超《清代学术概论》六《黄宗羲与王夫之》，上海古籍出版社 1998 年版，第17 页。

② 刘声木：《苌楚斋随笔》卷 5《学案始于明中叶》，中华书局 1998 年版，第 107 页。

本有所残缺。刘元卿认为，上述诸人皆"求曙于圣路者"①，因此为之各作"要语"，每部"要语"分为生平和语录两个部分。

实际上，早在刘元卿之前，其师耿定向就曾著《陆杨学案》，收入《耿天台先生文集》，《诸儒学案》中陆九渊、杨简二人之要语全本之于此，几无改动。另外，《文清薛先生要语》本诸耿定向之《薛文清公传》，《白沙陈先生要语》本诸《白沙陈先生传》，《阳明先生要语》本诸《新建侯文成王先生世家》，《东郭邹先生要语》本诸《东郭邹先生传》，《心斋王先生要语》本诸《王心斋先生传》，《念庵罗先生要语》本诸《念庵罗先生传》，且传后时录其师评价之语。据此可知，明代学案体的创立应始于耿定向，而非刘元卿。当然，与耿定向相比，刘氏对著作体例也有改善，如将人物生平与论学之语截然分开，不使相杂，显著之例如《白沙陈先生要语》，将耿氏《白沙陈先生传》中所录陈献章与赵学使书、对陈公选之所言等移入后面语录中，如此一来，眉目更加清晰。

受明中叶以来学案史编纂的影响，明末清初出现了学术史撰写的热潮。因此很有必要对这一学术现象作专门的研究。陈祖武先生所著《中国学案史》与卢钟锋先生所著《中国传统学术史》自然是这一领域的奠基之作，尤其两书是对学术史发展阶段与关键节点的论述十分精到，不过具体到明末清初的学术史而言，此二书仍有缺略之憾。此外，还有一些针对《理学宗传》《明儒学案》等重要典籍作个案研究的论文。② 本节拟在前人研究的基础上，综合梳理这一时期的学术史编纂及研究成果，对影响较大的学术史著作进行重点考察，探究学术史体裁不断成熟的经过，并对众家著述的特点与不足予以讨论。

一　名目繁多、驳杂不一的众家著述

谈及明末清初的学术史著作，一个最直观的感觉就是数量大，在一百余年间，出现了20多部学术史。③ 其撰著目的、内容安排等方面差异

① 刘元卿：《诸儒学案序》，载《诸儒学案》卷首，《四库全书存目丛书》《子部》12，第245页。

② 如张波：《〈关学编〉的编纂动机、体例特点及其学术史意义》，《唐都学刊》2010年第4期；马涛：《论〈理学宗传〉对理学的总结及其历史地位》，《河北学刊》1989年第5期；姚文永：《〈明儒学案〉编纂原则与方法初探》，《淡江人文社会学刊》第41期等。

③ 参文后所附一览表。除表中所列之外，还有一些著作笔者未见，如郭良翰《理学宗旨》（现藏美国国会图书馆）、辛全《理学名臣录》、张恒《明儒林录》等。

都很大，单就体例而论，也是多种多样，其中有通史性质的，如过庭训《圣学嫡派》、孙奇逢《理学宗传》、魏裔介《圣学知统录》及《圣学知统翼录》、熊赐履《学统》、窦克勤《理学正宗》、万斯同《儒林宗派》；有断代为史的，如冯从吾《元儒考略》、汪佑《明儒通考》、张夏《洛闽源流录》；还有以地域为史的，如冯从吾《关学编》，刘鳞长《浙学宗传》、魏一鳌《北学篇》、耿介《中州道学编》、汤斌《洛学编》。今择其要者，就前人所未言或言而不深之处分述如下。

（一）《圣学宗传》

作者周汝登，字继元，万历五年（1577）进士。《圣学宗传》十八卷，现存万历三十四年（1606）刊本。据陶望龄《序》，书成于万历乙巳（三十三年）冬十月（1605）。所谓"宗传"，应是取嫡子传宗之意，正如余懋孳《序》中所言："学之有宗，如人之有祖。"① 唐顺之有言："圣人之道，有宗传，有羽翼。"② 宗传和羽翼，正如家族中的嫡子和庶子，其重要性不可同日而语。《圣学宗传》跨度极长，自三皇五帝迄晚明，其中被周汝登视作宗传的只有89人，其中尤以宋明学者为众。有学者评论此书称："周海门《圣学宗传》尚矣，然颇详古哲，略于今儒"③，似乎并不准确。该书体例，亦人自为传，以生平、言语考见其人之学术，间附后人之评价，又或以"蠡测"表明作者自己的观点。此书于论学语录后增加传主的诗文，亦为学者所称道。④

但此书遭人诟病之处亦颇多，尤其集中在两点：其一，上溯至三皇五帝，妄自依附，且茫昧无稽⑤；其二，作者染习禅学，以此作为去取标准。⑥ 前一点无足深辨，三皇五帝之事，典籍记载极为简略，且人所共知，将其归入"圣学"统系，颇显画蛇添足。至于第二点则值得探讨。

---

① 余懋孳：《圣学宗传后序》，载《圣学宗传》卷首，《四库全书存目丛书》《史部》98，第789页。

② 唐顺之：《唐荆川先生集·补遗·故礼部左侍郎薛瑄从祀议》，《丛书集成续编》第144册，新文丰出版公司1989年版，第434页。

③ 刘鳞长：《浙学宗传序》，《四库全书存目丛书》《史部》111，第2页。

④ 陈祖武：《中国学案史》，东方出版中心2008年版，第58—59页。

⑤ 同上书，第55页；卢钟锋：《中国传统学术史》，河南人民出版社1998年版，第211页。

⑥ 四库馆臣尝指出其"辑《圣学宗传》，尽采先儒语类禅者以入"。（《四库全书总目提要》卷62《史部》18传记类存目四《圣学宗传》），海南出版社1999年版，第349页。

王门后学大多难逃禅学之讥，周汝登师事王畿、罗汝芳，以王阳明的
"本心"之学为宗，所著《王门宗旨》，即以发明王学为己任。在《朱熹
传》中，周氏完全信从王守仁《朱子晚年定论》，认为朱熹晚年尽改向日
之非，转向心学。但是，也有一些证据表明，周汝登对于程朱一派，尤
其是二程，同样尊奉有加。周氏曾说："学不尊程，难以语学，尊不真
信，难以语尊。"① 将二程之学推尊到了很高的高度。周氏认为，王守仁
"自孔子以来未有盛于先生"，也是因为"以先生之有功于濂洛"。② 有学
者指出："《圣学宗传》之所以重新确立以穆修为开端的宋代圣学传承的
历史统绪，按其本意，并非是为道家立正统，而是想藉此来贬抑周、程
在圣学传承中的地位。"③ 此说似乎与实情不符，周氏只是以穆修引出陈
抟，以篇幅、立意均可知，无他深意。

（二）《圣学嫡派》

作者过庭训，字成山，万历三十二年（1604）进士。此书共 4 卷，
通代为史，其人物去取亦以言行为标准，所谓"大都其言皆足以表章圣
经，而其行皆足以羽翼圣修者也"④。此书所取只 36 人，多为历代大儒，
所录其言行亦十分简略，无怪乎四库馆臣讥讽说："皆昭昭耳目，无烦复
为表章者也。"⑤

《圣学嫡派》受《圣学宗传》影响颇大。过氏自言："余读海门先生
《圣学宗传》一书，而知其潜心道学，笃志圣修也。第《六经》《论》
《孟》之言备矣，起自羲皇，或汗漫而难稽，实证之儒，间一遗漏，或偏
举而未备。就中稍为删正增补，付之梓人，名曰《圣学嫡派》。"⑥ 可见，
《圣学嫡派》是在《圣学宗传》基础上修订而成，这或许是因为过庭训、
周汝登二人为同乡之故（二人皆浙江嵊县人）。所谓"删正增补"，则确
有其事，此书所收人物远比周书少，人物传记与语录之篇幅也少许多，
且无按语，但增加了陈选、罗伦、章懋、蔡清、湛若水五人。而为了避

---

① 周汝登：《周海门先生文录》卷 1《程门微旨引》，《四库全书存目丛书》《集部》165，
第 148 页。

② 周汝登：《王门宗旨序》，《四库全书存目丛书》《子部》13，第 550—551 页。

③ 卢钟锋：《中国传统学术史》，河南人民出版社 1998 年版，第 201 页。

④ 过庭训：《圣学嫡派小引》，载《圣学嫡派》卷首，《四库全书存目丛书》《史部》108，
第 567—568 页。

⑤ 《四库全书总目提要》卷 62《史部》18 传记类存目四《圣学嫡派》，第 350 页。

⑥ 过庭训：《圣学嫡派小引》，《四库全书存目丛书》《史部》108，第 567 页。

免"汗漫难稽"之病,《圣学嫡派》不似《圣学宗传》溯自三皇,而是自汉儒董仲舒始。总之,此二书若比对读之,或可考见其先后传承之关系。

(三)《关学编》与《元儒考略》

此二书作者为冯从吾。冯从吾,字仲好,万历十七年(1589)进士。冯氏是晚明大儒,后人称赞他"统程、朱、陆、王而一之,集关学之大成"①,这说明他具备撰写高水平学术史所必需的良好学养。《关学编》4卷,专为表彰关中地区理学家而作,"识吾关中理学之大略"。②冯氏本身就是西安府长安(今陕西西安)人,自幼受关学熏陶,因此具备得天独厚的条件来梳理关学演变的历史。此书自宋儒张载始,迄明儒王之士,共33人,另于卷首附列孔门高弟秦子、燕子等四人小传,"皆关中产也"③。此书重点记载诸儒为人处世之实情,于传后表明作者自己的评价,尤喜引述他人墓志、序文等与传主有关的文献,但未收录传主的论学言语。虽然此书篇幅较短,但还是囊括了关中地区有影响力的理学家,不愧为一部成功的地域性学术史,尤其是经过王心敬、李元春、贺瑞麟的陆续增补,形成了完整的关学学术史。

《元儒考略》共4卷,在体例上属于断代史,与《关学编》有别,但是,在具体内容安排上则大致相同,仍以记述生平行实为主,并不涉及论学言语,行文十分简略。尤其是杨奂、杨恭懿、同恕等人,既是元儒,又是关中学者,故二书皆予以收录,而且除极个别文字差异外,内容几乎完全相同。

(四)《理学宗传》

作者孙奇逢,字启泰,万历二十八年(1600)举人,世乱不仕。此书共26卷,分为三部分:宗传十一人,汉、隋、唐、宋、元、明儒考若干人,补遗六人。此书以"理学"命名,却收录汉、隋、唐诸儒,似乎不伦不类,但孙氏所理解的"理学"并不只限于两宋及以后,他认为:

---

① 柏景伟:《小识》,载《关学编》附录一《关学续编》卷首,中华书局1987年版,第69页。

② 冯从吾:《关学编自序》,载《关学编》卷首,中华书局1987年版,第2页。

③ 王心敬:《关学续编序》,载《关学编》附录一《关学续编》卷首,第65页。

"学以圣人为归，无论在上在下，一衷于理而已矣。"① 既然古今学问都可以一统于"理"，那么汉唐诸儒自然也概莫能外。不过，孙氏于古今诸儒显然有所轩轾，他说："汉、隋、唐三子衍其端，濂、洛、关、闽五子大其统"②，真正接续孔孟统绪的还是所谓"宗传"十一人，其他人要稍次一等。③

在人物去取方面，此书略显苛刻，尤以对待吴澄与方孝孺为甚。孙奇逢在此书序言中借用《周易》"元亨利贞"的概念来梳理古今学术史脉络，这一做法应是受元儒吴澄之《道统图》启发④，但孙氏却将吴澄摒诸此书之外。对此，他的解释是："或曰吴草庐自负甚伟，元儒无出其上，何以不列？曰从祀孔子庙庭者，皆理学之最著者也。弘治朝，祭酒谢铎请进宋儒杨时从祀，斥元吴澄。考理学者，正以备从祀之采择，澄既斥矣，何敢再收。"⑤ 这一理由未免有些随意，从祀孔庙者毕竟是少数，不应该以此为标准。至于方孝孺，理由更显牵强。孙奇逢说："问《理学宗传》如何遗方正学？曰：正学自是足色人物，其节太烈，未免为龙而亢者也。靖难之事，当事诸公，初亦未得亲亲之意，迨祸愈烈而节愈奇。"⑥ 可知孙氏并不太认同方孝孺等人的忠节，认为其有违圣人亲亲之道。此说过于迂腐，且因此而弃一大儒，使读者不能得明初理学之真相，实为一大缺憾。

二　黄宗羲与学术史体裁的成熟

明中叶以来在学术史编纂方面的成绩不仅体现在数量上，更为重要的是，还体现在对学术史编纂方法的探索上。毋庸置疑的是，当时很多学术史著作都还有不成熟的地方，如郭子章《圣门人物志》皆人物传记，无语录，寥寥赞词，亦客套、恭维之话；刘鳞长《浙学宗传》则体例不纯，或有传，或录要语，或二者并载，评语亦或有或无；刘元卿《诸儒

① 孙奇逢：《理学宗传叙》，载《理学宗传》卷首，《续修四库全书》第514册，第205页。

② 孙奇逢：《理学宗传叙》，载《理学宗传》卷首，第206页。

③ 孙奇逢在《义例》中说："是编有主有辅，有内有外。十一子其主也，儒之考其辅也；十一子与诸子其内也，补遗诸子其外也。"（孙奇逢：《理学宗传·义例》，载《理学宗传》卷首，第210页。）

④ 参见卢钟锋《中国传统学术史》，第275页。

⑤ 孙奇逢：《理学宗传》卷19，第516页。

⑥ 孙奇逢：《孙征君日谱录存》卷7，《续修四库全书》第558册，第679页。

学案》所录论道之语编排无次第，且不署出处。这还只是体例方面的不足，在立场方面问题则更多。在长期的探索过程中，康熙二十三、二十四年间完稿的《明儒学案》①以其科学的编纂方法而为后人推重。黄宗羲随后开始着手撰写的《宋元学案》，则继续沿着这条科学之路前进。可以说，这两部学案的问世，标志着学术史体裁的成熟。相较前人而言，黄氏对学术史编纂的改进主要体现在以下三个方面。

（一）案卷分立以师承授受为标准

《明儒学案》共62卷，包括19个学案，每一个学案基本上都是一个学术群体，有其内部的联系。②当然，除这些学术群体之外，还有很多相对独立、不成体系的学者，黄氏则为之专列《诸儒学案》。黄氏在《明儒学案发凡》中明言："此编以有所授受者，分为各案；其特起者，后之学者，不甚著者，总列诸儒之案。"这正是此书的编纂原则。黄氏十分重视学者的师承，认为这是儒学的一大特色，他说：

> 儒者之学，不同释氏之五宗，必要贯串到青原、南岳。夫子既焉不学，濂溪无待而兴，象山不闻所受，然其间程、朱之至何、王、金、许，数百年之后，犹用高、曾之规矩，非如释氏之附会源流而已。③

依黄氏之见，不同时代的儒学之间存在确有依据的授受关系，不像佛教一样只是附会而已，因此揭示其学术源流与传承是完全可行的。

如果与前人对比来看，正可发现黄氏在体例设计上的高明之处。像刘元卿《诸儒学案》等书，人自为传，割裂传承，授受不明。《理学宗传》《学统》《洛闽渊源录》自标名目等级④，以评定诸儒，但往往不足以服人，"近人汇辑理学，必曰孰为甲，孰为乙，孰为宗派，孰为支流，

---

① 关于《明儒学案》的成书时间，尚无确论，今暂取陈祖武先生之说。参见陈氏著《中国学案史》，第104—111页。

② 整部《明儒学案》中，以一人单独列一学案者，只有王守仁、刘宗周、李材三人。

③ 黄宗羲：《明儒学案发凡》，载《明儒学案》卷首，第18页。

④ 熊赐履在《学统》中标列五门：正统、翼统、附统、杂学、异学。《洛闽渊源录》则将所录诸人分为正宗、羽翼和儒林三品。

孰为正统，孰为闰位。平心自揣，果能去取皆当乎？多见其不知量也已"。① 至于地域性著作，其一大弊端是取舍不易，因为人的籍贯与实际生活之处往往并不一致，以地域限之，常常枘凿不合。② 相较而言，黄宗羲的两部学案断代为史，以类相从，能够综括群儒，考镜源流，去取得当，可谓学术史体例之至当者。不过，这一方法似乎并非黄氏首创，其师刘宗周曾著《皇明道统录》，"其体裁效朱熹《名臣言行录》，首记平生行履，次抄语录，末附断论，大儒则特书，余各以类见"③，所谓"大儒则特书，余各以类见"或许就是黄宗羲灵感的来源。

对于每个学案所收录的诸位学者，黄氏记载的篇幅是不一样的，主要还是以其影响力作为标准，对重要者如案主，则详录其生平及治学要语，其他人或只有简单的传记，可谓详略得当。今本《宋元学案》在案主之外明确标列讲友、学侣、门人、别传等名目，这些名目虽然并非黄氏所标，但这种重视师承传授的著史体例仍来源于黄氏。很明显，这一做法更能突出学者间的渊源关系，便于读者把握学术的流变。不过，黄氏在学派划分方面似乎也有某些值得商榷之处，引起了后人的批评，如把周汝登列入《泰州学案》即属不当。④

（二）淡化道统观念，揭示宗旨为重

自朱熹以降，理学家喜谈"道统"。所谓"道统"，即儒学传承之系统。在黄宗羲之前及同时代所著成之学术史，往往自己构建一个"道统"，将其他人等摒斥在外，以彰显本系统的纯正和神圣。熊赐履云："统者，即正宗之谓，亦犹所为真谛之说也。"⑤ 其所著《学统》通过分列正统、翼统、附统、杂统、异统五大条目，达到凸显正统的目的。前揭《圣学宗传》《理学宗传》之所以得名，其根底仍在"道统"观念。

---

① 范鄗鼎：《理学备考又序》，《四库全书存目丛书》《史部》121，第745页。
② 汤斌在《洛学编·凡例》中曾专门谈过这一问题："横渠世家大梁，父知涪州，卒于官，诸孤皆幼，遂侨寓郿县，则横渠实中州产也。蓝田吕氏原籍汲郡，因久列关学，俱不敢附入。……薛文清公本贯河东，发解中州，平生师友，半在河洛，实中州明儒之宗，故详列其传，使学者有所考焉，非敢扳附明贤以自重耳也。"（汤斌：《洛学编·凡例》，载《洛学编》卷首，《四库全书存目丛书》《史部》120，第486页。）
③ 姚名达：《刘宗周年谱》《天启七年》条，《民国丛书》第四编，上海书店出版社1989年版，第125页。
④ 参见彭国翔《周海门的学派归属与〈明儒学案〉相关问题之检讨》，《清华学报》新31卷第3期，（新竹）清华大学人文社会学院，2002年9月，第1—40页。
⑤ 熊赐履：《学统序》，《四库全书存目丛书》《史部》124，第38页。

陶望龄序《圣学宗传》称:"天位尊于统,正学定于宗,统不一则大宝混于余分,宗不明则圣真奸于曲学。"① 孙奇逢则认为:"学之有宗,犹国之有统,家之有系也。"② 在他们心中,要真正发扬儒学,必须有所宗主,坚持"统系"内部的真理,批判异端邪说方可。其他著作立意与此相仿者尚有《道学正宗》《圣学嫡派》《圣学知统录》《圣学知统翼录》《理学正宗》《浙学宗传》等。

毫无疑问,这种坚信真理在握、妄自尊大的态度并不能全面乃至客观地考察学术之流变,黄宗羲对此提出了自己的看法:

> 夫苟工夫著到,不离此心,则万殊总为一致。学术之不同,正以见道体之无尽也。奈何今之君子,必欲出于一途,剿其成说,以衡量古今,稍有异同,即诋之为离经畔道,时风众势,不免为黄芽白苇之归耳。……诸先生学不一途,师门宗旨,或析之为数家,终身学术,每久之而一变。……余于是分其宗旨,别其源流,与同门姜定庵、董无休操其大要,以著于篇,听学者从而自择。③

在黄宗羲看来,学术本身具有差异性,不同学者之间,甚至一个人的前后期,都可能是不一致的,不能强行划一,所以撰著学术史,对于学术观点的差异应该兼容并包,不应有所偏主。在此,黄氏还揭出"宗旨"一词,也值得我们重视。在《明儒学案》中,黄氏十分强调揭示各家宗旨。所谓宗旨,按照黄氏的解释,其实就是学者自得之处。他说:"大凡学有宗旨,是其人之得力处,亦是学者之入门处。天下之义理无穷,苟非定以一二字,如何约之使其在我!故讲学而无宗旨,即有嘉言,是无头绪之乱丝也。学者而不能得其人之宗旨,即读其书,亦犹张骞初至大夏,不能得月氏要领也。"④ 由是观之,黄氏将揭示宗旨看作学术史编纂的重中之重,非如此无法掌握学术要领。黄氏在分立学案的过程中,同样把宗旨作为标准之一,如李材是邹守益之门人,黄宗羲却单独予以

---

① 陶望龄:《圣学宗传序》,载《圣学宗传》卷首,《四库全书存目丛书》《史部》98,第788页。

② 孙奇逢:《理学宗传序》,载《理学宗传》卷首,第206页。

③ 黄宗羲:《明儒学案序》,载《明儒学案》卷首,中华书局1985年版,第7—8页。

④ 黄宗羲:《明儒学案发凡》,载《明儒学案》卷首,第17页。

立案，"见罗（笔者按，即李材）从学于邹东廓，固亦王门以下一人也，而别立宗旨，不得不别为一案"。①

黄宗羲虽然没有明确提出"道统"一词予以批判，但他显然在努力淡化这一学术史编纂中常见的观念。黄宗羲所强调的宗旨与之前人所强调的道统是有很大区别的：宗旨强调的是学者各自的学术要领，承认差异性；道统强调的是将众多学者纳入一个既有统系，重视统一性。今天来看，前者无疑更符合史学应有的客观精神。当然，黄氏主张各家宗旨并存的做法在当时也引起了一些争论，对此已有学者予以探讨，本书就不再涉及了。②

（三）由"编辑"到"撰著"

黄宗羲曾经明白宣称："每见钞先儒语录者，荟撮数条，不知去取之意谓何。其人一生之精神未尝透露，如何见其学术？是编皆从全集纂要钩玄，未尝袭前人之旧本也。"③ 由是观之，黄氏为案主纂集语录，是在通贯掌握该人全集之后精拣出来的，不似前人之草草了事，更未尝袭取前人。除此以外，《明儒学案》中的人物传记也都是黄氏自己所撰，并非照搬已有资料。至于评语，自然更是独出黄氏胸臆。有鉴于此，笔者认为，黄氏之前的学术史在一定程度上可以说是"编辑"而成，以条贯整理已有资料为主，发明创见不多，如冯从吾之《关学编》于宋、元诸儒因"有史传诸书可考"，则"稍为纂次，十五仍旧"④，张夏所著《洛闽渊源录》"皆原本旧文"而"稍施笔削"⑤，更有甚者，以抄撮袭取为能事。而黄宗羲大致能做到空诸依傍，独立撰著学术史，所以，心血耗费尤多。今讨论明末清初学术史的编纂，将此一现象揭示出来，就是要说明黄氏的苦心孤诣是值得我们钦佩的。

值得一提的是，黄宗羲在撰著《明儒学案》的过程中，也受到其师刘宗周某种程度的影响，但也绝非一味墨守。该书置《师说》于卷首，

---

① 黄宗羲：《明儒学案》卷31，载《黄宗羲全集》第七册，浙江古籍出版社2005年版，第778页。因所据底本不一，中华书局排印本《明儒学案》并无这段话。

② 参见王汎森《明末清初思想中之"宗旨"》，《晚明清初思想十论》，复旦大学出版社2004年版，第108—116页。

③ 黄宗羲：《明儒学案发凡》，载《明儒学案》卷首，第17页。

④ 冯从吾：《关学编凡例》，载《关学编》卷首，中华书局1987年版，第1页。

⑤ 张夏：《洛闽源流录·凡例》，《四库全书存目丛书》《史部》123，第13页。

更多的还是为了表示对业师的尊重。有学者已经指出，黄宗羲的观点与《师说》之间存在较大差异。① 所以，刘宗周对黄氏的影响主要是在学说思想方面，对于《明儒学案》具体内容的影响是十分有限的。至于黄氏所说"间有发明，一本之先师，非敢有所增损其间"②，恐怕是过谦之词。刘宗周曾著《皇明道统录》，但该书只区区七卷，与《明儒学案》相去甚远。

三 理学之书与史学之书的双重性质

明末清初的学术界，程朱、陆王之争是学术争论的一大主题。晚明王学之徒遍天下，声势极盛，但清人入关后，由于统治者的尊奉，程朱理学又占据压倒性优势。不过整体来看，理学在这一时期已渐趋衰退，大师凋零、理论陈旧正是其表征，经世之学与考据学才是最富生命力的。所以，谈及这一时期理学最突出的成绩，我想应该就是前文提到的众多总结性学术史的编纂。这些学术史的出现既然与理学大背景息息相关，那么自然不可避免地会带有强烈的理学色彩，不能简单地视之为史书。因此，在笔者看来，这些著作大多具有双重性质：理学之书与史学之书。

作为学术史著作，无疑具备鲜明的史学特色。这些著作以人物为中心，从形式上看属传记体，与正史中的《儒林传》《道学传》并无二致。之所以要在正史之外另著学术史，主要是想更详细、更系统地表彰儒学，正如袁嘉谷所说："史氏叙述诸儒，或屠文苑，或入隐逸，或隶独行，或人自为传，或分道学、儒林，意为区域……泛滥无归宿。"③ 笔者之所以说这些著作带有理学之书的性质，并非只是就其内容而言，而是因其撰著目的、编写方法等方面都体现了这一特色。

按照我们通常的理解，作史最基本的目的应该是表彰史实，使读者得一清晰全面的了解。但是，这些学术史著作却往往肩负另外的目的，即传承、发扬理学。汤斌为《理学宗传》作序，称该书"大意在明天人之归，严儒释之辨"，故可视为"吾儒传心之要典"。④ 无独有偶，陶望

---

① 参见陈荣捷《论明儒学案之师说》，载《王阳明与禅》，（台北）学生书局1984年版，第181—190页；朱义禄《黄宗羲与中国文化》，贵州人民出版社2001年版，第260页。

② 黄宗羲：《黄梨洲先生原序》，载《明儒学案》卷首，第10页。

③ 袁嘉谷：《儒林宗派序》，载万斯同《儒林宗派》卷首，《四明丛书》第三集，民国四明张氏约园刊本，第50册。

④ 汤斌：《理学宗传序》，载《理学宗传》卷首，第199页。

龄在《圣学宗传序》中也说："或记事传心，或附言明理。"① 所谓"传心"之说，应是受禅宗的影响，即传授奥妙心法之意。② 这一概念与前文所说"道统"之间的关系十分密切，故清儒费纬裪说："传统必先传心。"③ 将这一概念套用到学术史撰著上，透露出来其根本的目的并非表彰史实。所以，这些著作有时甚至故意不去追求求真、全面的标准。张夏宣称"传文宁隐过，无掩善"④，这种为贤者讳的做法与传统史家秉笔直书的理念背道而驰。又如熊赐履《学统序》有云：

> 三代以前尚矣，鲁邹而降，历乎洛闽，以逮近今，二千余年，其间道术正邪与学脉绝续之故，众议纷挈，迄无定论，以至标揭门户，灭裂宗传，波靡沉沦，莫知所底。予不揣猥……务期要归于一是。爰断自洙泗，暨于有明，为之究其渊源，分其支派，审是非之介，别同异之端，位置论列，宁严毋滥，庶几吾道之正宗，斯文之真谛，开卷瞭然，洞若观火。⑤

熊氏所谓"宁严毋滥"一语道破了此书之性质。盖《学统》一书并非简单收录历代儒学之士，而是有所去取于其中。考熊氏笃信程朱理学，所以后人读此书，只能"瞭然"于程朱理学，所得只是熊氏个人的儒学史观，而很难借此真正把握二千余年"道术正邪与学脉绝续之故"。

《明儒学案》虽然搜罗明儒大备，但细究起来，也有区别于普通史籍之处，如黄氏在《凡例》中借胡大时从学朱熹之故事，大力提倡"自得"，"最忌道破"，所以说："此书未免风光狼藉，学者徒增见解，不作切实功夫，则羲反以此书得罪于天下后世矣。"⑥ 可见，黄氏并不希望读者只是从此书获得肤浅信息，而是要自己探寻其中深意，并以此为启发，去作切实功夫。这种欲语还休、猜谜射覆般的做法，与"授人以渔"的

---

① 陶望龄：《圣学宗传序》，载《圣学宗传》卷首，第788页。
② 参见赵伯雄《〈春秋〉"史外传心要典"说初探》，《传统中国研究集刊》第3辑，上海人民出版社2007年版，第391页。
③ 费纬裪：《圣宗集要自述》，《四库全书存目丛书》《史部》123，第357页。
④ 张夏：《洛闽源流录·凡例》，第13页。
⑤ 熊赐履：《学统序》，《四库全书存目丛书》《史部》124，第38页。
⑥ 黄宗羲：《明儒学案发凡》，载《明儒学案》卷首，第18页。

理念很类似，但与史学则相去甚远。有学者认为，"梨洲此书之作，主要的用意乃在述明儒之学，甚至是为讲学而作，作史、作传实为余事"①，此说可谓的论。甚至有些作者自己就道出了这一层意思，如费纬裪说："圣贤嘉言懿行皆天地菁华、生人元气，上足以绍千秋之正业，下足以启亿祀之太平，奚忍埋殁。吾汇而续之，藉昔人之讲，为今日之讲；因今日之讲，阐昔人之讲。学归一致，理无歧途。"② 与此相似的，还有康熙初年的沈珩。沈氏在为《明儒言行录》作序时说："学者考论前儒言行，非以侈见闻，资口耳，盖将式型先觉，使言无口过，行无怨恶，树坊表于世斯善耳。"③ 可见，该书作意同样不是为了让人增长见闻，而是要学习先贤以更好地立身处世。梁启超讨论这一问题时，用"以史倡学"④ 四个字加以概括，洵为至论。

从身份上看，这些学术史的作者基本上为理学家，所以在行文过程中难免会有身在庐山之憾。如黄宗羲虽努力淡化"道统"观念，但却十分重视"学脉"，二者很难完全撇清干系，尤其黄氏藉此推尊王守仁，谓"故无姚江，则古来之学脉绝矣"⑤，此说既夸大了王守仁的地位，也引起了程朱一派的不满。所以说，这些学术史大多并非完全客观的立场，多有作者自己的思想宗派主张在内，也就是通常所说的门户之见。这些著作，或尊陆王，或尊程朱，间有以调和两可自我标榜者，如孙奇逢，亦未尽脱宗派之气。⑥ 即便今天看来成就最高的《明儒学案》，也因此受到很多批评，如沈维镛讥讽地说："太冲黄氏以名臣之子，任文献之宗，手辑《明儒学案》，宜如何廓清阴曀，力障狂澜，而乃祖护师说，主张姚江门户，揽金银铜铁为一器，犹夫海门、夏峰也。"⑦ 黄宗羲曾批评周汝登、孙奇逢二人说："海门主张禅学，扰金银铜铁为一器，是海门一人之宗

---

① 陈锦忠：《黄宗羲〈明儒学案〉著成因缘与其体例性质略探》，《东海学报》第 25 卷。

② 费纬裪：《圣宗集要自述》，《四库全书存目丛书》《史部》123，第 357 页。

③ 沈珩：《明儒言行录序》，载沈佳《明儒言行录》卷首，《四库全书》《史部》216，第 596 页。

④ 梁启超：《中国近三百年学术史》，上海三联书店 2006 年版，第 262 页。

⑤ 黄宗羲：《明儒学案》卷 10《姚江学案》，中华书局 1985 年版，第 179 页。莫晋在《序》中一针见血地指出："要其微意，实以大宗属姚江。"所谓"大宗"，与前述"宗传"之意区别甚微。

⑥ 参见卢钟锋《中国传统学术史》，第 276—278 页。

⑦ 沈维镛：《学案小识序》，载唐鉴《学案小识》卷首，《续修四库全书》第 539 册，第 308 页。

旨，非各家之宗旨也。钟元杂收，不复甄别，其批注所及，未必得其要领，而其闻见亦犹之海门也。"① 黄氏认为，周汝登以己见衡量诸家，主观之见太强，不想身后又有人以此批评自己。后来补修《宋元学案》的全祖望以其史学家的立场也能够敏锐地觉察到黄宗羲"门户之见深入而不可猝去"。② 今天有学者认为，相对于之前的《圣学宗传》等书的"强史为我"，《明儒学案》能做到"为学作史"，更加客观。③ 相对而言，此说自是合理，但我们也要看到，《明儒学案》同样存在主观之见的问题，因为黄氏本人的理学家身份与周、孙等人并无二致。

综上所述，在中国学术史的发展过程中，明末清初是至关重要的一段时间。这一时期的学术史编纂与研究，是理学和史学领域的一个热点，在前人研究的基础上涌现了数量众多、体裁各异的著作。尤其是随着黄宗羲《明儒学案》的问世与《宋元学案》的酝酿，在体例与立场方面都有所改进，标志着中国的学术史体裁渐趋成熟。由于当时的理学大背景以及作者的身份等原因，这些学术史大多具有理学之书与史学之书的双重性质，其目的往往是传承、发扬理学。更由于作者大多为自身学派渊源所囿，因此往往有着门户之见等缺失。随着学术风气的转向，理学衰颓已是不可避免，所以虽极力表彰，但这些学术史著作并没有带动理学的繁荣，这一点应该是出乎其作者意料之外的。我们今天再去探讨这些著作对于理学的发展有多少推动作用已经没有太多的意义，不过，如果要考察儒学的发展脉络，探究明末清初学者的儒学史观，这些著作仍然是重要的凭借，甚至是不可回避的。

附：明末清初私家所修学术思想史著述表

作者	书名	卷数	体例	成书时间
郭子章	圣门人物志	12 卷	通史	万历二十一年
刘元卿	诸儒学案	不分卷	通史	万历二十四年
周汝登	圣学宗传	18 卷	通史	万历三十三年

---

① 黄宗羲：《明儒学案发凡》，载《明儒学案》卷首，第 17 页。

② 全祖望：《鲒埼亭集外编》卷 44《答诸生问南雷学术贴子》，载《全祖望集汇校集注》，上海古籍出版社 2000 年版，第 1694 页。

③ 朱义禄：《黄宗羲与中国文化》，贵州人民出版社 2001 年版，第 281 页。

续表

作者	书名	卷数	体例	成书时间
冯从吾	关学编	4 卷	地域性史书	万历三十四年
	元儒考略	4 卷	断代史	万历四十三年
过庭训	圣学嫡派	4 卷	通史	万历四十一年
刘鳞长	浙学宗传	不分卷	地域性史书	崇祯十一年
孙奇逢	理学宗传	26 卷	通史	康熙五年
魏裔介	圣学知统录	2 卷	通史	康熙五年
	圣学知统翼录	2 卷	通史	康熙七年
魏一鳌	北学编	4 卷	地域性史书	康熙十一年
万斯同	儒林宗派	16 卷	史表体通史	康熙十二年之前①
汤斌	洛学编	4 卷	地域性史书	康熙十二年
张夏	洛闽源流录	19 卷	断代史	康熙二十一年
朱显祖	希贤录	5 卷	通史	约康熙二十三年②
黄宗羲	明儒学案	62 卷	断代史	康熙二十三或二十四年
熊赐履	学统	53 卷	通史	康熙二十四年③
窦克勤	理学正宗	15 卷	通史	康熙二十六年
耿介	中州道学编	2 卷	地域性史书	康熙三十年
范鄗鼎	理学备考	34 卷	断代史	康熙三十三年④
张伯行	道统录	2 卷附录 1 卷	通史	康熙四十七年
	道南源委	6 卷	通史	康熙四十八年
	伊洛渊源续录	20 卷	断代史	康熙五十年
费纬祹	圣宗集要	8 卷	通史	康熙四十九年
汪佑	明儒通考	10 卷	断代史	不详

① 参见方祖猷《万斯同评传》，南京大学出版社 1995 年版，第 60 页。
② 该书自序即作于该年。
③ 参见卢钟锋《中国传统学术史》，第 297 页。
④ 参见陈祖武《中国学案史》，第 164 页。范氏另有《广明儒理学备考》《国朝理学备考》，其详情亦可参见《中国学案史》。

第二节　明末清初关于建文朝历史的编纂与考证

明代建文一朝的历史，因为朱棣夺位之后的严苛禁令与肆意篡改，变得暗而不彰。明中期之后，有关建文朝的史籍陆续问世。而万历中叶以后则是建文朝史籍修纂的繁盛时期。有关这一史学史上的重要现象，值得探讨的问题很多，如：为何在明末清初出现了建文史籍编纂的繁荣局面？这一时期建文史籍的编纂有哪些特点？针对这两个问题，有些学者做过深入的研究①，但笔者认为，仍有继续探讨的必要。另外，在明末清初还出现了几部有关建文史的伪书，当时的学者也做过相应的考辨，这一学术现象也有待梳理。

一

在明末清初这一百余年间，有关建文朝的史籍层出不穷，其中专记建文朝史事的重要著述就有十余部存世。此外，还有很多综合性史著用很大篇幅予以探讨。关于这一时期建文史编纂盛行的原因，前人也曾予以讨论，今综合各家之说，间以己意，归纳为如下四点。

（一）禁网渐弛，氛围宽松

"靖难"之役后，明成祖朱棣发布诏令，革除建文年号，改建文元年为洪武三十一年，且不为建文帝修实录。私人擅言"靖难"史事者，往往获罪，如叶惠仲"永乐元年，坐直书靖难事，族诛"。② 在这种政治氛围下，建文史籍的编纂自然难以进行，正所谓"太宗靖内难，其后史臣不纪建文君事，遂使建文数年朝廷政事及当时忠于所事者皆湮没不传"。③ 朱棣死后，政策逐渐放松，民间言谈涉及建文史事者渐多，正德、嘉靖年间相继出现了张芹《备遗录》、黄佐《革除遗事》、姜清《姜氏秘史》、

---

① 如杨艳秋在《明代史学探研》（人民出版社 2005 年版）一书中专辟一节谈"明代建文史籍的编撰"，对建文史籍编纂的原因及各时期的不同特点有详细论述。又如吴德义所著《建文史学编年考》（天津教育出版社 2009 年版）全面揭示了建文史学的发展演变历程，对本书的研究亦有借鉴意义。

② 《明史》卷 143《程通传附叶惠仲传》，中华书局 1974 年版，第 4057 页。

③ 何乔新：《嘉议大夫吏部右侍郎兼詹事府丞谥文懿杨公守陈墓志铭》，载焦竑《国朝献征录》卷 26，《续修四库全书》第 526 册，第 334 页。

许相卿《革朝志》等重要著作，虽仍有"革除""革朝"等贬斥建文朝的称呼，但已经可以反映出朝廷对建文史籍编纂的许可。万历时期，环境更是宽松。明神宗即位之初，就下诏褒扬建文朝死节诸忠臣，并为建祠。另外，经过前后数位大臣的请求，神宗终于在万历二十三年（1595）准予恢复建文年号。官方的这种态度，无疑极大地鼓舞了学者修纂建文史的热情，正如朱睦㮮在《革除逸史》"自序"中云："今上（案即明神宗）嗣统，首诏有司表章逊国诸臣。余感其事，乃取诸家论述，参以所闻，为书一编，略具四年之事。"① 万历之后，内忧外患，朝廷自然更无心约束建文朝史事的编纂。这种宽松的政治氛围是学者们热衷编纂建文史籍的重要前提。

（二）国史阙如，史实不彰

建文帝虽然在位时间不长，但在明人心中毕竟是一朝天子，理应有《实录》传世。朱棣不但不为之修《实录》，且并其年号亦予革除。朱棣夺位后，于建文四年（1402）和永乐九年（1411）两次下令重修《太祖实录》，以洪武三十二年、三十三年、三十四年、三十五年取代建文纪年，并且肆意歪曲建文史事。正如焦竑所云："余尝滥史局，观金匮之藏，知《洪武实录》累修于永乐间，当时旧文半从改窜。"② 屠叔方也称："文皇帝入继大统，党禁严迫，凡系诸臣手迹，即零星片札，悉投水火中，唯恐告讦搜捕之踬及，故其事十无一存。"③ 这都引起后世史家极大的不满。自弘治之后，杨守陈、王世贞、焦竑等多人请为建文修史，皆不果行。万历二十二年（1594），曾开馆纂修本朝正史，但三年之后即因种种原因终止。④ 国史既无，遂致私家著述迭出。钱谦益即指出："大抵革除事迹，既无实录可考，而野史真赝错出，莫可辨证。"⑤ 钱氏认为，实录的缺失导致了野史的盛行，这是符合实际的。尤其关于建文帝的下落，到底是焚死还是出亡？若是出亡，隐居何地？随从几人？如此等等，都因官方记载模糊，而引起后世史家探究的极大兴趣。据《明太宗实录》，建文帝系阖宫自焚而死，且备礼安葬于南京，但考虑到当时的政治

① 朱睦㮮：《革除逸史·自序》，《四库全书》第 410 册，第 530 页。
② 焦竑：《建文书法儗序》，《四库全书存目丛书》《史部》53，第 229 页。
③ 屠叔方：《建文朝野汇编序》，《四库全书存目丛书》《史部》51，第 2 页。
④ 参见钱茂伟《明代史学的历程》，社会科学文献出版社 2003 年版，第 277—279 页。
⑤ 钱谦益著，钱仲联标校：《牧斋初学集》，上海古籍出版社 1985 年版，第 759 页。

气氛，而且南京并无建文帝陵墓，因此人们颇为怀疑此说的可信性。万历二年（1574），神宗询问建文出亡之事，张居正即以"此事国史无考"答之。另外，建文帝向以仁政著称，后人从感情上似乎也倾向于逊国出亡之说。① 且胡濙之巡防、郑和之下西洋亦足以启人疑窦。后人著书，或因好奇心使然，或以补史考实自命，究其根源，皆因史实不彰之故。

（三）表彰忠义，以史寄情

后世史家关注的不只是建文帝，在他们看来，建文诸臣的事迹也不能忽略，尤其是当时的忠臣义士，更应着力表彰。早在嘉靖年间，许相卿就说："建文死国之臣，一时累百，三代革命罕前闻矣，两汉以还勿论也。殆自天地剖判，肇有君臣以来，而创见于斯焉，于戏盛哉！其皆天地精英之萃，圣祖功化之神，书之足以树贞风，光信史，震耀奇伟于宇宙间，屹为千万世委质臣人而怀二心者防，诚不可以莫之传也已。"② 许氏所言，颇多夸饰，然而他认为，表彰建文死国之臣可以砥砺臣道则属的论。神宗即位之后，下诏褒扬建文忠臣，因此万历年间即出现了《皇明忠义存褒》、《忠节录》等专记建文忠臣的著作。在鼎革之际，学者们更是对其时宦官擅政、朝政腐败、世风日下表示强烈不满，因此借表彰建文忠臣，以史寄情，针砭时政。崇祯元年（1628），梁子璠请谥建文诸臣，上书云："假令诸臣而在今日，则必无称功颂德之词，必无干儿义孙之事，必无建立生祠之举。方今廉耻尽丧，此正人心瞆瞆之际，所赖提以忠义，令知警悟。"③ 这一时期出现的《逊国忠纪》、《皇明表忠纪》、《逊国正气纪》等皆秉持如此主张。

（四）对前人著述不满，欲订正其误，弥补其漏

由于官方对建文史权威记载阙如，因此众说纷纭，真假不辨，是非不明。一些学者对前人著述不满，于是新作迭出，企图订正其误，弥补其漏。如朱睦㮮在《革除遗史·自序》中云："自仁、宣以后，山林之士稍稍出逸文，谈往事，于是有撰《靖难录》者，有撰《革除录》者。余

---

① 查继佐云："帝以仁柔，海内欲不忘之，遂有逊荒之说。"《罪惟录》帝纪卷2，浙江古籍出版社1986年版，第70页。

② 许相卿：《云村集》卷7《革朝志序》，《四库全书》第1272册，第209页。

③ 《崇祯长编》卷13，《明实录》第91册，（台北）中央研究院历史语言研究所1967年版，第749页。

尝观二录，其辞或抑或扬，俱失太过，而《革除录》失实尤多。"① 又如钱士升在《皇明表忠纪序》中云："《逊国臣记》简而多漏，《朝野汇编》博而寡裁，《忠节录》核矣而取义未精，《拊膝录》详矣而鲁鱼或误。因搜辑诸家，参以逸事，商榷义例，论次列传。"②

二

明末清初私家纂修建文史的史籍数量众多，就体例而言，大致可以归纳为如下四类。

（一）传记类

传记类是建文朝专史中数量最多的一类。其中存世的、影响比较大的如下。

张朝瑞《表忠汇录》（又称《忠节录》）6 卷，成书年代不详。按焦竑之序作于万历壬寅（即万历三十年，1602），大致即成于此前不久。该书以官爵为序，记逊国诸臣 163 人，附录 16 人。关于建文帝之结局，张氏明显主张逊国之说，但不信天顺中由滇归京之事，故卷 6《考误》专门辩驳此事，信可服人。

周镳《逊国忠纪》18 卷，成书于崇祯六年（1633）。该书笃信诸臣从亡之事，记载建文诸忠臣事迹较详。

钱士升《皇明表忠纪》10 卷，亦成书于崇祯六年（1633）。该书"大旨坚主建文帝出亡之说"。③

赵士喆《建文年谱》4 卷，成书于崇祯十四年（1641）。是书本诸《致身录》、《从亡随笔》，记建文帝始末甚详，且极力表彰建文诸臣之忠义。

刘廷銮《建文逊国之际月表》2 卷，书成于崇祯十六年（1643）。此书主建文逊国出亡之说，亦多采信《致身录》、《从亡随笔》二书。

曹参芳《逊国正气纪》，此书成书年代与卷数略有疑问，吴德义《建文史学编年考》认为，此书应为 8 卷，成书于顺治初年。④ 其说可信。该书所记建文事迹，"大略钞撮《致身录》、《靖难记》、《逊国记》诸书而

---

① 朱睦㮮：《革除逸史·自序》，《四库全书》第 410 册，第 530 页。
② 钱士升：《皇明表忠纪序》，《四库全书存目丛书》《史部》110，齐鲁书社 1997 年版。
③《四库全书总目提要》卷 62《史部》18《传记类存目》四《明表忠纪》，第 351 页。
④ 吴德义：《建文史学编年考》，天津教育出版社 2009 年版，第 253—256 页。

成"。①

邵远平《建文帝后纪》1卷，著年不详，吴德义《建文史学编年考》系于康熙十八年（1679）。是书记建文出亡之事，大致亦取材于《致身录》、《从亡随笔》诸书。

（二）综合史体类

如朱鹭《建文书法儗》5卷，初成于万历二十二年，其后又陆续有所修订补充。最后大约成书于万历三十二年（1604）。此书本欲上之朝廷，以补国史，故以"儗"名。该书卷首冠以"颂圣德"10条，记明历朝恕待惠帝君臣之旨；"述公论"6条，记历朝请复革除年号之奏章；"儗书法"16条，自叙其纪事之例。还录有《建文皇帝年表》、《建文诸忠臣谱》。前编1卷，记惠帝初生至为太孙时事；正编2卷，记惠帝在位四年事迹。附编2卷，则杂录明人之赞论与诗文。焦竑称该书"博收约出，宽严得衷，以校往牒，殆无遗憾。"② 又如屠叔方《建义朝野汇编》20卷，万历二十六年（1598）成书。该书1—6卷为《逊国编年》，以编年体记述建文朝政；7—18卷为《报国列传》，据传主任职部门分别记载殉国、隐遁、宫闱之人事迹。19卷为《建文传疑》，记建文出亡故事。因"闻见相沿而是非真讹复相半者"③，故以"传疑"为标题。20卷为《建文定论》，载录"列圣之诏旨与诸臣之章疏，业已凿凿见诸施行而事始大著白矣。"④ 此书参考各种书籍达130多种，所引资料多注明出处。

（三）涉及建文史的史著

此类史籍众多，其中关涉建文史事较详者如下。

薛应旂《宪章录》，万历元年（1573）成书。此书卷12至卷14记建文之事，主建文帝出亡、老佛入京之说，似属不慎，无怪乎四库馆臣讥之"采摭杂书，颇失甄别"⑤。

李贽《续藏书》，李氏死后此书始印行，初刻于万历三十九年（1611）。此书实为传记体，记明兴至万历间诸臣之事。其中，《逊国名臣》《靖难名臣》《靖难功臣》诸卷与建文史事关涉较多。

---

① 《四库全书总目提要》卷54《史部》10杂史类存目三《逊国正气纪》，第309页。
② 焦竑：《建文书法儗序》，《四库全书存目丛书》《史部》53，第229页。
③ 屠叔方：《建文朝野汇编序》，《四库全书存目丛书》《史部》51，第2页。
④ 同上。
⑤ 《四库全书总目提要》卷48《史部》4编年类存目《宪章录》，第278页。

张铨《国史纪闻》，成书于万历三十九年①，为编年体，卷4《建文皇帝》主建文帝逊国出亡之说。

尹守衡《皇明史窃》，崇祯三年（1630）成书。此书为纪传体，其中卷3《革除纪》即以建文帝为传主，亦持建文出亡之说。

朱国祯《皇明史概》，刊刻于崇祯三年（1630）。此书《大政记》、《大事记》牵涉建文朝事较多，《逊国臣传》则记建文诸臣之事甚详。

刘振《识大录》，成书年代约在崇祯十五年（1642）。此书为纪传体，卷6《惠宗让皇帝》主建文出亡之说。

傅维鳞《明书》，大致成书于顺治十年（1653）。② 此书为纪传体，关于建文帝结局，卷4《建文皇帝本纪》主为僧遁去、天顺中迎归大内之说。

谈迁《国榷》，成书于顺治七年（1650），为编年体，卷12记建文帝结局，亦主出亡之说。

张岱《石匮书》，约成书于顺治十一年（1654），为纪传体，卷2《让帝本纪》主建文帝逊国出亡之说。

谷应泰《明史纪事本末》，刊刻于顺治十五年（1658）。此书卷17为《建文逊国》，可见其力主逊国出亡之说。

查继佐《罪惟录》，约成书于康熙十二年（1673），为纪传体，卷2《惠宗纪》不信建文逊国之说③，颇与前人立异。

以上对明末清初的建文史籍作了一个简单的分类考察，这些数量众多的私家著述虽然内容庞杂，体例不一，详略互异，但总体来看可以发现两个显著的特点。

其一，多信逊国出亡之说。上文所列史著，除《革除遗史》《建文朝野汇编》《罪惟录》之外，皆主逊国出亡之说。正如前文所述，《永乐实录》记载建文帝乃阖宫自焚而死，但此说明人多不信从。明中期以后，建文逊国出亡之说开始流行，如正德间祝允明之《野记》、嘉靖间许相卿之《革朝志》与郑晓之《吾学编》等皆信从之。万历之后，此说更盛。对于这一颇具争议的疑案，之所以出现如此一边倒的情形，一方面是因

---

① 杨翼骧：《中国史学史资料编年》第三册，南开大学出版社1999年版，第428页。

② 武玉梅：《傅维鳞〈明书〉的编纂与流传》，《史学史研究》2006年第2期。

③ 查氏云："存者其名，没者其实，必尔尔也。"（《罪惟录》帝纪卷2，第70页。）

为明人怀念建文仁政，有鲜明的感情倾向；另一方面，《奇秘录》《致身录》《从亡随笔》等伪书的影响也不容忽视，这一点将于下文详细言之。

其二，与之前相比，记载更详，描绘更细。这一特点主要反映在建文帝与从亡诸臣的事迹上。关于建文帝的结局，最初只是简单地记载为焚死，其后渐有人怀疑出亡，这一时期则坐实出亡之事，且并其路线亦详细考明。查继佐即指出："帝以仁柔，海内欲不忘之，遂有逊荒之说。说历久益增。至史仲彬《致身录》诸凿凿，实所疑，如或亲见之者。"①至于从亡诸臣，亦是如此，最初并无忠臣从亡之说，此后乃一一考明其姓名事迹，且人数不断增多，至《逊国忠纪》《逊国正气纪》等书乃历历可考、细致缜密，然皆以诸伪书为本，难以服人。综观此一时期的建文史籍，正如王崇武先生所言："于是前此所不能详者，后人尽详之矣"，"要之，时代愈晚，则凿求愈实，描绘愈细，而与史实之相去亦愈远矣"。② 这种传说的演变，与顾颉刚"层累地造成古史"说十分类似。

三

伴随着众多建文史籍的问世，这一时期也出现了一些伪史，如托名史仲彬所撰的《致身录》、托名程济所撰的《从亡随笔》以及题名"玉海子刘琳著"的《拊膝录》。这三部书皆被钱士升收入《逊国逸书四种》，而影响最大者当推《致身录》与《从亡随笔》。正如清初朱彝尊所言："逊国群书，可信者绝少，十九皆作伪无稽，尤可怪者，《从亡随笔》之程济、《致身录》之史仲彬，欺人欺天，莫此甚矣。"③ 上文所列《建文年谱》《建文逊国之际月表》《逊国正气纪》等皆以此二书为依据，可见信从者之多。

这些伪书的出现并不是突兀的，关于建文朝历史的造假早已有之。据郑晓《吾学编》卷6记载，王诏曾得《忠贤奇秘录》于治平寺，其书仅一卷，载建文时出亡臣僚20余人事，多断烂不可读，整理后，仅得梁田玉、郭良、梁中节、梁良用、宋和、郭节、何洲、梁良玉、何申凡九人，且人仅数言。此书实不可信，故潘柽章以为诸伪史之始作俑者。④ 另

---

① 查继佐：《罪惟录》帝纪卷2，第70页。

② 王崇武：《明靖难史事考证稿》，《民国丛书》第四编，上海书店出版社1989年版，第33—34页。

③ 朱彝尊：《曝书亭集》卷45，世界书局1937年版，第549页。

④ 潘柽章：《国史考异》卷4，《续修四库全书》第452册，第79页。

外，一些好事者还编造了很多荒诞传闻，如所谓明宣宗乃建文帝私生子、孝穆纪太后乃建文帝私生女之说，又如正统五年（1440）杨行祥冒充建文帝之事，其实也启迪了后世伪书的作者。

这些伪史问世之后，信者有之，疑者亦复不少，产生的影响也不容忽视。针对这些疑窦丛生的伪书，很多学者也作了相应的考辨，颇具求实精神，因此，对这一学术现象很有研究之必要。今拟以《致身录》与《从亡随笔》为重点讨论之。

（一）《致身录》的出现及相应的考辨

《致身录》之命名，盖取"事君致身"之义，以表彰从亡诸臣节义为目的，故又名《奇忠志》。此书为纲目体，共 18 条。记事起洪武三十一年（1398），迄洪熙元年（1425），托名史仲彬所作。所记不外乎史仲彬得建文帝赏识、助建文帝出亡之事。关于史仲彬其人，《明史》无传，在《致身录》之前，与逊国之事相关之史籍皆未见其名。[①] 史仲彬之生平经历仅见于史鉴所作《曾祖考清远府君行状》及吴宽《清远史府君墓表》，然亦无从亡之记载。

关于《致身录》出现的时间，应在万历末年，焦竑《致身录序》云：

> 往岁戊辰，予同二三友人薄游茅山。会淫雨连旬，兀坐一室，老道以所藏杂文供翻阅，竟日无可意者，最后得史翰林《致身录》，读而拊掌曰："革除多疑事，读史者深不决之悲，得此足发覆矣。"询其得之由，则成弘间史之裔孙携以游，道士窥而窃之者也。袖之归，寻亦失去，今阅五十余年，于敝箧中得之，完好如故。[②]

按焦氏此序作于万历己未（1619）秋，此前从未见有人称引《致身录》，其影响学界当在此之后。观焦氏所言，《致身录》之发现颇多传奇色彩，所谓茅山道书之说难免有来历不清之嫌。且此序究竟是否确为焦竑所作仍有待考证，钱谦益即疑其为伪托之作。[③] 此书不仅来历可疑，即

---

① 史继阶云："考逊国之臣，未见有史仲彬名，乃于《致身录》创睹之。"（谈迁《国榷》卷 12，中华书局 1958 年版，第 844 页。）

② 引自赵士喆《建文年谱》卷下，商务印书馆 1934 年版，第 131—132 页。

③ 钱谦益云："序文芜陋，亦非修撰笔也。"（《牧斋初学集》，第 757—758 页。）

其所记之事亦多玄怪，故一经问世就引来一片质疑之声，如沈德符《万历野获编》云：

> 近日此中乃有刻《致身录》者，谓其先世曾为建文功臣，因侍从潜遁为僧，假称师徒，遍历海内，且幸其家数度。此时苏、嘉二府逼近金陵，何以往来自由？又赓和篇什，徜徉山水，无一讥察者？况胡忠安公之出使也，自丁亥至丙申，遍行天下，凡十年而始报命。观《忠安传》中云："穷乡下邑，无不毕至。"胡为常州人，去此地仅三舍，且往来孔道也，岂建文君臣，能罗公远隐身法耶？所幸伪撰之人，不晓本期典制，所称官秩，皆国初所无。且妄创俚谈，自呈败缺。①

沈氏所言，可概括为两点：其一，建文君臣若如书中所言往来自由，难逃胡濙之寻访，此与事理不合；其二，书中所记典制与实际不符。而对此书系统考辨者则当推钱谦益。钱氏《致身录考》举十证以明此书之不可信。钱氏此文最可服人者，即以成化年间吴宽为史仲彬所作墓表为依据，考辨墓表与《致身录》相互矛盾之处，谓史仲彬无从亡访主、遍走海内、被害死狱等事。② 钱氏此论，理据皎然，经此考辨，《致身录》之伪几成定案。

沈、钱二人怀疑《致身录》之可信度，但仍相信建文帝出亡之事。沈德符云："（少帝）天位虽不终，而自全之智有足多者。"③ 钱谦益云："以文皇帝之神圣，明知孺子之不焚也，明知亡人之在外也，明知其朝于黔而夕于楚也。"④ 据此可见，二人并不相信建文焚死之说。但查继佐考辨《致身录》，则并建文出亡之事亦不信。查氏以"十六疑"证明《致身录》之伪，多以事理不合言之，其目的却是为了说明"出亡无其实"。⑤

以上诸人所论皆有理有据，对后世影响极大，尤其钱氏的考证为后人指明了方向。南明弘光初，又有工科给事中李清祖钱谦益之说，力辨

---

① 沈德符：《万历野获编》卷1《建文君出亡》条，中华书局1959年版，第10页。
② 钱谦益：《牧斋初学集》卷22《致身录》考，第755—758页。
③ 沈德符：《万历野获编》卷1《建文君出亡》条，第10页。
④ 钱谦益：《牧斋有学集》，上海古籍出版社1996年版，第683页。
⑤ 查继佐：《罪惟录》卷32，第1024页。

《致身录》中所言人物事迹不可信，如王良本抱印赴火而死，何云从亡？何洲应为士大夫，而《致身录》忽云太监，实无所据。如此等等，皆以他书与《致身录》比读，而揭发其诬。① 潘柽章、潘耒兄弟二人也是重点考证史仲彬之经历，以明其未尝入仕。前者云："未曾入仕，何论从亡？"② 后者则云："仲彬固未尝入仕，未尝入仕，则从亡有无不待辨矣。"③ 其所论断亦未出钱氏框架。

（二）《从亡随笔》的出现及相应的考辨

《从亡随笔》1 卷，又名《从亡日记》，托名程济撰。史籍中有关程济的记载要比史仲彬相对丰富一些，《革朝志》《建文朝野汇编》等都保存有其详细的生平经历，但并未提到《从亡随笔》。史载，程济，朝邑人，有道术，洪武末为岳池教谕。所谓道术之说，颇涉玄怪，如《明史》所言，建文帝出亡每遇险，几不能免，以济术竟得脱去。如此之类，恐系后人附会演绎而已。

至于《从亡随笔》的问世年代，亦不能确指，大致应出于崇祯年间。沈德符曾质疑《致身录》，然并未谈及此书，亦可证明其为世人所熟知当在《致身录》之后。钱士升辑《逊国逸书》，云得之于江右徐若谷。按徐若谷，即徐良彦，字季良，新建（今江西省新建县）人，崇祯朝曾任工部右侍郎，亦明季忠烈之一。其流传脉络亦难考明。此书记事起建文四年金川门破，至正统五年建文帝被迎归大内止，大致内容即建文帝出亡之经历。

在《从亡随笔》出现之后，钱谦益最早进行了考辨。钱氏既作文考辨《致身录》之伪，又复质疑《从亡随笔》。《牧斋初学集》卷 22《书〈致身录考〉后》云："余作《致身录考》，客又持程济《从亡日记》示余，余掩口曰：陋哉！此又妄庸小人，踵《致身录》之伪而为之者也。"④ 钱氏认为，《从亡随笔》乃是因《致身录》而成，此说有理。胡适即指出，《致身录》所记建文出亡之行踪乃是《从亡随笔》的框架，以

① 李清：《明史杂著》，《国粹学报本》第 13 册，广陵书社 2006 年版，第 7977—7979 页。
② 潘柽章：《松陵文献》卷 10，《续修四库全书》第 541 册，第 483 页。
③ 潘耒：《遂初堂文集》卷 11《从亡客问》，《续修四库全书》第 1417 册，第 586 页。
④ 钱谦益：《牧斋初学集》卷 22《书〈致身录〉考后》，第 758 页。

此可见，《从亡随笔》实根据《致身录》伪造而成。①

　　然此二书差异处亦较明显，如《从亡随笔》记载建文帝最终被迎入大内供养，此为《致身录》所无。又如雪庵和尚、河西佣、补锅匠等化名，《致身录》以为分别是郭节、赵天泰、王之臣，而《从亡随笔》则以为是吴成学、王之臣、黄直，如此之类，皆舛驳不一，究竟以何为准，明人也有自己的看法。据《从亡随笔》所记，建文出亡期间，程济始终追随，因此在赵士喆等人看来，此书更为可信，"程从君于白龙浪穹之间，昕夕不离，而史侍书往来通信，所见闻未必周悉。且诸人晦迹逃名，即与于从亡之约者，未必尽知。总之，出程书者近是，故是编以《随笔》为主"。② 其实，经过后人考辨，二书同属伪撰，皆不可信。

　　钱谦益辨《从亡随笔》之伪云："《致身录》之初出也，夫已氏者，言于文宫庶文起曰：'当时程济亦有私记，载建文君出亡始末，惜其不传耳。'文起叙备载其语，亡何而《日记》亦出矣。济之从亡，仅见于野史，其曾有私记，出何典故？夫已氏何从而前知之？此二书者，不先不后，若期会而出，汲冢之古文，不闻发冢；江左之异书，谁秘帐中？《日记》出而《致身录》之伪愈不可掩矣。甚矣作伪者之愚而可笑也。"③ 钱氏实因考辨《致身录》而附带言及此书，且仅就其来历而发议论，并详考其具体内容。钱氏之意，盖以为《致身录》之伪既已明了，则《从亡随笔》亦无足深辨，故以寥寥数笔一带而过。但钱氏之后仍有人对此书奉若珍宝，因此仍有继续辨析的必要。潘柽章有鉴于此，对《从亡随笔》进行了较为详细的考辨。《国史考异》云：

　　　　近世有撰《从亡随笔》者，谓庚申夏，师题诗寺壁，有僧冒之，自诡为帝。藩司以闻，诏械入京，同寓寺者皆逮，师预焉。九月至京，御史鞫僧，年不合，僧名杨应祥，均州白沙里人。以不实论死，

---

　　① 胡适：《胡适文存三集》卷7《建文逊国传说的演变》，《民国丛书》第一编，上海书店出版社1989年版，第922页。

　　② 赵士喆：《建文年谱》卷下，商务印书馆1934年版。钱士升亦云："从亡二十二人，惟程编修与能、贤朝夕随侍，始终周旋，所记岁月，往返历历在目，与《致身》、《拊膝》二录间有矛盾，而要之不离《随笔》者近是。"（钱士升《从亡随笔叙》，《逊国逸书·从亡随笔》卷首，《四库全书存目丛书》史部第55册。）

　　③ 钱谦益：《牧斋初学集》卷22《书〈致身录〉考后》，第759页。

余各戍边。师不得已，遂陈其实。御史上闻，命中官旧侍者吴亮谛视，密返奏，诏迎入大内，称老佛云。此又因杨行祥事为人所共知，而更端以欺世耳。使建文帝果预同谋十二人之数，则当会鞫之初，何不自陈，而待具狱遣戍之时邪？且谓有僧冒其诗，牵连逮讯，行数千里，阅十余月，嘿嘿不自明，而惟吴亮能识之，又事理之必无者也。①

这段文字专就《从亡随笔》所记建文帝被迎归大内之事而论，认为与事理不合。接下来，潘氏又以程济其人为中心予以辨析，其言曰：

然世言程济为人多怪，故多事者多托之。近有《从亡日记》一书，诡云济笔。自金川出奔，以至迎入大内，年月历历可征。若以《实录》考之，则永乐四年，济不出京师，即《日记》所述偕雪和尚居重庆之岁也。或疑济尝寝食朝邑，而治岳池学事不废，如张芹所录，则之燕之蜀，何所不可。果尔，则济特王乔、左慈之徒耳，而又何以明犯夜禁也。②

按《明太宗实录》永乐四年二月记载，唐府长史程济犯夜禁，而按照《从亡随笔》的说法，程济正随建文帝逃亡，二者显然龃龉不合，由此亦可证《从亡随笔》之不可信。

对于《从亡随笔》的质疑，主要以钱、潘二人为主，相较于《致身录》而言要简略得多。康熙年间朱彝尊亦曾怀疑此书所记之事与情理不合，但只是因考辨靖难史事而偶然涉及，并未详细言之。③ 其原因正如上文所述，《致身录》与《从亡随笔》一伪俱伪，无须一一详论。

总之，《致身录》《从亡随笔》等有关建文朝史的伪书，不但来历可疑，而且所记史事多不合情理，与其他史籍相较，矛盾百出。这些伪史出现不久，旋即露出马脚，自然与钱谦益等人的求实精神密不可分。明

---

① 潘柽章：《国史考异》卷4，《续修四库全书》第452册，第77—78页。
② 潘柽章：《国史考异》卷5，《续修四库全书》第452册，第95页。
③ 朱彝尊曰："《从亡随笔》称太祖预贮箧于奉先殿侧，四围以铁锢之，锁二，亦灌铁汁，程济破之，得三度牒，济为帝祝发。既扶帝出聚宝门矣，不应复折而至神乐观。"《曝书亭集》卷32，第404—405页。

中叶以来，王世贞、焦竑等人大力提倡考据之风，"对包括国史、野史在内的各种史料来源都持一种怀疑的态度"。① 这一学风受到很多有识之士的欢迎，对建文朝伪史的考辨正是在其影响下进行的，例如王世贞曾力辨正统五年杨行祥之事附会无稽②，提示后人不宜盲目信从前人传说。

综上所述，明末清初建文朝历史的编纂成为一大热点，呈现出十分繁荣的局面，涌现了一大批各式体裁的史籍。这一现象既源于国史记载的不足，也与世运学风密切相关。这些数量众多的建文史籍成绩不一，部分学者能够秉持阙疑精神，审慎地选择史料，不妄下结论，但也有很多学者轻信传说，盲目罗列，缺乏别择，受到后人讥讽。尤其是出现了以《致身录》《从亡随笔》为代表的几部伪书，蒙蔽了很多学者，造成史事不清、伪说横行的局面。幸有钱谦益等人秉承前人求实之精神，予以有力的考辨，终使真相大白于世。因此，这一时期建文朝历史的编纂与考证，既有积极的一面，也有消极的东西。对这一学术现象进行梳理，其意义不止局限于史学史方面，我们同样可以借此考察该时期的学术变迁及士人之心态。

第三节　明清鼎革之际杂史编纂研究

明清鼎革之际被称为天崩地裂的巨变时期，是中国历史的一大转折点。面对目不暇接的各种事变，明末清初的官员或士人纷纷拿起笔来，记录或纂修发生在这一特殊时期的历史，因此涌现出大量杂史。何谓杂史？《隋书·经籍志》称：东汉末年"天下大乱，史官失其常守。博达之士，愍其废绝，各记闻见，以备遗亡"。③ 清四库馆臣称："杂史之目，肇于《隋书》。盖载籍既繁，难于条析，义取乎兼包众体，宏括殊名。……大抵取其事系庙堂，语关军国，或但具一事之始末，非一代之全编；或但述一时之见闻，只一家之私记。要期遗闻旧事，足以存掌故、资考证，

---

① 杨绪敏：《明中叶以来史学考据的兴起及其成就与缺失》，《安徽史学》2009 年第 4 期。
② 王世贞撰，魏连科点校：《弇山堂别集》卷 21，中华书局 1985 年版，第 389 页。
③ 《隋书》卷 33《志》第二十八《经籍二》，中华书局 1982 年版，第 962 页。

备读史者之参稽云尔。"① 据此可知，那些或叙一事之始末，或记一时之见闻，或载各种逸闻旧事及相关文献，有助后来修史者取资，有备读史者参考的史书均属杂史之列。谢国桢先生曾引全祖望的话说："晚明野史，不下千家。"足见明末清初杂史之多。谢国桢先生曾将这些杂史分门别类收入其《晚明史籍考》中，并在该书"自序"中，宏观地分析了明清鼎革之际野史稗乘的基本情况，认为："考证旧闻，订补正史，多赖稗乘。"② 因此，加强对明清鼎革之际杂史编纂的研究，对于深化明末清初历史及史学史研究是很有必要的。

一 鼎革之际杂史产生的背景及原因

明末清初，是一个大动荡时期。在这个时期里发生了大规模农民起义，崇祯十七年三月十九日李自成攻陷北京，崇祯帝自缢而死。接着是吴三桂引清兵入关，继而南下，激起广泛的抗清斗争。五月福王弘光政权建立，以后又有唐王隆武政权、桂王永历等政权建立，为反清复明者存有一丝希望，但不久这些小朝廷相继覆灭。对此，梁启超指出："本来一姓兴亡，在历史上算不得什么一回大事，但这回却和从前有点不同。新朝是'非我族类'的满洲，而且来得太过突兀，太过侥幸。北京、南京一年之中，唾手而得，抵抗力几等于零。这种激刺，唤起国民极痛切的自觉。"③

猝逢国变的明代官吏、士人面临国破君亡的残酷现实，他们或积极投身抗清斗争，或参加南明政权，寄希望于明朝中兴，或逃避山野，或投降清朝。尽管他们各自的境遇不同，立场有异，但他们始终牢记"国可灭而史不可灭"的训告，或积愤于中，感叹世事，自觉地记录在战乱中的惨痛经历和耳闻目睹的史事，冀以警策将来；或有意识地收集、整理相关史料；或继续完成晚明以来未竟的纂修明史的工作，由此涌现了一批记载农民起义、甲申之变、清军屠城、抗清斗争、南明史事等方面的杂史。他们有的想通过邸报、塘报、奏疏及各种相关资料的收集、整理和加工来记录所见所闻，以期为后来修史者提供真实可靠的资料；有

---

① 纪昀：《四库全书总目提要》卷51《史部》7杂史类，中华书局1965年版，第460页。
② 谢国桢：《增订晚明史籍考》"自序"，上海古籍出版社1981年版，第9页。
③ 梁启超：《中国近三百年学术史》二《清代学术变迁与政治的影响（上）》，东方出版社1996年版，第17页。

的则是通过写史，总结明亡及南明小王朝相继灭亡的经验教训，以针砭时弊，为反清复明和后世治国者提供借鉴；有的是为了披露降臣的叛逆劣迹，赞颂忠臣的高洁操守，存正气，正人心，发挥史书"彰善瘅恶"的作用。尽管各人写史的动机不一，但均从客观上为保存这一特殊动荡时期的历史，做出了贡献。这些数量众多的杂史，从不同视角反映了明清鼎革之际鲜活的历史，为我们研究这一特殊时期的历史提供了重要的史料。

二　鼎革之际杂史的作者群体分析

鼎革之际杂史作者群体主要包括明末清初官吏、中下层士人等。他们中不少是历史的亲历者、见证人。既有著名学者黄宗羲、王夫之、顾炎武等，更多的则是默默无闻者。现根据谢国桢先生《晚明史籍考》相关内容，选取其中有据可考的 34 位作者，列表如下：

书名	作者	籍贯	出身及任职	备注
甲申传信录	钱𬭚农	当湖	贡生	
再生纪略	陈济生	华亭	贡生，荫官太仆寺丞	
甲申纪事、中兴实录	冯梦龙	吴县	贡生，隆武寿宁知县	
甲申核真略	杨士聪	济宁	进士，翰林院检讨，弘光监军，后任清谕德	
定思小记	刘尚友	嘉定		
孤臣纪哭	程源	江津	进士，弘光中书舍人，隆武兵科给事中	
三垣笔记、南渡录	李清	兴化	进士，刑部、吏部给事中，弘光工科给事中	
幸存录	夏允彝	华亭	进士，长乐知县，弘光吏部考功主事	几社成员
续幸存录	夏完淳	华亭		参与反清，求社成员，夏允彝之子
汰存录、行朝录等	黄宗羲	余姚	诸生，鲁监国左副都御史	参与余姚抗清，复社成员，东林党黄尊素之子

续表

书名	作者	籍贯	出身及任职	备注
明季甲乙两年丛编	许重熙	常熟	监生	复社成员
明季实录	顾炎武	昆山	监生	参与昆山抗清，复社成员
明季南北略	计六奇	无锡	诸生	
金陵对话录	谈迁	海宁	诸生，弘光时高弘图记室	
甲申大事记	沈国元	秀水	诸生	
甲申臆议	陆世仪	太仓	清诸生	刘宗周门生
鹿樵纪闻、复社纪事	吴伟业	太仓	进士，翰林院编修，清国子祭酒	复社成员
福王登极实录	文震亨	长洲	贡生，中书舍人，曾入仕弘光政权	
甲乙事案、先拨志始	文秉	长洲	荫官生	
所知录	钱澄之	桐城	诸生，隆武漳州推官，桂王时翰林院庶吉士	参与抗清，复社成员
永历实录	王夫之	衡阳	举人，永历行人司行人	参与衡州抗清
扬州十日记	王秀楚	江都	史可法幕僚	
青燐屑	应廷吉	慈溪	进士，砀山知县，福王淮安推官	
江阴城守记	韩菼	长洲	清进士、礼部尚书，翰林院掌院学士	
嘉定屠城纪略	朱子素	嘉定	诸生	
南疆逸史	温睿临	乌程	清举人	明内阁首辅温体仁族孙
虎口余生记	边大绶	任邱	举人，米脂知县，清太原知府	
孤臣述	许令瑜	海盐	进士，仙游县知县，隆武吏科给事中	
孤臣泣血录	吴晋锡	吴江	进士，永州、武昌推官，隆武大理寺卿、巡抚江北总督	参与两湖地区抗清
东林本末、复社姓氏	吴应箕	贵池	贡生	复社成员
东林列传	陈鼎	江阴		
三朝野纪	李逊之	江阴		东林党领袖李应升之子
明党祸始末记	佚名	不明		
书事七则	陈贞慧	宜兴	诸生	复社成员，东林党陈于廷子

资料来源：本表依据《增订晚明史籍考》卷8以及相关资料编纂而成。

据上表可以看到，鼎革间杂史作者广泛分布南北各地。江苏、浙江地区人数最多，分别是 20 位、7 位，安徽 2 位，河北、山东、湖南、四川各 1 位。江浙地区是明清时期文化教育发达的人文荟萃、史家辈出之地。万历以来，这一地区士人热衷于结社，先后出现东林书院、复社、几社、惊隐诗社、南湖八子、南湖九子等民间社团，他们往往以诗文会友，或议论朝政，或互相标榜，砥砺名节，由此形成了敢于担当，勇于奉献的风气。江浙地区还是明以来史家辈出之地，长期以来形成一种重史、写史的风气。江浙地区又是清军南下受害最为惨烈、遭受抵抗最为强烈的地区。这些因素使得江浙成为鼎革之际杂史作者最为集中的地区。也有一些作者分布于大江南北，这是因为甲申之变属于"国难"，是举国上下最为关注的焦点，各地士人都自觉地把记录、收集、整理鼎革之际史料视为己任。

作者履历可考者，大部分是中下层诸生，共 16 位，另有举人 3 位，进士 9 位，其余信息不详，但从其著述中行文措辞，可判断其为士人的身份。其中大部分是明代士人，3 位清代士人。此外，据不完全统计，其中 16 位先后参与南明政权及抗清斗争。有正式明官员身份的有陈济生、杨士聪（后仕清）、程源、李清、夏允彝、吴伟业（后仕清）、文震亨、应廷吉、边大绶（后仕清）、许令瑜、吴晋锡等人，还有 9 位虽属平民，但与明官员有门生故旧或亲属关系。清朝官员则有韩菼等。作者中有 9 位为复社、几社、求社、惊隐诗社成员。

此外，较晚参与鼎革杂史编纂的如陆世仪虽没有入仕明朝及南明政权的经历，但其生活年代接近明清之际，同时他们本人与明遗民之间也有着千丝万缕的联系，或为遗民门生，或与遗民相交，因而他们也基本站在同情明王朝的立场上。

三　鼎革杂史的编纂及史料来源

甲申之变，李自成攻入北京，接着是清军入关、南下，很多经历巨变的明官吏、士人通过日记、笔记记录亲身经历和见闻。这是最早也是数量最多的一批杂史。它们记录史实的形式自由随意，很少具有完备的史书体例，往往按日期排序，以客观叙述史实为主，但其距离史实发生时间和地点接近，属于第一手资料。如《甲申纪闻》《孤臣纪哭》《再生纪略》《虎口余生记》《燕都日纪》《定思小记》《扬州十日记》《嘉定屠城纪略》等。这些杂史一方面客观地记载了农民军在京城的所作所为及清军南下的暴行。弘光等政权建立后，一些任职于南明各政权的官员、士人也纷纷记录南明史事，如《福王登极实录》《孤臣述》《孤臣泣血录》《青燐屑》《南渡录》《书事七则》等。这类杂史中记载个人经历和所见所闻一般较为可靠。如陈济生《再生纪略》云："予今日载笔纪实……其姓名事迹，目所睹，身所历者勿论，他或访自长班，或传诸道路，不无小异，亦有微讹，然十分之中已得八九。"① 钱稺农在《甲申传信录》序中亦云："余于是博搜闻见，勤咨与难诸贤，讲求实录，刊讹订谬，芟除芜秽，�摭遗拾漏，分为十篇。"② 可见，钱氏身在北京多年，其书撰写很大程度上依赖他从甲申之变亲历者口中得到的史料。冯梦龙在《甲申纪闻》自序中称："甲申燕都之变，道路既壅，风闻溢言，未可尽信。候选进士沂水彭遇颽于四月一日，候选经历慈溪冯日新于十二日、东海布衣盛国芳于十九日先后逃回，各有述略，不无同异。武进士张魁十六日出京，有北来公道单，叙忠逆近实而未及纪事。吾乡有贾人于五月望日出城，则李贼已遁而燕京化为胡国，所述甚悉。"③ 冯当时自纂《甲申纪闻》《绅志略》等记叙甲申之变时京城情形的史书，但本人并不在京，其信息的来源也多是南还诸人。谈迁《金陵对话录》曾明确提出，此书信息来自逃回南方的高弘图。可见，以间接传闻为据是这一类杂史主要信息来源。但不可否认，这些杂史中也有以道听途说为依据的。在兵荒马乱的情况下，传闻是信息传递的主要方式。日本学者岸本美绪就以为南逃诸人的目睹耳闻是北京信息传递到江南的第一条路径。④ 因此出现一些遗漏或错误也是正常的。正如杨士聪所云："其始国难初兴，新闻互竞，得一说则书之不暇择者，故一刻出，多有所遗，有所误，有所颠倒，此出于无意。"⑤

在杂史编纂的过程中，除依据个人经历及其所见所闻外，往往还依据奏疏、塘报、邸报等官方档案。明亡后，作为官史重要载体的实录无法接续下去，而其他官方档案资料，如奏疏、塘报、邸报则成为私修史

① 陈济生《再生纪略》，《四库禁毁书丛刊》《史部》33，第 445 页。
② 钱稺农：《甲申传信录》，《四库禁毁书丛刊》《史部》19，第 229 页。
③ 冯梦龙：《甲申纪事》叙，《四库禁毁书丛刊》《史部》33，第 346 页。
④ ［日］岸本美绪：《崇祯十七年的江南社会与关于北京的信息》，《清史研究》1999 年第 2 期。
⑤ 杨士聪：《甲申核真略》，《笔记小说大观》第 43 编，第 7 页。

书的重要资料。清初一些学者十分重视辑录相关材料，以期为后来纂修明史者提供可靠资料。如顾炎武《明季实录》收录甲申之变前后在南京收集的诏令、奏疏、塘报等资料。其中有《监国福王诏书》《福王登极诏书》《宏光上谕》、奏疏《诸臣乞贷疏》、塘报《南中近报》等。① 虽然表面上看似简单的资料摘录，实则为有意识地保存文献。记叙南明政权史实的王夫之《永历实录》、黄宗羲《弘光实录钞》亦属此类。当然由于政权更替过速，尤其就甲申之变前后史事而言，系统收集官方档案难度较大，即便是北京陷落信息的传递也大多依靠耳闻和目睹。因而鼎革之际依靠这类史料编辑的史书不多。

另有依据各类北来单（经历甲申之变的在京官绅记录相关朝臣忠逆情节，并通过划分殉难、幸免、刑辱、从逆等品级予以褒贬的名单，它是当时京城信息传布的重要方式）、公道单（各地官绅颁布的记载同乡朝臣忠逆情节的名录）、讨逆单等。这一类材料的出现，原本是为了鞭挞叛逆，褒奖忠烈，彰善瘅恶的。但它却成为编纂杂史的重要史料来源之一。冯梦龙《甲申纪闻》称："武进士张魁十六日出京，有北来、公道单，叙忠逆近实，而未及纪事。"他编纂的《绅志略》曾多处采择北来、公道单的资料。如"杨汝成条"称："北来单先开以老释归，后开以刑死。……而本乡有讨逆单，叙甚详，纵不无妆点，而从逆近真矣。"② 又如"刘世芳条""王家彦条"均有采自公道单的资料。③《绅志略》中还屡屡出现"各单""别单"等提法，可见其不是孤例，有一定数量。依据以上北来单、公道单等信息，各地士人编纂了讨逆檄文、计逆檄、讨逆单、公揭讨伐本地叛逆的官绅，这在许多士人的文集、杂史中也多有收录。

随着史料的逐渐完备，一些学者开始依据各种记录见闻的杂史，结合自己的见闻及经历，开始有意识地对各种见闻杂史进行再加工。这种再加工过程一直持续到康熙末年乃至以后。这一类的史书或采用编年体，或采用纪事本末体、纲目体记事，或汇编各种杂史及史料。如钱穮农编

① 顾炎武辑：《明季实录》，《清代笔记小说》第 37 册，河北教育出版社 1996 年版，第 245 页。
② 冯梦龙：《甲申纪事》，《四库禁毁书丛刊》《史部》33，第 384 页。
③ 同上书，第 385、374 页。

《甲申传信录》时指出："客从江南携甲申事来，所载《国变录》《甲申纪变》《国难纪》……凡十余家，猥繁不伦，异端丛出，一时简策无所折中。余于是博蒐见闻，勤咨与难诸贤，讲求实录。刊讹谬，芟芜秽，补阙遗漏，分为十篇。"① 该书采用纪事本末体，列出十个标目，如卷1《睿谟留憾》，从崇祯十六年秋七月至十七年四月，以日系事，记述了崇祯帝最后不到一年的事迹。卷3《大行骖乘》，专记甲申三月在京殉难诸臣事迹。再如冯梦龙所撰《甲申纪事》一方面"博采北来耳目"，同时收录程源《孤臣纪哭》、无名氏《都城日记》、陈济生《再生纪略》诸书，而"倡议讨逆诸檄"，"奏疏书议诸篇"，"并加採拾，以供观览。"② 需要注意的是，在对杂史再加工的过程中，一些人出于门户之见和现实政治斗争的需要，故意歪曲史实，颠倒是非，甚至伪造历史，致使黑白颠倒，是非不明，史实不清。正如杨士聪所云："既而南奔伪官，身为负涂之豕，私撰伪书，意图混饰，或桃僵李代，或渊推膝加，且谬谓北人未免南来，一任冤填，罔顾实迹。"有云："十七年之铁案既翻，占风望气者实烦有徒，归美中珰，力排善类，甚至矫诬先帝，创为收葬之言，掊击东林，明立逢时之案，捉风捕影，含沙射人，此阴险之极，出于刻意。"③

四　鼎革之际杂史的内容、价值及存在问题

鼎革间杂史涉及的内容非常丰富，主要可分为以下五类。

（一）专记甲申之变的

这一类记载多达数十种。如陈济生亲身经历甲申之变，他撰写《再生纪略》逐日记事，内容大致包括农民军攻占京城后崇祯帝自缢，明臣除少数殉节外大多投降农民军政权。农民军拷掠诸臣，并颁布新。后遇吴三桂引清军入关终致败退等史实。其间作者不仅关注朝政大事，还叙述目睹的种种社会现象。④ 再如冯梦龙的《绅志略》分门别类地记叙甲申之变中在京诸臣殉节、刑辱、投降等事迹，这类杂史意在褒扬忠臣守节而贬斥降臣丧节，每一类别下系大臣姓名若干。⑤

---

① 钱𥟇农：《甲申传信录》，《四库禁毁书丛刊》《史部》19，第229页。

② 冯梦龙：《甲申纪事》，第347页。

③ 杨士聪：《甲申核真略》，《笔记小说大观》第43编，第7页。

④ 陈济生：《再生纪略》，《四库禁毁书丛刊》《史部》33，第412页。

⑤ 冯梦龙：《甲申纪事》，《四库禁毁书丛刊》《史部》33，第373—395页。

（二）专记清军暴行及抗清斗争的

如《扬州十日记》《江阴城守记》《嘉定屠城记略》等，详记清兵攻陷扬州、江阴、嘉定后杀戮之惨及人民英勇抗敌的壮烈。如《扬州十日记》记王秀楚身所亲历之事，真切而惨烈。清军攻入扬州后追赶、屠杀百姓"如驱犬羊，稍不前，即加锤挞，或即杀之；诸妇女长索系颈，累累如贯珠，一步一蹶，遍身泥土；满地皆婴儿，或衬马蹄，或藉人足，肝脑涂地，泣声盈野。行过一沟一池，堆尸贮积，手足相枕，血入水碧赭，化为五色，塘为之平。"① 又如《嘉定屠城记略》记嘉定城破之日，率众守城的明都察院观政、进士黄淳耀在与其弟自缢之前提笔书写云："进不能宣力皇朝，退不能洁身自隐，读书寡益，学道无成，耿耿不灭，此心而已！异日寇氛复靖，中华士庶再见天日，论其世者尚知予心。"又记左通政侯峒曾在城破时投池不死，"立水中叹曰：人死亦大难事"。命其手下"使抑其首，冀得速死"，"复不死，为清兵引出斩之"。② 生动地记载了守城志士宁死不降的事迹。

（三）记载明末党社活动及党争的历史

如吴应箕《东林本末》《复社姓氏》、陈鼎《东林列传》、吴伟业《复社纪事》、文秉《先拨志始》、李逊之《三朝野纪》、《明党祸始末记》等。这一类杂史客观地记载明万历年间至南明结社及党争历史，如文秉《先拨志始》上卷起万历讫天启四年，下卷起天启五年讫崇祯二年。如妖书，梃击、红丸、移宫三案，以及魏忠贤乱政，崇祯钦定逆案之类，靡不详载。又如李逊之《三朝野纪》历述泰昌、天启、崇祯三朝党争的历史。这些杂史在很大程度上也反映了明亡后人们对明亡及南明政权速亡原因的反思。他们大多认为明末党争是导致明亡及南明小朝廷速亡的重要因素之一。如吴应箕指出："尝观国家之败亡，未有不起于小人倾君子之一事；而小人之倾君子，未有不托于朋党之一言。"又云："昭代之党祸极于万历丁巳，而嘉隆诸政府已开其渐。……其党同伐异，显行于好恶之间，而人莫之敢议。"③《宏光朝伪东宫伪后及党祸纪略》的编者也称："南渡立国一年，仅终党祸之局。东林复社多以风节自持，然议论高

---

① 王秀楚：《扬州十日记》，《四库禁毁书丛刊》《史部》72，第 191 页。
② 朱子素：《嘉定屠城纪略》，《笔记小说大观》第 10 编第四册，第 2222—2223 页。
③ 吴应箕：《东林始末》上《门户始末》，上海书店出版社 1982 年版，第 3 页。

而事功疏，好名沽直，激成大祸，卒致宗社沦覆，中原瓦解。"①

（四）记载南明史实的

有的兼记甲申之变及弘光初期史事的，如计六奇《明季南略》《甲申大事纪》《甲申传信录》《明季甲乙两年丛编》之类。有的汇编南明邸报、塘报、文告等文献资料。如黄宗羲《弘光实录钞》，主要收录弘光朝邸报。冯梦龙编《中兴实录》主要辑录弘光朝奏疏、公告。题名娄东梅村野史撰的《鹿樵纪闻》则搜罗福王、唐王、桂王三朝邸报汇编成书。这一类文献汇编为鼎革间史实保留了珍贵的第一手档案资料。有的专记南明各小王朝事迹。如李清的《南渡录》以纲目日记体详载了弘光一朝大事。《思文大纪》以纲目体专记隆武一朝史实。王夫之《永历实录》以纪传体记载永历一朝君臣事迹。钱澄之《所知录》上卷记隆武史事，中下卷记永历史事。温睿临的《南疆逸史》则以纪传体专记南明弘光、隆武、永历三朝遗事。

（五）以评论史事为主，偏重总结亡国教训的

如夏允彝的《幸存录》分为"国运盛衰之始""辽事杂志""门户大略""门户杂志"四个部分，分别就"国运之兴衰、贤奸之进退、虏寇之始末、兵食之源流"等发表议论。他认为，造成明末严峻局面的原因是农民起义和满清的入侵。他说："寇之发难，以何事起？天下嗷嗷，皆以加赋之故。然赋加于何年？皆以东夷发难也。……我谋不臧，将不择，兵不练，廷臣置边事于度外，边臣以寻端卸患为得计。至南都之政，贿赂滋章，如狂如醉，使高皇帝之开辟、烈皇帝之忧勤，一期宗社邱墟，大可痛也。"又说："二患益张。国力耗竭，而事不可为矣。"② 同时他认为，朋党之争是导致明亡的重要原因之一。他说："朋党之论一起，必与国运相始终，迄于败亡者。"因为党人"精神智术俱用之相顾相防，而国事坐误，不暇顾也。且指人为党者，亦必有此。此党衰，彼党兴，后出者愈不如前。祸延宗社，固其所也"。③ 又如黄宗羲的《汰存录》则针对夏允彝的《幸存录》和夏完淳《续幸存录》逐一批驳其观点。再如陆世

---

① 戴名世：《宏光朝伪东宫伪后及党祸纪略》，《笔记小说大观》第 10 编第五册，第 2784 页。

② 夏允彝：《幸存录》上"国运盛衰之始"，《笔记小说大观》第 10 编第三册，第 1607 页。

③ 夏允彝：《幸存录》上"门户大略"，《笔记小说大观》第 10 编第三册，第 1613 页。

仪《甲申臆议》提出"定内志""去积习""励乾德""列屯守"等十余款，从政治、经济、军事等方面提出建议。这类杂史多以总结亡国教训，针砭时弊为出发点。①

鼎革之际杂史尽管鱼龙混杂，所记史事及对人物、事件的评价也多有分歧，屡受后人诟病。但后世史家研究明清鼎革历史时却基本依靠这些私纂杂史，说明其具有独特的文献价值。

这些杂史大都属于亲历者根据耳闻目睹的信息进行编纂的著作，它们的优点在于"眼见为实"，提供来自历史发生现场的第一手资料，可信度高。如《孤臣纪哭》《再生纪略》《燕都日纪》《北事补遗》等著作均为亲历甲申之变的在京士人所作，国破家亡的残酷现实使他们将亲身经历记录下来，为我们留下难得的直接史料。即便如冯梦龙、李清、钱秌农等未能亲临历史发生现场的作者，也凭借访问其他亲历者得到可靠材料，撰写成书。同时一些学者则注意收集和保存原始档案，如上所述的《明季实录》《弘光朝实录钞》《永历实录》等，均具有较高的史料价值。

鼎革间有些杂史在当时还隐含激励明遗民抗清复国的愿望。如陈济生《再生纪略》称："济生草莽臣，目击倾危，骨寒眦裂，行居颠沛，滨死者再；痛定回想，血泪犹濡。敬述其略，以厉同仇之志，并示子孙无望行路难云而。"② 作者直接阐明其意图在于激励时人同仇敌忾，对抗强敌。冯梦龙于弘光元年编纂《甲申纪事》一书，收录了甲申之变后讨逆檄文、各种疏策。意在保存史料，但也隐含反清复明之意。如其中收录史可法主张的"款东虏破贼以雪国耻"，马士英等则提出必须严惩逆臣降贼，万元吉等上疏强调应该改弦更张，痛改前辙；张亮等建议要不拘一格，任用贤才。彭时亨则在《制虏议》中提出用古代的车战之法，来遏制清兵的势头等。冯氏特别说明："方今时势，如御漏舟行江湖中，风波正急，舵师楫手，兢兢业业，协心共济，犹冀免溺；稍泄玩，必无幸矣，况可袖手而闲诟谇乎！庙堂隐忧，无大于此。"③ 同时指出："前军之覆，

① 陆世仪：《甲申臆议》，《丛书集成三编》第19册，新文丰出版公司1997年版，第417页。

② 陈济生：《再生纪略》，《四库禁毁书丛刊》《史部》33，第412页。

③ 冯梦龙：《甲申纪事》"叙"，《四库禁毁书丛刊》《史部》33，第347—348页。

已无可追；后局之翻，断不容缓！"① 可见，鼎革杂史不仅在于客观记录历史，还隐含力图推动明朝残余势力兴复故国，巩固残存的半壁江山之功用。

鼎革间杂史的一些作者还一改明初以来空疏浮泛的学风，针对杂史中出现的各种谬误，注意考辨史料的真伪，订正史实的讹误，促进了清初求实风气的形成。如杨士聪撰《甲申核真略》云："称核真者，以坊刻之讹，故加核也。坊刻类以南身记北事，耳以传耳，转相舛错，甚至风马牛不相及者，其不真也固宜。"② 为此他对各种传闻异说进行了客观的考辨，订正了不少史实谬误。文秉所编《甲乙事案》则是针对《弘光事略》中"邪说充塞，黑白倒置"，"恐讹以传讹，误当年之见闻者小，而淆千古之是非者大"，因此"仿朱子《纲目》之例"，详记弘光一朝史实。③ 吴应箕作《东林始末》时指出："东林争言真伪，其真者必不负国家，伪者反至负东林。此实何欤？盖起事至五六十年，相传多失其实，于是而有伪者，亦势使然也。今之所为东林者又一变，往时欲锢之林下者，今且下及草野。夫盛世岂有党锢之事？何论朝野，亦辨其真与伪而已矣。余于是条次其本末，以使观者有所考而感焉。"④ 为此，他在书中特别重视辨其真伪，论其是非。再如李清在《三垣笔记自序》中指出："盖内之记注邸钞，多遗多讳，外之传记志状，多谀多误，故欲藉予所闻见，志十年来美恶贤否之真，则又予所不敢不录也。然犹以目见与耳闻，不无疑信之别，故先举予所灼见以笔之书，其因闻而记者，犹云附述，终致其慎焉。"他主张："则于己恩，固不敢饰瑜，即于己恶，亦不敢益瘢，惟存其公且平者云尔。"⑤ 为此，他分别将目睹亲历写为正文，而将他人传闻写入附识。顾炎武在编纂《圣安本纪》时，见自己保存的《安圣事略》中"邪说充塞，黑白倒置"，"恐讹以传讹，误当年之见闻者小，而淆千古之是非者大"。于是仿效朱子《纲目》体，"记事之后，僭加发明，又仿附录之条以存事迹之备考者"。⑥ 均可见编者对待史料的慎重态

---

① 冯梦龙：《甲申纪事》卷 12《中兴实录书叙》，第 594 页。

② 杨士聪：《甲申核真略》，《笔记小说大观》第 43 编，第 7 页。

③ 文秉：《甲乙事案》"小叙"，《四库禁毁书丛刊》《史部》72，第 44 页。

④ 吴应箕：《东林始末》，中国历史研究资料丛书，上海书店出版社 1982 年版，第 1 页。

⑤ 李清：《三垣笔记》"自序"，《四库禁毁书丛刊》《史部》19，第 330 页。

⑥ 顾炎武：《圣安本纪》"叙"，《笔记小说大观》第 4 编第八册，第 4943 页。

度。这种疑史和考史的风气直接开启了清初考据的风气。

　　鼎革之际杂史由于史料来源不一，作者评判是非的标准不一，写作水平参差不齐，因此存在诸多问题。比如同样一件事，在不同的书中则出现不同的记载。正如杨士聪所指出："地非身涉，事属耳传，睹记或有未详，是非因而益紊。乡邦讨檄，已多增饰之文；市肆稗官，尽是难凭之案。端开假藉，谁为胪列彤编，意在逢迎，不顾纷纭青史。"① "一事而甲乙互异，一人而彼此复殊，即余顽鄙之身，未有画一之论，而余可知矣。"② 钱穉农亦持相同的看法。作为历史的直接参与者，史家在记述史实时往往有意无意中掺杂着个人因素。比如身份地位、政治观点、门户派别、利益纠葛等都会影响作者客观真实的表述历史。特别是晚明以来，门户之争激烈，加之弘光政权建立后追究在京诸臣表现，褒扬忠烈，贬斥叛逆，均影响杂史所载史事的真实性和对史事、人物评价的客观、公正性。比如，夏允彝父子与黄宗羲在评论明末人物、事件时就出现明显分歧。如黄氏以马士英为奸相至极者，夏完淳以为马氏有将才，且希望其跻身"君子"之列。又如，夏氏以弘光朝张捷、杨维垣殉国难而死，而黄氏则以杨氏杀妾伪死，后为乱兵所杀，称之为小人，并将张捷之死比拟王振死土木之变。黄氏以李三才为"幹国之才"，而夏允彝以李氏"负才而守不洁"，"挟纵横之术，与言者为难，公论益黜之"。对于晚明"三案"，二人看法也大相径庭。黄氏以梃击、红丸案皆郑贵妃主使，夏以梃击案事发偶然，张差事出无意，且梃击方式拙劣；而红丸非光宗死亡主因，不该过激处置。李清认为："独夏允彝《幸存录》出，乃得是非正，则又存公又存平。"③ 而黄宗羲在评价中多掺有门户之见。他认为，夏氏老师张延登为攻击东林之人，而夏氏"以延登是非为是非，其倒置宜矣"。并称此书为："其为玷也大矣，谓之不幸存录可也。"④

　　综上所述，鼎革间杂史是明清之际政局混乱时期的特殊产物。其作者群体以明代士人为主，尤以江南地区士人为主。这些杂事多能客观直接地反映史实原貌，有的则注意考辨史事的真伪，有的侧重于对所载人

---

① 杨士聪：《甲申核真略》"序"，《笔记小说大观》第 43 编，第 5 页。
② 同上书，第 6 页。
③ 李清：《三垣笔记》"自序"，《四库禁毁书丛刊》《史部》19，第 330 页。
④ 黄宗羲：《汰存录纪辨》，《笔记小说大观》第 10 编第 5 册，第 2789—2790 页。

物、事件的评论，以期达到以史经世的目的。由于其史料来源不一，政见歧异，致使一些史书存在记载史事真伪不分，评论不当等问题。这是我们在研究的过程中需要认真分析、区别对待的。

参考文献

一 明清及以前文献

[1] 支大纶：《世穆两朝编年史》，《四库全书存目丛书补编》76 册，齐鲁书社 2000—2002 年影印。

[2] 沈德符：《万历野获编》，中华书局 1997 年版。

[3] 沈国元：《皇明从信录》，《四库禁毁书丛刊》《史部》1，北京出版社 1997—1999 年影印。

[4] 沈国元：《两朝从信录》，《四库禁毁书丛刊》《史部》29。

[5] 卜世昌、屠衡：《皇明通纪述遗》，《四库全书存目丛书》《史部》14，齐鲁书社 1997—1999 年版。

[6] 张铨：《国史纪闻》，《四库全书存目丛书》《史部》17。

[7] 涂山：《明政统宗》，《四库禁毁书丛刊》《史部》2。

[8] 焦竑：《澹园集》，中华书局 1999 年版。

[9] 焦竑：《国朝献征录》，《四库全书存目丛书》《史部》100。

[10] 钱谦益：《牧斋初学集》，上海古籍出版社 2009 年版。

[11] 钱谦益：《牧斋有学集》，上海古籍出版社 1996 年版。

[12] 钱谦益：《国初群雄事略》，中华书局 1982 年版。

[13] 钱谦益：《列朝诗集小传》，上海古籍出版社 1983 年版。

[14] 钱谦益著，钱仲联标校：《牧斋杂著》，上海古籍出版社 2007 年版。

[15] 尹守衡：《明史窃》，《四库禁毁书丛刊》《史部》64。

[16] 朱国祯：《皇明史概》，（台北）文海出版社 1984 年版。

[17] 朱国祯：《涌幢小品》，中华书局 1959 年版。

[18] 何乔远：《镜山全集》，崇祯十年刻本，中国台湾"国家图书馆"藏复印件。

[19] 何乔远：《名山藏》，商传等点校本，福建人民出版社 2010 年版。

[20] 许重熙：《国朝殿阁部院大臣年表》，《四库禁毁书丛刊补编》25。

［21］许重熙：《嘉靖以来注略》，《四库禁毁书丛刊》《史部》5。

［22］刘振：《识大录》，《四库全书存目丛书》《史部》37。

［23］谈迁：《国榷》，中华书局1988年版。

［24］谈迁：《北游录》，中华书局1997年版。

［25］傅维鳞：《明书》，中华书局1985年版。

［26］张岱：《琅嬛文集》，岳麓书社1985年版。

［27］张岱：《石匮书》，《石匮书后集》，上海古籍出版社2008年版。

［28］张岱：《张岱诗文集》，上海古籍出版社1991年版。

［29］谷应泰：《明史纪事本末》，《历代纪事本末》，中华书局1977年版。

［30］查继佐：《罪惟录》，浙江古籍出版社1986年版。

［31］沈起：《查东山先生年谱》，中华书局1992年版。

［32］全祖望著，朱铸禹校注：《全祖望集汇校集注》，上海古籍出版社2000年版。

［33］黄宗羲著，陈乃乾编：《黄梨洲文集》，中华书局2009年版。

［34］黄宗羲：《南雷文定》，中华书局1985年版。

［35］黄宗羲：《黄宗羲全集》，浙江古籍出版社1985年版。

［36］黄宗羲：《明文海》，中华书局1987年影印本。

［37］黄宗羲：《明儒学案》，中华书局2008年版。

［38］顾炎武：《顾亭林诗文集》，中华书局1983年版。

［39］潘柽章：《松陵文献》，《四库禁毁书丛刊》《史部》7。

［40］吴炎、潘柽章：《今乐府》，《四库禁毁书丛刊》《集部》74。

［41］潘柽章：《国史考异》，中华书局1985年版。

［42］吴炎：《吴赤溟先生文集》，《国粹丛书》第二集。

［43］计六奇著，魏得良、任道斌点校：《明季北略》，中华书局1984年版。

［44］计六奇著，魏得良、任道斌点校：《明季南略》，中华书局1984年版。

［45］温睿临：《南疆逸史》，《续修四库全书》332册。

［46］章学诚著，仓修良编注：《文史通义新编新注》，浙江古籍出版社2005年版。

［47］刘知幾著，浦起龙注：《史通通释》，上海古籍出版社1978年版。

［48］戴名世著，王树民编校：《戴名世集》，中华书局 1986 年版。

［49］王士骐：《皇明驭倭录》，《四库全书存目丛书》《史部》53。

［50］王世贞：《弇山堂别集》，中华书局 2006 年版。

［51］瞿九思：《万历武功录》，《四库禁毁书丛刊》《史部》35。

［52］王在晋：《三朝辽事实录》，《四库禁毁书丛刊》《史部》70。

［53］王在晋：《海防纂要》，《四库禁毁书丛刊》《史部》17。

［54］茅瑞征：《万历三大征考》，《续修四库全书》《史部》杂史类，上海古籍出版社 1994—2001 年影印。

［55］茅瑞征：《皇明象胥录》，《四库禁毁书丛刊》《史部》10。

［56］颜季亨：《国朝武功纪胜通考》，《四库禁毁书丛刊》《史部》70。

［57］颜季亨：《九十九筹》，《四库禁毁书丛刊》《史部》51。

［58］茅元仪：《石民四十集》，《四库禁毁书丛刊》《集部》109。

［59］茅元仪：《武备志》，《四库禁毁书丛刊》《子部》23—26。

［60］方孔炤著，王雄点校：《全边略记》，《明代蒙古汉籍史料汇编》第三辑，内蒙古大学出版社 2006 年版。

［61］徐日久：《徐子卿近集》，《四库禁毁书丛刊补编》73。

［62］徐日久：《五边典则》，《四库禁毁书丛刊》《史部》25。

［63］徐日久：《嶰言》，《四库禁毁书丛刊》《史部》23。

［64］张燧：《经世挈要》，《四库禁毁书丛刊》《史部》75。

［65］张燧著，贺新天校点：《千百年眼》，河北人民出版社 1987 年版。

［66］范景文：《范文忠公文集》，中华书局 1985 年版。

［67］范景文：《昭代武功编》，《续修四库全书》第 389 册，《史部》纪事本末类。

［68］范景文：《战守全书》，《四库禁毁书丛刊》《子部》36。

［69］王洙：《史质》，《四库全书存目丛书》《史部》20。

［70］薛应旂：《宋元通鉴》，《四库全书存目丛书》《史部》10。

［71］胡应麟：《少室山房笔丛》，上海书店 2001 年版。

［72］李纯卿、李槃：《世史类编》，《四库禁毁书丛刊》《史部》54。

［73］程元初：《历年二十一传》，《四库全书存目丛书》《史部》18。

［74］姚允明：《史书》，《四库全书存目丛书》《史部》150。

［75］孙慤：《唐纪》，《四库全书存目丛书》《史部》33。

［76］姚士粦：《后梁春秋》，《四库全书存目丛书》《史部》163。

［77］董说：《七国考》，中华书局 1956 年版。

［78］魏显国：《历代相臣传》，《四库全书存目丛书》《史部》96。

［79］魏显国：《历代守令传》，《四库全书存目丛书》《史部》97。

［80］李廷机：《汉唐宋名臣录》，《四库全书存目丛书》《史部》99。

［81］黄汝亨：《廉吏传》，《四库全书存目丛书》《史部》108。

［82］郭正中：《孝友传》，《四库全书存目丛书》《史部》116。

［83］钱仪吉：《碑传集》，上海古籍出版社 1987 年版。

［84］江藩：《国朝汉学师承记》，生活·读书·新知三联书店 1998 年版。

［85］王士禛：《池北偶谈》，中华书局 1997 年版。

［86］马骕：《左传事纬》，齐鲁书社 1986 年版。

［87］马骕：《绎史》，齐鲁书社 2001 年版。

［88］高士奇：《左传纪事本末》，中华书局 1979 年版。

［89］李维桢：《大泌山房集》，《四库全书存目丛书》《集部》152。

［90］欧阳修：《欧阳修全集》，中国书店 1994 年版。

［91］方孝孺：《逊志斋集》，中华书局 1989 年版。

［92］谢陛：《季汉书》，《四库全书存目丛书》《史部》30。

［93］沈德符：《万历野获编》，中华书局 1997 年版。

［94］吴任臣：《十国春秋》，中华书局 2010 年版。

［95］洪亮吉：《北江诗话》，人民文学出版社 1983 年版。

［96］陈邦瞻：《宋史纪事本末》，中华书局 1977 年版。

［97］陈邦瞻：《元史纪事本末》，中华书局 1979 年版。

［98］王保谠编刊：《宋史记凡例》，南京图书馆藏潜德堂丛书本。

［99］朱彝尊：《明诗综》，中华书局 2007 年版。

［100］钱士升：《赐馀堂集》，《四库禁毁书丛刊》《集部》10。

［101］钱士升：《南宋书》，齐鲁书社 1996 年版。

［102］钱大昕：《十驾斋养新录》，上海书店出版社 1983 年版。

［103］赵翼著，王树民校证：《廿二史札记校证》，中华书局 1984 年版。

［104］王圻：《续文献通考》，现代出版社 1986 年版。

［105］刘元卿：《诸儒学案》，《四库全书存目丛书》《子部》12。

［106］周汝登：《圣学宗传》，《四库全书存目丛书》《史部》98。

［107］过庭训：《圣学嫡派》，《四库全书存目丛书》《史部》108。

［108］冯从吾：《关学编》，中华书局 1987 年版。

［109］孙奇逢：《理学宗传》，《续修四库全书》第514册。

［110］陈济生：《再生纪略》，《冯梦龙全集》第十七册，江苏古籍出版社1993年版。

［111］钱稡农：《甲申传信录》，《明代野史丛书》，北京古籍出版社2002年版。

［112］冯梦龙：《甲申纪闻》，《冯梦龙全集》第十七册，江苏古籍出版社1993年版。

［113］杨士聪：《甲申核真略》，《笔记小说大观》第四十三编，（台北）新兴书局1984年版。

［114］文秉：《甲乙事案》，《南明史料》（八种），江苏古籍出版社1999年版。

［115］吴应箕：《东林始末》，上海书店出版社1982年版。

［116］李清：《三垣笔记》，中华书局1982年版。

［117］顾炎武：《圣安本纪》，《明季稗史初编》，上海书店出版社1988年版。

［118］《汉书》，中华书局1975年版。

［119］《后汉书》，中华书局1982年版。

［120］《宋史》，中华书局1977年版。

［121］《明史》，中华书局1997年版。

［122］《清史稿》，中华书局1996年版。

［123］《四库全书总目提要》，海南出版社1999年版。

［124］余嘉锡：《四库提要辨证》，云南出版社2004年版。

［125］黄虞稷：《千顷堂书目》，上海古籍出版社2001年版。

［126］梁启超：《中国近三百年学术史》，东方出版社1996年版。

［127］钱穆：《中国近三百年学术史》，商务印书馆1997年版。

［128］《雍正东莞县志》，《四库禁毁书丛刊》《史部》64。

［129］李应泰修：光绪《宣城县志》，江苏古籍出版社1998年版。

［130］雍正《昭文县志》，雍正九年刻本。

［131］《海宁州志稿》，民国十年刊印。

二 当代论著

［1］谢国桢：《晚明史籍考》，华东师范大学出版社2011年版。

［2］谢国桢：《明清笔记谈丛》，上海书店出版社2004年版。

［3］金毓黻：《中国史学史》，商务印书馆 1957 年版。

［4］［日］内藤湖南：《中国史学史》，马彪译本，上海古籍出版社 2008 年版。

［5］李宗侗：《中国史学史》，中国友谊出版公司 1984 年版。

［6］王崇武：《明靖难史事考证稿》，《民国丛书》第四编，上海书店出版社 1989 年版。

［7］［德］傅吾康：《剑桥中国明代史》，张书生译，中国社会科学出版社 1992 年版。

［8］仓修良、魏得良：《中国古代史学史简编》，黑龙江人民出版社 1983 年版。

［9］张孟伦：《中国史学史》，甘肃人民出版社 1983 年版。

［10］李小林、李晟文：《明史研究备览》，天津教育出版社 1989 年版。

［11］杨翼骧：《中国史学史资料编年》第三册，南开大学出版社 1999 年版。

［12］方祖猷：《万斯同评传》，南京大学出版社 1995 年版。

［13］吴怀祺：《中国史学思想史》，安徽人民出版社 1996 年版。

［14］李炳泉、邸富生：《中国史学史纲》，辽宁师范大学出版社 1997 年版。

［15］卢钟锋：《中国传统学术史》，河南人民出版社 1998 年版。

［16］柴德赓：《史籍举要》，北京出版社 1982 年版。

［17］瞿林东：《中国史学史纲》，北京出版社 1999 年版。

［18］李小林：《万历官修本朝正史研究》，南开大学出版社 1999 年版。

［19］白寿彝：《中国史学史教本》，北京师范大学出版社 2000 年版。

［20］朱义禄：《黄宗羲与中国文化》，贵州人民出版社 2001 年版。

［21］汤勤福：《中国史学史》，山西教育出版社 2001 年版。

［22］何伟帜：《〈明书〉与傅维鳞》，崇文书局 2009 年版。

［23］［美］杜维运：《中国史学史》，商务印书馆 2010 年版。

［24］谢保成：《中国史学史》，商务印书馆 2006 年版。

［25］钱茂伟：《明代史学历程》，中国社会科学出版社 2003 年版。

［26］钱茂伟：《明代史学编年考》，中国文联出版社 2000 年版。

［27］傅玉璋、傅正：《明清史学史》，安徽大学出版社 2003 年版。

［28］王泛森：《晚明清初思想十论》，复旦大学出版社 2004 年版。

［29］杨艳秋：《明代史学探研》，人民出版社 2005 年版。

［30］阚红柳：《清初私家修史研究——以史家群体为研究对象》，人民出版社 2008 年版。

［31］孟凡云：《〈万历武功录〉研究》，中央民族大学出版社 2008 年版。

［32］陈祖武：《中国学案史》，东方出版中心 2008 年版。

［33］武玉梅：《傅维鳞与明书》，北京大学出版社 2009 年版。

［34］吴德义：《建文史学编年考》，天津教育出版社 2009 年版。

［35］何伟帜：《〈明书〉与傅维鳞》，崇文书局 2009 年版。

［36］钱茂伟：《中国传统史学范型的嬗变》，黑龙江人民出版社 2010 年版。

［37］朱志先：《明人汉史学研究》，湖北人民出版社 2011 年版。

［38］吴漫：《明代宋史学研究》，人民出版社 2012 年版。

［39］吴德义：《政局变化与历史叙事：明代建文史编纂研究》，中国社会科学出版社 2013 年版。

三　论文

［1］陈荣捷：《论明儒学案之师说》，载《王阳明与禅》，（台北）学生书局 1984 年版。

［2］葛兆光：《明代中后期三股史学思潮》，《史学史研究》1985 年第 1 期。

［3］陈祖武：《〈明史纪事本末〉杂识》《文史》第 31 辑，1989 年。

［4］马涛：《论〈理学宗传〉对理学的总结及其历史地位》，《河北学刊》1989 年第 5 期。

［5］暴鸿昌：《论清初私撰明史的风气》，《史学集刊》1990 年第 1 期。

［6］钱茂伟：《朱国祯及其〈史概〉初探》，《浙江学刊》1990 年第 4 期。

［7］钱茂伟：《朱国祯及其〈史概〉再探》，《宁波师院学报》1990 年第 4 期。

［8］向燕南：《王圻纂著考》，《文献》1991 年第 4 期。

［9］杨林：《试析庄氏史案对清初私家修史的影响》，《清史研究》1992 年第 7 期。

［10］钱茂伟：《晚明史家何乔远〈名山藏〉初探》，《福建论坛》1992 年第 2 期。

［11］钱茂伟：《论明中叶当代史研撰的勃兴》，《江汉论坛》1992 年第

8 期。

[12] 魏得良：《计六奇与〈明季南北略〉》，《史学史研究》1992 年第 4 期。

[13] 杨林：《试析庄氏史案对清初私家修史的影响》，《清史研究》1992 年第 2 期。

[14] 钱茂伟：《陈建〈通纪〉及其诸家略考》，《文献》1993 年第 3 期。

[15] 钱茂伟：《晚明史家吴士奇史学述略》，《安徽史学》1993 年第 4 期。

[16] 姜胜利：《清代私家明史学的兴衰及其背景》，《第二届明清史国际学术讨论会文集》，天津人民出版社 1993 年版。

[17] 钱茂伟：《论晚明当代史的编撰》，《史学史研究》1994 年第 2 期。

[18] 向燕南：《王圻〈续文献通考·道统考〉二题》，《史学史研究》1996 年第 2 期。

[19] 华世铣：《评〈元史纪事本末〉》，《贵州师范大学学报》1997 年第 1 期。

[20] 钱茂伟：《许重熙：一个值得重视的晚明史家》，《苏州大学学报》1998 年第 3 期。

[21] 钱茂伟：《论马端临〈文献通考〉与王圻〈续文献通考〉》，《历史文献研究》北京第九辑，北京师范大学出版社 1998 年版。

[22] 乔治忠：《清初史家吴任臣及其〈十国春秋〉》，载《南开大学历史系建系七十五周年纪念文集》，南开大学出版社 1998 年版。

[23] 杨艳秋：《朱国祯〈皇明史概〉考析》，《南开学报》1999 年第 1 期。

[24] ［日］岸本美绪：《崇祯十七年的江南社会与关于北京的信息》，《清史研究》1999 年第 2 期。

[25] 文廷海：《关于〈明史纪事〉的作者问题》，《四川师院学报》1999 年第 1 期。

[26] 钱茂伟：《刘振及其〈识大录〉考略》，《文献》1999 年第 4 期。

[27] 向燕南：《明代边防史地撰述的勃兴》，《北京师范大学学报》2000 年第 1 期。

[28] 杨艳秋：《明中后期的史学思潮》，《史学史研究》2001 年第 2 期。

[29] 达力扎布：《〈万历武功录〉有关卜赤汗记事浅析》，《内蒙古社会

科学》2002 年第 4 期。

[30] 彭国翔：《周海门的学派归属与〈明儒学案〉相关问题之检讨》，《清华学报》新 31 卷第 3 期，（新竹）清华大学人文社会学院，2002 年。

[31] 姜胜利：《明遗民与清初史学》，《安徽大学学报》2003 年第 1 期。

[32] 杨向艳：《尹守衡和〈明史窃〉》，《中山大学研究生学刊》2003 年第 1 期。

[33] 阚红柳：《私家修史刍议》，《辽宁大学学报》2004 年第 2 期。

[34] 孔定芳：《明清易代与明遗民的心理氛围》，《历史档案》2004 年第 4 期。

[35] 徐泓：《〈明史纪事本末〉的史源、作者及其编纂水平》，《史学史研究》2004 年第 1 期。

[36] 胡益民：《张岱卒年及〈明史纪事本末〉作者问题再考辨》，《复旦学报》2004 年第 5 期。

[37] 孔定芳：《清初的经世致用思潮与明遗民的诉求》，《人文杂志》2004 年第 5 期。

[38] 吴娜《史料征引原则与价值透析——王圻续〈文献通考·职官考〉的个案研究》，《晋阳学刊》2006 年第 2 期。

[39] 武玉梅：《傅维鳞〈明书〉的编纂与流传》，《史学史研究》2006 年第 2 期。

[40] 阚红柳：《庄氏史狱与清初私家修史》，《辽宁大学学报》2007 年第 3 期。

[41] 展龙：《论焦〈献征录〉的史料价值》，《史学史研究》2007 年第 1 期。

[42] 展龙：《焦竑〈献征录〉征引文献考》，《图书馆杂志》2007 年第 3 期。

[43] 赵伯雄：《〈春秋〉"史外传心要典"说初探》，《传统中国研究集刊》第 3 辑，上海人民出版社 2007 年版。

[44] 王记录：《〈绎史〉的价值和马骕的史学思想》，《史学史研究》2008 年第 2 期。

[45] 孔定芳：《清初朝廷与明遗民关于"治统"与"道统"的合法性较量》，《江苏社会科学》2009 年第 2 期。

［46］ 刘文英：《吴任臣及事迹考》，《史学史研究》2009 年第 3 期。

［47］ 钱茂伟：《明末清初明史编纂特点三论》，《史学月刊》2009 年第 4 期。

［48］ 郑曼柔：《略论左传纪事本末的史料价值》，《商丘师范学院学报》2010 年第 11 期。

［49］ 张波：《〈关学编〉的编纂动机、体例特点及其学术史意义》，《唐都学刊》2010 年第 4 期。

［50］ 吴漫：《明代后期宋史研究的成就与特点》，《中州学刊》2012 年第 9 期。

后 记

这本40多万字的书稿是我自2011年以来，耗费三年半时间完成的国家社会科学基金项目"明末清初私家修史研究"（11BZS001）的最终成果。当初申报这个课题，完全是为了应付校方的要求，自己并没有抱有多大的希望。一来感觉承担国家社科基金项目离我很遥远，二来自己已年届花甲，精力大不如前，不想再自找麻烦。结果课题竟然获批，我顿感压力，同时也激发了我的动力。我向来做事认真，既然承担任务就要竭尽全力去完成好。在该课题开题时，我延请了中国社会科学院历史所明史研究专家、博导商传教授和北京师范大学史学史研究所博导汪高鑫教授前来指导，他们对该课题研究，提出了很好的指导意见。在研究的过程中，我坚持个案研究与宏观研究相结合，坚持言必有据，据必可信的原则。在研读众多尚无人整理的相关史籍的过程中，克服了诸如影印本字迹模糊、异体字和行书、草书字体辨认的困难。研究中力求精益求精，先后在国内有影响的核心期刊如《史学史研究》《史学月刊》《江海学刊》《安徽史学》《社会科学战线》《南开学报》《江苏社会科学》等刊物上发表相关论文20余篇。

三年多来，我一方面承担着繁重的本科和研究生的教学和指导工作，另一方面还面临着照顾老人（我的父母均为90岁以上老人，岳父也年届九十岁）和孙女的任务。好在我的长兄杨绪忠、妻子葛晓枫和亲家许建英等分担了我本该应尽的义务和责任，使我能专心从事教学和研究，在此谨向他们表示衷心的感谢！

在课题研究的过程中，我的同事刘德州博士撰写了该书第五章第一节"明末清初学术史编纂综述"和第二节"明末清初关于建文朝历史的编辑与考证"。戴辉博士与我合作撰写了该章第三节"明清鼎革之际杂史编纂研究"。胡梦飞博士、黄鹏博士多次为我查找、复印资料。北京大学图书馆李雄飞先生为我查找资料提供了便利。我的研究生姜明会、王文淑、彭校、栾孟留、李响、张沛松等也参与了部分资料的查找和整理工作。在课题基本完成后，又承蒙北京师范大学汪高鑫教授、南开大学姜胜利教授、宁波大学钱茂伟教授的悉心指导，提出宝贵的修改意见，使课题研究更加完善。尤其是北京师范大学博士生导师、著名史学史及史学理论专家吴怀祺教授，当他获悉该书即将出版，在临耄之年，欣然应允为本书赐序。本书的出版，还获得江苏师范大学出版基金的资助，在此一并表示由衷的感谢！

杨绪敏

2016 年 1 月